戦後政治体制の起源

【吉田茂の「官邸主導」】

村井哲也
Murai Tetsuya

藤原書店

戦後政治体制の起源　目次

第四章　中道連立内閣と新憲法の施行

第五章　吉田の復権と官邸主導の確立　270

戦後政治体制の起源

——吉田茂の「官邸主導」

凡例

一　引用は「　」で示し、旧仮名遣いはそのままとし、旧漢字は固有名詞を除きなるべく新漢字に改めた。〔　〕は引用者による補足を示す。

二　引用文では、適宜必要な句読点などを補い、省略には（…）と示した。

三　通常の引用は資料の頁数を記載したが、『新聞』『日記』『書簡』『閣議・次官会議書類』などは日付を記載した。

四　比較的に多く引用した以下の資料については、左記傍線部分の表題と頁数（日付）以外は省略して記載した。

・国立国会図書館ホームページ（http://kokkai.ndl.go.jp/）検索システム『国会会議録』

・産業政策史研究所『産業政策史回想録』一―四三分冊、東京都立中央図書館所蔵、一九七九―九七年

・内閣官房総務課長（内閣事務官室）『次官会議記録（書類）』・『閣議記録（書類）』一九四五年八月（東久邇内閣）―四九年五月（第三次吉田内閣）、国立公文書館所蔵、四E―三―一～七三、六―一～三

※作成者・表題は簿冊により若干の相違があるが、引用ではその通りに記載した。

・大蔵省財政史室編『昭和財政史――終戦から講和まで』一―二〇巻、東洋経済新報社、一九七六―八四年

※昭和戦前期を扱った『昭和財政史』（第一章で引用）と区別するため『昭和財政史（続）』と記載する

・通商産業省編『商工政策史』一―二四巻、商工政策史刊行会、一九六一―八五年

・大久保達正ほか編『昭和社会経済史料集成』一―三〇巻、大東文化大学東洋研究所、一九七八―二〇〇四年

・総合研究開発機構・戦後経済政策資料研究会編『戦後経済政策資料』一―四一巻、日本経済評論社、一九九四―九六年

・大蔵省官房調査課・金融財政事情研究会『戦後財政史口述資料』一―八冊、東京都立大学本館図書館所蔵、一九五一―五六年

・通商産業省・通商産業政策史編纂委員会編『通商産業政策史』一―一七巻、通商産業調査会、一九八九―九四年

序章　本書の目的と問題関心

1　戦後政治における官邸主導

本書は、戦前の戦時体制期（一九三七—四五年）から既に生じていた変動を踏まえつつ、主に戦後の占領前半期（一九四五—四九年）において試みられた吉田茂の官邸主導の模索とその帰結を検証することによって、戦後政治体制の起源の一端を明らかにすることを目的とする。[1]ここで言う官邸主導とは、議院内閣制を想定する新憲法の下で、首相が自らに権力を集中させて内閣・議会・政党・官僚機構などに対し強い政治指導力を発揮し、その主導による政策決定スタイルが制度的ないし非制度的に確立していることを指すものとする。[2]また、ここで言う戦後政治体制とは、一九九〇年代まで継続されてきた、自民党長期政権の下で官僚主導・政党主導が並存する二元体制のことを指すものとする。[3]そして、この二元体制の傍らで官邸主導が発揮されにくい状況となってきた戦後政治体制は、「吉田茂の官邸主導」が確立されたことにより逆説的にその基盤を与えられたのである。

一九九七年十二月三日の行政改革会議の最終報告は、首相の指導力強化、閣議の実質化、内閣官房・内閣府など内閣補佐機能の強化を唱えている。[4] 官邸主導に不可欠と思われるこれら課題が、ほぼ同様に一九六四年の第一次臨時行政調査会の答申において挙げられていたことを考えれば、官邸主導は戦後政治において長いあいだ発揮されにくい状況にあったことが示されていると言える。[5]

戦後政治における官邸主導の不在は、戦前の強力な官僚機構が占領期の間接統治を経てむしろ「温存と強化」が図られ、その割拠性が戦後に連続されたことが、要因の一つとされている。戦前戦後連続説に基づく、辻清明を嚆矢とする官僚主導論である。[6] これをさらに実証的に発展させたのが、岡田彰の研究である。岡田は、主に終戦後における法制局官僚の巧みな立法技術に光を当てながら、一九四七年の内閣法などの制定に際し、首相ではなく内閣が「合議制の大統領」たる最高行政機関と位置づけられ、国務大臣が行政事務を分担管理する体制が築き上げられ、さらに一九四八年の主計局の内閣移管構想が大蔵省などの反発によって結局は挫折した過程を描いている。これらの結果、新憲法では不可能ではないはずの「大統領的首相」も、「大統領府」的な内閣統合部局も、その構想の実現が阻まれ、首相への権力の集中とそれに基づく官僚機構の割拠性の克服には制度的に大きな障壁が存在することになったとしている。[7]

こうした公式の制度に焦点をあてた官僚主導論と並び、官邸主導の不在の要因とされているのが、戦前戦後断絶説に基づく、村松岐夫を嚆矢とする政党主導論である。村松は、辻の唱える戦前戦後連続説は、終戦後しばらくのあいだの官僚制を説明する枠組みとしてはある程度の有効性を持つと認めつつも、少なくとも自民党長期政権が固定化して以降の政官関係の変容とそれに基づく戦前戦後の断絶面を見逃しているとして、政党主導論を唱えている。そして、この政党主導論の内実は、自民党の各派閥や政務調査会各部会に所属する族議員の活動であり、党の総裁が首相として強い政治指導力を発揮していた訳ではなかったとしている。[8]

もっとも、最近の研究の多くが指摘している通り、こうした官僚主導論と政党主導論は、必ずしも二者択一的なものではない。例えば飯尾潤は、戦前戦後が連続しているか断絶しているか、官僚主導か政党主導かという不毛な議論から離れ、互いがどのように機能分担しているかに着目することの重要性を指摘している。そのうえで、新憲法における議院内閣制の本来の想定とは異なり、分担管理原則の過度の解釈から、内閣が各省の代理人とも言うべき各大臣の合議機関と化している「官僚内閣制」が成立し、同時に、派閥や族議員による日常的な各省の政策決定への介入を行っている「与党＝自民党」の存在を指摘している。すなわち、「政府・与党連絡会議」という名称が示すように、制度的には、「官僚内閣制」が内閣など執政府の上位レベルで政党ないし政治家による統制を作動させないにもかかわらず、非制度的には、「与党＝自民党」の族議員などが各省の課長クラスなど下位レベルで政策決定に介入する仕組みが存在する二元体制が確立してきた、というのである。[9] そして、戦後政治においては、公式の制度に支えられた官僚主導と非制度的な仕組みとしての政党主導が並存する二元体制の一方で、長期にわたる自民党政権の下で官邸主導が発揮されにくい状況が続いてきた。

ところが、一九九〇年代頃から、官邸主導の政策決定スタイルが強く求められ始めた。その促進要因は、冷戦体制の崩壊、バブル経済の崩壊、官僚機構の制度疲労、そして一九五五年体制の崩壊などである。これらの時代の変動のなか、二〇〇一年四月に成立した小泉純一郎内閣は、官邸主導の政策決定スタイルがそれなりに現実化したとして、にわかに脚光を浴びた。[10] その制度的な基盤となったのは、周知のように、一九九四年一月に実現した小選挙区比例代表並立制の導入を柱とした政治改革と、二〇〇一年一月から中央省庁等改革基本法に基づき中央省庁再編を実施した行政改革であった。

まず政治改革によって、中選挙区制から小選挙区制への変更と、政治資金規正法の改正および政党助成法の制定が行われ、党執行部の選挙公認権と資金配分権が決定的に重要となった。これにより、自民党総裁の権力基盤の増大と派閥政治の溶解が生じ、二〇〇五年九月の小泉による郵政解散・総選挙は、そのことを見せつける象徴的な出来事となった。次いで行政改革では、内閣法第四条の改正に基づき重要政策の基本方針についての首相の発議権が認められ、内閣官房に重要政策の基本方針の企画立案・総合調整権を認める機能強化が行われた。新設の内閣府では、各省より一段高い地位からの総合調整権が認められ、とりわけマクロ経済政策や予算編成の基本方針を策定するため設置された経済財政諮問会議は、それまでの政務調査会各部会と各省によるボトム・アップの政策決定スタイルをある程度に覆し、小泉内閣のコントロール・タワーとしてトップ・ダウンの政策決定スタイルを貫く原動力になった。今や、それまで官邸主導を阻んできた制度的・非制度的な要因は取り除かれ、首相に一元的な権力が集中する官邸主導の定着は決定的になったと指摘されるに至ったのである。[11]

しかし、制度改革により官邸主導が確立するのかは、必ずしも自明ではない。小選挙区制の威力が最大限に発揮された二〇〇五年九月まで都合四度もの総選挙を要したこと、二〇〇一年一月の行政改革実施時の森喜朗首相が官邸主導による政策決定スタイルを目指そうとしなかったことなどは、そのことを如実に示すものである。制度改革が官邸主導という帰結をもたらすか否かは、様々な政治勢力の対立と競合が繰り返される同時代的な文脈によって決定される。そして、「誰が『ポスト小泉』を襲うにせよ、『宰相の権力』への小泉に劣らぬ冷徹な自覚と、政治改革十年の歴史を知り抜いたうえで整備されてきたシステムや舞台装置を使いこなさなければ『強い首相』にはなりえない」[12]。言わば、その制度がどのように運用されたか、その運用のための非制度的な慣行がどのように定着したかにかかっているのである。[13]だとすれば、一九九〇年代まで官邸主導が不在となってきた要因を公式の制度のみに求めず、なぜ自民党長期政権の下で、執政府の上位レベルの「官僚内閣制」と下位レベルの「与党＝自民党」という二元体制が並存したのか、すなわち、戦後政治体制はなぜ形成されたのかを歴史的な文脈に即して検証することは、日本の戦後政治研究にとって意義が大きいことのように思われる。

その意味で占領前半期は、新憲法および内閣法、国家行政組織法、各省設置法などが成立し、これら制度の運用や非制度的な慣行、言い換えれば戦後国家における統治機構の運用ルールの基盤が確立し、その後に大きな影響を与えた重要な時期であった[14]。これにつき牧原出は、戦後の統治機構の運用ルールの起源は、新憲法の下で初めて国会と官僚制が正面から衝突した占領終結後の一九五〇年代に求められる、としている[15]。確かに占領期には、GHQという超憲法的な権力とこれと結びついた官僚機構が存在し、新憲法で国権の最高機関とされた国会は半ば無力化していた。だが、占領終結後の議会・政党の大きな障壁となった「官僚内閣制」は、後に「与党=自民党」といびつな形で並存する二元体制を創り出したという意味で、戦後政治体制の重要な前提条件である。ここで改めて、占領前半期に確立された「官僚内閣制」が、どのような歴史的文脈で戦前から戦後に架橋されつつ確立され、それがどのような内実を持っていたのかを明らかにすることは、決して無意味ではないであろう。

従って本書は、占領終結後に統治機構の運用ルールに再び変動が生じたことは前提としながらも、様々な政治勢力の対立と競合が繰り返された占領前半期の歴史的文脈によって、いったんは確立した「官僚内閣制」を担保する政治体制がある程度の拘束力を持ち、その後の議会・政党に対する関わり方に大きな影響を与えた、という立場にたつ。そして、そのことが、二元体制と官邸主導の不在という戦後政治体制に大きな基盤を与えたことを明らかにしていく。

2　明治憲法から新憲法へ

そもそも日本政治において、首相による強い政治指導力の発揮という意味での官邸主導が不在であるという課題は、戦前の明治国家の末期から深刻なものとして認識されていた[16]。明治憲法体制は、天皇大権の名の下に、国務大臣単独輔弼制、国務と統帥の分離、首相の他大臣への指示権の否認など、制度的に権力分立制と政治的多元主義を保障すべく設計されていた。だが、権力分立制と政治的多元主義は必ずしも絶対的であった訳ではなく、明治憲法体制の解釈や運用に関しては様々な選択肢が存在し、その歴史的文脈によって様々な政治体制が存在してきた[17]。明治憲法は一八九〇年に施行されて以降、当初は藩閥・元老勢力が、次いで政党勢力が、内閣の制度的な欠陥を補うべく、憲法に規定のない事実上の「幕府的存在」＝非制度的な政治統合主体として登場して内閣を組織し、歴代の首相は幾多の困難に直面しながらも政治指導力の発揮に努めてきた。[18]

ところが、一九三〇年代に入ると、満州事変と五・一五事件の勃発を契機に、元老勢力および政党勢力は、政治的に後退していった。また、政党内閣の終焉を受け登場した挙国一致内閣は、各政治勢力の連合体であったが故に首相の強い政治指導力を発揮するところとならず、国策の統合に問題点を露呈した。ここで、十分な制度的基盤を与えることで、首相へ権力の集中を図り強い政治指導力を発揮させようという模索が本格化する。その促進要因となったのは、第一次世界大戦後におけるワシントン体制の崩壊、国家総動員思想の登場、一九二九年の世界恐慌に端を発した自由主義経済への不信、産業化・都市化の進展に伴う行政需要の増大などであった。すなわち、行政国家化・統制経済化・戦時体制化の要請であった。[19]そして、これらの要請を実現するためには、制度的な対応による官邸主導の模索が必要不可欠とされたのである。

よって一九三〇年代には、インナー・キャビネットを目指した五相会議など少数閣僚制、首相ブレーンの形成を目指した内閣参議制、幅広い政治勢力の結集を謳った近衛新体制運動など、官邸主導を確立するための様々な試みがなされた。だが、いずれも根本的な解決策とはなり得ず、挫折した。[20]これら試みのなかで最も有力とされたのが、陸軍・官僚の中堅層を中心とする革新勢力が推進力となって提示された、総合官庁の構想であった。それは、内閣に制度的な統合部局を設置し、これを首相の幕僚機構として統制経済の推進など様々な国策の統合を果たさせ、もって戦時に即応した政治体制を確立しようというものであった。一九三七年十月、日中戦争が勃発していよいよ戦時体制化が進展していくと、本格的な総合官庁たることを目指して企画院が内閣に設置された。企画院は、行政国家化・統制経済化・戦時体制化という要請に対し、様々な政治勢力による様々な思惑を内包しつつ、官邸主導を発揮するための初めての制度的な試みとして位置づけられたのである。[21]

しかし結局、企画院は、明治憲法体制における国務大臣単独輔弼制、国務と統帥の分離、首相の他大臣への指示権の否認などに阻まれ、総合官庁として期待されていた機能を発揮し得なかった。それればかりか、太平洋戦争に突入すると、首相の意図を超えて徒に肥大化・自律化し、かえって官邸主導を阻害する存在となった。一九四三年十一月、戦時の東條英機内閣は企画院を廃止し、内閣官房や新設の軍需省にこれを吸収させた。企画院の廃止に伴い東條は、首相権限の強化や内閣官房機能の充実を行う一方で、現役陸軍大将としての立場から陸軍大臣・軍需大臣、後には参謀総長を兼任し、企画院が直面した限界の克服を図った。東條は、戦局の悪化と極度の物資欠乏のなかで早急な戦時体制の再編に迫られ、制度的な権限強化に加え非制度的な兼任方式を駆使し、明治憲法体制において極限まで首相への権力の集中を図ったのである。[22]

それにもかかわらず東條は、一九四四年七月、サイパン陥落という戦局の決定的な悪化を契機として、国務と統帥の分離、陸海軍の対立という最後まで残された障壁を克服できぬまま失脚した。その後、さらなる戦局の悪化とともに終戦を求める動きは活発化していき、やがて一九四五年八月の終戦を迎えた。この時、終戦を最終的に決定づけたのは、明治憲法体制ではあくまで建前上の政治統合主体とされていた昭和天皇であり、それによって下された聖断であった。このことはすなわち、一九三〇年代から続けられてきた官邸主導の模索が、明治憲法体制の矛盾を最後まで克服し得ず、遂に未完に終わったことを意味していた。

終戦後に訪れた日本占領によって、陸海軍の解体、天皇・宮中勢力の非政治化、一連の民主化政策が次々と打ち出され、明治憲法体制に内在された多くの障壁は取り除かれた。さらに、新憲法草案の登場によって、議院内閣制の導入が想定されるに至った。だが、その運用ルールやそのために必要な政治体制が、直ちに確立した訳ではない。明治憲法がそうであったように、新憲法における議院内閣制には、その運用ルールやそこで必要とされる政治体制に関し様々な選択の契機が存在していたからである。[23] そしてそれは、様々な政治勢力の対立と競合が繰り返された占領前半期における、次のような時代の変動に晒されながら選択されていった。

まず、議院内閣制の導入が想定されたからといって、戦前の政党政治のように、政党が内閣を組織しその党首が首相となって強い政治指導力を発揮する政治体制が自動的に成立した訳ではなかった。戦前からの指導者が大量に公職追放され離合集散を繰り返していた戦後の政党勢力は、政治的な撹乱要因とされることはあれ、少なくとも当面の間は新しい政治統合主体たり得なかった。一方で、終戦後の混乱のなか、さらなる行政需要の増大と間接占領統治の採用により、官僚機構は膨張し時には政党勢力以上の存在感を見せた。とりわけ顕著であったのは、各省の次官などで構成される次官会議の台頭であった。[24] 戦前の明治国家では単なる各省の申し合わせ機関に過ぎなかった次官会議は、一九三〇年代に入りその役割を増し始めていた。それが、終戦後における政治統合主体の不在のなかで著しく活性化・政治化し、官僚機構の強い発言力を担保する場となった。この次官会議を、新憲法下の議院内閣制のなかにどのように位置づけるかは大きな課題となったのである。

また、占領前半期には、戦争による国土の荒廃、領土の喪失、戦時以上の物資・食糧の欠乏、激しいインフレに見舞われた。これらに加え、民主化政策で急速に台頭した労働勢力による運動が激化したこともあって、深刻な経済危機に陥った。こうした事態に対しGHQは、アメリカ本国の意向もあって、統制経済政策の継続とそのための強力な総合官庁の設置を求めるようになった。一九四六年八月、終戦後にいったんは廃止されていた総合官庁の系譜を受け継ぎ、内閣に経済安定本部が設置された。そして、戦時体制モデルとアメリカ大統領府モデルとの合作とも言うべき経済安定本部を新憲法下の議院内閣制のなかにどのように位置づけるかが、やはり大きな課題となった。

この時、占領下において決定的に重要だったのは、超憲法的な存在であるGHQとどのような形で連絡ルートを構築するかであった。GHQにしても、間接占領統治の建前の下、かつて陸海軍が企画院を内閣への政治介入の手段としたように、各省行政に介入して統合する何らかの連絡機関を内閣に設置するよう要求した。経済安定本部は、このような背景から設置されたものであった。ところが、こうした動きの一方で、各省とGHQ各部局との間にも個別に連絡ルートが構築されていった。T・J・ペンペルが指摘するところの、「クロス・ナショナルな連合」の形成である[25]。これにより、GHQ内部の対立も相まって、各省行政の分立化が占領前半期において深刻化した。言わばGHQは、各省行政の統合化と分立化という二律背反的な占領統治を行っていたのである。それにもかかわらずGHQは、常に日本側に対し、占領政策ないしアメリカ本国の外交政策を円滑に遂行し得る「強力な安定政権」たることを要求し続けた。従って、何よりも日本側は、時に矛盾に満ちたGHQ・アメリカ本国の対日政策を受け入れることが可能なだけの「強力な安定政権」の確立を模索していくことになった。

以上のような時代の変動が促進要因となり、占領前半期には、行政国家化・統制経済化という要請が戦前から戦後へと継続され、戦時体制化に代わり新たに占領体制化という要請が登場した。戦前から戦後へは、あるいは明治憲法から新憲法へは、単純に連続した訳でもなければ単純に断絶した訳でもなく、戦時体制期から占領前半期に顕著となったこれらの要請のなかで架橋されたのである。そして、容易に政治統合主体が見出せないなかで、「強力な安定政権」を含むこれらの要請を実現するためには、やはり、強い政治指導力を発揮するための官邸主導と、それに適合的な運用ルールや政治体制の確立が必要とされた[26]。すなわち、戦時体制期に活性化した官邸主導の模索は、新憲法下の議院内閣制の枠内で占領前半期に継続されたのである。

とはいえ、占領前半期の政治状況は、全く予測できない流動的なものであった。総合官庁としての期待を込められた経済安定本部、GHQ各部局と分立的に連絡ルートを築いた各省、それら各省の発言力を担保した次官会議、矛盾した占領政策を打ち出すGHQ各部局、そして建前上は政治統合主体になるべき政党勢力を、議院内閣制のなかにどのような関係性でもって位置づけるかは実に複雑な連立方程式であった。こうして占領前半期の首相は、政策や政権のみならず、政治体制構想をめぐる対立と競合を様々な政治勢力と繰り返していくなかで、官邸主導の模索を試みていった[27]。そして、この複雑な連立方程式に対し自らの官邸主導を実現し、いったんはそれに適合した政治体制を確立したのが、吉田茂であった。

3　吉田茂イメージの再定義

占領期を中心に、首相として第一次（一九四六年五月～四七年五月）・第二次（四八年十月～四九年二月）・第三次（～五二年十月）・第四次（～五三年五月）・第五次（～五四年十二月）の七年二カ月にわたり内閣を組織した吉田茂の政治指導については、先行研究による様々なイメージが存在する[28]。

まず、自由党（民自党）およびドッジ・ラインから生まれた、自由主義ないし自由経済イデオロギーのイメージである。同時に、その対極にあるものとして経済安定本部は、戦時の企画院の系譜、片山哲内閣の和田安本、経済復興五ヵ年計画策定などから、経済の計画化を意図した社会主義ないし統制経済イデオロギーのイメージで捉えられている[29]。言わば両者は、「自由主義」対「社会主義」、「自由経済」対「統制経済」というイデオロギー的な対立軸によって捉えられるのである[30]。次いで、マッカーサー・GHQの威光を楯にしたというイメージである。このイメージは、吉田がマッカーサーの解任ないし占領終結後に著しく権力基盤を弱体化させたことから、いっそう強調された。そして、官僚派の形成や側近政治というイメージである。池田勇人・佐藤栄作ら官僚出身政治家を中心に官僚派（吉田派）を形成し鳩山一郎・河野一郎ら党人派と激しく対立したことや、少数の側近を重用したことが吉田の貴族趣味的性格や密室政治的な手法も相まって、こうしたイメージを際だたせた。

本書は、主に占領前半期における吉田の軌跡を検証するものであって、戦前およびドッジ・ライン以降の時期を踏まえての全体像を提示するものではない。とはいえ、以上の先行研究では、いわゆる「吉田路線」・「吉田ドクトリン」

に象徴される「外交」イメージによる「内政」イメージへの投影、あるいは、ドッジ・ライン以降に形成されたイメージによる遡及がしばしば見受けられる側面も否定できない。従って本書は、これらのイメージがある程度の妥当性を持つことを認めつつも、次のような分析視角でもって占領前半期における吉田、あるいは吉田が確立した官邸主導の内実を捉え直していく。

第一に、経済安定本部と吉田を、イデオロギー的な観点のみから捉えることはせず、占領前半期における官邸主導の模索とそこから生まれた政治体制をめぐる対立と競合という、より現実的な観点から捉え直していく。[31] まず経済安定本部は、総合インフレ対策の立案に際し各省行政の分立化の克服を必要とした日本政府と、日本政府に介入する強力な総合官庁を必要としたGHQとの思惑が一致して、設置された。GHQは、巷間言われたようなニューディール思想のみからではなく、何よりも対日援助物資の効率化を求めるアメリカの納税者の論理に基づき、厳格な物資配分を行うための統制経済政策やインフレ対策の実施を経済安定本部に求めていた。

また吉田は、第一次内閣の頃には、GHQないしアメリカ本国の意図を看取して、首相として積極的に経済安定本部の設置とその活用を試みていた。吉田は、戦後の流動的な状況のなかで自らの官邸主導を確保するため、様々な機能を果たすものとして経済安定本部に大きな期待をかけた。従来の占領期研究では、大蔵省主計局の内閣移管構想とその挫折に大きな焦点が当てられている。[32] だが、占領前半期においては、既に設置されていた経済安定本部を新憲法下の議院内閣制にどのように位置づけるかもまた、重要な焦点であった。その後、経済安定九原則の厳格な実施を求めるドッジ・ラインに直面して吉田は、経済安定本部を政治的に封印する。それは、「自由経済」対「統制経済」というイデオロギー的な要因というよりも、経済安定本部に当初期待されていた様々な機能に変化が見られたことが主な要因であった。吉田は、こうした変化を鋭敏に察知し、経済安定本部以外によって官邸主導を実現する政治体制を打ち立てたのである。

第二に、吉田のマッカーサー・GHQに対する能動性・自主性を重視して捉え直していく。[33]確かに、吉田がマッカーサー・GHQの威光を最大限に利用したことは間違いない。だからといって、マッカーサー・GHQは、吉田に無条件の支持を与えていた訳でもなければ、必ずしも絶対的な存在であった訳でもない。もちろん、時に超憲法的な権力を行使して陰に陽に様々な政治介入を試み、それはたびたび政変につながった。だが、日本占領統治の成功を内外に印象づけることを望むマッカーサーにとって重要だったのは、占領政策を円滑に実行する「強力な安定政権」であった。そして、占領政策の枠内にある限り、それらをどのような手段や政治体制でもって実行に移すのかは、日本側に一定程度の裁量が残されていた。占領が長期化すればするほど、「占領者」と「協力者」との関係は、当初の垂直関係が実質的に水平化していくのである。[34]

各政治勢力による対立と競合が繰り返され不安定な政権が続くなか、やがて一九四八年初頭から占領政策が転換し始めると、十二月、対日講和に対する予備的な措置として経済安定九原則が指令された。いわゆる、「事実上の講和」が日本側に提示されたのである。[35]ここで、講和独立を何よりも重視し、経済安定九原則とその具体化であるドッジ・ラインを千載一遇のチャンスと捉えたのが、吉田であった。吉田は、奇しくもこの時の総選挙で、新憲法下で初めて衆議院の単独過半数を獲得すると、一九四九年六月には国家行政組織法に基づく行政改革と行政整理を断行し、ドッジ・ラインを実行するための「強力な安定政権」を確立した。だからこそ、マッカーサーは吉田に全幅の信頼を寄せたのである。

第三に、吉田による官僚派の形成は初めから自明ではなく、また、無原則な側近政治が行われた訳ではなかった。戦前の外務省の主流派ですらなかった吉田は、終戦直後には、大蔵省はじめ官僚機構を全く掌握していなかった。むしろ、第一次内閣の頃には、戦時体制期から活性化・政治化し閣議を形骸化させつつあった次官会議を筆頭に官僚機構と対立することが多く、これが吉田の官邸主導を著しく損ねていた。さらに、後に池田や佐藤といった次官クラス

図1　本書における歴史的変遷のイメージ

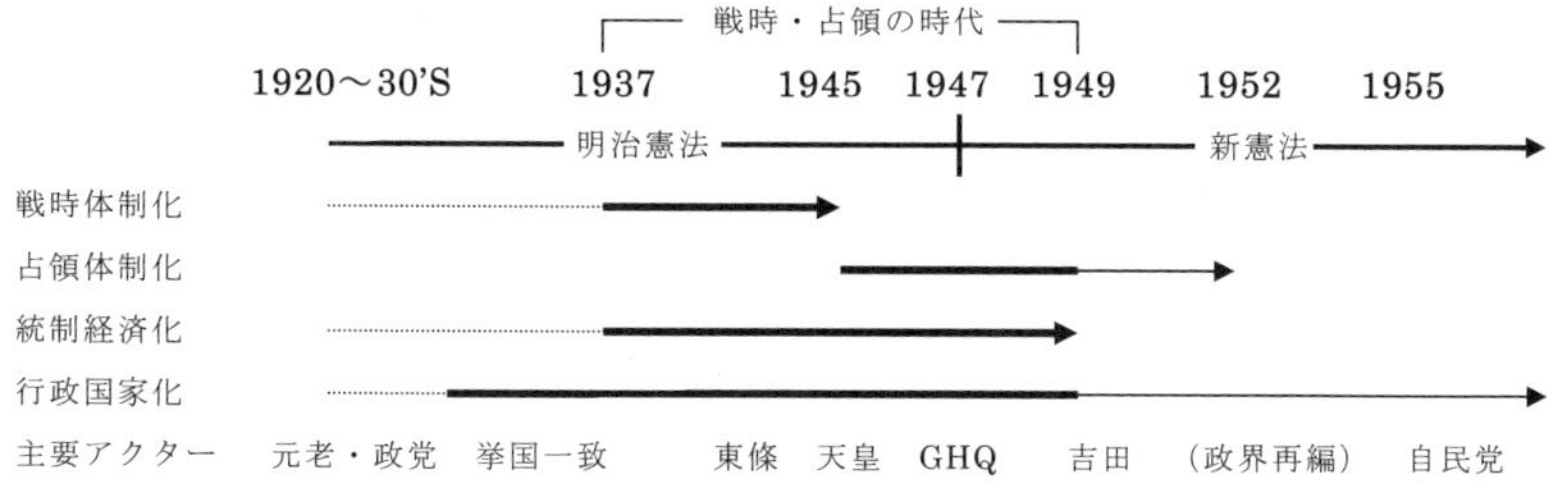

※図中の点線は萌芽の時期を示し、太線は特に強調される時期を示した。

の官僚出身者が政治家への転身を図ったことがすなわち、吉田の官僚機構の掌握と官僚派の形成を完成させた訳ではない。吉田が政権に復帰した後においても、中道連立内閣期に形成された「クロス・ナショナルな連合」が、次官会議の存在も相まって各省の分立性を際立たせていたからである。つまり、次官会議を拠点とした各省を掌握していく仕組みが必要であった。そして、官邸主導の模索のなかで見出されたこの仕組みは、側近政治と呼ばれた手法と決して無関係なものではなかった。吉田は、この仕組みをもって、「ワンマン体制」とも言われる官邸主導を実現する政治体制を確立したのである。

4　歴史のなかの「企画」概念

以上のように、先行研究における三つの吉田イメージを捉え直したうえで本書が着目するのは、官邸・閣議・次官会議・総合官庁の間における関係性から吉田が見出し得た仕組みである。さらに、この関係性を築き上げていく過程を見ていくにあたっては、特に各省の政策を「統合」する契機を孕む「企画」概念の変遷に着目する。[36] 前述したように従来、各省の政策を「統合」するにあたっては、大蔵省主計局の「予算」概念に多くの注目が集まってきた。だが、戦時体制期に出現し占領前半期へと継続された「企画」概念の変遷は、官邸・閣議・次官会議・総合官庁の間における関係性が構築されていくなかで極めて重要であり、後の戦後政治体制に大きな影響を与えるものであった。

そして、この吉田の官邸主導をもたらす大きな契機となったのは、一九四九年のドッジ・ライン、総選挙の圧勝、行政機構改革、行政整理であった。こうした観点から本書は、占領前半期から後半期への区切りとなる一九四九年をもって吉田の官邸主導が確立した時期とみなし、後の戦後政治体制に影響を与えた一つの画期とする。ここまで述べてきた本書における歴史的変遷をイメージするものが、前頁**図1**である。

以上のように本書は、占領前半期における吉田の絶え間ない模索とその役割を検証することにより、戦前から戦後に継続された官邸主導という課題が、どのような文脈でどのような帰結をもたらしたのか、いったん確立した吉田の官邸主導を実現した政治体制がその後にどのような影響を及ぼしたのかを明らかにするものである。

第一章では、占領前半期に対する前提条件として、一九三〇年代に明治憲法体制が動揺するなかで出現した総合官庁の意義およびその帰結を近衛新体制・東條内閣を通じ検証する。これを受け第二章では、東久邇・幣原内閣におけるGHQとの連絡ルートの構築とこれに絡んだ総合官庁の復活の過程を、第三章では、経済安定本部、次官会議、石橋グループに焦点をあてて第一次吉田内閣で行われた様々な官邸主導の模索とその挫折の過程を、第四章では、新憲法下の片山・芦田の中道連立内閣において強化拡充された経済安定本部と次官会議の展開とその帰結を、第五章では、第二次・三次吉田内閣において占領政策の転換を契機に吉田の官邸主導を実現する政治体制が確立していく過程を、時系列に検証していく。もって終章では、「吉田茂の官邸主導」の持つ政治史的意味と戦後政治体制への影響について考察していく。

なお本書は、財団法人・吉田茂国際基金の出版助成（平成十九年度）を受けて刊行された。

注

（1）　本書は、あくまで官邸主導が不在であった戦後政治体制の起源の一端を明らかにすることが目的である。官邸主導が一般的に望ましいか否かについて、あるいは、主要なアクターである吉田茂や東條英機に対して価値判断を下すものではない。

（2）通常、「官邸」とは「総理官邸（首相官邸）」のことを指すが、大まかには「総理官邸」と「内閣官房」は一体のものとされている。また、二〇〇一年の中央省庁再編からは、総理府から大幅に機能強化された「内閣官房を支える知恵の場としての内閣府」も、これに含まれると考えられる。古川貞二郎「総理官邸と官房の研究」日本行政学会編『年報行政研究』四〇号、ぎょうせい、二〇〇五年。

（3）この「戦後政治体制」の時期は、いわゆる「一九五五年体制」の時期にあてはまる。ここで敢えて「戦後政治体制」と呼ぶのは、「一九五五年体制」は自民党と社会党の一・一／二政党制の側面が強調されるのに対し、本書では一九四九年頃にその基盤が与えられた「官僚内閣制」がその重要な前提条件となってきた側面を強調するからである。

（4）行政改革会議『最終報告』一九九七年。

（5）臨時行政調査会『行政改革に関する意見・資料』一九六四年。ただし、結局は制度でなく人の問題であると後藤田正晴が述べたように、戦後政治において官邸主導が発揮されるか否かは、非制度的な運用に多くかかっていたと言えよう。後藤田正晴『情と理』下巻、講談社、一九八八年、一六四―一七七頁。

（6）辻清明『新版　日本官僚制の研究』東京大学出版会、一九六九年。

（7）岡田彰『現代日本官僚制の成立』法政大学出版局、一九九四年。

（8）村松岐夫『戦後日本の官僚制』東洋経済新報社、一九八一年。

（9）飯尾潤「日本における二つの政府と政官関係」『レヴァイアサン』三四号、木鐸社、二〇〇四年。同『日本の統治構造』中公新書、二〇〇七年。また、自民党長期政権における官僚機構との役割混合、権力中枢における低い統合度について論じているものとして、佐藤誠三郎・松崎哲久『自民党政権』中央公論社、一九八六年。

（10）一九九〇年代までの自民党政権の政策決定と比較し、二〇〇〇年代の小泉政権の官邸主導を描いたものとして、清水真人『官邸主導』日本経済新聞社、二〇〇五年。伊藤光利「官邸主導型政策決定と自民党」『レヴァイアサン』三八号、木鐸社、二〇〇六年。

（11）竹中治堅『首相支配』中公新書、二〇〇六年。竹中は、政治改革が実現した一九九四年一月から行政改革を経て小泉内閣が登場した二〇〇一年四月までを首相支配が可能となった「二〇〇一年体制」の成立過程とし、二〇〇五年九月の総選挙によって、この「二〇〇一年体制」の定着が決定的になったとしている。

（12）前掲「官邸主導型政策型政策決定と自民党」三五頁。前掲『官邸主導』四〇四頁。従って、二〇〇七年七月から生じた衆議院と参議院の「ねじれ国会」問題を含め、今後に官邸主導が促進されそれが確立していくかどうかについては、より長期的な観察が必要であろう。

（13）伊藤正次は、制度を独立変数とみなし政策の歴史的展開を説明しようとする政策史的な歴史的新制度論からいったん離れ、「政治制度・行政制度が歴史的産物である以上、アクターの意思決定や外部環境との連関に留意しながらその来歴を丹念にたどることは、政治制度・行政制度を構造的に理解する上で必要不可欠な作業」である、としている。伊藤正次「『新しい制度史』と日本の政治行政研究」首都大学東京・東京都立大学法学会『法学会雑誌』四七巻一号、二〇〇六年、二一―五頁。

（14）この点、明治国家における統治機構の制度化の前提条件として、国家意思を安定的に決定し運営するシステム＝政治の形成過程に着目しているものとして、坂本一登『伊藤博文と明治国家形成』吉川弘文館、一九九一年。

（15）牧原出『内閣政治と「大蔵省支配」』中央公論新社、二〇〇三年、二一―二四頁。

（16）もちろん、一九九〇年代以前には「官邸主導」という用語はほとんど使用されていない。だが、政党内閣の崩壊後に挙国一致内閣が出現した一九三〇年代には、「閣僚平等性を修正して、内閣の首班たる総理大臣の地位及び権限を強化すること」が制度的に求められたように、今日的な意味での「官邸主導」が盛んに唱えられていた。山崎丹照『内閣制度の研究』高山書院、一九四二年、三七五―三七七頁。

（17）例えば、明治憲法体制には正統な解釈が存在せず、「大権政治」「内閣政治」「民本政治」の政治理念に基づいた三つの解釈改憲が存在したことを指摘したものとして、坂野潤治「明治憲法体制の三つの解釈」同『近代日本の国家構想』岩波書店、一九九六年。

（18）三谷太一郎「政党内閣期の条件」『近代日本研究入門』東京大学出版会、一九七七年、六八―七四頁。

（19）こうした一九三〇年代の状況については、例えば、井手嘉憲「非常時体制と日本〈官〉制」同『日本官僚制と行政文化』東京大学出版会、一九八二年。伊藤隆『「国是」と「国策」・「統制」・「計画」』同『昭和期の政治〈続〉』山川出版社、一九九三年。

（20）第一次近衛内閣の「池田路線」の下で五相会議の果した役割については、松浦正孝『日中戦争期における経済と政治』東京大学出版会、一九九五年。同じく第一次近衛内閣の内閣参議制の内閣強化の意図については、加藤陽子『模索する一九三〇年代』六章、山川出版社、一九九三年。近衛新体制運動については、伊藤隆『近衛新体制』中公新書、一九八三年。

（21）御厨貴「国策統合機関設置問題の史的展開」同『政策の総合と権力』東京大学出版会、一九九六年。
（22）拙稿「東條内閣期における戦時体制再編（上）・（下）」東京都立大学法学会『東京都立大学法学会雑誌』三九巻二号・四〇巻一号、一九九九年。同「東條英機」御厨貴編『歴代首相物語』新書館、二〇〇三年。
（23）こうした視点を早くから指摘したものとして、天川晃「新憲法体制の整備」『年報近代日本研究』四、山川出版社、一九八二年。
（24）次官会議の名称は、一九四九年六月一日の国家行政組織法改正により各省次官の名称が「事務次官」とされたのに伴い、政務次官会議と区別されて「事務次官会議」とされ、一九五七年七月三十日には「事務次官等会議」とされ現在に至っている。対象時期に鑑みて本書は、「次官会議」という名称を用いる。内閣制度百年史編纂委員会『内閣制度百年史』上巻、大蔵省印刷局、一九八五年、五七七―五七八頁。
（25）官僚制の民主化改革を行うはずのGHQが、やがて占領統治の進展とともに各部局に分立化し、それぞれの所管となっている日本側の各省と分立的に日米双方による「クロス・ナショナルな連合」を形成していったことを指摘したものとして、T・J・ペンペル「占領下における官僚制の『改革』」坂本義和・R・E・ウォード編『日本占領の研究』東京大学出版会、一九八七年。
（26）明治国家における政治体制をめぐる対立と競合という視角を持つものとして、前掲『近代日本の国家構想』、村井良太『政党内閣制の成立』有斐閣、二〇〇五年。
（27）このことは、全ての政治勢力が恒久的な官邸主導の構築を試みたことを意味するものではない。各政治勢力の主導権をめぐる様々な対立と競合の産物として、官邸主導を実現する一つの政治体制が確立したのである。
（28）代表的なものとして、高坂正尭「宰相吉田茂論」高坂正尭著作集刊行会編『高坂正尭著作集』四巻、都市出版、二〇〇〇年。三谷太一郎「二つの吉田茂像」同『二つの戦後』筑摩書房、一九八八年。渡邉昭夫「吉田茂」同編『戦後日本の宰相たち』中央公論社、一九九五年。北岡伸一「吉田茂における戦前と戦後」『年報近代日本研究』一六、山川出版社、一九九四年。大嶽秀夫『アデナウアーと吉田茂』中央公論社、一九八六年。
（29）宮崎義一は、戦後の革新派によって体制変革の可能性が追求された片山内閣の和田安本が瓦解し、第三次吉田内閣で経済復興計画が葬り去られたことで、経済安定本部の「思想は死滅し、その後は、時の権力の忠実なサーバントである経済官僚によって構成される文字通りの一行政官庁」に化したとしている。宮崎義一「経済安定本部の思想」長幸男・住谷一

彦編『近代日本経済思想史Ⅱ』有斐閣、一九七一年、三五四―三五六頁。

（30）代表的なものとして、前掲『アデナウアーと吉田茂』。福永文夫『占領下中道政権の形成と崩壊』岩波書店、一九九七年。

（31）野党時代（一九四七―四八年）の自由党（民自党）で培われた官僚統制批判としての自由主義イデオロギーが、第三次吉田内閣における官僚派の形成と統制経済的な側面も含むドッジ・ラインの登場で変質したことを指摘するものとして、三谷太一郎「戦後日本における野党イデオロギーとしての自由主義」犬童一男ほか編『戦後デモクラシーの成立』岩波書店、一九八八年。また、一九四六年秋に発生した経済危機に対し、左派を含む社会党がイデオロギーではなく現実的な経済政策を有していたことを指摘するものとして、中北浩爾『経済復興と戦後政治』東京大学出版会、一九九八年。

（32）これについては、前掲『現代日本官僚制の成立』が最も詳しい。

（33）吉田は決して内政に無関心であった訳ではなく、第二次吉田内閣の頃から自らの主導権を確立するため政党組織への能動的・自主的な浸透を試みていったことを指摘したものとして、小宮京「吉田茂の政治指導と党組織」日本政治研究学会編『日本政治研究』二巻一号、木鐸社、二〇〇五年。

（34）前掲『現代日本官僚制の成立』四―五頁。

（35）前掲「吉田茂」五三―五四頁。

（36）「統合」という用語は、戦後行政改革の中心論点の一つであった「総合調整」とは異なるものである。時に多義的に使われる後者の最大公約数は、複数部局間の調整について、それらとは独立した機関が行う「総合的な調整」という意味が込められたものである。これに対し、戦時体制期・占領前半期に頻繁に使われた前者は、より広範囲でより統制色の強い意味が込められたものであり、行政内部の調整に止まらず国家の統治機構全体を包摂する用語であった。岩田一彦「法令用語としての『総合調整』」『季刊行政管理研究』四五号、行政管理研究センター、一九八九年。

第一章　明治憲法下における戦時体制の模索

本格的な総合官庁たるべきことを目指した企画院は、日中戦争の勃発により戦時体制化が開始された一九三七年に設置され、太平洋戦争に至るまでの大きな焦点であった。企画院とその設置過程に関しては、既に多くの先行研究が存在している(1)。

本章は、これらの先行研究に依拠しつつ、まず第一節では、元老・政党勢力に代わる政治統合主体が不在となった挙国一致内閣期において、企画院が、首相の強い政治指導力を発揮するべく、どのような意図を込めて設置されたのかを論じる。なかでも、企画院にとって重要な概念であった「企画」概念および閣議の「事前審査」の出現とその意義について論じる。第二節では、企画院がさらに生み出した「金の予算」に代わる「物の予算」を中心に論じると同時に、企画院の不完全性を補うべく活性化した内閣長官会議や次官会議について論じる。そして第三節では、太平洋戦争という本格的な戦時体制化に直面して企画院の限界が露呈するなか、東條内閣がどのような再編を試み、やがてどのような終焉に至ったのかを時系列的に論じる。これらをもって、明治憲法下における戦時体制化・統制経済化・

行政国家化が、明治国家の統治機構にどのようなインパクトを与え、戦後国家にどのような遺産を残したのかを論じる。

第一節　挙国一致内閣と総合官庁の出現

1　総合官庁の構想

各政治勢力の連合体たる挙国一致内閣の時期になると、政治統合主体の不在は国策の統合に大きな影響を与え始めた。まず問題となったのは、予算編成である。既に政党内閣期から、第一次世界大戦後の経済不況にくわえ新しい行政需要の増大、言うならば行政国家化に際し予算編成をどのように統制するかが問題となっていたが、[2]これがより深刻な形で浮かび上がったのである。五・一五事件による政党内閣の崩壊を受け一九三二年五月二十六日に成立した斎藤実内閣では、閣議や五相会議を拠点に斎藤首相や高橋是清蔵相らがかろうじて予算編成を纏め上げたものの、[3]続いて一九三四年七月八日に成立した岡田啓介内閣では、大きな変化が訪れた。

それが、一九三五年五月十一日の内閣審議会と内閣調査局の設置である。内閣審議会は、内閣の諮問に応じ重要政策について調査審議をなし、会長を首相、副会長を国務大臣、十五人以内の委員を練達堪能なる者から選び、他の国務大臣も会議に出席して意見陳述できるとされた。内閣審議会の庶務機関とされた内閣調査局は、重要政策に関する調査や特に首相から命じられた重要政策案の審査を担当し、必要ある時は関係する各省に資料の提出や説明を求め得るとされた。岡田首相は、総合的かつ恒久的な政策立案機関たる内閣審議会の設置によって、挙国一致内閣における弱体性の補強を目論んだのである。だが、一方で内閣調査局は、満州事変という外からのインパクトとこれに誘発された国家総動員思想という軍事の論理によって、庶務機関に止まらない意図を込められていた。[4]その意図とは、総合官庁の構想である。総合官庁の構想に大きな影響を与えた松井春生は、一九三四年に著した『経済参謀本部論』において、概ね次のような考えを示している。

資本主義の欠陥の是正要求、第一次世界大戦での国家総動員の体験、引き続く戦後の世界的不況、世界的なブロック経済化によって、国家が「生産と消費とを最大限度に統合調整する」統制経済の導入は必至である。しかし、現在の議会や政府では、「経済の政治化」とも言うべき統制経済に機能的に対応できない。地域選出に過ぎない国会議員は、全ての経済活動にわたり切実な利益を代表する訳ではなく、「政党所属の調査機関」である政務調査会も、あるべき地位には至っていない。また、統制経済は広範な所管にわたるにもかかわらず、各省は、新しい行政需要への対応に忙殺されて「パーティキュラリズム」に陥り、重要な政策問題での各省間の紛糾は絶えない。さらに、現行の内閣制度にしても、「施政の統一」において欠陥が多い状態である。従って、「施政の統一」の職責に任ずる首相の機能において、これを補佐すべき「超政党的」・「半独立的」な事務機関が必要である。(5)

こうした松井の認識から窺えるように、総合官庁の構想とは、行政国家化・統制経済化・戦時体制化の要請のなかで機能不全を来している議会・政党を通すことなく、直接的に首相が強い政治指導力を発揮することを目指すためのものである。その推進力は、国家総動員思想を背景に、現状への強い変革志向をもって内閣への介入を図ろうとする、陸軍・官僚の中堅層を中心とした革新勢力である。(6)とりわけ重要であったのは、大蔵省主計局の予算編成への介入である。松井は、現行の内閣制度につき次のように述べている。「何等本然の補佐機関がなく、又諸政と表裏を為すことに於て、法制よりも更に一段密接なる関係を有する予算案に付て、亦特別の補佐機関を有してゐない（…）此の故に、内閣総理大臣の下に特に時代の要求に応じて、経済国策の計画樹立を中心として、一の有力なる補佐的事務機関を設置すべき(7)」。従って、内閣調査局は、「特ニ内閣総理大臣ヨリ命ゼラレタル重要政策案ノ審査」として、各省からの予算概算要求を総合的な見地から取り纏めて閣議へ提出し、そのうえで主計局に予算編成を行わせることを期待されたのである。[8]

しかし、内閣調査局は、岡田首相から内閣審議会が「企画機関」と位置づけられた一方で単なる「調査機関」と位置づけられたうえ、軍事・外交に関する権限や各省に対する指示権を有していなかった。革新勢力が内閣へ介入する一定の足がかりを得たとはいえ、内閣調査局がその通りに動かされた訳ではない。[9] また、内閣調査局による主計局の予算編成への介入も、結局は果せなかったと言って良い。主計局の予算編成に関する長年の豊富な経験と情報の蓄積を前に、内閣調査局の役割は限定的だったからである。[10]

しかし、一九三六年の二・二六事件で岡田内閣が退陣し、三月九日に広田弘毅内閣が成立すると、状況は一変した。もとより「看板役」に過ぎなかった内閣審議会は五月に廃止され、内閣調査局は存置された。そして、「庶政一新」に基づく「七大国策」の旗幟を掲げた広田内閣は、二・二六事件後に急速に政治的発言力を増した陸軍の強い要求の前に、「行政機構の整備改善」への取り組みを余儀なくされた。九月二十一日、陸海軍省が連名で、首相の管理の下に「重要国務に関する調査、統轄、予算の統制、按配等に関する事項を掌る機関」の設置を求める「政治行政機構整備改善要綱」を広田首相に提出すると、内閣調査局の大幅な強化拡充が焦点となった。[11]

これに漸進的な進め方を主張する広田首相が、自らの主導で蔵相・逓相・文相・鉄相による四相会議を設置して対抗すると、こうした政・財・官の既成エリートと、陸軍中堅層・内閣調査局を中心とする革新勢力との対立が顕在化した。十一月十六日の第三回の四相会議では、法制局が用意した原案に基づき、内閣調査局・資源局・統計局・情報委員会を統合する「総務庁」の設置が合意された。この四相会議案に、陸軍中堅層・内閣調査局側は反発した。何故なら、新機関に不可欠としていた主計局・法制局の統合や人事局の新設が案から除外されたからである。二十七日、陸軍中堅層と通じた内閣調査局は、「国策ノ企画及統制機関ノ整備ニ関スル意見」を四相会議に提出し、内閣調査局・主計局・法制局・情報委員会を統合し、さらに閣議に提出する人事案件を審査する「内閣国務庁」を設置して、その総裁を無任所大臣とする案を主張した。両者の主張には相当の隔たりが見られたものの、「総合的国策企画機関」の設置という方向では一致していたため、翌一九三七年一月十二日、第六回の四相会議で妥協案が成立した。それは、首相の下に内閣調査局・資源局・統計局を統合して「総務庁」を設置し、重要国策に関する予算および数省にわたる予算を統一する、この「総務庁」とは別個に内閣に首相直属の人事局を新設する、というものであった。[12]

こうして、革新勢力の総合官庁の構想は後退を余儀なくされた。漸進的な改革案を主張する政・財・官の既成エリートの抵抗が予想以上に強かったばかりか、新機関を通じた内閣への介入により主導権を握ろうとする陸軍に対し海軍が警戒感を隠さず、両者が一致した行動を取れなかったからである。また、主計局の内閣移管という急進的な改革案を採用せずとも「馬場財政」の下で十分な国防予算が得られたため、陸軍首脳部が漸進的な妥協案を採用したことも影響していた。[13]

結局、「総務庁」案にしても、直後に生じたいわゆる「腹切り問答」をきっかけに広田内閣が倒壊したため実現されなかった。二月二日に成立した林銑十郎内閣は、「総務庁」案の継承を表明したものの、残された目玉であった資源局の統合問題をめぐり紛糾した。資源局は、第一次世界大戦の体験を受け、戦時の際には各省を横断的に統合する総合官庁の「原初的形態」とも言える国防院・軍需局の系譜を受け継ぎ、一九二七年から内閣に設置されていた国家総動員機関である。小規模かつ実施権限は持たないながら、人的・物的資源にまつわる総動員計画の立案とそれに必要な調査・統轄をなすとされた。[14]すなわち、内閣調査局と資源局の統合は、必然とされてきたものであった。だが、資源局内部では、統合問題の主導権をめぐり陸軍省・資源局武官側と海軍省・資源局文官側との対立が生じ、総体として統合に反対し現状維持する方向で一致した。前者が、内閣調査局・資源局の文官に主導権を握られることを警戒した一方で、後者が、陸軍に主導権を握られることを警戒したからである。よって、「総務庁」案からは資源局の統合が脱落し、焦点は内閣調査局の強化拡充のみに絞られた。[15]

五月十四日、内閣調査局の強化拡充は、内閣に「企画庁」を設置したことで取り敢えずの決着がついた。企画庁は、従来の調査機能に加え、首相の命により重要政策やその統合調整に関し案を起草し理由を上申し、各省大臣が閣議に提出する重要政策を審査して意見を内閣に上申し、重要政策に関する予算の統制について意見を内閣に上申するとされた。また、これらを行うにあたり必要ある時は、関係各省に資料の提出や説明を求めることができるとされた(16)。つまり、企画庁は、官制に規定された「上申」という形で一段と閣議への影響力を強めたものの、主計局・法制局・資源局の統合や人事局の新設を果たし得ず、企画庁の総裁も各省大臣の兼任とされるなど、またもや革新勢力が望んだ総合官庁たり得ないものとなったのである。

ところが、こうした事態は、時を置かずして一気に打ち破られる。六月四日、衆議院のいわゆる「食い逃げ解散」によって信任を失い総辞職した林内閣に代わり、革新勢力の大きな期待を受けて第一次近衛文麿内閣が成立した。それから間もない七月七日には日中戦争が勃発し、やがて局地解決の見込みをこえて中国各地に拡大していくと、戦時体制化が本格的に開始されたのである。

2　企画院の設置と「企画」概念

一九三七年十月二十五日、日中戦争が拡大方針へ転じ国家総動員機関と総合的国策企画機関とは密接不可分とする機運が高まり、資源局と企画庁が統合されて内閣に企画院が設置された。その過程では、総合官庁の構想を実現させてその主導権を目論む陸軍省とこれを警戒する海軍省、旧資源局と旧企画庁の内部対立が見られるなど、相も変わらない構図が見られたが、書記官長・法制局長官など首相官邸周辺が積極的な調整を行ったことで、ようやく実現に至った(17)。ここに初めて、戦時体制化に資する総合官庁的な機関が出現したのである。組織の拡充のみならず、さらなる権限の強化がなされた企画院官制は、次の通りである。

第一条　企画院ハ内閣総理大臣ノ管理ニ属シ左ノ事務ヲ掌ル

一　平戦時ニ於ケル綜合国力ノ拡充運用ニ関シ案ヲ起草シ理由ヲ具ヘテ内閣総理大臣ニ上申スルコト

二　各省大臣ヨリ閣議ニ提出スル案件ニシテ平戦時ニ於ケル綜合国力ノ拡充運用ニ関シ重要ナルモノノ大綱ヲ審査シ意見ヲ具ヘテ内閣総理大臣ヲ経テ内閣ニ上申スルコト

三　平戦時ニ於ケル綜合国力ノ拡充運用ニ関スル重要事項ノ予算ノ統制ニ関シ意見ヲ具ヘテ内閣総理大臣ヲ経テ内閣ニ上申スルコト

四　国家総動員計画ノ設定及遂行ニ関スル各庁事務ノ調整統一ヲ図ルコト

（…）

前項ノ事務ヲ行フニ付必要アルトキハ企画院ハ関係各庁ニ対シ資料ノ提出又ハ説明ヲ求ムルコトヲ得(18)

もっとも、先行研究の多くが指摘しているように、企画院は、革新勢力が目指したような完全な総合官庁と言えるものではない(19)。大蔵省主計局・法制局の統合や人事局の新設は見送られ、その総裁も無任所大臣ではなかった。また、人事面でも革新勢力は主導権を喪失し、企画院は、あくまで実務的な総動員機関として、陸軍省・大蔵省・商工省との緩衝材となって始動したのである(20)。だが、戦後に至るまでの展開を考えれば、企画院とその設置過程が、極めて重要な概念を出現させていることに留意する必要がある。それが、「企画」概念である。東京帝国大学教授の宮澤俊義は、総合官庁の構想の背景につき概ね次のように記している。

近代国家における行政機構の変遷を長く指導した原理だったのは、「複雑化」と「分立化」の要請である。行政機構は、時の進展とともに必然的に「複雑化」してきたと同時に、自由主義に基づく三権分立や閣僚平等性に見られるように「分立化」してきており、両者は互いに促進・強化し合ってきた。だが、いまや自由主義が凋落するとともに分立主義が凋落すると、それに代わる原理である「統合主義」が訪れようとしている。それまで、内閣制度・行政機構の分立主義が強かった日本では、藩閥勢力・政党勢力の「結合力」により統合性を与えられてきたが、現在では、「いかなる時代においても内閣になんらかの方法で統合性をもたらすことが現実政治的に要請せられた」。首相権限の強化や少数閣僚制と並び総合官庁のあり方が大きな焦点となったのも、その是非はともかく、近年の「内閣の統合化」の要請の現れである。従って、「行政事務が日に日に増大する以上、複雑化の要請は今後ますます強くなるであらう。そして、それに応じて、行政機構はいよいよ複雑を加へるであらう（…）同時に統合化の要請も事変の継続と共にますます強くなって行くに違ひない」[21]。

宮澤の指摘する内閣の統合化の要請は、それと表裏一体の関係を持つ「企画」概念を出現させるものであった。そもそも、企画院官制の第一条第一号で規定された「平戦時ニ於ケル綜合国力ノ拡充運用」に関する企画立案は、それまでは藩閥（元老）勢力なり政党勢力なりの「結合力」を基盤に打ち出されてきた。それが、いまや社会情勢の複雑化や経済産業の分立化の現象が現れて何らかの修正が迫られたにもかかわらず、内閣制度・官僚機構に強い分立主義を抱えたままこれらの政治統合主体が不在となった。そのため、内外の国政の基礎を再建して大方針を樹立すべき現在、「当然に政治の統制する企画を必要とし、延いては内閣制度の根幹にも改革を及ぼさゞるを得」なくなった[22]。そして、これに対する解決策として構想された総合官庁は、部局的な見地に基づき行われる実行機能と全般的な見地に基づき行われる計画・監督機能を分業化して、「組織的調査研究乃至計画考案の樹立に任ずる頭脳的組織」たるべきとされた[23]。すなわち、政策の実施機能を担う各省から政策の企画立案を行う「企画」機能を分離させ、これを総合官庁に果たさせることで内閣の統合化が目指されたのである。

この「企画」概念の出現によって、総合官庁は、「企画・法制・予算・及び人事の四当局が、内閣総理大臣の下に於て有機的に緊密に結び付き、真に内閣総理大臣の信頼すべきスタッフ・有力なるブレーントラストを形成して活動すること」が必須である、との認識が定着した。[24] これ以降、内閣の統合化が強く要請される度に、総合官庁の所管である「企画」を中心に、法制局の所管である「法制」、大蔵省主計局の所管である「予算」、各省の人事部局の所管である「人事」の四つの機能をどのように位置づけるかが、重要な焦点となっていった。そして、これら四つ（戦後には「行政管理＝行管」を加えた五つ）の機能は、戦後に同様の要請がされる際にも、やはり重要な焦点となっていったのである。この変遷を示したものが、次頁**図2**である。

もちろん周知のように、これらの機能の統合による企画院の直接的な強化拡充は、最後まで行われなかった。だが、内閣の統合化の要請に対し、企画院が機能的に意味のない存在だったのかと言えば、そうではない。それは、企画院の設置過程のなかで生み出された「企画」概念が、「綜合国力ノ拡充運用」に関する重要事項の企画立案という形で、「人事」はともかくも、「法制」・「予算」の機能を間接的に包摂する幅広い可能性を持っていたからである。まず、「法制」を所管する法制局との関係について見てみよう。明治憲法の施行直後にほぼその骨格が固められた法制局の官制は、次の通りである。

第一条　法制局ハ内閣ニ隷シ左ノ事務ヲ掌ル
一　内閣総理大臣ノ命ニ依リ法律命令案ヲ起草シ理由ヲ具ヘテ上申スルコト
二　法律命令ノ制定、廃止、改正ニ付意見アルトキハ案ヲ具ヘテ内閣ニ上申スルコト
三　各省大臣ヨリ閣議ニ提出スル所ノ法律命令案ヲ審査シ意見ヲ具ヘ又ハ修正ヲ加ヘテ内閣ニ上申スルコト
四　前諸項ニ掲クルモノノ外内閣総理大臣ヨリ諮詢アルトキハ意見ヲ具ヘテ上申スルコト[25]

図2　内閣官房と企画・行管・法制・予算・人事

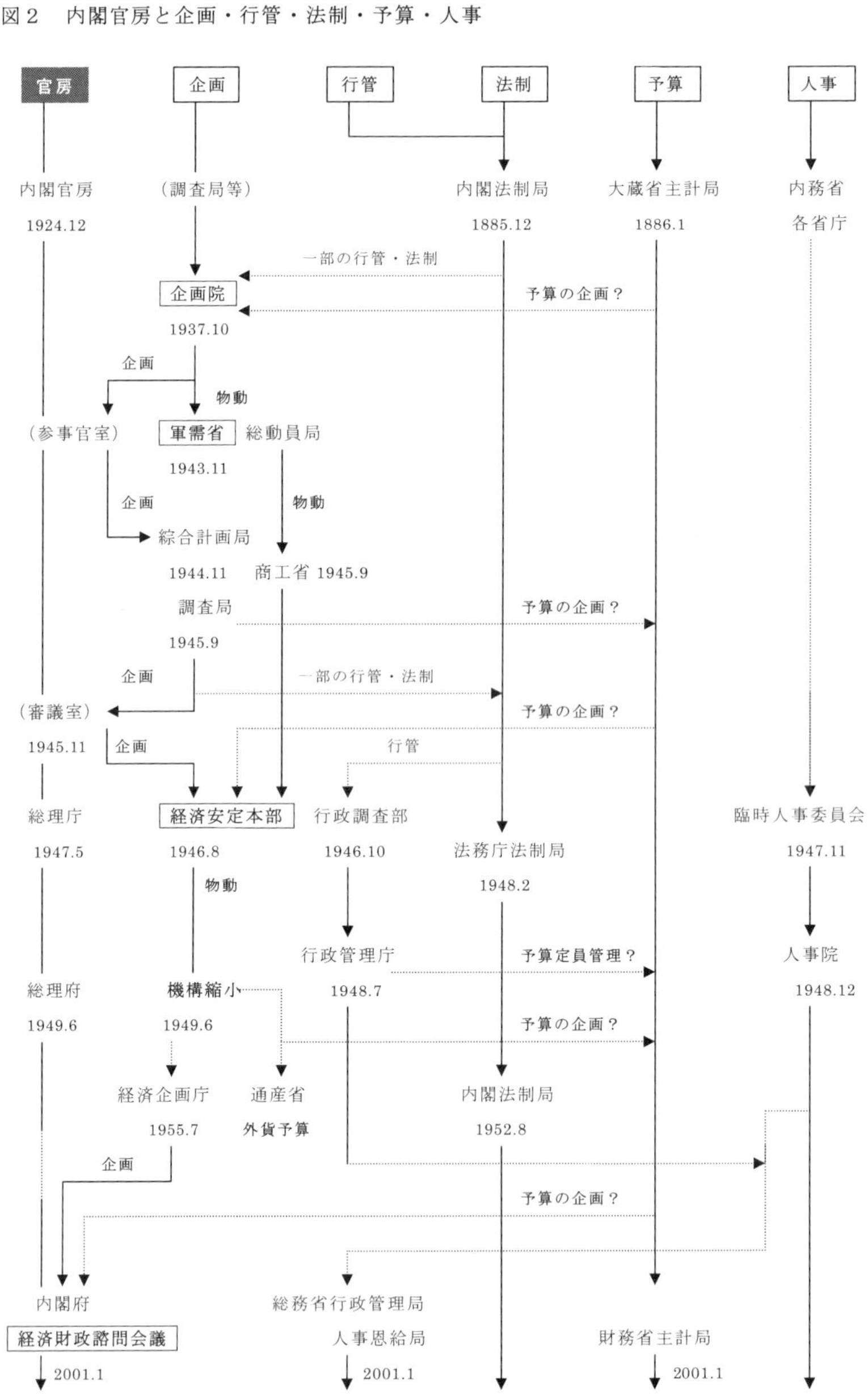

図２　内閣官房と企画・行管・法制・予算・人事
官房
企画
行管
法制
予算
人事
内閣官房
1924.12
（調査局等）
内閣法制局
1885.12
大蔵省主計局
1886.1
内務省
各省庁
一部の行管・法制
企画院
予算の企画？
1937.10
企画
物動
（参事官室）
軍需省
総動員局
1943.11
企画
物動
綜合計画局
1944.11
商工省 1945.9
調査局
予算の企画？
1945.9
企画
一部の行管・法制
（審議室）
予算の企画？
1945.11
企画
行管
総理庁
経済安定本部
行政調査部
臨時人事委員会
1947.5
1946.8
1946.10
法務庁法制局
1947.11
物動
1948.2
行政管理庁
予算定員管理？
人事院
総理府
機構縮小
1948.7
1948.12
1949.6
1949.6
予算の企画？
経済企画庁
通産省
内閣法制局
1955.7
外貨予算
1952.8
企画
予算の企画？
内閣府
総務省行政管理局
経済財政諮問会議
人事恩給局
財務省主計局
2001.1
2001.1
2001.1

この法制局官制と前述の企画院官制とを比べれば、両者の機能が多く重複していることは明らかである。もとより戦前の法制局は、法律命令の起草・審査権、首相の諮詢に対する意見上申権のほか、官制には規定のない幅広い権限を有していた。とりわけ、各省の設置は法律ではなく官制によっていたため、戦後の行政管理庁などが所管した「定員その他行政機構一般に関する審査・立案権」(戦後で言うところの「行管」)は、法制局が所管していた。そのため、「天皇の官制大権をバックにして、各省庁の組織、定員を審査、査定することができた点は、予算を握っている大蔵省と同様、あるいはそれ以上に、各省庁ににらみをきかすようすが」となっていた。[26]

ただし、法制局は、「内閣制度制定の当時の如く、重要なる施策は、殆ど総て法制と表裏を為し、法制局の機能に依て其の目的を達したる時代」においてのみ、さしたる支障もなく「政策企画官庁的性格と法令の制定改廃担当官庁的性格とを併せ備えていた」。ところが、いまや時勢は一転し、「法制の外に経済方策の如きが、国務の最も重要なる部分を占むるが如き情勢」となると、「経済国策の計画樹立」を中心に内閣に何らかの補佐的機関が必要とされた。その結果、「綜合国力ノ拡充運用」に関する重要事項の企画立案を行う「企画」概念は、法制局の「官制大権」を少なからず形骸化させ、その「政策企画官庁的性格」を代替し始めたのである。[27]

こうした「企画」と「法制」との関係については、既に企画院以前の企画庁官制の枢密院審査において、その解釈をめぐり様々なやり取りが見られていた。審査では、枢密顧問官の南弘から繰り返し次のような疑義が呈されている。「法制局ハ法制的見地ヨリ、企画庁ハ政策的見地ヨリヤルノデアルカラ別個ニ設ケテ差支ナイト云フ説明デアルガ、此ヲ区別スル事モ出来ナイ事ハナイガ、何故、法制局ヲ企画庁ニ一所ニシナイカ。其ガ事務上最モ便利且簡単ト思フガ如何」、「調査局ノ出来ル前ハ法制局デヤッテキタ」。これに対し当時の林首相は、時代の変化に対応し得る「企画」概念が出現したことの意義につき、次のように答弁している。「企画庁ハ大所高所ヨリ着眼シテ全般ノ事ヲ考ヘル、則チ法制局トハ観点ヲ異ニスルノデ両立スベキモノデアル」、「法制局ノ機能ハ性質トシテ、現シタモノヲ審議スル場合ガ多イ、企画庁ハ新事態ニ応ジテ考ヘル創造ノ方ガ主デアル。出来タモノヲ批判スルニ非ズシテ創造性ガ多イノデ、斯ウイフ役所ヲ設ケルノデアル[28]」。

3 閣議の「事前審査」

「企画」概念は、さらにもう一つの重要な意味合いを含んでいた。それが、閣議の「事前審査」である。戦前からの法制局官僚であった佐藤達夫は、占領期に次のように記している。「法律及勅令の案の決定に就ては、法制局の外に別に内閣に調査（審査）の機関がある。それは企画院及企画院廃止（四三年十一月一日）の後は、首相直属の内閣審議室（Cabinet Councilors Office）である。各省より提出される案は、あらかじめ右の機関にて其の実質を審査される。さうして重要なものは『法律案要綱』として、あらかじめ閣議決定となる。従て法制局の所掌は内閣の右の機関の審査に制約される。其の結果法制局の審査は概ね立法の技術（技術とは法文の構成、用語用字等成文上の事である）が主となって居った[29]」。ここで佐藤が問題としているのは、法制局官制の第一条第三号の規定から分離されたとも言うべき企画院官制の第一条第二号における、閣議附議事項の事前審査権についてである。

明治憲法の施行直後に制定された内閣官制の第五条は、閣議に附議されるべき事項を次のように挙げている。一「法律案及予算決算案」、二「外国条約及重要ナル国際条件」、三「官制又ハ規則及法律施行ニ係ル勅令」、四「諸省ノ間主管権限ノ争議」、五「天皇ヨリ下付セラレ又ハ帝国議会ヨリ送致スル人民ノ請願」、六「予算外ノ支出」、七「勅任官及地方長官ノ任命及進退」。そして、その他に「各省主任ノ事務ニ就キ高等行政ニ関係シ事体稍重キ者ハ総テ閣議ヲ経ヘシ」と規定している[30]。従来、これら国務大権に関する全ての事項は、法制局が「法制」的な観点から事前審査を行ってから閣議に附議されてきた。それが、いまや総合官庁の「企画」的な観点からの事前審査が加わろうとしていた。この背景の一つとなったのが、次のように指摘される、行政国家化に伴う閣議の形骸化である。

「内閣は其の本来の職責から言へば、国家元首の下に於て、国政の創意、企画、指導及び統制の最高の機関であるべきである。併しながら此の機能の点に於ても内閣は、今日一般に著しく低調の感あるを免れ得ない（…）各大臣は多くの場合、其の主管事務の技術的専門家たり得ざる結果、之れに対して専門的権威を有せず、従ってやゝもすれば部内の統制力を欠くの虞れ無しとせず、結局各大臣は閣議に於ては各省事務当局の代弁者たるに過ぎない結果になり勝ちである（…）かくして国政の綜合統一的指導機関たるべき内閣は、反対に各省的意見の機械的集合所たるに過ぎざるものとなり、相克や妥協の場所たるに止まるか、或ひはまた権威なき形式的会議たるに過ぎざるか、何れにしても低調極まるものとならざるを得ない[31]」。

このように、閣議附議事項の複雑化・専門化・増大化は、元老・政党勢力の後退も相まって閣議の形骸化を招いていた。大蔵官僚の河野一之は、この頃の予算編成と閣議の関係につき、次のように指摘している。「昔は、概算は厳格に閣議の交渉だけで決められた。大蔵省が査定した概算案は、各省当局には示されるが、その案について、事務当局間で直接折衝することはない。調整は、いっさい閣議にまつのであった。それを事務折衝をやるようになったのは、おそらく昭和の初期頃からであったと思われる。それは一つには、予算の要求事項が多くなって、閣議だけではこなし切れなくなったのと、当時、漸く非常時体制に入り、予算の係争が内外に与える影響を考慮してのことであったといわれる[32]」。

こうして、各省による予算の分捕りは紛糾した。このため挙国一致内閣では、重要国策における予算大綱を予め閣議決定することで各省間の紛糾を避け、政策決定における内閣の官僚機構に対する主導権を維持・強化する試みもなされた。だが、予算編成の複雑化・専門化は予想以上に著しく、結局は、大蔵省主計局に頼らざるを得ない現状を露呈した[33]。また、内閣官制の第五条は、特に重要な事項を例示的に掲げているもので、予算編成に限らず国務大権に関する全ての事項は閣議に附議されると解釈されていた。従って、閣議附議事項の増大化に対しても、これらを数的に減少させて対処することは困難であった[34]。

以上のように閣議の実質化が期待できない状態であれば、そこに現れるのは、附議事項を事前に審査・整理することで閣議の負担軽減を図るという発想である。これについても、企画庁官制の枢密院審査で様々なやり取りが見られていた。審査では、「各省大臣ヨリ閣議ニ提出スル重要政策案ヲ審査シ意見ヲ具ヘテ内閣ニ上申スル」との企画庁官制第一条第二号の規定に関し、こうした閣議の「事前審査」は各省との摩擦が予想されるとして、枢密顧問官から繰り返し懸念が示された。これに対し当時の林首相は、「事前審査」を経て閣議に提出される企画庁の意見上申につき、次のように答弁している。

「閣議ハ、自己ノ判断ニ依ッテ企画庁ノ意見ニ付全部又ハ一部ノ取捨ヲ決メルノデアリマス。必ズシモ企画庁ノ意見ニ拘束サレルノデハナイ（…）内閣ニ上申シテ参ルトキニハ、大抵ノ場合ニ於テハ各省ト意見ノ一致シタモノト為ルコトト信ジマス。従テ、企画庁ノ意見ト閣議ノ見解トガ著シク背馳スル様ナコトハ恐ラクアリマスマイ」。一方で、答弁は次のようにも続けられている。「各省割拠ニ陥ッテイケナイトイフコトハ先年来論議ノ的ト為ッテオル所デアリマス。其処デ之レニ適当ノ統合ヲ加ヘテ妥当ノ処ニ導キタイトイフ考ヘデアリマス（…）内閣部内ニ在ッテ何レニモ偏セズニ且総合的ニ観察シテ参リマセウカラ、各省ノ重要政策ヲ閣議デ決メルニ当ッテ、制度トシテ先ヅ企画庁ヲシテ審査セシメ、其ノ意見ヲ参考トシテ決スルノガ相当デアラウト思ヒマス[35]」。

すなわち、閣議附議事項を予め総合官庁に「事前審査」させることで、内閣の統合化を実現するという試みである。実際に、企画庁官制の第一条第二号に関する手続にあたっては、書記官長から各省大臣・企画庁総裁宛てに次のような通牒がなされていた。「各省大臣ヨリ閣議ニ提出スベキ重要政策案ハ、法令案又ハ予算案ノ形式トシテ閣議ヲ請フニ先チ、之ヲ要綱トシテ請議シ企画庁ニ於テ審査ノ上、企画庁総裁ヨリ意見ヲ具ヘテ内閣ニ上申スルコト[36]」。また、閣議附議事項の「企画」的な観点からの事前審査は、「法制」的な観点からの事前審査とは根本的に異なる性質を持つ。

それは、内閣の外部から政治的な意図が入り込みやすいという性質である。この時の外部からの政治的な意図とは、陸軍中堅層など革新勢力によるものである。もし統帥大権を持つ陸軍が総合官庁の主導権を握れば、国務大権に関する全ての事項が附議される閣議を「事前審査」し、これをコントロールすることが可能となる。

一方で海軍は、資源局と企画庁の統合による企画院の設置を、陸軍の「イデオロギー」として警戒感を露わにしながらも、結局は、次のような理由から認めざるを得なかった。「資源局ハ、現官制ニ於テハ各省大臣ヨリ閣議ニ提出スル総動員事務ノ審議ヲ為スノ権限無キヲ以テ、現況ニ於テハ動モスレバ各省ハ担当スル総動員業務ニ関シ直接関係庁ト連絡シ重要事項ハ企画庁ヲ経テ閣議ニ提出シ、此間資源局ハ殆ンド度外視サレ、従ッテ総動員ノ全般的見地ヨリスル統制アル実施困難ナリ（…）前項ノ権限付与決定ノ暁ニハ閣議案ノ審議機関ハ資源局及企画庁ノ両庁トナリ（…）」[37]。海軍もまた、陸軍に主導権を握られない限りにおいて、総合官庁を通じた内閣への介入の意図を持っていた。企画院の設置は、「国家総動員ノ中枢機関」を目指す陸海軍の目論見が一致したからこそ、資源局の強化拡充による企画庁の吸収という形で実現したと言える[38]。

その意味で、企画院による閣議の「事前審査」は、「軍部と内閣の実力関係」を背景として生み出されたものであった。その根拠となる官制第一条第二号の規定は、企画院が審査したものは首相を経て内閣へ提出されるものと決めつけることにつながり、首相が「企画院によって制約される」可能性があった[39]。従って、「首相ガ『ロボット』トナルコトハ勿論ノコト、各国務大臣ハ只内閣ノ方針ニ盲従シテ行政事務ヲヤッテ行ク行政長官ニナル」懸念は、容易に打ち消せなかった[40]。内閣の統合化を構想されて出現したはずの総合官庁は、場合によっては、むしろ首相の官邸主導の大きな障害となる可能性を秘めたものであった。

第二節　企画院の始動と行政機構の機能変容

1　予算編成と総合官庁

ともかくも、「企画」概念とそこから派生した閣議の「事前審査」を生み出しつつ、企画院は活動を開始した。だが、そこで常に注目されたのは、法制局の「法制」との関係よりも大蔵省主計局の「予算」との関係である。依然として、「歳出予算の盛り方の当否は、直ちに国策の実行に影響を及ぼし、従って之を決定する予算編成当局は、事実上国策を決定する」との認識が強かったからである。このことから、「予算を国策的に考へさせる上に於ても、また内閣総理大臣の実質上の地位権限を強化する上に於ても、予算行政を担当する部局を内閣に設置し、之を内閣総理大臣の下に於て、之を通じて各省大臣の個別的考へを制御することが絶対に必要である。かくしてこそ始めて、内閣総理大臣の下に於ける企画・法制の担当部局の存在も有意義となるべく、これら三者は内閣総理大臣の下に於て緊密にタイアップして有力なる国策遂行の推進機関たり得る」のであった。[41]

主計局の内閣移管が強く望まれ続けていたということは、企画院が、官制の第一条第三号で規定している「予算」に対する「企画」機能を、十分に発揮できなかったことを意味している。既に「企画」概念により「予算」を統制する試みは、内閣調査局・企画庁の頃から続けられていた。だが前述したように、主計局の予算編成における長年の豊富な経験と情報の蓄積を前に、その役割は限定的であった。特に企画庁の設置に際しては、各省大臣の兼任と官制で規定された総裁には大蔵大臣が就任し、また、大蔵大臣が兼任とならない場合には、主計局長をもって企画庁常任参与として十分な連絡を図ることが想定されていた。従って、内閣調査局・企画庁の「予算」に対する「企画」機能は十分に発揮されず、実際の予算編成における主導権は従来通り主計局が握っていた、と指摘されるのである。[42]

ただし、ここで重要なことは、予算編成の主導権を従来通り主計局が握っていたかどうかということではない。重要なのは、「企画」機能が内閣に与えられたことの意味である。この点に鑑みれば、企画庁官制の枢密院審査における際の大蔵省のスタンスは注目すべきものである。審査では、枢密顧問官の南弘から、「予算編成期以前ニ、予算ト離レテ重要政策ヲ決定スルコトハ困難デハナイカ。重要政策ノ決定ハ予算編成ト相伴フモノデハナイカ」として、企画庁の「企画」が主計局の「予算」との間で齟齬をきたすのではないかという疑義を呈した。これに対し、大蔵省の賀屋興宣《かやおきのり》次官は次のように答弁している。

「実際ハ大蔵省ノ予算ノ編成ニ付テモ、企画庁ノヤウナ機関ガアッタ方ガ具合ガイイト思フ。近時各省ノ要求ハ財政上許シ得ル額ヨリ非常ニ多クナッテ来タ（…）大蔵省ノ仕事ハ最後ニ歳入歳出ノ辻褄ヲ合セル事デ、国策ノ統合調整マデハヤラヌ。又ソコ迄ヤルガイイカドウカモ問題デアル。ソノ為ニ、斯様ノ機関ニ依リ各省ニ於テ樹立シタ個々ノ政策ヲ国家全般ノ立場ヨリ見直シテ大体ノ案ヲ作リ、其ノ上デ予算ノ編成ヲスル事ガイイト思フ。数年前ノ情態ナラバ格別、現在デハ大蔵省ダケデハ十分デナイト考ヘル(43)」。

行政国家化のなかで各省からの予算要求が膨張しているにもかかわらず、大所高所から内閣の統合化を果たす政治統合主体は不在のままである。あくまで一つの省に過ぎない大蔵省にとって、予算編成に関し具体的な「実施」機能を担うことは可能であっても、内閣の統合化を伴う「企画」機能を担うことは不可能である。だからと言って、主計局の内閣移管は到底容認できない。それならば残された選択肢は、まず内閣に設置された総合官庁を自らの主導権の下に置いたうえで、「予算」に対する「企画」機能を持たせながら運営していくことである。大蔵省は、総合官庁の設置に積極的にならざるを得なかった。

しかし、この窮余の策が大蔵省にとって両刃の剣であることは明らかであろう。総合官庁の運営に自らが主導権を握りたいと考えるのは、革新勢力をはじめとして全ての政治勢力にとって同様である。従って、何らかの契機にどの政治勢力が主導権を握るのかは流動的である。また、幅広い「企画」機能を持つ総合官庁がいったん設置されてしまえば、これが著しく自律化しないとも限らない。そして、危惧された通り企画院では、大蔵大臣の総裁兼任制は官制に規定されず、大蔵省は戦時体制化のなかでやがて主導権を喪失していくのである。

2 「金の予算」から「物の予算」へ

大蔵省が主導権を喪失し始めるとともに主計局の内閣移管の主張が次第に立ち消えていったのは、それまでの「金の予算」そのものが戦時体制化・統制経済化に伴う「物の予算」の出現で決定的に変質したことにも、大きな要因があった。この「物の予算」を出現させたのは、企画院が担う国家総動員計画のなかで最重要のものとして位置づけられた物資動員計画（物動計画）である。

物動計画は、重要物資ごとにその需要と供給を計画したものであり、これにより物資統制の大枠を定めたものである。その萌芽は既に資源局の時代から見られていたが、正式に作成されたのは企画院設置後の一九三八年一月に閣議決定された第一回物動計画からである。一九三九年からは、予算編成との一致を図るため年度ごとに作成され、さらに一九四〇年度からは四半期ごとの実施計画が作成され概ね整備された。計画の本体は、「重要物資需給対照及補填対策一覧表」により需給の一致を図ることにある。一覧表ではまず、全体の需要を陸軍軍需（A）・海軍軍需（B）・民需（C）の三つに分け、さらにこの民需（C）を民間軍需工場の建設資材など充足軍需（C1）・生産力拡充計画用（C2）・各省に対する官需（C3）・輸出品製造用原材料用（C4）・一般民需（C5）の五つに分け、これらに供給可能量を一致させることが計画された。ここで指定される重要物資は普通鋼鋼材など殆どが基礎的原材料であり、その意味で物動計画は製品物動ではなく素材物動であった。

こうした物動計画に象徴される直接的な統制経済化は、戦時体制化と軌を一にして推し進められた。日中戦争が勃発した直後の一九三七年九月、設備資金の貸付、株式社債の引受、企業の新設増資を規制して資金の流れを強制的に統制する「臨時資金調整法」と、指定物資の輸出入の制限禁止、貿易に関係する商品の生産加工消費を統制する「輸出入品等臨時措置法」が制定された。特に後者は、「等」の字が入ることによりほぼ全ての物資を統制し得るものであり、統制経済化に対応する中心的な法律であった。また、一九三八年三月、企画院の企画立案により、国家総動員を目的に極めて広範囲にわたる政府統制を規定し、その細目は全て「勅令ノ定ムル所ニ依」るという、委任立法たる「国家総動員法」が制定された。統制経済化は、これら戦時体制化を見据えた法律が次々と適用されていくことで本格的に推し進められた。

しかし、こうした直接的な統制経済化には、より切実な理由があった。それは、既に一九三六年の初頭から顕在化していた国際収支の悪化である。これが、軍事費などの大幅な膨張をもたらした広田内閣の「馬場財政」が発表され、続く林内閣の軍備充実のための「生産力拡充計画」が国策として決定されると、国際収支はさらに悪化した。従って、巨額化する軍需物資の輸入を賄うため、直接的な統制経済により資金・物資にわたる不要不急の需要を圧縮せざるを得なくなっていた。つまり、本格的な統制経済化は既に不可避であり、日中戦争の勃発に伴う戦時体制化はこれを促進させたに過ぎなかったのである(44)。

これを端的に示したのが、第一次近衛内閣の成立直後に賀屋興宣蔵相から提唱された、財政経済三原則（賀屋・吉野三原則）である。三原則は、「生産力の拡充」、「国際収支の適合」、「物資需給の調整」からなる。その内容とは、次のようなものである。軍備充実のための「生産力の拡充」が実施されれば、これに伴う重要物資の需要急増は避けられず、「金の予算」を獲得しても物資確保の裏付けなしにはその実効性は減少する、そのため、「国際収支の適合」を図り物価高騰を回避して継続的に物資確保を図るべく、緊急不可欠な用途に物資を集中し不要不急な用途の物資を制限する、「物の予算」＝「物資需給の調整」の導入の必要が生じる。言わば三原則は、大蔵省の立場から陸海軍の過大な軍事費要求に国際収支・資金の面から一定の枠をはめ、その範囲内で「物資需給の調整」を試みるものであった。このため大蔵省は、物資政策を所管する商工省との緊密な連携を必要とし、賀屋は、入閣要請を受けた際、次官時代に付き合いのあった吉野信次を強く商相に推していた。すなわち、大蔵省は、商工省と連携することによって、「物の予算」たる物動計画の主導権を掌握しようと試みたのである。[45]

ところが、大蔵省の目論見は、日中戦争の泥沼化とともに潰えていった。それは、日本の貿易構造がもともと抱える脆弱性にあった。この頃、棉花・羊毛・原油・食糧・石炭・鉄鉱石など緊急不可欠とされた物資は、ほとんどがアメリカ・イギリス中心の第三国からの輸入に頼っていたため、この地域に対する貿易収支は常に入超であった。その一方、外貨獲得のための輸出は日満支経済ブロック向けが急増していたため、この地域に対する貿易収支は出超であったものの、円決済を行う円ブロックであるが故にその黒字は表面上の意味しか持ち得なかった。従って、「国際収支の適合」とは、いかにして第三国に対し為替バランスを維持させるかにあり、物動計画の根幹は輸入資金＝外貨量（当時これを「輸入力」と称した）をいかに確保するかにあった。

日中戦争の泥沼化はいっそうの輸入増加と輸出停滞をもたらし、アメリカの景気後退もあって対第三国貿易は悪化した。このため一九三八年六月、第一回物動計画は半年を待たずして大幅な改訂を余儀なくされた。改訂は、「輸入力」が三〇億円から二四・二億円に削減されたことから、陸海軍の軍需を確保するため民需の大幅な圧縮を行った。だが民需の大幅な圧縮は、国民生活を圧迫したのみならず、その直後に開始された生産力拡充計画を早々と挫折に追い込み、それがさらに物動計画の供給可能量を狂わせ軍需を圧迫する結果につながった。一九三九年には、旱害や水害による米の減産、異常渇水による発電不足と石炭減産、第二次世界大戦の勃発による輸入品の価格高騰が生じ、一九四〇年には、北部仏印進駐と日独伊三国同盟の締結によりアメリカから鉄鋼・くず鉄の対日輸出が禁止され、一九四一年には、南部仏印進駐によりアメリカとイギリスから対日資産凍結および石油の対日輸出が全面禁止された。こうして日本経済は、国際情勢の悪化で封鎖経済へと突入し、物資の供給可能量は著しく不足した。実際に、最も影響が大きい普通鋼鋼材の生産は一九三八年、最大のエネルギー源の石炭の生産は一九四〇年にそのピークを迎えている。ゆえに物動計画の根幹は、外貨量を基にした物資の「輸入力」から、日満支経済ブロック内部における物資の「輸送力」へと変質していった[46]。

著しい物資不足に直面したことによる「物の予算」の変質は、同時に、大蔵省主計局の「金の予算」を決定的に変質させた。枢密顧問官の深井英五は、一九四〇年度の予算案が審査に附された際に、次のような指摘をしている。「従来財政上の主たる苦心は如何にして政府所要の資金を調達すべきやにありと思はれたり。今や（…）通貨発行に対する有効なる制限撤去せられ、日本銀行引受国債発行は戦時財政上の常用手段として一般に容認せらるゝこととなりたるが故に、資金調達の上には当面の問題なし。只、将来に残す所の影響如何を問題とすべきのみ。戦時に於て将来の影響を顧みるの暇なしとするも、亦已むを得ず。当面の問題として重要視すべきは、予算による資金支出を以て果して所要の物資を調弁し得べきや否やにあり。財政の重点は茲に一変したり（…）故に予算は物動計画による物資調弁の可能性と表裏を為し、其の間に食い違ひなきものたらざるべからず[47]」。

深井が指摘したように、封鎖経済へ突入してからの通貨発行と財政膨張は甚大であった。日中戦争の勃発によって開始された臨時軍事費特別会計は膨張し続け、一般会計との重複分を差し引いた軍事費純計の国家財政に占める比率は、以前は二〇％以下であったものが一九三九年には五五・二％に達し、太平洋戦争末期の一九四四年には実に八五・六％に達した。また、これら巨額の軍事費は、主に日銀引受の公債によって賄われたため、現金の通貨発行額は日中戦争以前の水準から、一九三九年末には二・二倍、太平洋戦争終戦の頃には一五倍以上となった[48]。緊急不可欠の物資でさえ供給可能量が著しく減少しているにもかかわらず、このように通貨発行と国家財政が膨張すれば、「将来に残す所の影響」として予想されるのは、インフレ激化である。深井は、枢密院に附された物価対策審議会官制の審査では、次のように指摘している。

「一般物価騰貴の根本的原因は物資需給の一般不均衡、詳言すれば通貨発行と物資生産との不均衡にあり。現下我国に於て此の不均衡を生じたる原因を更らに遡りて考ふれば、巨額の軍事費を含む政府歳計の膨大及び急激なる生産力拡充計画に帰せざるを得ず」。だが深井にしても、「予算縮小の余地少なく、軍事費に至っては全く其の余地なし」との政府答弁を認めざるを得ない以上、物価騰貴に対する最大の焦点は、「物資及び生産力の方面」にならざるを得なかった。インフレ激化をもたらさないためには、日銀引受の公債に依存しがちな通貨供給ではなく、生産増強政策による物資供給が必要とされたのである。さらに深井は、次のように指摘している。「財政上の見地を以て国家経営の全局の決定に貢献することを期せずして、単に受動的に経費の調達を為すだけにて大蔵大臣の能事了れりとせば、大蔵大臣は一個の出納官の大なるものに過ぎざるべく（…）日本銀行引受による国債発行の便法を利用して安易に収支を調整せんとするならば、大蔵大臣は誰にでも出来る[49]」。

すなわち、予算編成の重点は、大蔵省の「金の予算」から企画院・商工省の「物の予算」へと決定的に変質した。声高に叫ばれ続けた主計局の「金の予算」の内閣移管の構想は、あくまで「物の予算」を補完する観点からなされたものだったのである。

3　内閣官房と内閣長官会議

戦時体制化・統制経済化・行政国家化という要請を受け企画院がその活動を開始したことは、行政機構内部にも様々な機能変容をもたらす契機となった。だが、前述したように企画院は、内閣の統合化を果たす存在として構想されたにもかかわらず、実際に果たし得る機能は不完全であった。従って、行政機構内部では、さらにこの内閣の統合化を補う形での機能変容が生じた。企画院が不完全であっても、様々な要請に応えるべく設置された以上、ともかくも何らかの形での機能的な対応が求められたからである。その一つが、主に、企画院総裁・書記官長・法制局長官から構成される内閣長官会議であった。

内閣の統合化を果たすため生み出された「企画」概念とそこから派生した閣議の「事前審査」と関連して、企画院と法制局・大蔵省主計局との関係については既に述べてきた。だが、この観点から言えば、明治憲法の施行直後から存在してきた書記官長の存在を抜かすことはできない。一九二四年、書記官長の役割が増大してきたことに鑑み、「内閣所属部局及職員官制」などにより、それまでの内閣書記官室は内閣官房に強化拡充された。その官制の第九条は、書記官長の職責として、「内閣総理大臣ヲ佐ケ機密文書ヲ管掌シ内閣ノ庶務ヲ統理シ所部ノ職員ヲ監督シ判任官以下ノ進退ヲ専行ス」と規定している。そして、第二条は、内閣官房の所管として、「詔書、勅書、法律、命令等ノ公布ニ関スル事項」、「大日本帝国憲法、詔書、勅書、法律、命令等ノ原本ノ保存ニ関スル事項」、「公文書類ノ査閲、起草及接受発送ニ関スル事項」、「官吏ノ進退身分ニ関スル事項」などを挙げている。[50]

書記官長は、内閣官房を拠点に首相の政治的な補佐ブレーン役を果たすと同時に、実質上、閣議の庶務的事項を所管する立場であった。言わば、首相のもとで政治的な「企画」を行い「庶務」的な立場から閣議の「事前審査」を果たして来たため、法制局長官とともに「内閣の両番頭」と呼ばれる存在であった。[51] こうした経緯から、一九三五年に内閣調査局が設置されると、同局長官と法制局長官とともに書記官長は内閣三長官として、「企画」および閣議の「事前審査」の機能を果たし、閣議に陪席するようになっていた。[52]

もっとも、この内閣三長官が、常に一致協力していた訳ではない。もともと、閣議運営をめぐっては、これを「庶務」の立場から取り仕切ろうとする内閣官房と、「法制」の立場から取り仕切ろうとする法制局との間で、見解の相違が存在してきた。[53] また、前述した法律的な「法制」をなす法制局との間に生じた権限の重複と同様に、政治的な「企画」をなす内閣官房と政策的な「企画」をなす総合官庁との間に、権限の重複が生じる可能性は大いにあった。閣議の「事前審査」に関しても、例えば企画庁の上申権に対し、内閣官房総務課は次のように牽制していた。「一、内閣総理大臣、内閣書記官長又ハ内閣ヘ宛テタル書類ハ総テ内閣官房総務課ニ於テ接受シ、其ノ企画庁ニ於テ審査上申ヲ要スルモノハ総務課ヨリ之ヲ其ノ庁ニ回付ス。二、内閣ニ上申スベキ案件ハ閣議定例日前成ル可ク余日ヲ存シ内閣官房総務課ニ送付スルコト。三、内閣総理大臣又ハ内閣書記官長ノ決済ヲ経ベキ書類ハ総テ内閣官房総務課ニ送付スルコト」[54]。こうして内閣三長官は、互いに一定の緊張関係を孕みつつも、次第に内閣の統合化を果たす存在として活発化していった。

　それが顕著となったのは、国家総動員法第一一条の発動問題からである。一九三八年十一月四日、閣議において、第一一条の発動によって配当制限と金融機関への強制貸付命令をなすべき提議がなされた。ここに、国家総動員の見地から発動に賛成する陸軍省・内務省・厚生省と、経済界の強い反対意見を背景にする大蔵省との間で対立が発生し、政治問題化した。結局、企画院を挟んだ折衝によって、十八日に部分的な配当抑制を行い今後に強制貸付命令を検討することで決着したものの、これにより、「国家総動員ノ中枢機関」であるはずの企画院の存在意義が問われた[55]。国家総動員法の運用において各省間に対立が生じた場合、企画院の調整権限が不十分だったからである。これを受け、翌一九三九年二月七日に次のような閣議決定がなされ、内閣三長官の活用による調整方式が取られた。「国家総動員法ノ施行ニ関スル所管問題ニ付関係各庁間ニ意見ノ一致ヲ見ザル場合ニ於テハ法制局及企画院協議ノ上作成シタル調整案ヲ尊重スルモノトス[56]」。そして、実質上は、この閣議決定に示された法制局長官・企画院総裁に、書記官長を加えた内閣三長官に一任された[57]。

　とはいえ、第一一条の発動問題が不満足な決着に終わったことから、陸軍は総動員体制の主導権を握るべく、またもや内閣の統合化に資する首相権限の強化と企画院の強化拡充を唱えた。このうち、企画院の強化拡充は部分的な組織再編に止まったものの、首相権限の強化に関しては、内閣三長官の検討を経て一定の進展が見られた。九月二十九日、勅令として「国家総動員法等ノ施行ノ統轄ニ関スル件」が施行され、その第二条では、「内閣総理大臣ハ関係各庁ニ対シ国家総動員法ノ施行ニ関スル事項ニ付統轄上必要ナル指示ヲ為スコトヲ得」とされた。これによって、指揮命令権ではなく法律上は意思通知にあたる程度の拘束力を持つものとされたものの、それまで憲法上疑義があるとされてきた首相の指示権が規定された[58]。この首相の指示権を規定した勅令の企画立案では、内閣三長官が積極的な役割を果たしている。特にその過程では、「従来の内閣が踏んだ審議会や委員会の如き緩慢な手続は採らず、企画院で立案したものは直に内閣三長官の間で研究を加へた上総理に提出し閣議に諮るといふ方法」の検討が進められていた[59]。そして、この勅令の翌日に、首相の指示権の規定に関し次のような閣議諒解がされている。「其ノ内容ガ各庁ノ事務主管ノ調整ニ関スルモノ又ハ勅令ノ制定改廃ヲ要スルニ至ラシムルモノニ付テハ法制局及企画院協議ノ上指示案ヲ作成スルモノトス[60]」。つまり、企画院単独では困難な「企画」や閣議の「事前審査」の機能が、内閣三長官会議を媒介して果たされていったのである。

やがて、一九四〇年七月二十二日に第二次近衛文麿内閣が成立すると、内閣三長官による会議は定例化されていった。第二次近衛内閣では、成立直後から政策政綱の中心となるべき内外の基本国策の大綱を検討し始めたが、その際には、企画院が企画立案した試案を内閣三長官会議が事前に検討してから閣議に諮ることになった。このため、「当分の間、毎日午前八時半より首相官邸に三長官会議を開催して政策全般について検討を行ひ成案を急ぐ方針」が採られた。この結果、二十六日、大東亜新秩序の建設、国防国家体制の確立の方針などを定めた「基本国策要綱」が閣議決定された。そして、この「基本国策要綱」に基づき、当分のあいだ内閣三長官会議が各種政策の具体案の作成とこれに伴う各省の調整を行うことになった。さらにその後には、内閣情報部長を加え内閣四長官会議となり、いっそうの機能強化が期待された[61]。

もっとも、内閣四長官会議がどの程度機能しているのかにつき懐疑的な向きもあった。内閣官房総務課長であった稲田周一は、議会中に大きな問題となった大政翼賛会改組、経済新体制の具体化策を休会後に検討していくにあたって、次のような懸念を示している。「内閣四長官ノ会談ハ毎朝一時間位宛行ヒ居ルモ、議会ニ於ケル政府側答弁（口質ヲ与ヘタルモノ）ノ整理程度ノ内容ナルガ如シ、四人集リテ相談シテモ中々成案ヲ得難カルベシ。誰カ一人原案提示ノ要アルベシ」[62]。そのためか、日米交渉が緊迫化してきた一九四一年五月に、「最近の国際情勢の先鋭化と国内情勢の複雑化」に対処すべく「近衛内閣の態勢のより一層の強化」が要請されたことに鑑み、近衛首相は、内閣四長官会議の本格的な機能強化を試みた。首相官邸を拠点に、「今後とも連日同会議を続行せしめるは勿論、なるべく毎週一回首相を中心に四長官一堂に会して内外諸施策の構想工夫に努める」方針が示され、「首相と四長官との緊密一体化による内閣統率力の強化が、実際政治の上に今後如何に反映するかゞ注目される」と報じられた。こうした方針の下、内閣四長官会議の首相官邸における毎朝の定例開催は、続く第三次近衛内閣にまで継続されていった[63]。

4　次官会議の官制化構想

以上のように内閣長官会議は、その有効性に疑問を持たれつつも、企画院の不完全性を補い内閣の統合化を果たしつつあった。だが、首相の補佐ブレーン会議として「企画」機能はある程度果たしても、膨張し続ける行政事務を細部に至るまで把握し、各省の調整を行いつつ数多の閣議の「事前審査」機能を果たすことは容易ではない。各省間の横の連絡も、従来以上に必要となる。ここで、これらの要請に応えるべく注目されたのが、各省次官からなる次官会議であった。

このころ、内閣には、国務大臣が天皇を補弼する方法について協議する機関としての性格と行政事務を行う機関としての性格があり、この両者が重複している現行制度に内閣の弱体化と各省の割拠主義を招いている要因がある、と指摘されていた。これと同様に、閣議附議事項についても、輔弼上の内閣におけるものと行政上の内閣におけるものとが重複している、と指摘されていた。いわゆる、国務大臣・行政長官の分離論に属するものである。その主張の一つは、たとえ国務大臣・行政長官の分離ができずとも、内閣官制第五条第四号の「諸省ノ間主管権限ノ争議」や、同第二項の「其ノ他各省主任ノ事務ニ就キ高等行政ニ関係シ事体稍重キ者」という行政上の閣議附議事項に関しては、他の機関への委譲が可能というものであった。すなわち、「現行の重複制度の下においても、諸省間の主管権限の争議のごときは、内閣総理大臣の裁定に付するといふがごとき方法も考へられうるであらう。その他の事項に関しては、各省次官会議のごときものを新設して、できうるかぎり全部この会議の権限に移すの方法もとられうるであらう」との主張がなされたのである。[64]

もっとも次官会議は、その詳細は不明だが、法令上の根拠がない非制度的な機関として、既に内閣制度創設の頃から存在している。[65]戦前の次官会議が、「新設」などと誤解されるほど目立つ存在でなかったのは、閣議の「事前審査」を行い政策決定に大きな影響を与える戦後の次官会議のような機関ではなかったからである。戦前の定例閣議が、内閣制度創設の頃から毎週火曜・金曜の週二回開催されていたのに対し、戦前の定例次官会議は、戦後のように閣議の前日の月曜・木曜の週二回開催されるのではなく、基本的に毎週木曜の週一回のみ開催される「連絡機関」としての性格が強いものであった。[66]これが、一九三〇年代の挙国一致内閣期に入り、行政国家化や政治統合主体の不在による閣議の形骸化、これに伴う各省行政の不統一が露呈され始めると次第に注目され始め、その積極的な活用が唱えられていた。

その兆候が現れたのは、第一次近衛内閣が取り組んだ官吏制度改革においてであった。この改革で注目された構想の一つは、総合官庁の強化拡充問題で必ず現れる、内閣への人事部の新設である。この構想に対し、地方長官以下の人事を一手に握る内務省をはじめ、各省は強い反対運動を展開した。とりわけ内閣官房総務課は、自らの人事事務がこの内閣人事部に吸収されてしまうとして強い異議を唱えた。そして、恐らくはこの総務課が発信源であろう、一九三八年五月二十四日に閣議決定がなされた。それは、内閣人事部構想の代案として、各省の人事調整を図るため次官会議を活用するとともに、内閣に各省次官と人事課長ないし秘書課長からなる「人事委員会」を設置し、今後拡充されるべき総務課と連絡を図り「事実上の人事部」とするというものであった。結局、この閣議決定は、官僚勢力の強い反対により全面的な再検討が行われた。その後、第二次近衛内閣の官界新体制の動きのなかで身分保障制の撤廃などが実現したものの、「人事委員会」案は消滅した。(67)

しかし、総務課の狙いは「人事委員会」案そのものではない。一九三九年七月、稲田周一総務課長は、この時に乱立していた各省の委員会・調査会を整理するに際して、そこに関係している各省と民間委員の双方の意見が結果において一致すれば良いとして、次のような私案を作成している。「一方次官会議に確固たる基礎を与へ之を以て各種問題に付各省の意見の一致を図るところと為し、他方民間の学識経験者は各省の参与又は顧問の如きものと為して各省に配属し、主務省の主催或は数省連合の主催の下に参与又は顧問の会議を開き、此処で民間の人の意見を聞くこととし、次官会議と相まって官民両方面の意見をまとめることも出来る」。そして、次官会議を官制で規定する法令上の制度とし、内閣官房の総務課および各省の文書課長などを幹事役として、定例的に少なくとも毎週二回開催することを提案している。(68)つまり、総務課の狙いは、官吏制度改革を換骨奪胎するべく、各省と連携して次官会議の積極的な活用を持ち出し、そこでの主導権を内閣官房が握ることにあった。そのため、次官会議を官制化することで正式に法令上の制度と位置づけることを構想していた。

この構想に対しては、すぐさま幾つかの反対意見が提出された。その理由として、まず次のことが挙げられている。「従来の次官会議は単なる事務打合会なるを以て問題も比較的事務的のもの多く決定も比較的簡単に取運ぶ事と思はれるが、従来の各種調査会委員会の議案の如き政策的重要議案の調査審議となると簡単には片付かざるべく審議時間も相当の長時間を要すべし（…）要するに是に依って目的を達せんとせば一大調査機関となる虞あり。運用複雑となりて目的とする整理の趣旨に副はざるべし」。言わんとすることは、次官会議の肥大化・複雑化に対する懸念である。だが最も本音に近いのは、次の部分であろう。「一面に於て各省大臣たる国務大臣を以て内閣を組織する我国に於ては次官会議と閣議との調和上考慮すべき点あり、各省次官は調査会委員といふ別個の組織体の一員とする従来の制度にも妙味あり」、「次官会議の権限を如何にすべきか極めて困難なる問題なり。現存の委員会中には所謂政策の審議権限を有し得るもの少からず、是等の政策の審議権限を次官会議に移し次官会議としての意志決定をなさしむることは所謂二重閣議制に陥る虞なしとせず(69)」。

従来は「単なる事務打合会」に過ぎなかった次官会議は、各省がそれぞれの権限を守りつつ行政機構の外部に責任の所在を明確化させずに運営されてきた。また、各省にとって、閣議が形骸化しつつあるなかで委員会・調査会を駆使して審議や政策決定を行うことにこそ、それぞれの権限を守るための「妙味」がある。次官会議の官制化構想は、各省の権限が内閣官房へ吸収されるばかりか、責任の所在が明確化されることで外部からの政治介入をもたらす危険性がある。つまり、各省は、内閣の統合化につながるこの構想を自らの権限を脅かすものとして警戒感を露にしたのである。結局、各種の委員会・調査会は官界新体制の一環としてその約半数が整理されたもの(70)、次官会議の官制化構想は立ち消えとなった。

とはいえ、「二重閣議制に陥る虞」が出るほど閣議の形骸化が進むなかで次官会議の存在感は日に日に増し、その積極的な活用が唱えられる状況に変わりはない。これが遂に表面化したのは、第二次近衛内閣の新体制運動のさなか、一九四〇年暮れの次年度予算編成においてである。前年の天候不順や第二次世界大戦の勃発に加え、この年の国際情勢の悪化によるアメリカの対日経済制裁により経済状況が厳しくなるなかの九月、次官会議から、予算編成でいっそうの重点主義を閣議で徹底させる方針が示された。そして、大蔵次官の検討を経て、閣議の「下交渉として主計局の予算の査定が相当進行して来た折をみて、新規要求の中でも重要政策に関するもの、或は比較的金額の多額に上るもの或は既定経費でも多額に節減せしめようとするものをまづ次官会議に附議し、各省次官との間で接衝」を行う方法が確認された。各省間の対立をなるべく閣議にまで持ち込ませず、事前に次官会議で調整していこうという新しい試みである。十月一日、この次官会議の活用方針が閣議諒解され、これをもって重要政策に関する予算編成は、大蔵省主計局中心主義を改め閣議中心主義になるとされたのである(71)。

そして、十一月二十八日と十二月三日、二回にわたり予算次官会議が開催され、大蔵次官と各省次官との調整が取り纏められた。ここでの主な調整事項は、鉄鋼・石炭など急速に不足しつつあった重要物資の増産奨励のため、各省予算を圧縮してでも従来通り多額の補助金を支出して公定価格の維持を図るという低物価政策を、継続するか否かにあった。つまり、物資不足のなかで生産力拡充計画を果たすため、「金の予算」と物動計画に基づく「物の予算」とをどのように吻合調整させるかが大きな焦点となっていたのである。ここで次官会議は、補助金支出により公定価格の維持を図る従来の低物価政策を踏襲し、その費用を追加予算に回すことで取り敢えずの決着を図った。これを受け十日の予算閣議では、次官会議の事前の取り纏めがほぼそのまま採用され、予算編成案が決定された。主に陸海軍の軍事費と生産力拡充計画費によって予算全体は膨張したものの、各省予算は大幅に圧縮され、新しい次官会議の積極的な活用は「案外成功した」と評されるに至った(72)。予算編成における閣議中心主義との謳い文句とは裏腹に、実際には次官会議の「事前審査」が機能したのである(73)。

ただし、新しい運営方式によって次官会議が、政策決定の主導権を握り全般的な閣議の「事前審査」を確立した訳ではない。この時の経緯について、大蔵次官であった広瀬豊作は次のように述べている。「とにかく、次官会議で予算の先議をやるということは新しいやり方です。あとで聞いてみると、私が辞めたあとこの慣例は数年間続いたとのことです。しかし、陸海軍の予算については別扱いでした(…)陸海軍の予算は一般の次官会議には出すことなく、席を別にして大蔵次官対陸軍次官、大蔵次官対海軍次官で決めることにしました。閣議においても陸海軍予算だけは大数の審議に止まり、他の閣僚がその内容について発言しなかっただろうと思います」[74]。もちろん、閣議が著しく形骸化し、次官会議が実質上の各省間の調整を担い始めたのは確かである。とはいえ、それはあくまで行政上の見地に立つものであり、別枠で行われる陸海軍の軍事費予算と制約されるものであった。

実際に次官会議の重要な役割であったのは、陸海軍の軍事費予算と密接な関係にある、企画院の「物の予算」との吻合調整であった。そのため、予算編成案が閣議決定されると、その直後から次官会議は、冬期需要を控えていたことに鑑み、米・石炭など生活必需物資や物動計画における重要物資を確保するための総合的な協議を開始した。二十六日、「重要物資確保につき適切機宜の措置を講じてゆくためには、一週一回の次官会議では万全を期し難く、且議会提出書類等の整理のため今後は毎週二回閣議の前日即ち月、木の両日同会議を開催し次官会議の機能を物資対策の上に高度に活用せしめる」ことが申し合わされた。ここに、「従来とかく事務的打合せに終始し勝ちであった次官会議の新運用方針」として、毎週二回の定例開催が開始された。早速二十八日の次官会議では、石炭増産のための具体策が決定され、以後、逐次実施に移していくことが確認された[75]。すなわち、次官会議は、戦時体制化のなかで「金の予算」たる予算編成と「物の予算」たる物動計画の下請機関として各省間の調整をなし、なおかつ、両予算の具体的な吻合調整を行うため利用されたのである。

その意味で、内閣の統合化のため実質上の閣議の「事前審査」機能を果たしたのは次官会議ではなく、陸海軍を背景に物動計画など総動員業務を担う企画院の総裁を含めた内閣長官会議であった。そもそも大蔵省が、次官会議において予算編成の各省間の調整をなすことを提唱したのも、これと物動計画との吻合調整が必要になったからであった。企画院や商工省が所管する「物の予算」は、大蔵省主計局中心主義が通用した「金の予算」とは異なり、各省との調整をなす次官会議のような場が必要であり[76]、週二回の定例次官会議の主要な役割も行政上の下請機関としてのものであった。従って、物動計画を基軸とする戦時体制化のなかでは、内閣長官会議が、首相官邸と陸海軍・企画院の結節点として「企画」および閣議の「事前審査」機能を果たし、その下で次官会議が形骸化した閣議に代わり各省間の行政上の調整をなす体制がいったんは確立したのである。(77)

第三節　東條内閣における戦時体制の再編と終焉

1　近衛新体制の挫折

従来の戦時体制に関する先行研究は、近衛新体制期に集中している。(78) それらによれば、近衛新体制は、革新勢力を推進力に、一九三〇年代の激しい国際環境を生き残るため明治憲法の改正やその弾力的運用を含む政治・経済・社会体制の変革を目指して行われた運動であり、その中核は大政翼賛会の設立にあった。強い政治指導力を確立し得る大政翼賛会の設立を目指す政治新体制を中心に、後に統制会に組織化された半官半民の経済団体の設立と資本・経営の分離を目指す経済新体制、官吏制度改革や各省の割拠性の克服を目指す官界新体制をもって、三課題とされていた。そして、これらを通じた政治指導力の強化と統制経済化の整備によって戦時体制化が進められたものの、結局は大政翼賛会が行政補助機関と化したように、観念右翼・財界・議会からの「幕府論」や「アカ論」、あるいは既成の官僚機構からの反攻を受け、いずれも骨抜きされて決着した。本節ではまず、政治統合主体の不在のなかでの内閣の統合化の模索という観点から、この経緯について概観していく。(79)

代表的な革新官僚として商工省から企画院に出向し、経済新体制で様々な企画立案をなした美濃部洋次によれば、半官半民の経済団体の設立構想は、陸海軍所管の軍需部門と経済官庁所管の民需部門との統合を意図したものであった。(80) 物動計画は、軍需部門と民需部門に分離された「輸入力の配分の計画」と化し、軍事機密を盾に陸海軍の配分の詳細を把握できなかったうえ、軍管理工場が経済官庁の生産力拡充計画の枠外に置かれ、これが「終始統制全体を乱し統一出来ないもと」になっていた。そして、軍需部門を商工省など経済官庁が所管することは陸海軍の諒解が得られないため、「民間の機構に両方から一任する」ことが必要不可欠とされた。つまり、美濃部ら企画院側の意図は、民需部門の経済団体の結集を拠り所に軍需部門をこれに統合し、軍・官・民による新しい経済団体をして軍需生産の隘路解決にあたらせることにあった。経済新体制が「政事新体制の一幹」とされたゆえんである。(81)

満鉄嘱託として政治経済情勢の調査・報告を行い、第二次近衛内閣のブレーントラストとして首相官邸などでの「朝飯会」にも参加していた尾崎秀実は、内閣の最重要となる問題につき、次のように指摘している。「統帥権範囲ノ明確ナル限界ノ問題トナツテクルノデアル。此ノ点ハ日本政治ノ長イ間ノ深刻ヲ極メタ問題デアツタ（…）近衛公ノ方式ニヨル新政治組織ガ如何ニ強力ニ開始セラルルカニ一切ノ問題ガ懸カツテクル」(82)。日増しにアメリカとの軍事的な緊張が高まるなか、内閣の統合化の最大の障害は、間違いなく国務と統帥の分離であった。近衛新体制の最大の狙いは、新たな政治統合主体の設立によって、陸海軍を抑制する強い政治指導力を確立することにあった。国務と統帥の分離に基づく軍需生産の隘路の解決を目指す経済新体制の成否は、政治新体制の成否にかかっていたのである。

一九四〇年九月二十八日、企画院原案の「経済新体制確立要綱」が策定された。そこでは、「経済団体ト政府及中核体トノ関係」につき、まず、産業ごとに組織される経済団体を統轄する最高経済団体を設立し、これが「内閣（企画院）ノ監督ニ属スル」とした。その下部団体は、「夫々ノ所管省ノ監督ニ属スル」ものの、これに対する「各省ノ指揮命令並下部団体ヨリノ各省ニ対スル連絡ハ最高経済団体ヲ通シテ之ヲ為ス」とされた。そして、後の大政翼賛会を想定した中核体が、「経済団体ノ組織ヲ為シ又組織ニ付指導」し、「経済政策ノ実施ヲ完全ナラシムル様経済団体ヲ指導スル」と定めていた。すなわち、企画院は、中核体の政治力をバックにした最高経済団体を自ら所管し、もって各省への主導権を確立することを目論んだのである。だが、企画院原案が十一月十二日からの経済閣僚懇談会に附議されると、独善的な官僚統制として激しい反発を受けた。経済閣僚懇談会は紛糾を重ね、富田健二書記官長・星野直樹企画院総裁が中心となり経済閣僚、陸海軍、その他の閣僚や大政翼賛会などの意見を入れ、持ち回り形式で協議が重ねられた。その結果、資本・経営の分離は曖昧とされ最高経済団体の設立は見送られるなど、大幅な修正を余儀なくされた「経済新体制確立要綱」が十二月七日に閣議決定された(83)。

この過程では、経済官庁と財界、あるいは革新と現状維持の対立という単純な図式のみが見られた訳ではない。商工省は、岸信介次官が「各産業部門の最高統制機関はあくまでも統制会とする」旨を述べ、早くから最高経済団体の設立に反対していた(84)。そもそも商工省は、全体的な会議体の機関設立を想定したものの、せいぜい「業種別（物資別）統制会ノ如ク強力ナル統制実行機関ニ非ラズ、政府ノ諮詢乃至答申機関トシテ或ハ各統制会間ノ連絡調整機関」程度のものであり、また、その際には、「国家ノ統制力及民間企業ノ実体ヲ考慮勘案シ実際ニ適合シタル形態タラシムルモノトシ、法的強圧力ニ依ル独善的統制主義ヲ採ラズ」としていた(85)。つまり、重要産業の大部分を所管する商工省は、財界に現実的・融和的な立場を示し、企画院に主導権を握られかねない最高経済団体の設立に反対していたのである。経済閣僚懇談会に附議された段階で、企画院原案は商工省との調整が図られ、既に最高経済団体は「情勢ニ応シ必要アリト認メタルトキニ於テ之ヲ設置ス」と修正されていた(86)。

既にこの年の八月には、「一方には財界一部の現状維持勢力を、あるいは批判しあるいは説得して、経済新体制の中へ組み入れてゆくとともに、他方には、いわゆる『革新』勢力のはね上がりをおさえて財界乃至産業界として現実に容認しうる線で新体制の理念をおさえておくという、言わば調停者的立場」を目指す重要産業統制団体懇談会（重産懇）が重工業を中心に設立され、九月には日本経済連盟より分離独立していた。重産懇は、「産業別並に事業別団体の公益的性格を育成し、其の首脳部の経営指導に関する権能を強化する」ことを強調しつつ、自らが中心に八つの主要経済団体からなる日本産業連盟を設立するという、商工省に近い構想を示していた。ここに、革新勢力と目されながら相対的な現実主義を採る商工省と、財界のなかで相対的な革新主義を試みる重産懇との間に、協調体制が築かれたのである。[87]

商工省総務局は、「経済新体制確立要綱」を具体化するべく「産業組織法案」を作成したものの、政治新体制の後退に歩を合わせるかのように一九四一年一月二十二日には議会上程が断念され、通過の見込みやすい国家総動員法の改正とこれに基づく勅令によるとの閣議決定がなされた。改正案は三月三日に議会で成立し、具体的な勅令化作業ではその主導権をめぐり企画院と商工省の間の調整に手間取ったため、ようやく八月三十日に産業ごとの統制会の設立を定めた「重要産業団体令」が公布され翌日に施行となった。[88] 経済新体制は、商工省と重要産業統制団体協議会(重産協)のラインで纏められたのである。[89] その後、各統制会の監督権をめぐり経済官庁の間で所管争いが生じ、重要産業を指定する閣令の公布は遅れ、結局、十月十四日、統制会の主管官庁以外の他官庁も所管事項の範囲内で指導監督し得るなどの閣議申し合わせで妥協が成立し、同三十日、閣令により一二の重要産業に対し第一次指定が行われ、統制会はようやくその実現を保証された。[90]

以上の過程では、革新勢力の最大の推進力のはずの陸軍が積極的に動いた形跡はない。財界などの骨抜き攻勢を、黙認した観さえあった。例えば、国家総動員法改正の審議において東條英機陸相は、「一時と雖も生産力の低下と民心の不安を招来するが如き事態を避けると同時に、理想的体制の確立をはかることが必要である」旨を強調し、財界に融和的な態度を見せ企画院から距離を置いた国会答弁をしている。[91]

陸軍がこうした立場を見せた理由は、海軍の消極的な態度にあった。海軍は、統制会の設立が進むなかで、敢えて経済関係閣僚会議とその下に官民共同の経済委員会を設置することを提言している。そこでは、「陸海軍ガ主導的立場ヲトリ指導力推進力トナルニ非レバ活動充分ナル能ハザルベシ」、「現在文治各省ノ状況ヲ見ルニ斯ル大組織ヲ指導シ正導スルノ能力ト純真性ヲ有スルコト少クシテ到底其ノ任ニタヘザル」、「事実上企画院ニハ其ノ権能及実力ナキ為ニ本組織ヲ必要トス」との見解を示していた。[92] 海軍は、経済新体制が次々と骨抜きされ、各省の分立性がそのまま反映された統制会組織に強い不信感を抱いていた。そのため、あくまで陸海軍主導による軍需部門と民需部門の統合を目指していたのである。陸軍にしても、より強力な軍需部門を有する海軍が取り込まれない統制会組織は無意味であり、自らの立場を融和的にせざるを得なかった。結局、経済関係閣僚会議・経済委員会の構想は立ち消えたものの、前年七月に陸軍が陸軍工業会を設立していたのに続き、二月には海軍が海軍工業会を設立し、軍需部門の組織化が進められた。これにより、主要物資の統制は統制会組織とのあいだで三元化し、軍需部門と民需部門の分離はかえって顕著となった(93)。

尾崎秀実は、経済新体制の挫折を次のように鋭く見抜いている。「軍部ハ元来一筋ニ現状ニ於テハ戦争遂行、継続ヲ欲スルモノデアルト謂フコトデアル。従ツテ資本家陣営カ戦争継続ノ為ニ絶対必要ナル条件デアルト主張スル限リニ於テハ彼等ノ主張ニ聴随セサルヲ得ナイ」。また、統制会組織にしても、「革新勢力ノ敗退ニ基キ軍財ノ抱合ト官財ノ妥協カラ生シタモノデアル。官僚ハ財界ヲ完全ニ支配下ニ置クコトモ出来ナカツタ代リニ、財界モ亦官僚ヲ完全ニ屈服サセルコトモ出来ナカツタ」。結局のところ、経済新体制の挫折は、「政治力ノ問題」に起因するものであった(94)。美濃部洋次は、この「政治力ノ問題」につき次のように述べている。「大政翼賛会の弱体化に依て大政翼賛会と此の経済団体との関連問題と云ふものは重要な意義を持たないものに終ってしまった」。国務と統帥の一致のみならず、経済新体制の成否を握っていた政治新体制は、観念右翼・議会・財界の「幕府論」「アカ論」を前にして近衛首相の腰砕けを招き、大政翼賛会は行政補助機関化して既に挫折していた。従って、美濃部ら企画院は、当初の構想から変質した大政翼賛会の下に統制会組織を置くことに反対するまでになっていた(95)。

政治新体制・経済新体制の挫折は、さらに官界新体制の挫折に連動した。前述したように、統制会の設立は、国家総動員法の改正とこれに基づく勅令によるものと一月二十二日に閣議決定された。そもそもこの方式は、各統制会に対する執行命令・省令制定権を個別に各省に授権させるものであり、明確な主務官庁の欠落と各省の割拠性の継続を意味していた。つまり、経済新体制の具体化が国家総動員法の改正によることは、官界新体制がさしたる成果もなく挫折に終ったことを意味するものであった[96]。それを表すかのように、二十三日、前日の閣議決定の方針を内閣四長官から伝えられた次官会議は、全ての議会提出法案に関する再検討につき協議を開始している。そして、特に国家総動員法の改正案につき企画院・法制局と各省との間で調整が進められ、二十六・二十七日に開催された次官会議で協議が纏まった。二十九日、臨時閣議に附議された国家総動員法の改正案は決定の運びとなり、議会への上程が決定されていた[97]。内閣四長官の関与があるものの、次官会議は、閣議の「事前審査」を行うことで内閣の統合化に対する拒否権集団と化し、各省の割拠性を継続させたのである。

こうして、政治新体制・経済新体制・官界新体制の三課題が接点を持ち得ない形で挫折した近衛新体制は、「わが国の統治構造の到達点」であると同時に「終着点」とされた[98]。そこでいったん構築された戦時体制化は、政治指導力の強化と統制経済化の整備が道半ばのまま、太平洋戦争へ突入した。だが、この近衛新体制期に進められた戦時体制化が、果たして「終着点」になるのか否かは、アメリカが相手という日本にとって未曾有の国家総力戦の帰趨にかかっていた。

2　戦局の悪化と企画院の限界

日米交渉の行き詰まりで第三次近衛内閣が総辞職に至ると、次期政権の奏薦を検討する重臣会議が開催された。そのなかで木戸幸一内大臣は、日米交渉で最も強硬な態度を示していた東條陸軍大臣の奏薦を強く主張した。天皇にも異論がなかったこの主張は、国務と統帥の一致を図り日米開戦を回避するため、東條に現役軍人として陸軍大臣を兼任したまま首相に就任させることが必要との判断によるものであった。これに反対論はなく、一九四一年十月十八日、東條英機内閣が成立した[99]。だが、周知のように、東條をもってしても統帥部を抑えて日米開戦を回避することはでき

図3　軍需省設置以前の官邸主導

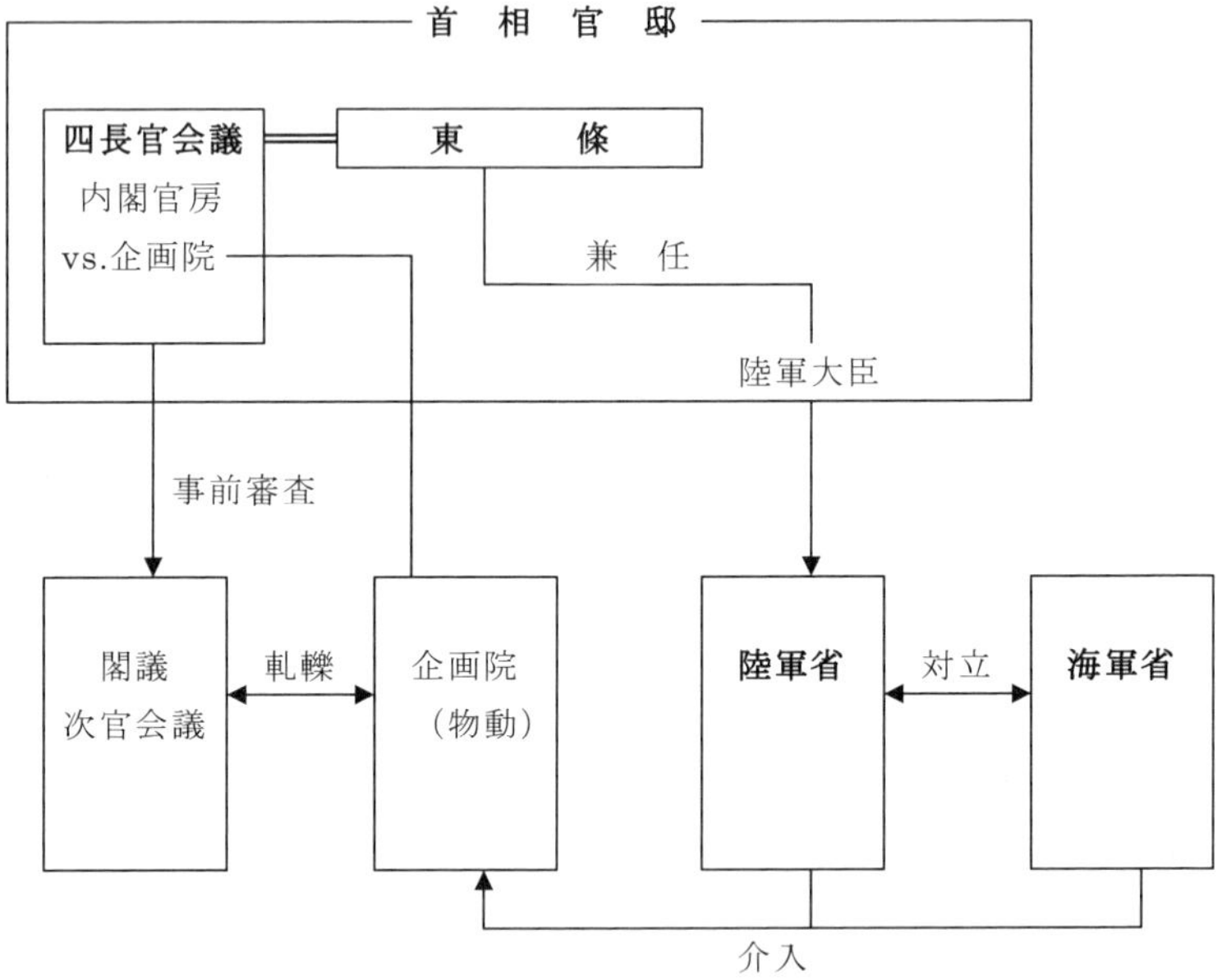

ず、十二月八日、日本は太平洋戦争に突入した。

緒戦の相次ぐ勝利による楽観ムードに加え、南方占領地域の物資獲得が見込まれた開戦の当初、戦時経済運営の諸施策は、ほぼ統制会の整備に重点が置かれていた。当面は、新たな施策の必要が感じられなかったからである。[100] 近衛新体制期に固められた、軍需省設置までの戦時体制をイメージするものが、**図3**である。

変動をきたす契機となったのは、戦局の悪化に伴う極度の物資不足である。一九四二年六月のミッドウェー海戦を境に戦局は悪化し、七月からのガダルカナル攻防戦は莫大な被害と大量の船舶喪失をもたらし、日本の戦時経済の根幹であった海上「輸送力」は深刻な打撃を受けた。十月には、陸海軍間で船舶・物資の争奪戦が表面化した。十二月十日、大本営政府連絡会議で「当面ノ戦争指導上作戦ト物的国力トノ調整並ニ国力ノ維持増進ニ関スル件」が決定され、事態は一応の収束をみた。[101] だが、これにより開戦時に徴傭された船舶が解傭されないばかりか、新たに陸海軍で四一・五万総トンの増徴が決定され、海上「輸送力」を担保する民需船舶三〇〇万総トンの前提は崩れ、物動計画は機能不全に陥った[102]。美濃部洋次は、物動が「殆んど無計画の状態」となった状況につき、次のように述べている。「生産拡充と云ふのが生産増強と云ふ言葉に変った（…）設備の拡充をせずして現在のままで生産の増加を図ると云ふ事である[103]」。日本の戦時経済の焦点は、限られた資源のなかでいかに生産増強できるか、あるいは生産隘路を取り除くかという臨時即応的な生産増強政策へと転換した[104]。そして、一九四二年の秋以降、近衛新体制期にその試みが挫折したままであった戦時体制は、その再編を余儀なくされたのである。

この厳しい局面を受け最初に動いたのは、財界である。十一月十五日、首相官邸で政府、民間から延べ三〇〇人以上が参加して生産関係者懇談会が開かれた。この会では、数項目にわたり財界代表が生産現場からの要望を開陳した。まず、日本鋼管の浅野良三は次のように述べている。「現在ノ経済生産ニ関スル最高企画機関ノ一元化ヲ行ヒ、軍官民一致シテ総動員物資ノ生産ニ当ルベシ。即チ生産省或ハ軍需省ノ如キ最高企画機関ヲ設置スルヲ急務トス。現在ノ企画院ハ其ノ規模ニ於テ小サク且、ドチラカトイヘバ官僚本位デアリ、民間トノ連絡モ十分デハナイ。其ノ結果計画ト実際トガ遊離シ又企画立案ニ指導方針ヲ欠イテキル」。続いて、産業機械統制会の大河内正敏は次のように述べている。「米国大統領ルーズベルトハ生産ニ関スル独裁権ヲ議会ニ要求シテキルガ、之ヲ他山ノ石トシ総理大臣ガ生産ニ関スル独裁権ヲ握リ、軍需モ民需モ総理大臣ガ直接把握セラレタイ（…）宛モ作戦用兵ニ於テ統帥ガ一元化セル如ク、生産ニ付テモ命令権ガ一元化セラルルナラバ責任ノ所在極メテ明白トナル[105]」。財界は、いまだ各省の割拠性を解決できず官僚統制的な方針を持つ企画院への不満を露わにし、軍需生産における軍需部門と民需部門の統合を視野に入れ、抜本的な行政機構改革を要望した。その実現のため東條が強い政治指導力を発揮し、国務と統帥の一致という明治憲法における最大の問題を克服することを要望したのである。

このことは、革新勢力の中心的な存在である陸軍中堅層にしても同様であった。陸軍参謀本部の戦争指導班は、次のように記している。「物動ハ名ノミニシテ政治力之ニ伴ハス無力ナルヲ知ル」、「最近国内政治力ニ関シ動々モスレハ東條内閣ノ脆弱性ヲ問フモノアルニ付、政治力強化ニ関シ赤松〔貞雄〕秘書官宛意見ヲ陳ルトコロアリ。即チ十七年度後半及十八年度物動決定及造船ノ発進決定ニ存ス」[106]。やはり、企画院の物動計画の機能不全に不満を示し、東條が自ら強い政治指導力を発揮することを求めていた。ともかくも、財界および参謀本部のこうした態度は、東條を何らかの抜本的改革に乗り出させる契機となった。

東條は、当初こうした課題を、企画院を中心に各省との横の連絡を徹底することで解決しようとしていたものの[107]、ガダルカナルからの撤退が決定された十二月三十一日、大幅に方針を転換した。星野直樹書記官長の「日本の真の戦争経済はガダルカナル以後」との言葉通り[108]、強い政治指導力を期待されて登場した東條は、満を持して戦時体制の再編に着手したのである。同日、「戦時行政職権特例案要綱」が閣議決定され、限られた物資を有効に軍需生産に結びつけるため鉄鋼・石炭・軽金属・造船・航空機の五つを重点産業に指定し、集中して生産増強政策が取られることになった。そして、一九四三年三月十七日、「戦時行政特例法」が第八一議会で両院の協賛を得て成立すると、「戦時行政職権特例」および「内閣顧問臨時設置制」・「行政査察規程」が勅令として制定され、閣議で「戦時経済協議会規程」が決定した[109]。

まず、「戦時行政特例法」は、生産力拡充そのほか総合国力の拡充運用のため特に必要ある時は、勅令の定めにより、他の法律で規定されている禁止・統制などの措置や他の行政庁の職権を解除・変更できるとした。「戦時行政職権特例」は、五大重点産業の生産増強に関し、首相の各省大臣に対する指示権を定め、労務・資財・動力・資金などに関する各省大臣の職権の一部を首相自ら行い、または他省大臣に行わせるものである。「内閣顧問臨時設置制」は、それまでの内閣参議制を廃止し、「大東亜戦争ニ際シ重要軍需物資ノ生産拡充其ノ他戦時経済ノ運営ニ関スル内閣総理大臣ノ政務執行ノ枢機ニ参セシムル為」、数名の顧問を親任官待遇で内閣に置くものである。「行政査察規程」では、「生産力拡充ニ関スル重要政策ノ浸透具現ノ状況ヲ査察」するため、内閣顧問・国務大臣のなかから勅命で「行政査察使」を任命し、臨時即応的な行政査察を実施するとされた。「戦時経済協議会規程」は、「戦時行政職権特例ノ施行其ノ他戦時経済ノ運営ニ関スル重要事項ニ関シ内閣総理大臣ノ諮問ニ応ゼシムル為」、首相を会長に、内閣顧問、関係閣僚、陸海軍の軍務局長の間の連携を緊密化させるため、戦時経済協議会を内閣に設置するものである。行政査察は、この戦時経済協議会が推進母体となり、その協議決定に基づき行われることになった。[110]

これら一連の措置内容の意義は、第一に、生産増強政策に限るとはいえ、「戦時行政特例法」「戦時行政職権特例」で、他省庁に対する首相の指示権を明確に定めたことである。[111] さらに、指示権の運用について政府は、まず統帥部との関係において決定を行いそれに基づいて行うことを、議会答弁で明らかにした。この解釈は、戦時経済運営における国務と統帥の一致を目指すものであり、東條が現役軍人であって初めて可能なものであった。[112] 第二に、行政査察の推進母体である戦時経済協議会が、従来のような合意型の機関ではなく、首相の強力かつ緊急的な対応が可能な機関となったことである。内閣顧問は、首相のフリーランサー的な経済ブレーンであり、戦時経済協議会は、参加する国務大臣が「内閣総理大臣之ヲ指名ス」とされたうえ、その運営事項は「内閣総理大臣之ヲ定ム」と弾力的にされた。そして第三に、経済新体制で分立的な状況になっていた戦時経済運営が、政・官・民が包摂される戦時経済協議会で一元化が模索されたことである。規程では、「民間ノ意見ヲ政府ニ反映セシムル」とされたうえ、幹事には書記官長、企画院総裁のほか、「政戦両略一致ノ見地」から陸海軍の軍務局長があてられた。[113] 戦局の悪化と極度の物資不足という緊迫した状況のなかで、東條自らが強い政治指導力を発揮することを想定したのである。

もっとも、これら一連の措置は、軍需省の設置のような抜本的な行政機構改革を避けたものであった。この時点では、こうした改革には多くの困難が予想され、主に行政運用で対応することが最善と判断されていた。[114] だが、ここで留意すべきは、戦時経済運営における企画院の役割の低下である。このことは、東條を補佐する「政治幕僚」として重要な地位を占めていた内閣四長官会議に表れていた[115]。美濃部洋次は、次のように述べている。「書記官長は主として政事的な運営、法制局長官は其の法制の面をやり、企画院総裁は政策の方面をやり総理大臣を補佐することになって居ったのであるけれども、国家の機能が非常に計画化され然も強力に之が運営を統制せらるるが如き状態になって来た場合に於いては、政策が即ち政事の中心を為して来る。従て書記官長の職分と企画院総裁の職分とが極めて接近をして来る（…）職能が著しく衝突することになる。之が摩擦を生じ書記官長と企画院総裁の立場に於ても何等かの改善が要求せらるるのであった[116]」。

すなわち、内閣四長官会議において、「企画」機能の重点が顕著に企画院から内閣官房へシフトされ始めていたのである。鈴木貞一企画院総裁と星野直樹書記官長は、陸海軍の軍務局長とともに戦時経済協議会の幹事となっていたものの、「協議会ノ庶務ハ内閣書記官長ヲシテ之ヲ整理セシム」とされていた。また、その具体的な施策である行政査察でも、「庶務ハ内閣官房ニ於テ之ヲ整理ス」とされたうえ、三月二十七日には、内閣官房の機能強化のため「内閣部内臨時職員設置制」が勅令により公布された。この勅令は、「戦時行政職権特例等ニ依リ内閣総理大臣ノ権限ニ属セシメラレタル事項ニ関スル事務ニ従事スル」として、内閣官房に首席格の勅任官一人と奏任官三人の計四人の内閣調査官を設置するというものであった[117]。

この首席格の内閣調査官に異例の抜擢を受けたのは、商工省仙台鉱山局長として現場における石炭の生産増強政策にあたっていた山田秀三であった。山田は、東條と星野から首相官邸に呼ばれた時のことにつき次のように述べている。「産業問題について総理の相談相手になってくれ。だいぶいろんな産業がガタガタしだしてうまくいかない。とりあえず毎日総理と昼飯を一緒に食ってくれと（…）内閣顧問会議の世話と、行政査察の仕事をやってくれと」。そして、企画院については、次のようにも述べている。「鈴木貞一さん以下中心部は精神論で、経済政策じゃないんだ。精神論と事務官が集まったのでは経済政策はできません（…）仙台の鉱山監督局に行って鉱山をやってある程度成功して、この流儀でやらなきゃならないと思っているのに、企画院は旧態依然としているので失望していた」[118]。つまり、東條・星野の官邸サイドは、無任所大臣兼任となっている鈴木総裁を外したうえで、自らの主導権による戦時体制の再編に着手しようとしていたのである。

当然のことながら、鈴木総裁をはじめ企画院は官邸サイドの姿勢に反発し、行政査察運営の主導権をめぐり両者の対立は先鋭化の兆しを見せた[119]。東條がこの対立を一気に解決しようとしたのは、大幅な内閣改造が挙行された四月二十日のことである。東條首相は、鈴木総裁、星野書記官長、陸海軍の軍務局長、山田内閣調査官を官邸に招致し、行政査察に関する要談を行った。この結果、東條は、行政査察の第一回は企画院、第二回は内閣官房が執り行うことで妥協の裁決をした。だが、この裁決には官邸サイドの政治的な意図が込められていた。山田秀三は、次のように述べている。「鈴木さんの時代になって企画院が事務機関化して行ったので星野さんはあいそをつかしていた。商工省と同じことをしているじゃないか、一緒にしてしまえという腹があった。私もときどきそう言っていた[120]」。

3　企画院の廃止と戦時体制の再編

四月二十八日、第一回の行政査察は、「鶴見、川崎地帯鉄鋼事業ヲ中心トスル各種行政、生産、輸送等」を対象に、鈴木総裁が査察使に任命された。随員は、山田内閣調査官を筆頭に、企画院、陸海軍省、関係各省から選ばれ、五月十五日から二十一日まで現場の査察が行われた。その結果、鈴木査察使から五月三十一日に東條へ査察報告書がまとめられた[121]。だが、この第一回査察は、次の第二・三回と比べ、期間の短さ、規模の小ささ、民間人が随員に含まれなかったこと、具体的な施策が示されなかったことなどから、初めから重要な位置づけをされていなかった節がある。実際に、計画経済の綱紀につき「官吏自体ノ指導訓練ノ外業界ニ就テモ常ニ監視ト指導トヲ加フルノ要アリト認メラル」とされるなど、単なる調査報告が提出されたに過ぎないものであった[122]。官邸サイドは、山田内閣調査官を筆頭随員にして第一回査察を今後のテスト・ケースとすると同時に、企画院側の不満をそらすため鈴木総裁を形式的な査察使にまつり上げたのである。

一方で官邸サイドは、鉄鋼の生産増強対策を焦点に、重産協と緊密な連繋を保ちつつ第二回査察の準備を開始していた。そもそも重産協は、ようやく整備されつつあった統制会の機能を維持するためにも、「総理大臣の直下に強力・簡素なブレインの確立を要望」し、「統制会代表並に民間エキスパート」が直接参加すべきことを強く働きかけていた。[123] 従って、内閣顧問となった豊田貞次郎は、自らが会長を務める鉄鋼統制会で以前から検討していた具体的な生産増強政策を、次々と内閣顧問会議に献策していった。その基本方針は、大幅な船舶輸送力の不足に鑑み、物動計画で予定された北海道の輪西製鉄所、東北の釜石製鉄所に向けた中国大陸からの強粘結炭の輸送を取止め北海道炭でこれを補填し、もって節約された船舶を九州の八幡製鉄所への輸送に集中させるものであった。[124] つまり、鉄鋼統制会は内閣顧問会議を通じ、船舶の節約のため粗悪な北海道炭の使用を強制して製鉄所の実質的な統廃合を行うという、犠牲を顧みない重点主義を目論んだのである。

その後、四月下旬より首相官邸における内閣顧問会議で議論が重ねられ、六月二十五日、「輪西及釜石ノ両製鉄所並ニ北海道ノ之ニ関連スル石炭山」を中心とした能率増進を目的として、王子製紙出身の藤原銀次郎顧問が査察使に任命された。かくして第二回査察は、山田内閣調査官を筆頭に、商工省・企画院・陸海軍・鉄鋼統制会・石炭統制会など数多くの随員が参加し、七月二十日から三十日まで現場で行われ、八月九日に藤原査察使より東條に査察報告がなされた。[125] 海軍技術研究所から企画院に出向し随員となった俵信次は、初めから結論ありきの査察状況につき次のように報告している。「査察ノ会場ノ空気ハ初メヨリ製鉄技術―強粘結炭ヲ国内粘結炭ニ切替ヘテモ銑鉄生産ニハ影響シナイト云フ検討ヲ議題トセルモノトハ思ハレナイ（…）而モ自分ノ考ヘテヰルコトトハ反対ナ答弁ニ出会フト山田随員等ハ大声ヲ発シテ製鉄所側ノ人々ヲ被告扱ヒニスルガ如キ態度ヲナシ不愉快極マルモノデアッタ」、「政治的ニハ一応成功シ、解決シタ方向ニ持ッテ行キ事成レルトスルモ、真ノ技術的成功解決デナイ為ニ破綻ノ基トナルハ必然デアル」。実際に、輪西・釜石製鉄所の銑鉄生産は、これ以降減産に向かった[126]。

だが、官邸サイドが、この強引とも取れる解決策を押し通したことで、陸海軍と財界との信頼関係が醸成されたことの政治的な意義は大きい。海軍は、「内閣経済顧問制度ガ政府ノ重要生産問題ニ関シ能ク助言推進ノ役目ヲ果シ」と高く評価し、もともと海軍顧問であった藤原に警戒感を抱いていた陸軍にしても、大きな信頼を寄せるようになった[127]。こうして政治的な価値を見出された行政査察の次のターゲットは、この時に国家の最優先事項となっていた、航空機決戦のための航空機増産問題である。山田は、次のように述べている。「星野さんの考えは、藤原さんを通じて軍の飛行機生産を少し刺激しようじゃないかというわけでした。そのアイディアはわるいことではない。藤原さんはこのごろ陸軍とも仲がよくなったので、査察使にまつり上げておまえ飛行機のところへ行って例の流儀で見てこいというわけでね[128]」。

八月二十七日、第三回査察は、前年度実績の二倍半である五万五千機の航空機生産の可能性を探るべく実施されることが閣議決定し、三十日に再び藤原顧問が査察使に任命された。この到底不可能な生産目標は、陸海軍の間における配分調整の数字的な体裁を与えるためのものである。九月七日には、山田内閣調査官を筆頭に、陸海軍・商工省・企画院など関係各省からの随員が選ばれ、二十二日から十月八日まで現場への査察が予定された[129]。この査察が、異例にも航空機産業という陸海軍の軍需部門を対象にされたのは、特別な意図が込められていたからである。それは、軍需部門と民需部門の統合を含む抜本的な行政機構改革である。各方面では、これを目指す動きが水面下で活発化していた。まず重産協は、「軍、官、民一体となって、国家総力を航空機増産に集中し、総合的生産の推進を強力に要請する必要があることを確認し、適当な機会と方法とによって、之が実現方につき政府首脳部に進言すべき旨」を申し合わせ、陸海軍一致による軍需省の設置を要望していた[130]。これを受け、それまで陸軍への警戒心から消極的であった海軍も、「従来ノ経緯ニ拘泥セズ専ラ成立後ニ於ケル能率ノ飛躍的増進ヲ目途トシテ、此ノ際緊急不可避ノ行政機構改革ヲ断行シ、以テ戦力ノ急速増進ヲ期スルト共ニ国内態勢ノ画期的切換ニ資スル」との方針を打ち出し、軍需省の設置を視野に入れた検討を開始した。(131)

こうした気運を読み取った東條は、第三回査察前の九月十七日の閣議で、戦時体制強化策である「現情勢下に於ける国政運営要綱案」につき、所信を披露した。要綱案は、「総理書記官長間に於て、充分検討せるものにして、之に基き数日前より書記官長を中心に稲田〔周一〕総務課長、赤松、鹿岡《かのおか》、稲田〔耕作〕秘書官」が起案したものであった。官邸サイドによって、入念な「企画」と閣議の「事前審査」がなされていたのである。同日からは、内閣四長官会議が官邸で連日開催されて審議が進められ、二十一日には、「現情勢下に於ける国政運営要綱」が閣議決定された。要綱は、具体的に軍需省の設置は明示していないものの、国務と統帥の緊密化、軍需生産の急速増強による航空機戦力の躍進的拡充、徹底した行政機構の整理、重要生産に対する軍官発注の統一、重要企業の国家性の明確化などが謳われ、後の軍需省・軍需会社法の下地となる内容が示されていた。(132)

翌日の二十二日、第三回査察が開始された。随員として参加した美濃部洋次は、次のように述べている。「随行せる陸海軍企画院等の人々の間に於て航空機の生産に対する両軍の統一に関する問題が秘かに討議をせられた。それが夫々の手を通じて上司に報告をせられ工作が進められた」。そして二十六日、「当初必ずしも之に賛成をしなかった東條首相も其の意見多いに用ひ、星野書記官長、鈴木企画院総裁、岸商工大臣の三名を招致されて此の問題に就て審議せられると共に軍需省設立の決心を固めた」(133)。陸軍への警戒感を募らせる海軍省にしても、「文官ニ委セル考ヘ方ニテハ結局現在ト大差ナキ結果トナル」として、「大臣ハ陸海軍大将」をあて、「部局長級迄相当多数ノ現役武官ヲ入レ強力ニ推進スル」ことを条件に、軍需省の設置に前向きな態度を示した。(134)

二十八日の朝に開催された内閣四長官会議では、「従来閣議前、閣議附議事項を四長官にて審議したる上、書記官長総理に報告するを常例とせるも、本日は内容の重要性に鑑み、特に総理の前にて審議」が行われ、同日、「軍需省設置ニ関スル件」が閣議決定された。その概要は、十一月一日の発足を目途とし、廃止される企画院・商工省はじめ各省から軍需生産に関する事項を軍需省に移管すること、軍官発注の一元化を図るため陸海軍の主要な軍需部門を移管すること、国家総動員に関する事項を執り行うこと、陸海軍の現役武官をその職員にし得ること、企画院の国政の総合調整に関する事項は内閣へ移管すること、などであった(135)。三十日には、御前連絡会議で決定された「今後採ルベキ戦争指導大綱」で「絶対国防圏」が設定され、政戦両略で戦時体制の再編が図られた(136)。

残された問題は、主に陸海軍の軍需部門の移管問題と、軍需省内の人事問題であった。まず、陸海軍の移管問題は、十月七日、「航空機生産ニ関スル業務ハ明年二月末日迄ニ陸海軍ヨリ軍需省ニ移管ヲ完了ス」として、さしあたり先送りすることで合意が成立した。当面は、海軍艦政本部、陸軍兵器行政本部などの主要な軍需部門の統合は見合わせ、陸海軍それぞれの航空本部の一部移管が決定された(137)。

次いで翌八日には、主要人事が決定した。東條は、当分は自らが兼任の軍需大臣となり、岸信介商工大臣を軍需次官兼国務大臣にすることを決定した(138)。これは、今後も軍需部門の移管で紛糾が予想される陸海軍の調整を行うため、現役軍人である東條が自ら事態の収拾にあたり、また、岸には国務大臣という軍の大将級の身分を与えることで、省運営を円滑にさせようというものであった。国務と統帥が交錯する特殊な官庁ならではの、非制度的な対応であった。だが、岸は実質的に次官へ格下げとなり、さらに東條は、まもなく藤原を省内の生産担当の国務大臣に就任させた(139)。軍・官・民の三者体制を築きたいとの思惑からであろうが、省内に三人の大臣が存在する異例の事態となった。この時に岸は、一元的な省運営が困難だとして辞意を漏らしている。結局は慰留されたものの、軍需省の設置当初から東條との間に禍根を残すことになった(140)。

しかし、この時の人事では、それ以上に企画院の革新官僚の退場が決定した。鈴木総裁はこの日、残り任期を残したまま突如として辞任し、ほぼ同時に、一部を除き毛里英於菟・柏原兵太郎ら革新官僚のほとんどが出身省に復帰するか辞任の道を選んだ[141]。こうして、東條内閣における戦時体制の再編により、軍需省が設置されるとともに企画院は廃止され、革新官僚は敗北した。現場生産を取り仕切る陸海軍・財界は、企画院の物動計画の機能不全に強い不満を抱き、これを受け官邸サイドは、行政査察という政治的ツールを駆使して軍需省の設置を実現させた。そして、「企画」および閣議の「事前審査」によって首相が強い政治指導力を発揮することを下支えした内閣長官会議は、「鈴木去リ星野全盛、森山ハ都合善キ俗吏乎」と見られる状況となった[142]。この結末につき、美濃部洋次は次のように述べている。「書記官長の手に内閣参事官と云ふ提議を、政策の面に就ても担当せしめる結果になった。即ち書記官長と企画院総裁との摩擦が書記官長に依て統一されることになった[143]」。

4　明治憲法体制の終焉

東條内閣における戦時体制の再編は、軍需省の設置を中軸に、首相の強い政治指導力を実現するべく行われた。東條は、十月五日に参内した際、木戸幸一内大臣に対し次のように述べている。「内閣顧問の仕事は軍需省の設置にて一応目的を達せしを以て、此際之を変改し、全部の辞任を求め、之に替へ鈴木貞一、五島《ごとう》慶太、湯沢三千男、石黒忠篤等の諸氏を以て、新なる看点より参画せしめたし」。その後、鈴木貞一・鮎川義介・五島慶太が新顧問に追加されたのみで内閣顧問の位置づけは変更されなかったが、東條は、軍需省の設置で戦時経済運営の目途は付いたとして、今後は国政全般にわたり強い政治指導力を確立するべく戦時体制のさらなる強化を目論んでいた[144]。事実、軍需省の設置に伴い戦時行政職権特例が改正され、五大重点産業の生産拡充に限られていた首相の他省大臣への指示権は、「重要食料ノ確保、防空ノ徹底強化」、および「其ノ他総合国力ノ拡充運用上特ニ必要アルトキハ」国政全般にわたり認められた[145]。

十一月一日、軍需省は予定通り発足した。その機構は、大臣官房のほか総動員局・航空兵器総局・機械局・鉄鋼局・軽金属局・非鉄金属局・化学局・燃料局・電力局に、外局である企業整備本部を加えた大規模なものであった。そこでは、一元的な戦時経済運営のため、様々な便宜が図られていた。まず、海軍艦船本部や陸軍兵器行政本部などの例外を除き、軍需生産に関する一切の行政を所管することになった。企画院からは物動計画を中心に国家総動員計画の立案業務が総動員局に移管され、航空機の増産のため差し当たり陸海軍の航空本部の物動関係業務を統合して航空兵器総局に移管された。航空兵器総局は、総局内に長官官房、総務局のほか、第一局、第二局、第三局、第四局を有する巨大なものであったが、局課長クラスはほとんどが陸海軍から送り込まれた現役軍人によって占められ、半独立的な性格を帯びることになった(146)。

軍需省の運営では、各省の割拠性や国務と統帥の分離を克服するため、様々な工夫が施されていた。まず、東條を媒介にさせた非制度的な兼任方式である。東條は、首相として「戦時行政職権特例」に基づき他省に指示権を有し、軍需大臣としても国家総動員の基本事項に関し他省に資料提出や説明を求め得ることになった(147)。また、企画院から引き継いだ「平戦時ニ於ケル綜合国力ノ拡充運用」の機能と、内閣調査官から引き継いだ行政査察の機能が内閣官房に新設された内閣参事官室に移管され、その庶務は総務課長が扱うことになった。内閣参事官は、前者担当の勅任官として大蔵省から迫水《さこみず》久常、総力戦研究所から大島弘夫が任命され、後者担当の勅任官として引き続き山田秀三が任命されたほか、六名の奏任官が置かれた(148)。首相官邸から政治的に自律化してしまった企画院を吸収して、遥かに制御しやすい内閣官房を強化拡充したのである。東條は、軍需省を設置すると同時に、星野書記官長に「企画」および閣議の「事前審査」機能を担わせて各省の調整を果たさせたのである。

さらに、多くの現役軍人が入った軍需省では、東條が現役軍人のまま陸軍大臣を兼任していたことが活用された。特に航空兵器総局・燃料局では、所管事項の多くが軍事機密を含むため、軍需大臣にはこれに対し人事権がなかった

図4　軍需省設置時の官邸主導

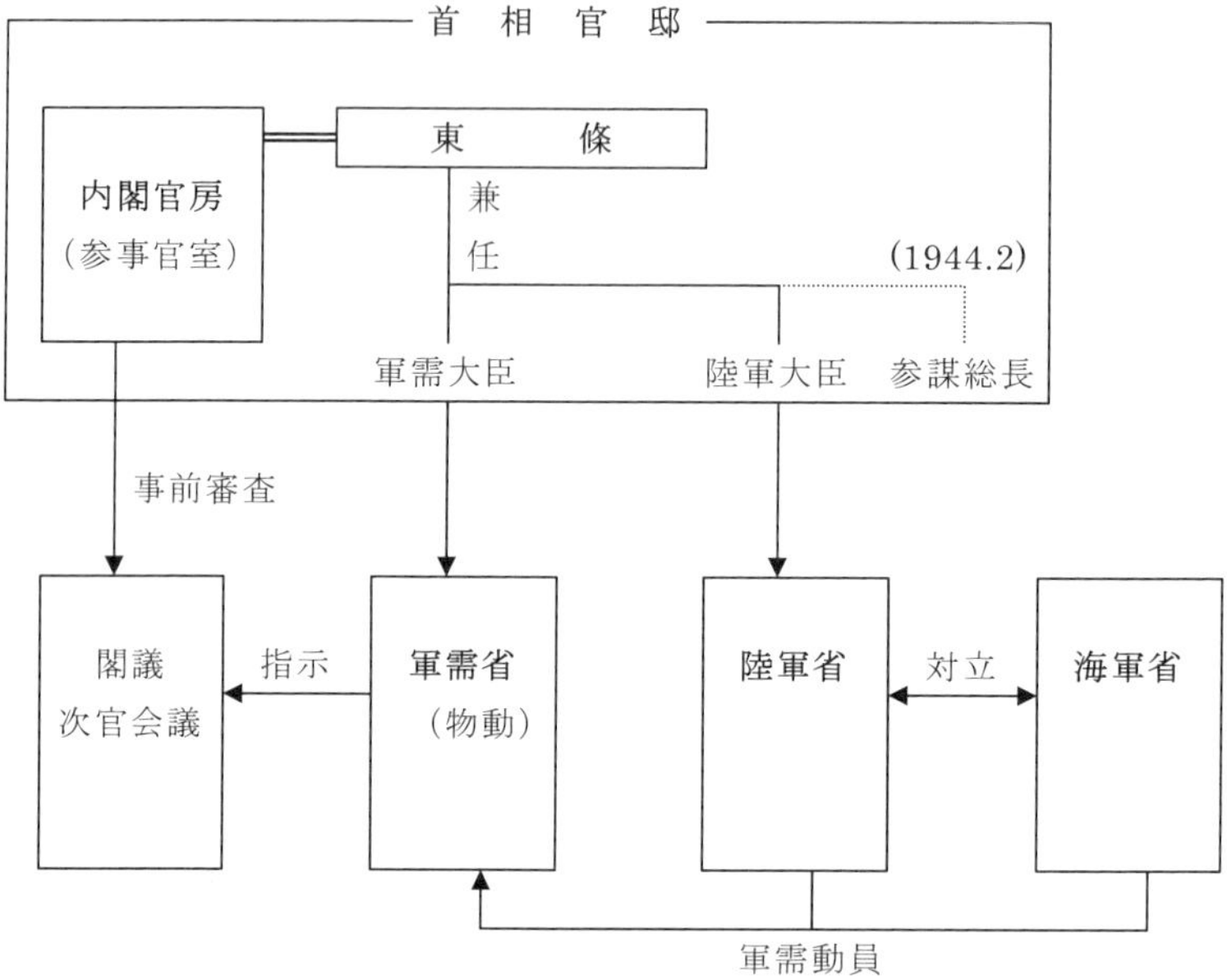

ばかりか、「特定軍需品ニ関スル軍事上必要ナル事項」については、陸軍大臣と海軍大臣の指揮監督を受けるものとされていた[149]。東條が、現役軍人のまま陸軍大臣と軍需大臣を兼任していたからこそ、省内の運営で国務と統帥の一致を図ることが可能であった。この軍需省の設置と非制度的な兼任方式による戦時体制の再編をイメージするものが、**図4**である[150]。

しかし、東條が自信を示したはずの戦時体制の再編は、早々と挫折を迎える。その原因は、残された陸海軍の軍需部門の移管が結局は実現されず、軍需生産の発注が陸軍・海軍・軍需省の「三本立て」となり現場の混乱を引き起したことにあった[151]。そのため一九四四年に入り、次年度の航空機配分をめぐる陸海軍の対立が政治問題化した。二月十日、東條首相兼陸軍大臣、海軍大臣、参謀総長、軍令部総長の四巨頭会談により、アルミニウムの折半案を基礎とし陸軍が三五〇〇〇トンを海軍に譲ることで、ようやく妥協が成立した[152]。この会談の前には、天皇が両総長に「互譲の精神を以て速かに取纏むる様することを望む」と異例の説得をしなければならないほど、ますます枯渇していく物資をめぐる陸海軍の対立は深刻化していたのである[153]。

さらに、この問題が解決した矢先の十二日、船舶増徴問題をめぐり再び激しい対立が表面化した。これは、単純な陸海軍の対立ではない。統帥の立場から軍事作戦を指揮・命令する参謀本部・軍令部が船舶増徴を強硬に主張し、国務の立場から軍編成や兵力量決定をなす陸軍省・海軍省がこれに難色を示すというものであった[154]。とりわけ、陸軍大臣でありながら同時に首相・軍需大臣として海軍にも一定の配慮をせざるを得ず、軍事作戦に必要な船舶増徴を認めない東條への参謀本部の不満は、強烈なものがあった。東條は、ただでさえ陸海軍の対立に悩まされたところに、参謀本部への対応にも苦慮したのである[155]。

十八日、南方の重要拠点であるトラック島の壊滅が伝えられると、翌十九日、東條は自らの決意を奏上した。それは、小幅の内閣改造、「天皇親政」を実現するべく宮中での閣議の開催と統帥部の執務化、国務と統帥の一致のための参謀本部総長の兼任である。そして、参謀総長の兼任に慎重な天皇を押し切り、勅許を得ることに成功した[156]。東條は、同日のうちに小幅の内閣改造を断行すると、二十一日には、自らの参謀総長の兼任と、嶋田繁太郎海軍大臣の軍令部総長の兼任を挙行した。周到な根回しのすえ、抵抗する杉山元参謀本部総長に対し、戦争完遂という大義名分や天皇の信任まで示唆してこれを説得し、同時に、東條の配下と言われた嶋田海相に軍令部総長を兼任させ、陸海軍の一致をも試みた。さっそく同日の大本営政府連絡会議では、迅速な解決を望む東條参謀総長の意向で、船舶増徴問題は差し当たり二月下旬に陸海軍で一〇万総トンの増徴を行うことで妥協することが決定した[157]。また、宮中での両統帥部の執務化は部分的にしか実現しなかったものの、定例閣議は二十五日から宮中での開催が始まった[158]。すなわち、東條は、国務と統帥の一致のみならず、遂には天皇・宮中への政治的な接近を図ることで、戦時体制の再編を立て直そうとしたのである[159]。

しかし、首相権限の集中や幾多の兼任方式、天皇・宮中への政治的な接近は、逆に反東條への契機を高めた。近衛文麿・米内光政ら重臣グループは、これを「独裁」として倒閣の動きを活発化させ、また、東條の最も重要な支持基盤であった木戸内大臣も、さらなる戦局の悪化のなかでの天皇・宮中への政治的な接近は、天皇の責任問題に発展しかねないとして危惧を抱き始めていた。そして、七月七日、サイパン島の守備隊は玉砕して絶対国防圏が崩壊すると、敗色がいよいよ濃厚となって戦争完遂の大義名分は失われ、反東條の動きはさらに加速した。それまでは自らが強く首相に奏請した経緯から、重臣グループの倒閣運動に慎重であった木戸も、遂に東條に見限りをつけることを決意した[160]。

十三日、木戸は、「既に一内閣の問題にあらず。一歩を誤れば御聖徳に言及批判する傾向を激化する虞れあり」として、特に参謀総長・軍令部総長の兼任体制への懸念を東條に示し、拝謁で天皇も同じ意思であることを示してみせた。東條はこれを逆手に取り、十七日、木戸が条件としていた参謀総長・軍令部総長の専任体制への復帰、重臣グループの意向も踏まえた内閣改造を実行することを告げた。そして、大本営政府連絡会議の機能強化や、藤原国務大臣を軍需大臣の専任とさせ米内を入閣させるため、岸国務大臣らに辞任を求める方針を明らかにした。だが、専任体制への復帰はその日のうちに実行されたが、初めから重臣グループで申し合わせて木戸に通じていた米内と軍需省の設置以来の処遇に不満を燻らせてきた岸が辞職を拒否し、内閣改造は行き詰った。ここにきて木戸と天皇から信任を失ったことを悟った東條は、十八日未明、総辞職を決意した[161]。

七月二十二日、小磯国昭内閣が成立した。だが、小磯は首相の就任にあたり、参謀総長や軍需大臣はもちろんのこと、現役軍人に復帰して陸軍大臣を兼任することを断念してしまった。これにより小磯内閣では、国務と統帥の一致や陸海軍の一致はままならない状態となった[162]。軍需省では、藤原銀次郎が軍需大臣に就任したものの、文官であるがゆえに航空機の生産状況すら把握できない状態となり、軍需生産の低下と物資不足も、いよいよ末期症状に近づいた[163]。また、前内閣から留任した山田内閣参事官らと新しい書記官長との対立が先鋭化したため、官邸を支えるべき内閣官房は機能不全に陥った。[164] 東條の非制度的な兼任方式でかろうじて接木されていた戦時体制は、他の内閣ではことごとく機能しなかったのである。

それでも、これらを解決すべく様々な試みがなされた。八月四日、それまでの大本営政府連絡会議を首相・外相・陸相・海相・参謀総長・軍令部総長の六人から構成される最高戦争指導会議へ改組し、統帥と国務の一致が試みられた。十一月一日には、内閣官房で機能不全に陥っていた内閣参事官室を廃止し、代わりに「綜合国力ノ拡充運用」の機能を扱うべく、綜合計画局が内閣に設置された。[165] だが周知のように、最高戦争指導会議は形式的な機関に過ぎず、統帥と国務の一致という試みはあえなく挫折した。[166] 綜合計画局にしても、総合官庁の「企画」機能に不可欠であった「物の予算」たる物動計画が軍需省に所管されたままであり、結局は企画院が目指していた内閣統合機関とはなり得ず、各省の事務連絡機関としての性格の強いものであった。

四月七日、小磯内閣の行き詰まりにより、鈴木貫太郎内閣が成立した。日本本土への空襲は激化し、八月六日には広島、九日には長崎に原爆が投下され、同日には満州国境でソ連の対日参戦が明らかとなり、もはや降伏は時間の問題となった。陸軍省、参謀本部、軍令部がいまだ強硬に本土決戦を唱えるなかで、鈴木首相・迫水久常書記官長の官邸サイドが初めから狙いを定めていたのは、明治憲法において全ての大権の源である天皇の裁断であった。八月十四日、御前会議でポツダム宣言の受諾が決定された。太平洋戦争は、ここに終戦に至った。

以上のように、政治統合主体の不在の一九三〇年代から、行政国家化・統制経済化とともに要請された戦時体制化は終焉を迎えた。陸軍中堅層・企画院を拠点にした革新勢力のイデオロギーを推進力として、首相の強い政治指導力を不可欠なものとして模索された戦時体制化は、近衛新体制運動で挫折した。その最大の要因は、「幕府論」、統帥権の独立、各省の割拠性に象徴される、明治憲法体制の矛盾である。「不磨の大典」ともされた明治憲法を改正すること無しには、到底、戦時体制化は実現しがたかった。

やがて、首相として未曾有の太平洋戦争に突入した東條は、戦局の悪化と極度の物資不足により、近衛新体制で単なる衣替えに終わった戦時体制の再編を余儀なくされた。そこで直面したのは、東條が、「各省ノ縄張ニ依ル困難之レカ一大計画ノ樹立困難、総理大臣ノ処置ヲ要スベシ」、国務と統帥との関係につき「時ニ『堪ヘラレス』ト密カニ感シタル場合モナシトセサリキ」と記すほどの、明治憲法体制の矛盾であった[167]。そして、東條は、軍需生産の増強という極めて現実的な観点から、企画院を拠点にした革新勢力と決別した。革新イデオロギーは、戦時体制化を唱えることで初めて成り立ち得る。だが、戦時体制化が理念的な計画の段階から具体的な実施の段階に至れば、事は単なる机上の作文では済まされない。現実の生産現場にある財界、同じく現実的な軍需生産の増強を必要とする陸海軍、さらには、当初は企画院と志を同じくしながら生産の実施官庁として現実的に財界・陸海軍と連携しなければならない商工省が、企画院の革新イデオロギーから距離を置き始めたのも当然のことである。このなかで東條は、首相権限・官邸機能の強化、企画院の廃止を伴う軍需省の設置、そして非制度的な兼任方式を存分に活用して、明治憲法体制の矛盾の克服を目指した。

しかし、全ての政治勢力が首相の強い政治指導力を求め、もし試みを断念すれば近衛のように「腰砕け」とされたであろうにもかかわらず、東條は「違憲」・「独裁」の批判を浴びた。総辞職に際し星野直樹が、「一元化が命を縮めた」ことを認めざるを得なかったように[168]、明治憲法体制の矛盾はそのまま戦時体制の矛盾として露呈した。追い詰められた東條にとって最後の拠り所は、全ての大権の源である天皇の権威であった。政権末期の宮中への政治的な接近は、そのことを如実に物語る。従って、重臣グループの倒閣運動もさることながら、天皇と木戸の不信任を悟った東條は、実にあっさりと政権を投げ出した。東條「独裁」の内実は、明治憲法体制の矛盾に翻弄され続けた、孤独な戦時首相であった。

その後の小磯内閣、鈴木内閣でも、陸海軍を中心に戦時体制化の徹底が叫ばれ続けた。だが、もはや敗戦が決定的になった段階では、到底、明治憲法体制の矛盾の克服を目指すものにはならなかった。その意味で、東條内閣における戦時体制の終焉は、同時に明治憲法体制の終焉を暗示するものであった。結局は天皇の裁断によって終戦が決定したことは、誠にもって象徴的であったと言うより他はない。

とはいえ、終戦によって明治憲法体制が終焉を迎えた一方で、日本の統治機構には、一九三〇年代からの政治的な営みにより様々な遺産が残された。第一に、戦時体制化・統制経済化の波に乗って出現した総合官庁の制度的記憶である。総合官庁は、首相の政治指導力を強化するどころか政治的に自律化して官邸サイドとの間に緊張関係を生じさせる危険性を孕みつつも、「企画」概念により各省行政を統一していく存在として、強烈な記憶を残した。それは、陸海軍のごとく外部から内閣に政治介入しようとする場合や、統制経済化が継続して「物の予算」たる物動計画を必要とする場合には、尚更であろう。

第二に、政治統合主体の不在と相まって、行政国家化とそれによる閣議の形骸化のなかで肥大化した次官会議である。それまで各省の単なる申合せ機関に過ぎなかった次官会議は、その機能を一変させ、次第に閣議の「事前審査」を果たしつつあった。戦時体制化のなかでは、陸海軍の政治力を背景にした企画院や首相の信任を得た内閣官房が主導権を握る内閣長官会議に抑えられていたものの、終戦後の政治的混乱のなかでそのタガは外れることになる。既に小磯内閣では、行政事務のさらなる増大化に対処するため閣議に附議しない事項も附議すべき事項も全て事前に次官会議で検討する方針が決定され、続く鈴木内閣でも、迫水久常書記官長の提案で次官会議を「准閣議」と位置づけさらに積極的に活用することが確認されていた[169]。

第三に、一九三〇年代からの首相の強い政治指導力を発揮するための模索が、内閣制度の下における制度改革の豊富な経験を蓄積させたことである。とりわけ、「不磨の大典」である明治憲法の改正がほぼ不可能ななかで、東條内閣が結局は数多の兼任方式や宮中への接近に辿り着いたように、制度的な対応のみならず非制度的な対応が研磨されていったことは極めて重要であった。そして、この課題は、天皇大権の消滅と陸海軍の解体が行われていくなかで、状況は大きく異なりながらも戦後の占領体制化・統制経済化・行政国家化のなかで継続されていく。すなわち、GHQがもたらした「不磨の大典」である新憲法の下において、これら制度改革の豊富な経験の蓄積が再び大きなうねりとなって甦っていくのである。

注

(1) 井手嘉憲「非常時体制と日本〈官〉制」同『日本官僚制と行政文化』東京大学出版会、一九八二年。御厨貴「国策統合機関設置問題の史的展開」同『政策の総合と権力』東京大学出版会、一九九六年。古川隆久『昭和戦中期の総合国策機関』吉川弘文館、一九九二年。池田順『日本ファシズム体制史論』校倉書房、一九九七年。大前信也『昭和戦前期の予算編成と政治』木鐸社、二〇〇六年。

(2) 若月剛史「政党内閣期（一九二四―三二年）の予算統制構想」史学会『史学雑誌』一一五編一〇号、山川出版社、二〇〇六年。第一次世界大戦後の行政国家化については、前掲「非常時体制と日本〈官〉制」六一―七六頁。

(3) 前掲『昭和戦前期の予算編成と政治』二章。

(4) 前掲「国策統合機関設置問題の史的展開」二二一―二二三頁。

(5) 松井春生『経済参謀本部論』日本評論社、一九三四年、二、四、七、一七章。

(6) 革新勢力の定義については、伊藤隆『昭和初期政治史研究』東京大学出版会、一九六九年、七一―一〇頁。

(7) 前掲『経済参謀本部論』二四一―二四二頁。

(8) 前掲『昭和戦前期の予算編成と政治』一七四―一七五頁。

(9) 岡田啓介『岡田啓介回顧録』毎日新聞社、一九五〇年、一二八頁。前掲「国策統合機関設置問題の史的展開」二二四―二二六頁。

(10) 前掲『昭和戦前期の予算編成と政治』三章・四章。

(11) 前掲「非常時体制と日本〈官〉制」八七―八九、一〇〇―一〇八頁。

(12)前掲「非常時体制と日本〈官〉制」一〇八―一一一頁。前掲「国策統合機関設置問題の史的展開」五八―六一頁。
(13)前掲『昭和戦前期の予算編成と政治』二三四―二四〇頁。
(14)前掲「国策統合機関設置問題の史的展開」一八―二〇頁。
(15)前掲「国策統合機関設置問題の史的展開」七二頁。
(16)前掲「国策統合機関設置問題の史的展開」七三頁。
(17)前掲「国策統合機関設置問題の史的展開」八二―八八頁。
(18)内閣官房編『内閣制度九十年資料集』大蔵省印刷局、一九七六年、一一七―一一八頁。
(19)先行研究のうち、前掲『昭和戦中期の総合国策機関』は、企画院に比較的に積極的な評価を与えている。これは、他の先行研究が政治統合主体に代わる「国策統合機関」としての創設に失敗した点を強調するのに対し、より統合度の低い「総合国策機関」としての実務的な役割を強調していることにある。
(20)前掲「国策統合機関設置問題の史的展開」九〇―九一頁。
(21)宮澤俊義「行政機構」『国家学会雑誌』五三巻九号、一九三九年。同「国内体制整備論」『改造』二三巻一七号、改造社、一九四一年。
(22)山崎丹照『内閣制度の研究』高山書院、一九四二年、三六五―三六六頁。
(23)前掲『経済参謀本部論』六六―六七、二八六―二八七頁。
(24)前掲『内閣制度の研究』三九二―三九四頁。
(25)内閣法制局百年史編集委員会編『内閣法制局百年史』大蔵省印刷局、一九八五年、二五―二六、三五三―三五四頁。
(26)前掲『内閣法制局百年史』二六頁。高辻正巳「内閣法制局のあらまし」法令普及会『時の法令』七九三号、大蔵省印刷局、一九七二年、三五―三六頁。
(27)前掲『内閣法制局百年史』三〇―三二頁。前掲『経済参謀本部論』二四一―二四二頁。
(28)企画庁「枢密院ニ於ケル企画庁官制審議経過(一九三七年五月一日)」『内閣総理大臣官房総務課資料』国立公文書館、二A―四〇―資七。
(29)「法制局の機能の実際」『佐藤達夫文書』国立国会図書館憲政資料室、一四三一―二。なお、総合官庁の系譜を受け継ぐ内閣審議室は終戦後の一九四五年十一月に設置されたものである。これについては、次章を参照のこと。
(30) 前掲『内閣制度九十年資料集』八三―八四頁。
(31) 前掲『内閣制度の研究』三七一―三七二頁。
(32) 河野一之「わが国における予算編成の構造と過程」日本行政学会編『行政管理の動向』勁草書房、一九五七年、七一頁。
(33) 前掲『昭和戦前期の予算編成と政治』一―三章。
(34) 吉富重夫『行政機構改革論』日本評論社、一九四一年、一〇六―一〇九頁。ただし、次節で述べるように、行政上の閣議附議事項の整理は可能であるとされていた。
(35) 前掲「枢密院ニ於ケル企画庁官制審議経過(一九三七年五月一日)」。
(36) 大橋八郎「企画庁官制第一条第一項第二号ニ依ル手続ニ関スル件(一九三七年五月三十一日)」前掲『内閣総理大臣官房総務課資料』二A―四〇―資七。
(37) 海軍臨時調査課「企画庁資源局ヲ統合シテ総務院ヲ設置スルノ可否ニ関スル研究(一九三七年九月十四日)」・資源局海軍事務官「資源局及企画庁ノ所掌事務ニ関スル意見(一九三七年九月二十四日)」『昭和社会経済史料集成』四巻、一〇三―一〇四、一四〇―一四二頁。
(38) 内閣訓令第四号「国家総動員実施ニ関シ各官庁ニ訓令ス(一九三七年十一月十日)」前掲『内閣制度九十年資料集』九七〇頁。前掲『日本ファシズム体制史論』六六―六九頁。
(39) 赤木須留喜・稲川昇次『政策決定機構と内閣補助部局』行政管理問題研究会、一九八三年、四四―四六頁。
(40) 「企画院ニ関スル意見」『昭和社会経済史料集成』四巻、二六〇―二六一頁。
(41) 前掲『内閣制度の研究』三九二―三九三頁。
(42) 前掲『昭和戦前期の予算編成と政治』三章・四章。
(43) 前掲「枢密院ニ於ケル企画庁官制審議経過」。
(44) 以上、物動計画とこれに伴う統制経済の本格化についての説明は、中村隆英・原朗「資料解説」同編『現代史資料』四三巻、みすず書房、一九七〇年、一四―二二頁。原朗・山崎志郎『戦時経済総動員関係資料集 解説と目録』現代史料出版、二〇〇二年、二―六頁。
(45) 前掲「国策統合機関設置問題の史的展開」八二―八三、九〇―九一頁。

(46) 以上は、前掲「資料解説」二二一—二九、五八—六九頁。原朗「日本の戦時経済」同編『日本の戦時経済』東京大学出版会、一九九五年、九—一三、二一—二四頁。
(47) 深井英五「財政の重点の変化(一九四〇年一月十日)」同『枢密院重要議事覚書』岩波書店、一九五三年、四九—五一頁。
(48) 前掲「日本の戦時経済」二五—二七頁。
(49) 深井英五「物価政策と財政と一般国策との関連(一九四〇年三月十三日)」前掲『枢密院重要議事覚書』五七—六五頁。
(50) 前掲『内閣制度九十年資料集』一〇三—一〇六頁。
(51) 前掲『内閣法制局百年史』五六頁。内閣制度百年史編纂委員会編『内閣制度百年史』上巻、大蔵省印刷局、一九八五年、八七—八八頁。
(52) 従来の詳細な状況は不明であるが、新設の内閣調査局長官のみならず、書記官長と法制局長官は、必ずしも閣議に陪席すると決まっていた訳ではなかったようである。『東京朝日新聞』一九三六年七月四日夕刊。鳩山一郎『鳩山一郎回顧録』文芸春秋新社、一九五七年、一四七—一四九頁。前掲『内閣法制局百年史』六六頁。
(53) 前掲『内閣法制局百年史』五六頁。
(54) 「企画庁設置ニ付文書取扱ニ関スル件(一九三七年五月十四日)」前掲『内閣総理大臣官房総務課資料』二A—四〇—資七。なお、内閣官房総務課長であった横溝は、「二本」であった首相の補佐機関が「三本」になったことで生じた緊張関係を指摘しつつ、自らがこれらの纏め役を演じたと述べている。内政史研究会『横溝光暉氏談話速記録』上、一九七三年、一三六—一三七頁。
(55) 前掲『日本ファシズム体制史論』一二〇—一二三頁。
(56) 「国家総動員法ノ施行ニ関スル所管問題ニ関スル閣議諒解事項(一九三九年二月七日)」前掲『内閣総理大臣官房総務課資料』二A—四〇—資一二〇。
(57) 宮澤俊義「戦争と行政」『法律時報』一五巻三号、日本評論社、一九四三年、三頁。
(58) 「国家総動員法等ノ施行ノ統轄ニ関スル件(一九三九年九月二十九日)」前掲『内閣総理大臣官房総務課長資料』二A—四〇—資一二〇。前掲『日本ファシズム体制史論』一二三—一二七頁。
(59) 『東京朝日新聞』一九三九年九月十四、二十日。
(60) 「国家総動員法等ノ施行ノ統轄ニ関スル件閣議諒解事項(一九三九年九月三十日)」前掲『内閣総理大臣官房総務課長資

料』二A—四〇—資一二〇。

(61)『東京朝日新聞』一九四〇年七月二十五日夕刊、二十七日夕刊、八月十六日夕刊。なお、内閣情報部は一九四〇年十二月に情報局へと強化拡充され、内閣四長官会議の構成員は、書記官長、企画院総裁、法制局長官、情報局総裁となった。

(62)海軍調査課佐藤中佐「稲田内閣総務課長、森山法制局二部長、牧陸軍中佐談話要領(一九四一年三月五日)」『昭和社会経済史料集成』一二巻、三九〇—三九二頁。『朝日新聞』一九四一年三月三日、四日夕刊。

(63)『朝日新聞』一九四一年五月三十日夕刊、七月十九日。

(64)前掲『行政機構改革論』六一—七五、一一〇—一一三頁。

(65)前掲『内閣制度百年史』上巻、五七七—五七八頁。

(66)前掲『政策決定機構と内閣補助部局』一〇〇—一〇一頁。少なくとも昭和初期には、定例閣議は毎週火曜・金曜、定例次官会議は毎週木曜に首相官邸で開催されている。商工省大臣官房総務課ほか『閣議等会議文書・内閣通牒・大正一四年—昭和一〇年』国立公文書館つくば分館所蔵、〇六—〇〇九—平一一通産三。

(67)前掲『日本ファシズム体制史論』七五—八三、一二七—一二九頁。『東京朝日新聞』一九三八年四月二十八日、五月二十五日夕刊。

(68)稲田私案「各種委員会整理に付ての一方策(一九三九年七月二十九日)」前掲『内閣総理大臣官房総務課資料』二A—四〇—資三八。

(69)佐野私見「『各種委員会整理に付ての一方策』に就て(一九三九年七月三十一日)」、渡＊義＊(ママ)「次官会議の官制化に対する意見(一九三九年八月三日)」前掲『内閣総理大臣官房総務課資料』二A—四〇—資三八。

(70)前掲『日本ファシズム体制史論』一四三頁。

(71)『朝日新聞』一九四〇年九月六、二十日、十月二日夕刊。大蔵省昭和財政史編集室編『昭和財政史』一巻、東洋経済新報社、一九五六年、一四〇—一四一頁。

(72)『朝日新聞』一九四〇年十一月二十九日、十二月四、十一日。

(73)赤木須留喜は、予算編成の次官会議の事前審査方式への依拠を、「企画院体制の限界」を意味するだけのことではなく、「意思決定における総合調整が均衡を求める相互調整に終わる手続がここに完成した」と述べている。赤木須留喜『近衛新体制と大政翼賛会』岩波書店、一九八四年、五六九—五七〇頁。

(74) 広瀬豊作「二・二六事件から鈴木終戦内閣蔵相まで」大蔵省大臣官房調査企画課編『聞書戦時財政金融史』大蔵財務協会、一九七八年、一七二―一七四頁。
(75) 『朝日新聞』一九四〇年十二月二十七日夕刊、二十九日。
(76) 日米開戦後の大蔵省の予算編成がますます事務機関化したことについては、前掲『昭和財政史』二巻、二二三―二二九頁。
(77) なお、この時期には企画院の物動計画およびその背後にある陸海軍の軍務局に対応する「総務局」が相次いで各省に設置された。各省の総務局長から構成される「総務局長会報」は、企画院・陸海軍軍務局を中心に物動計画の策定作業などの活動を開始した。牧原出『内閣政治と「大蔵省支配」』中央公論新社、二〇〇三年、四〇―四八頁。そして、次章から見ていくように、戦後の占領前半期まで継続した経済安定本部―総務局長会報の系統は、内閣官房―次官会議の系統と微妙な緊張関係を孕んでいった。
(78) 代表的なものとして、日本政治学会『年報政治学 「近衛新体制」の研究』岩波書店、一九七二年。伊藤隆『近衛新体制』中公新書、一九八三年。赤木須留喜『翼賛・翼壮・翼政』岩波書店、一九九〇年。前掲『近衛新体制と大政翼賛会』。
(79) 本節における論説の初出は、拙稿「東條内閣期における戦時体制再編（上）・（下）」『東京都立大学法学会雑誌』三九巻二号・四十巻一号、一九九九年。
(80) 軍需生産における軍需部門と民需部門の重複・軋轢については、山崎志郎「太平洋戦争後半期における動員体制の再編」福島大学経済学会編『商学論集』五九巻四号、一九九一年。
(81) 美濃部洋次「戦時中の経済問題」東京大学総合図書館編『美濃部洋次文書』雄松堂、K'―一。
(82) 満鉄「東京時事資料月報」一二号（一九四〇年七月）『第二次第三次近衛内閣政治経済報告』上巻、東京都立大学法政研究室所蔵。「東京時事資料月報」とその執筆・編集にあたっていた尾崎秀実の活動については、今井清一『開戦前夜の近衛内閣』青木書店、一九九四年。
(83) 中村隆英・原朗「経済新体制」前掲『年報政治学 「近衛新体制」の研究』八九―九二、九九―一〇二、一一二―一一六頁。
(84) 堀越禎三編『経済団体連合会前史』経済団体連合会、一九六二年、五三七―五三九頁。
(85) 商工省総務局「産業団体再編成要綱試案（一九四〇年九月二十日）」前掲『美濃部洋次文書』G―四―一八。
(86) 前掲「経済新体制」一〇四頁。
(87) 前掲『経済団体連合会前史』五二〇―五三七頁。

（88）前掲「経済新体制」一〇六―一〇七、一一三―一一四頁。『商工政策史』一一巻、四四九―四五四頁。
（89）重産懇は、統制会の設立を遅延なく実現するための組織として、この年一月三十日に重要産業統制団体協議会（重産協）に名称変更をしていた。
（90）前掲「経済新体制」一一四―一一五頁。
（91）『朝日新聞』一九四一年二月四日。
（92）佐藤中佐「戦時経済行政機構案（一九四一年二月十八日）」『昭和社会経済史料集成』一二巻、二〇七―二一一頁。
（93）工業会の傘下企業は、ほとんどが軍管理・監督工場に指定されたため、陸海軍は統制会より遙かに強固な生産統制の下での指導をなし得た。企業側としても、物資取得などで優遇措置のある工業会は統制会よりも遙かに魅力的であった。前掲「太平洋戦争後半期における動員体制の再編」三四―三八頁。
（94）満鉄「東京時事資料月報」一八号（一九四一年一月）・二五号（一九四一年八月）前掲『第二次第三次近衛内閣政治経済報告』下巻。
（95）前掲「戦時中の経済問題」K'―一。大政翼賛会の挫折の過程については、前掲『近衛新体制』七・八章。
（96）前掲『翼賛・翼壮・翼政』三九九―四〇四頁。前掲『近衛新体制と大政翼賛会』三四五―三五〇頁。
（97）以上の経緯は、『朝日新聞』一九四一年一月二十四―三十一日の朝・夕刊。
（98）前掲『近衛新体制と大政翼賛会』「はしがき」五―六頁。
（99）木戸幸一『木戸幸一日記』下巻、東京大学出版会、一九六六年、一九四一年十月十六―十八日。
（100）『商工政策史』一一巻、四七一―四七二頁。
（101）防衛庁防衛研修所戦史室『陸軍軍需動員〈2〉実施編』朝雲新聞社、一九七〇年、五七八―五八〇頁。
（102）山崎志郎「太平洋戦争期の工業動員体制」『経済と経済学』八一号、東京都立大学経済学会、一九九六年、一五―一六頁。陸海軍間の不信・軋轢から物動計画が破綻していく経緯については、田中申一『日本戦争経済秘史』コンピュータエイジ社、一九七五年。
（103）前掲「戦時中の経済問題」K'―一、二。
（104）このことについては、原朗「太平洋戦争期の生産増強政策」『年報近代日本研究九　戦時経済』山川出版社、一九八七年。一九四二年秋以降の工業動員体制の展開については、前掲「太平洋戦争期の工業動員体制」。

(105)「生産関係者懇談会」『柏原兵太郎文書』国立国会図書館憲政資料室所蔵、五〇一—五。
(106)軍事史学会編『大本営陸軍部戦争指導班機密戦争日誌』上巻、錦正社、一九九八年、一九四二年十月二十一日、十一月十一日。
(107)この時点で東條内閣は、企画院を中心に各省との横の連絡を図るため臨時生産増強委員会を内閣に設置して対応した。同委員会の過渡期的な役割とその限界を詳細に論じたものとして、前掲「太平洋戦争期の生産増強政策」。
(108)J・B・コーエン・大内兵衛訳『戦時戦後の日本経済』上巻、岩波書店、一九五〇年、七九頁。
(109)前掲『陸軍軍需動員〈2〉実施編』六二三—六三五頁。
(110)「内閣顧問臨時設置」・「戦時経済協議会規程」『昭和社会経済史料集成』一八巻、四五一—四五四頁。「行政査察規程」・「行政査察規程運用要綱」石川準吉『国家総動員史』八巻、国家総動員史刊行会、一九七九年、「解題」四三—四四頁。なお、内閣顧問の多くは統制会・産業界の首脳部で占められたが、戦時経済協議会は実質上、内閣顧問会議として開催されることが多かったようである。
(111)政府は議会答弁で、「戦時行政職権特例」での首相の指示権は、各省大臣の行政長官としての職務に及ぶもので大権輔弼者としての職務に及ばないとして、憲法上の制約に明確な解釈を示した。田中二郎「戦時行政の新構想と統制方式の転換」『法律時報』一五巻五号、一九四三年、八—一〇頁。
(112)宮沢俊義「戦争と行政」『法律時報』一五巻三号、一九四三年、六—七頁。
(113)前掲「戦時経済協議会規程」。
(114)前掲「戦時行政の新構想と統制方式の転換」四頁。
(115)東條内閣では、第三次近衛内閣に引き続き、毎朝に首相が同席しての内閣四長官会議が開催されていた。『朝日新聞』一九四一年十月二十一日、一九四二年九月二十三日。
(116)前掲「戦時中の経済問題」K'—二。
(117)前掲「戦時経済協議会規程」・「行政査察規程」・「行政査察規程運用要綱」。前掲『内閣制度九十年資料集』一三一—一三二頁。
(118)「山田秀三氏(第二回)」『産業政策史回想録』一一分冊、四三—四五頁。
(119)木戸日記研究会・日本近代史料研究会『鈴木貞一氏談話速記録』上、一九七一年、二三〇—二三一頁。
(120)伊藤隆ほか編『東條内閣総理大臣機密記録』東京大学出版会、一九九〇年、一九四三年四月二十日。前掲「山田秀三氏

（第二回）」四六、五〇頁。
(121) 鈴木貞一「第一回行政査察報告書（一九四三年五月三十一日）」前掲『美濃部洋次文書』I―五九。
(122) 前掲「太平洋戦争期の工業動員体制」三四―三五頁。
(123) 重要産業協議会『重産協月報』一九四三年二月号、八―一一頁。
(124) 鉄鋼統制会「昭和一八年度鉄鋼生産計画策定資料（一九四二年十二月三日）」前掲『柏原兵太郎文書』一九八。下田将美『藤原銀次郎回顧八十年』大日本雄弁会講談社、一九四九年、三三五―三三七頁。
(125) 前掲『東條内閣総理大臣機密記録』一九四三年四月二十六日―六月二十四日。藤原銀次郎「第二回行政査察実施概要（一九四三年八月十日）」前掲『柏原兵太郎文書』一九一―四四。
(126) 『商工政策史』一七巻、三九七―四〇一頁。
(127) 海軍調査課長「大本営政府連絡会議ニ事務局設置ニ関スル意見（一九四三年八月七日）」『昭和社会経済史料集成』二〇巻、四〇六頁。佐藤賢了『大東亜戦争回顧録』徳間書店、一九六六年、二九二―二九三頁。
(128) 前掲『陸軍軍需動員〈2〉実施編』六五七―六五八頁。前掲「山田秀三氏（第二回）」四八頁。
(129) 「第三回行政査察実施概要（一九四三年十月十三日）」前掲『美濃部洋次文書』I―六五―八。第三回査察の位置づけについては、山崎志郎「太平洋戦争後半期における航空機増産政策」『土地制度史学』一三〇号、一九九一年。
(130) 重要産業協議会「第五回超重点産業委員会議事要録（一九四三年八月二十六日）」前掲『美濃部洋次文書』Ａａ―三九―八。
(131) 「国内緊急対策ニ応ズル機構改革方針（一九四三年九月四日）」『昭和社会経済史料集成』二一巻、七頁。
(132) 前掲『東條内閣総理大臣機密記録』一九四三年九月十七―二十一日。天羽英二『天羽英二日記・資料集』四巻、天羽英二日記・資料集刊行会編、一九八二年、一九四三年九月十七―二十二日。
(133) 前掲「戦時中の経済問題」K'―二。前掲『東條内閣総理大臣機密記録』一九四三年九月二十六日。
(134) 海軍省兵備局「軍需省（仮称）及連絡会議事務局ニ関スル意見（一九四三年九月二十七日）」『昭和社会経済史料集成』二一巻、二九九―三〇〇頁。
(135) 前掲『東條内閣総理大臣機密記録』一九四三年九月二十八日。閣議決定「軍需省設置ニ関スル件（一九四三年九月二十八日）」『昭和社会経済史料集成』二一巻、三〇二―三〇三頁。
(136) 前掲『陸軍軍需動員〈2〉実施編』六五三―六五四頁。

(137) 陸軍省海軍省「軍需省設置ニ伴ヒ陸海軍省所管事項ノ移管ニ関スル件（一九四三年十月七日）」『昭和社会経済史料集成』二一巻、三七二―三七三頁。
(138) 前掲『東條内閣総理大臣機密記録』一九四三年十月八日。
(139) 藤原が国務大臣に就任したのは、十一月十七日のことである。
(140) 岸信介・矢次一夫・伊藤隆『岸信介の回想』文藝春秋、一九八一年、六二―六八頁。
(141) 大村立三・土谷文基編『安倍源基伝』一九九三年、二一〇―二一一頁。美濃部洋次のみは、軍需省機械局長に就任した。
(142) 前掲『天羽英二日記・資料集』四巻、一九四三年十月十九日。天羽は情報局総裁、森山鋭一は法制局長官である。
(143) 前掲「戦時中の経済問題」K'―二。
(144) 前掲『木戸幸一日記』下巻、一九四三年十月五日。星野書記官長と山田内閣参事官は、鈴木の不満をなだめるため、内閣顧問と行政査察使の就任を持ちかけたようである。前掲「山田秀三氏（第二回）」五二―五三頁。
(145) 田中二郎「戦時行政の決戦態勢と統制方式の再転換」『法律時報』一五巻一二号、一九四三年、九頁。その後、内閣顧問を中心に行政査察は終戦まで続けられたが、軍需省の設置をもってその政治的な性格は薄れていった。
(146) 山崎志郎「軍需省関係資料の解説」原朗・山崎志郎編『軍需省関係初期資料』一巻、現代史料出版、一九九七年。『商工政策史』三巻、二九六―三〇〇頁。
(147) 田中二郎「行政機構の整備と行政運営の決戦化」『法学協会雑誌』六二巻一号、一九四四年、一〇六―一〇七頁。
(148) 前掲『内閣制度九十年史資料集』一三三―一三六頁。
(149) 内局の長が他省大臣の指揮監督を受ける例は初めてであった。前掲「行政機構の整備と行政運営の決戦化」九七―九八頁。
(150) なお、懸案であった統制会組織の分立性は、十月三十一日に公布の軍需会社法である程度の是正が見られた。政府は、指定した軍需会社に国家性の明確化・生産責任体制の確立・行政運営の刷新を求め得る。一方的な企業統制に見えるが、むしろ統制法規に様々な適用除外や特例保証を用意していた。これにより、軍需省などと多くの主要企業が個別的・直接的に関係を結び、統制会が望んできた軍需部門と民需部門の統合が実現した。だが、それゆえに統制会組織は空洞化する皮肉な結果がもたらされた。『商工政策史』一一巻、五九四―六〇〇頁。
(151) 前掲「戦時中の経済問題」K'―三。
(152) 前掲『陸軍軍需動員〈2〉実施編』六八四―六八六頁。赤松貞雄『東條秘書官機密日誌』文藝春秋、一九八五年、一一二五―一二六頁。
(153) 前掲『木戸幸一日記』下巻、一九四四年二月十日。
(154) 大本営陸軍部戦争指導班・軍事史学会編『機密戦争日誌』下巻、錦正社、一九九八年、一九四四年二月十二日。
(155) 前掲『東條秘書官機密記録』七六―七七、一二八―一二九頁。
(156) 前掲『東條内閣総理大臣機密記録』・『木戸幸一日記』下巻、一九四四年二月十八、十九日。前掲『東條秘書官機密記録』一二九―一三〇頁。
(157) 前掲『東條内閣総理大臣機密記録』一九四四年二月二十一日。参謀本部編『杉山メモ』下巻、原書房、一九六七年、二六―三四、五三五―五三八頁。
(158) 前掲『東條秘書官機密記録』一二九―一三三、一四二―一四三頁。定例閣議は、前掲『東條内閣総理大臣機密記録』によれば、総辞職の時まで宮中で開催され、前掲『内閣制度百年史』上巻、五七〇頁では、一九四七年六月までこれが続けられたと記されている。だが、内務省情報課『日誌』国立公文書館、三A―一五―二九―一によれば、閣議は少なくとも一九四五年六―十月には首相官邸で開催されていたことが記されている。
(159) 一八八五年の内閣制度創設前後の天皇の内閣（正院・太政官）臨御回数の変化とその政治史的な意義については、坂本一登『伊藤博文と明治国家形成』吉川弘文館、一九九二年、第一章。太平洋戦争期における重光葵外相の外交一元化構想という観点からの宮中への接近については、武田知己『重光葵と戦後政治』吉川弘文館、二〇〇二年、第一部第三章。
(160) 矢部貞治『近衛文麿』下巻、近衛文麿伝記編纂刊行会、一九五二年、四九三―五〇六頁。
(161) 前掲『東條内閣総理大臣機密記録』・『木戸幸一日記』下巻、一九四四年七月十三―十八日。
(162) 小磯国昭自叙伝刊行会『葛山鴻爪』一九六三年、七八五―七八八頁。
(163) 前掲「戦時中の経済問題」K'―三。
(164) 前掲「山田秀三氏（第二回）」六一頁。迫水久常「官界二十年の回顧」大蔵省大臣官房調査企画課編『聞書戦時財政金融史』大蔵財務協会、一九七八年、四一四―四一五頁。前掲『葛山鴻爪』八〇四頁。
(165) 前掲『昭和戦中期の総合国策機関』三一九―三三一頁。
(166) 伊藤隆「解説」同・武田知己編『重光葵　最高戦争指導会議記録・手記』中央公論新社、二〇〇四年、三七八―三八二頁。
(167) 「東條英機・苦悩の日記」『宝石』一九九八年六月号、光文社、一九四三年二月二十四日、五月二十一日。

(168) 大木操『大木日記』朝日新聞社、一九六九年、一九四四年七月十八日。
(169)『朝日新聞』一九四四年十月二十四日、一九四五年四月十七日。

第二章　占領体制の開始と東久邇・幣原内閣

第一節　GHQとの連絡ルートの模索

1　終戦連絡事務局をめぐる対立(1)

一九四五年八月十六日、日本政府は、マッカーサー連合国最高司令官の求めにより、陸軍・海軍・外務省の随員からなる使節団をマニラに派遣した。使節団は、主として占領軍の日本本土進駐および陸海軍の武装解除について会談をなし、日本政府に伝達すべき「天皇の詔書」、「降伏文書」および「一般命令第一号」の原案などを受領して、二十一日に帰京した(2)。

使節団の派遣と前後して、国内では占領軍の受入れのための体制整備が着手されていた。木戸幸一内大臣と平沼騏一郎枢密院議長の奏薦により、十七日に「皇族内閣」を組織していた東久邇稔彦首相は、自ら天皇へ上奏して裁可を得て、二十二日、最高戦争指導会議を廃止した。これに代わり、国務と統帥を直結した最高国策決定機関として終戦処理会議が設置され、占領軍の「本土進駐についての受入体制」が決定されていった。東久邇は、次のように述べている。「終戦後、もっとも憂慮したのは軍部の不満と、今後復員が進むに従い、どんな事件が起るかも知れないことである。これがため、陸海軍のみならず、諸官省との連絡を密にして、その内部の空気と諸官省を通じての民間の気持ちを、あらかじめ察知する必要がある」(3)。終戦処理会議は、最高戦争指導会議の構成員であった首相・外相・陸相・海相・参謀総長・軍令部総長の六人に近衛文麿国務大臣を加えた七人で構成され、その幹事は、陸海軍軍務局長を外し、緒方竹虎書記官長(国務大臣兼任)の専管となった。また、その下部には終戦事務の実施のため、「大本営及び政府の連絡機関」として、陸海軍の軍務局長および各省の総務局長を委員とする終戦事務連絡委員会が設置された。終戦事務連絡委員会は、委員長は外相であるものの副委員長たる書記官長が各省の調整役となるなど、内閣官房の所管となっていた(4)。

東久邇首相・緒方書記官長の官邸サイドが、自らの主導権の下で終戦処理を中心にした最高国策の決定やその実施と各省間の連絡調整を試みようとしたのは、陸海軍の武装解除と戦時体制の解体を見据えてのことである。二十六日、閣議決定に基づき軍需省の廃止と同時に農商省が解体され、戦前の商工省・農林省が復活した。九月一日には、総合官庁の系譜を受け継ぐ綜合計画局が、「戦後経営ニ関スル重要事項ノ調査及企画並ニ戦後経営ニ関スル各庁事務ノ調整統一ニ関スル事務」を取り扱う内閣調査局に縮小改組された。内閣調査局は、その設置にあたって、企画院や綜合計画局における「綜合国力ノ拡充運用」との規定が外れたように、「簡素にして機動的な運営を図る」機関とされ、改めて内閣官房を中心とする官邸サイドの主導性が印象づけられた(5)。そのことは、内閣官房が主導権を握る前述の終戦事務連絡委員会が、戦時の物動計画を円滑に遂行するため、陸海軍の軍務局長や企画院などの総合官庁と連携してきた、各省の総務局長から構成される総務局長会報をそのまま利用しようとしていたことからも窺える。緒方書記官長は、陸海軍および総合官庁的な機関の政治的な後退に伴って、自らが総務局長会報を実質的に取り仕切ろうとしていたのである。(6)

ところが、こうした官邸サイドの筋書きは、占領軍との連絡ルート構築という最重要課題の浮上とともに、戦時に沈黙を余儀なくされていた外務省の挑戦を受けた。マニラでは、本土進駐に際し具体的な要求書も使節団に手交されていたが、その第三号別紙甲の「兵站ニ関スル要求事項」には、「連合軍最高司令部トノ交渉ヲ容易ナラシムル為」、「占領期間中、連合軍ニ依リ要求セラルベキ地域及諸便宜ヲ供与スベキ機能ヲ有スル『中央機関』ヲ設立スベシ」との一文があり、その期限は八月三十一日までとされていた。(7) これを受け東久邇内閣は、占領軍との連絡にあたる中央機関の設置を検討したが、閣議および終戦処理会議の幹事会では、これを外務省の所管とする重光葵外相と、終戦事務連絡委員会の所管とする緒方書記官長との間で、激しい対立が発生した。

重光外相は、占領軍との連絡を「外務省の職責の範囲内」であるとしたうえで、「日本が外形上丈でも主権を維持して、軍政施行的占領政策を稀薄ならしめんとの事で（…）若し外務省が外務省として対外関係の関門たる活動を否定すれば直に外務省不要論が出て日本の表看板はなくなる」と認識していた。(8) この問題を、所管争いの観点からではなく、外交機能の継続によって、いまだ可能性の残されていた直接軍政を回避する方策として正当化したのである。(9) 一方、緒方書記官長は、占領軍との連絡を「単なる外交でなく、国体問題に関する諒解を取付けることから、戦後産業復興に関する予備的交渉に至るまで、いはば政府と同じ幅の機関」と認識していた。(10) 終戦処理会議と終戦事務連絡委員会を形骸化させかねない外務省所管案を、強く牽制したのである。

結局この問題は、取り敢えず重光外相の主張が容れられた。八月二十六日、終戦連絡事務局官制が定められ、「大東亜戦争終結ニ関シ帝国ト戦争状態ニ在リタル諸外国ノ官憲トノ連絡ニ関スル事務ヲ掌ル」ため、終戦連絡事務局（終連）が外務省の外局として設置された。勅任官の長官には、マニラに派遣された使節団随行員であった岡崎勝男外務省調査局長が選ばれ、第一部から第四部までの部長および連絡官・連絡官補も主に外務省から選ばれた。[11] 外務省は、「他の省に取り次ぎはするが介入は一切しない」という建前とは裏腹に、終連と密接な連携を保つためとして、終戦事務連絡委員会の庶務を「外務省ノ掌ル所トスルコト適当」と認識していた。さらに、終連が、「対外的ニノミ責任ヲ負ヒ対内的ニハ何等発言権、実行力ヲ有セサル所ノ遊離セル存在」となる恐れがあるとして、「各庁（陸海軍ヲ含ム）ヨリ有能ナル担当官ヲ積極的ニ本事務局ニ入ルルコト」を特に希望していた。[12] つまり、外務省は、官邸サイドの主導で設置された終戦事務連絡委員会を吸収し、通常の外交の範囲内とした占領軍との連絡事務のみならず、各省の実施事務にまで影響を及ぼそうとしていたのである。

だが、当面の最重要課題であった占領軍の主力部隊の厚木到着と横浜への進駐が八月三十日に、ミズーリ号艦上での降伏文書調印が九月二日に執り行われると、終連の所管問題は再燃した。そのきっかけは、二日の降伏文書調印の直後、占領軍から、日本の軍事管理、軍事裁判所の設置、米軍の軍票使用のいわゆる「三布告」が示されたことである。東久邇内閣は、これを明らかな直接軍政の方針と受け取り、一時混乱に陥った。二日深夜には岡崎終連長官がサザーランド参謀長と、翌三日には重光外相がマッカーサーと会見し、「直接軍政を施行するのは本旨ではない」との言質を得て三布告は撤回されたものの、[13] こうした連絡の混乱によって、各省はじめ周囲で燻っていた外務省と「岡崎機関に対する不信の声」はさらに強まった。[14]

とりわけ内閣官房からは、「連合軍司令部側の諸要求を関係行政機関に連絡すると云ふ使命は殆ど達成されず」、その原因は「外務省の独善主義による協力各省に対する把握力の不足に基づくもの」との批判がなされた。もっとも、こうした不満は、外務省が掌握する人事権に対するものであり、結局は「我方行政機関の著しい低能率と縄張り主義による連絡不円滑」に基づくものであった。[15] また、次官会議においても、他省から「『マッカーサー』要求ニ関シ外務省調査局ト総務局長会報ト両所ニテ行ハル。マトメテヤラレタシ」との苦言が呈されていた。[16] つまり、各省は、外務省の下の終戦連絡事務局と内閣官房が総務局長会報を利用して構成している終戦事務連絡委員会とが、主導権争いをしつつ機能的に重複していることが連絡事務の停滞を招いているとして、両者の統合を求めたのである。

しかし、緒方書記官長はこの機会を逃さず、現状の連絡の不備について、「外務省の独善主義による協力各省に対する把握力の不足に基づくもの」として、終連の内閣官房への移管を詳細な具体案とともに主張した。これに対し重光外相は強く反発し、両者の対立はいっそう先鋭化した[17]。十二日の閣議では、近衛国務相などから所管は二次的な問題でありむしろ問題はその長を初めとする人的構成であるとの折衷案が出され、十四日の閣議では、終連は外務省に存置するものの大幅な人事刷新の断行と機構の強化拡充を図ることに、いったんは落ち着いた[18]。

しかし、重光外相は、新しい終連の長に沢田廉三前外務次官を強く推し、財界の重鎮である池田成彬を推す東久邇首相・緒方書記官長・近衛国務相らと意見を異にした[19]。そのうえ、緒方書記官長が第二次戦犯逮捕指令リストに含まれたことなどから、十五日には責任の所在を明らかにすべきとして、大幅な内閣改造などを東久邇首相に進言した。十七日、東久邇首相は、終連問題でも強硬な態度を崩さない重光外相では「閣内の平和」を維持できず、大幅な内閣改造も困難であるとして、辞任を要求するに至った[20]。同日、重光外相が辞表を提出したのを受け、東久邇首相と木戸内大臣は、重光が占領軍との連絡に齟齬を来した苦い経験に鑑み、その後任に「マ元帥と話の出来る外相」を求めることを確認した。ここで後任の外相となったのが、元外務次官の吉田茂であった[21]。

2 「皇族内閣」の総辞職と幣原内閣の成立

重光が閣外へ去ったことで、緒方はさらなる内閣官房の機能強化を進めた。十九日、「上官ノ命ヲ承ケ機務ニ関シ内閣書記官長を輔」けるため副書記官長が新たに設置され、これに海軍少将で終戦工作に奔走した高木惣吉が就任した。戦時の小磯国昭内閣から検討されていたと伝えられる副書記官長の設置は、「書記官長の職責が余りにも激職であり本来の政治的最高幕僚としての任務より事務的煩務に忙殺されて殆ど政治的には全能力を発揮出来ない立場」であったことに鑑み、「事務的面はこれを副書記官長に委任し、書記官長は独自の政治的立場を確保する」ため、実現したようである。[22] 戦時から顕著となってきた内閣官房の機能強化という課題が、戦後にも継続されたのである。その役割は判然としないものの、高木副書記官長は就任以来、閣議、次官会議、戦前からの内閣長官会議、終戦処理会議に出席するなどして、緒方をサポートするべく活発な活動を行った。[23]

十月一日には、懸案であった終戦連絡事務局官制が改正され、その強化拡充が実現した。まず、機構は勅任官の長官制から親任官の総裁制への変更、二人の次長制の導入、四部から総裁官房・六部への拡充などがされ、各省や経済界からの人材登用の途も開かれた。次いで、人事構成は、池田成彬の擁立案が戦犯問題から頓挫したものの、池田の推薦により元横浜正金銀行頭取・中支那振興会社総裁の児玉謙次が総裁に据えられ、二人の次長には、河相達夫外務次官の兼任と元横浜正金銀行取締役・大蔵省米国駐在財務官の西山勉の専任となった。[24] 終連の下には、終戦連絡各省委員会が設置されて三日から活動を開始し、各省間の連絡・調整の役割を担った。[25] これにより、内閣官房に設置されていた終戦事務連絡委員会は、占領軍との連絡機関としては事実上消滅した。その代わり、終連は外務省の所管とされたものの、緒方・近衛国務相・児玉終連総裁・吉田との人的協調関係によって、実質的に内閣官房の主導の下で運用された。つまり、官邸サイドは、最高国策決定機関たる終戦処理会議と占領軍との連絡・実施機関たる終連との一体化を実現したのである。

しかし、終連をめぐる対立が収束し、陸海軍の武装解除が円滑に執り行われていくと、もともと緒方系勢力と近衛系勢力との寄せ集めのうえに成立していた「皇族内閣」の求心力は急速に失われた。終連を改組したところで占領軍との円滑な連絡ルートが築けていた訳ではなかったうえ、この頃から近衛国務相が、自らの戦犯問題に絡み新党結成構想や憲法改正作業など独自の動きを強め、官邸サイドや吉田との関係が微妙になっていたからである。[26] 緒方と高木副書記官長は、「政府ノ施策、後手ツヾキナルト、綜合的積極的対策ノ欠乏、特ニ人事ノ不評等ニ基キ、政変説横行ス」として危機感を露わにした。そして、今後の政権運営につき、「一、内閣ヲイツ迄持タスカ。ソレニヨッテ改造ノプラン、各種ノ仕事ガチガフ。二、通常ギカイ迄行クトスレバ政党議会工作必要。三、後継ヲ如何ニ考ヘルカ」との想定を検討し始めた。[27] 緒方は、占領軍との連絡ルートと機能強化された内閣官房の主導性に自信を滲ませながら、既に東久邇内閣後の構想を描き始めていたのである。

ところが、そのさなかの四日、GHQ[28]は、政治犯の釈放、思想警察の廃止、山崎巌内務大臣はじめ警視総監、特高関係者全員の罷免などを命じる、「政治的、公民的及び宗教的自由に対する制限の除去に関する司令部覚書」を発した。[29] 東久邇首相は、これをGHQによる内閣不信任と見た。翌五日、「最大の終戦事務たる陸海軍の復員も順調に進捗し連合軍の進駐も開始以来何らの事故なく今日におよび、所謂終戦事務はこゝに一段落をみ組閣の任務は一応完了した」として、総辞職を決意した。[30]

十月五日、後継首班につき木戸内大臣と平沼枢密院議長は、「米国側に反感のなき者、戦争責任者たるの疑なき者、外交に通暁せる者との見地」から、元外相の幣原喜重郎を第一候補とすることに意見が一致し、第二候補に挙げられていた吉田にその旨を連絡した。そして、吉田は自らの発案でGHQに赴き、「インサイド・インフォーメーション」としてマッカーサーの了解を取り付け、幣原に就任受諾を迫った。当初は「老齢、内政に興味なし」として渋っていた幣原は、天皇自らの説得もあって遂に受諾し、六日に大命降下がなされた。[31] 幣原は、それまでの経緯から、まず吉田の外相留任を決定し、次に民政党系の元内務次官で旧知であった次田大三郎を書記官長（国務大臣兼任）に選任した。組閣は、この二人を参謀に麻布市兵衛町の外相官邸を本部として行われ、吉田がGHQに、「インサイド・インフォーメーション、内報ヲ始終与ヘテ、誰ガ何大臣ニナル見込ダト云フ風ニ通知」[32]したうえで、幣原首相と次田書記官長が閣僚選考にあたる形で進められた。こうして、九日に幣原内閣が成立した。

幣原内閣の成立は、戦時体制化が占領体制化へと本格的に移行された大きな転換点であった。既に、陸軍省・海軍省・参謀本部・軍令部など軍中央機関の早期廃止方針が閣議決定されており、[33]「皇族内閣」の総辞職とともに、陸海軍を交えた最高国策決定機関としての終戦処理会議は消滅していった。[34]また、内閣交代直前の次官会議では、外務省から、GHQが天皇制の存続方針を固め始めたことを踏まえつつ、次のような報告がなされている。「統治制度及組織ニ関シ皇室制度ノ封建制ヲ脱却シ社会性ヲモタセル方向ニ進ムベシ。憲法、皇室典範、皇室経済ニ関スル改廃ガ問題トナルベシ。米国ハ日本国民ガ天皇ヲ欲スルナラバトヤカク言ハヌガ皇室制度ニハ大改革ヲ要スト言明ス。更ニ議会制度ニ付テモ然リ（…）内閣各省ノ統合及簡素化ニ付テモ然リ。平和、合理、民主主義化ヲ指向ス」。[35]すなわち、戦時体制化を推進してきた陸海軍勢力の政治的影響力は消滅し、戦時末期に活性化していた宮中勢力の政治的影響力もまた、著しく低下したのである。[36]一九三〇年代以来、明治憲法体制の矛盾のなかで混迷を深めた日本の最高意思決定機能は、内閣に集約されたことになる。

ただし、それは日本政府内部に限ったことである。これ以降、それまでの陸海軍以上に絶対的な権力を持つGHQとどのような連絡ルートを構築し、どのように占領政策を遂行するかという占領体制化が、本格的に開始された。注目すべきは、外相に留任した吉田の、GHQとの連絡ルートに対する認識である。前任の重光は、「外務大臣が直接、天皇に対して責任があるから、他から絶対に口を入れては困るという、いわゆる外交大権の思想から」、外交一元化にこだわり、結局は官邸サイド・GHQ双方からの信頼を得られずに失脚した。[37]日本政府の「ディグニチー」を重視し過ぎた重光は、終連をあくまで外交の窓口機関と位置づけた。陸海軍という撹乱要因の除去による「天皇親政」的な明治国家の「純化」という戦後の政治体制構想にこだわるあまり、GHQとの連絡ルートをあくまで外交の観点からしか捉えられなかったのである。[38]

一方、当初から終連を「日本側の受入れ態勢」と捉えていた吉田は、「インサイド・インフォーメーション」を提供するGHQとの連絡ルートの政治的な重要性を早くから嗅ぎつけていた。吉田は、GHQの占領政策に対する一貫した考え方であった「負けっぷり」につき、次のように回想している。「負けっぷりを立派にするということは、何もかもイエス・マンで通すということではない。また表面だけはイエスといっておいて、帰ってからは別の態度をとるという、いわゆる面従腹背などは、私の最も忌むところであった。要は、出来るだけ占領政策に協力するにある。しかし(…)言うべきことは言うが、あとは潔くこれに従うという態度だった」[39]。こうした吉田の認識を、GHQに対する従属性とそれに基づく連絡情報の独占という観点のみから捉えるべきではない。どのように占領政策を「受入れ」るかが重要であった。朝日新聞の政治記者であった後藤基夫は、この時の幣原・吉田について、次のように示唆に富んだ指摘をしている。「進駐軍の指令をこなすというのは大へんなことなんですよ。言われたことにすぐ右から左に法令を出せるわけじゃないし、何よりもその内容が何か、よくわからないんだから(…)憲法問題でもそのことは現れているが、そういう意味ではあと追いというだけではなくて、よくこなしたと言える気がする」[40]。占領終結後の対米外交における吉田の軌跡についても、示唆に富んだ指摘であろう。

3　吉田による終連の掌握

十月十一日、就任挨拶のためマッカーサーを訪問した幣原首相は、冒頭で「憲法の自由主義化」を促されたうえ、選挙権付与による婦人の解放、労働組合の組織化促進、自由な教育を行うための諸学校の開校、秘密検察などの制度の廃止、日本の経済機構民主化の五大改革を指示された。続いてGHQは二十五日、在外日本大公使館・領事館の資産や文書を連合国に引き渡し全ての日本外交官・領事代表を召還して、ほぼ全ての外交機能を停止することを命令した[41]。これらにより日本占領は、本土進駐や武装解除といった終戦処理の段階から、憲法改正や民主化改革といった具体的な段階へと進み、日本政府は、外交活動は開店休業状態となった外務省の終連を中心に、今まで以上にGHQとの連絡ルートの構築に精力を傾けていった。

終連では、その制度設計をした緒方・近衛らが閣外へと去り、留任した吉田外相・児玉総裁が他省や経済界からの協力を得ながら陣容を整え、GHQとの連絡は徐々に軌道に乗り始めた。十一月十五日の次官会議では、「折衝事務ハ今後愈々多岐ニ亘ルヘキ処、右ニ関スル我方歩調ヲ統一スルコト必要ナルヲ以テ（…）各省間ノ連絡ヲ強化スル」ため、概ね次のような確認事項が決定されている。①重要事項および他省に関係ある事項については各省が連合国側と単独折衝することは避け終連を経由すること、②その他の事項については関係省が連合国側と折衝する際は事前事後に終連に連絡すること、③終連に対応する連絡担当官を各省に置き週に一回は会合を開くなど相互の連絡をより密接にすること、④終連と各省から連合国側に提出する資料は相互に送付すること、などである。[42] GHQの具体的な指令・要求が増加するにつれ連絡・実施事務が全省に及ぶものとなったため、改めて終連が中心となって調整していくことを確認したのである。従って吉田は、終連における連絡機能や各省間の調整機能を発揮することにより、存在感を示す絶好の機会を得たと言える。

とは言え、この時点で吉田が、閣内で格段の影響力を誇った訳ではない。外務省から幣原首相の秘書官となった福島慎太郎は、次田書記官長が閣内で「全権」を握っていたと言い得るほど大きな影響力を誇ったことを指摘している。そして、「型の古い人」であったからか、民主化改革でのGHQの厳しい認識を知る吉田との関係はあまり良好ではなかったようである。[43] 一方で吉田は、マッカーサー・GHQ各部局との関係を深めつつあったものの、自らの推挙母体であった宮中勢力を失い、閣内では十分な権力基盤を持ち合わせていなかった。終連においても、改組によって国務大臣と同等の親任官となった児玉総裁は、自ら「局務ヲ統理シ所部ノ職員ヲ指揮監督」するとされ、外務大臣から独立的な存在となっていた。もともと終連の改組では、近衛などの推薦で池田成彬が総裁候補に挙げられた際、官制上は外務大臣の監督に属するが実際上は総裁に全部一任し、「外務大臣は口を出さぬ」という了解のもと、池田の内諾を得ていた経緯があった。[44] この時点での吉田は、終連を完全に掌握していた訳ではなかったのである。

状況が一変したのは、一九四六年一月四日、GHQが軍国主義者と極端な国家主義者の公職追放を命じる指令を発してからである。幣原内閣にとって衝撃だったのは、追放リストに次田書記官長はじめ多くの重要閣僚が含まれていたことであった。次田書記官長は、病床にあった幣原首相との間を往復し、随時対応策を検討して閣議を開催したが、GHQからの情報が錯綜したため混乱した。十日夜に至り、ようやく吉田がマッカーサーとの会見を許され、追放令が幣原内閣の不信任を示すものではないことを確認し、十一日、内閣改造による乗り切りが決定した。[45] 十三日、次田書記官長は辞任し、代わりに法制局長官であった楢橋渡が横すべりで後任となり、法制局長官の後任には、元農商務省次官で枢密院書記官長であった石黒武重が就任した。このほか、内務・文部・農林の各大臣が辞任し、さらに終連では、三十一日には児玉総裁と西山次長が辞任した。よって二月一日、吉田が臨時に終連総裁を兼任し、後任の終連次長には横浜正金銀行取締役の加納久朗が就任した。[46]

次田が閣外へ去ったことで、閣内における「吉田外務大臣の地位」は上昇した。[47] こうした吉田の影響力の拡大に拍車をかけたのが、GHQによる新憲法草案問題である。十三日、吉田、松本烝治国務相、そして終連参与の白洲次郎は、外相官邸でGS（民政局）のホイットニー局長から、既に提出済みであった松本国務相の憲法改正試案の拒絶を通告され、これより遙かに急進的なGHQの新憲法草案を手交された。これを受け、白洲終連参与がGSを数回にわたり訪れ再考を懇請し、閣議でも松本国務相が強硬な態度を示すなど紛糾したが、幣原首相が二十一日の訪問でマッカーサーの意志に変わりないことを確認して、大勢は決まった。二十二日、吉田と松本国務相はホイットニー局長を訪れ、GHQ草案を原則として日本式の字句表現を用いた案を日本側が起草することに同意を得た。[48]

ここで吉田は、新憲法草案問題におけるGHQとの連絡ルートに万全を期すため、終連の第二次改組を行っている。三月一日、終戦連絡事務局官制を改正し、「次長ノ中一人ハ外務次官ヲシテ之ヲ兼ネシム」との規定が削除され、同時に「総裁ハ外務大臣ヲシテ之ヲ兼ネシム」との規定が加えられた。これにより同日、外務次官が兼任していた終連次長に新憲法草案問題でGHQとの連絡を一手に引き受けていた白洲終連参与が昇格し、吉田は臨時ではなく正式に終連総裁を兼任した[49]。四日、GSにおいて松本国務相による翻訳草案を元に翻訳作業が行われた。だが、GSはこの翻訳草案をGHQ草案の原則に違反するとして拒絶し、結果、松本国務相はその場を退席した。残された佐藤達夫法制局第一部長と白洲終連次長らは、日本側の意図をでき得る限り取り入れるべくGSと翻訳草案の作成作業を徹夜で行った。翌五日、新たな草案が確定され、この日の閣議決定を経て六日に日本政府から「憲法改正草案要綱」が発表された[50]。

こうして吉田は、公職追放指令と新憲法草案の処理を通じて終連を掌握するに至り、閣内での影響力を飛躍的に高めた。そして、この後も豊富なGHQ情報を獲得し隠然たる政治力を持つようになった。とはいえ、吉田および終連がその後もGHQとの連絡ルートを独占し続けたかといえば、そうではない。終戦直後の混乱が次第に収まりかけていたこの時期、各省は次第に言語的にも事務的にも対応してGHQ各部局と独自の連絡ルートを築き始め、やがて外務省終連の連絡ルートを分立化していった。すなわち、戦時体制化のなかで課題とされた各省の分立化が、占領体制化のなかで再び浮かび上がってくるのである。

第二節　連絡ルートにおける統合化と分立化

1　各省における連絡ルート（1）——大蔵省終戦連絡部と大臣官房

本節ではまず、終連、および後に内閣に設置された経済安定本部を考察する前提として、最も有力な経済官庁であった大蔵省・商工省を対象に省レベルにおけるGHQとの連絡ルートを概観する。前節で見たように、各省には、終連の下の終戦連絡各省委員会に参加する担当の連絡部局が存在していた。こうした各省の連絡部局は、終戦直後には終連の下で表立っていなかったものの、大蔵省・商工省を先駆けとして次第に独自のＧＨＱとの連絡ルートを築きつつあった。それは、次第に占領統治が具体的になるにつれ、インフレ対策・生産増強政策・食糧問題などが大きな政治課題となり、外務省終連の連絡ルートのみではこれらを処理しきれなくなったことがあった。前述の一九四五年十一月十五日の次官会議で、各省によるＧＨＱとの単独折衝を避け終連に連絡機能を一元化することを確認していること自体、既に独自の動きが存在していたことを示している。

そもそも各省には、陸海軍や企画院を中心にした相互間の連絡ルートの下地があった。それが、牧原出が指摘した、戦時体制化のなかで各省に設置された総務局である。総務局は、陸海軍の軍務局や企画院に政治的に対応する省内の幕僚部として設けられたものであった。まず、企画院の物動計画と最も関係の深い商工省が、省内の行政事務を総合的見地から横に連絡調整させるため一九三九年六月十六日に総務局を設置した。一九四二年十一月一日の行政機構改革では、大蔵省はじめ各省にほぼ共通して総務局が設置され、外務省にも同様の機能を持つ政務局が設置された。そして、これら総務局の系譜は、日常的な業務遂行を担う戦前の大臣官房とは異なり、一九四九年の各省設置法制定以降に政治化した大臣官房として戦後に受け継がれたとされている[51]。ここで留意すべきは、戦時体制化のなかで現れたこれら総務局が、いったん占領体制化のなかで各省の連絡部局を派生させたことである。これを踏まえ、まず大蔵省の連絡部局の変遷について概観する[52]。

一九四二年十一月一日に大臣官房から企画課・文書課などを移管して設置された大蔵省総務局は、終戦直前の一九四五年五月十九日に廃止され、その業務は再び大臣官房に移管された。終戦を迎えると、大蔵省の占領軍との連絡事務は、「各省総務局長会議等の各省間の連絡調整事務を担当していた」大臣官房の企画課が担うことになった。当初、この企画課と一体となって連絡事務を行うことになったのは、「戦後財政経済施策中対内対外ニ亘リ特ニ大臣ヨリ指示セラレタル重要事項ニ関シ緊急企画立案ヲ担当スル」ため、官制・分課規程なしに大臣決裁で八月二十一日に臨時に設置された戦後緊急対策企画室である。戦後緊急対策企画室は、対内関係一二項目、対外関係五項目につき担当主幹を決め、「期間内ニ成案ヲ提出シ大臣ハ其ノ措置ニ付関係部局ニ対シ指示」をなすとされ、同室の総務には、終戦まで独伊駐在財務官であった湯本武雄が就任し、総務代理は、九月一日の大臣官房長の設置と同時にこれに就任した福田赳夫が兼任した[53]。

この時の企画課長であった渡辺武は、戦後緊急対策企画室につき次のように述べている。「福田君は官房長としての職務が忙しかったので、終戦連絡の仕事は主として私がやることになっていた(…)結局湯本さんの指導のもとに終戦連絡の仕事をやることになった」[54]。つまり、大蔵省は、臨時に設置された戦後緊急対策企画室で纏めあげた重要政策を基に、大臣官房の企画課を窓口としてGHQとの連絡にあたろうとしたのである。

その後、戦後緊急対策企画室が当面の重要政策に対する調査を完了し廃止となると、十月十二日、「終戦連絡事務局及連合国官憲トノ連絡ニ関スル事務」を所掌する終戦連絡部が、省議決定により設置された。その構成は、やはり大臣官房が中心である。部長はひとまず福田官房長の兼任、次長は渡辺企画課長の兼任、主幹四名のうち一名は愛知《あいち》揆一文書課長の兼任、部付は主に企画課の全高等官が兼任とされた[55]。また、この時期の外務省終連の方針と同様に、民間からの人材登用が多くなされた。二十七日、渋沢敬三蔵相の要請で、戦後緊急対策企画室の参与となっていた横浜正金銀行総務部長の木内信胤が、福田官房長に代わり専任の終戦連絡部長に就任した。次いで、主幹に元東京海上火災保険の水沢謙三が就任したほか、横浜正金出身者が多く終戦連絡部入りした[56]。

設置当初の終戦連絡部では、戦前からの海外人脈を持つ木内部長ら民間出身者が、大蔵事務当局とは異なる系統としてGHQとの重要な連絡役を果たした。木内部長が主に取りかかった仕事は、日本経済再建のため、軍需会社への戦時補償支払とそれに見合うだけの財産税徴収の実行をGHQの経済科学局(以下、ESS)から了承を得ることであった。そして、横浜正金時代に交流のあったヘンリー・シュレーダー銀行出身のＥＳＳボグダンとの人脈を通じ、一時はＥＳＳ局長から了承を得ることに成功していた。また、この時期のもう一つの重要な問題とされた財閥解体では、水沢主幹が担当となって交渉にあたった。これらの連絡活動は、「大蔵省の専管」とされ、アメリカへの食糧輸入の要請に集中していた終連の児玉総裁からも、「まったくノータッチ」の状態であった。木内部長ら民間出身者は、独自の連絡ルートを築いていたのである。[57]

渡辺はこうした状況を、次のように述べている。「各方面から人をとって、そういう人がそれぞれ分担をして、総括のことは木内さんがやっておった。私が事務的に省内との連絡、それからまた特に問題によっては私が担当してやるかっこうでした」。[58]つまり、木内部長ら民間出身者は、外務省の終連はおろか大蔵省当局とも異なる系統で連絡活動を行っていたことに鑑み、渡辺次長が両者のパイプ役を担っていたのである。両者の微妙な役割分担が大蔵省の終戦連絡部内でなされていた理由は、省内の横の連絡調整をなすべき大臣官房が、この頃に終戦後の激しいインフレ昂進に対応するための金融緊急措置令に忙殺されていたからである。

一九四六年二月二日、金融緊急措置令の実施を想定して、大蔵省の機構改革が行われた。終戦直前に理財局と銀行保険局の統合により設置されていた金融局は、再び理財局と銀行局に分離された。これに伴い、「国家資金計画その他財政金融に関する総合計画その他重要政策の企画及び総合調整」と「統計調査」などを所掌していた大臣官房企画課は、資金計画の設定事務を理財局国庫課に、統計調査事務を理財局調査課に、総合計画そのほか重要政策の企画および総合調整の事務を大臣官房文書課に移管して、廃止された。[59]この企画課の廃止によって、渡辺は終戦連絡部次長の専任となり、同時に次長一名を増員し、愛知大臣官房文書課長がその兼任となった。こうした機構改革の背景について、渡辺は次のように述べている。「結局企画というようなことは、もう司令部との折衝ということと切り離せないような一つのものになって来ておる。日本の財政金融に関する企画というものを別途にやるということよりも、むしろ一つの終戦連絡部というものが、企画をやるとともに司令部との交渉をやるという形になった方が望ましいのではないか[60]」。

三月に入り、実施された金融緊急措置令に目途がつくと、大蔵省の終戦連絡部は、GHQからの指令を受入れるだけの連絡ルートをようやく整備するに至る。渡辺は、次のように述べている。「幣原内閣のときは司令部からの相次ぐ指令に対してこちらが受け答えをするということに忙殺されておって、その中でかろうじて緊急措置令というようなことでこっちが積極的に出た。しかし、いずれにしても司令部との交渉ということが日本の経済の政策の方向決定について決定的なものだということが漸次明確になって、向うから相当こまかいところまで指示を受けるという態勢ができて来た[61]」。また、終戦連絡部内に存在した民間出身者と大蔵事務当局との微妙な役割分担にしても、公職追放の関係で六月一日に木内部長が辞任し渡辺次長が部長へ昇格し、その他の民間出身者も次第に大蔵官僚に交替することになり、完全に解消した[62]。

ところが、こうしてGHQとの連絡ルートがようやく整備されたこの頃、今度は木内らが解決しきれなかった戦時補償支払問題が紛糾し、重大な政治問題と化した。この問題でGHQとの激しい交渉に忙殺された大蔵省は、連絡ルートの再構築を余儀なくされ、大局的に「日本の経済の政策の方向決定」を見ることが困難となっていく。そして、そのことは後に設置された経済安定本部との関係において、同じように独自のGHQとの連絡ルートを模索していた商工省との間に時間的なズレを生み出していくのである。

2　各省における連絡ルート（2）——商工省終戦連絡部と総務局

次いで、商工省の連絡部局について概観する[63]。一九四五年八月二十六日、軍需省は解体され商工省が復活した。この時の機構は、大臣官房のほか、戦時体制化・統制経済化の流れを汲む総務局および物資別編成に基づく繊維局・燃料局・電力局などと、戦前からの伝統的な部局である商務局・工務局・鉱山局などを併列させた折衷形態であった。それでも、軍需省時代には総動員局と称されていた総務局は、戦後の商工省でも、「所管行政ノ企画一般及綜合調整ニ関スル事務並ニ他ノ主管ニ属セザル事務」を所掌するとされ、依然として省内で重要な地位を占めていた。同時に、官制・分課規程によらない連絡部が新しく省内に設置された。連絡部は、その設置の時期からして、外務省の終連に対応するべく設置されたと思われる。[64]部長は特に確定されなかったが、かつて商工省から内閣調査局・企画院などに出向し軍需省では機械局長を務めた橋井真が次長に就任し、まずは横浜での占領軍の進駐受入れのための現場会議に参加した。また、この頃から連絡部は、日本経済の再建問題に関しＥＳＳとの意見交換を独自に模索し始めていたようである。[65]

商工省が連絡部の事務に本格的に取り組み始めたのは、九月に入ってからである。七日から終戦連絡に関する打合せ会議が省内で頻繁に開かれ、二十日には「商工省終戦連絡部日報」が発行され始めた。ただし、連絡部は、商工省に関するＧＨＱのディレクティブやメモランダムなどを外務省の終連経由で受け取り、これを翻訳したうえで省内の各原局に回し、各原局から応答があれば連絡部が翻訳してＧＨＱに連絡を行っていた。こうした「スルーＣＬＯ（外務省終連）」による煩雑な連絡方式は、当初から不満の種であった。従って、十月初旬頃から商工省は、庶務課長会議で、「司令部トノ連絡ヲ円滑ニスル」ため、定期的に週二回、「文書又ハ口頭デ」連絡部がＧＨＱと直接面会していく方針を確認し、次第に独自の連絡ルートを築いていった。[66]

十月二十四日、連絡部は終戦連絡部と改称され、橋井次長は名実ともにその部長に就任した。連絡部は、商工省機構のなかに正式に位置づけられたのである。ここで、省内の「所管行政ニ関スル政策ノ企画及綜合調整ニ関スル事項」を担う中核部局である総務局総務課は、同日付けで「連絡部事務遂行要領」を策定した。要領では、「渉外事項ノ企画其他最高方針ノ決定、重要事項ノ報告等ノ重要事項」は、概ね大臣・次官・総務局長・終戦連絡部長・総務課長・

関係局長による会議で、「常務ニ関スル省内連絡」は、毎日午前に連絡部長・大臣官房と総務局の各課長・各局庶務課長・整理部次長・関係課長による会議で決定し、さらに毎週定期にＧＨＱとの連絡を行うことが確認された。これ以降、海運、貿易、軍需工場の民需転換、石炭生産、産業組織再編成問題の五つを最重要課題として、ＧＨＱとの連絡ルートは固められていった。[67]

同じ頃に総務局総務課は、長期的視野を見据えた商工政策の企画立案をなすべく、企画部局の設置を試みていた。終戦直後に総務課長を務めていた山本高行は、「これから世の中は変わる、社会党の天下になることがあるかもしれない。ついては少し勉強する必要がある」として、十月二十七日、官制にない事実上の組織として総務課に企画室を設置し、[68]その室長には山本が自ら就任した。[69]企画室のメンバーには、省内からは、総務局の優秀な若手を中心に集められ、省外からは、有沢広巳・大内兵衛・東畑《とうはた》精一・高橋正雄などのマルクス経済学者、中山伊知郎・都留重人などの近代経済学者、大来《おおきた》佐武郎・稲葉秀三などのエコノミスト、ほか栗栖赳夫、共産党の志賀義雄などが招かれた。早くも二十九日から開かれた企画室の会議では、産業経済民主化要綱・重要産業組織法案・産業秩序法案・臨時物資需給調整法案・独占禁止法案・傾斜生産・石炭国管・企業再建整備など、商工省の重要政策についての審議が重ねられた。そして、これらの審議を基に企画室がアイディアを出し、各原局がそれを法案・法令に具体化し法令審査を受けていった。[70]

その一方で、幣原内閣の小笠原三九郎商工大臣は、就任直後から省内の大幅な人事の刷新に着手していた。これにより、軍需省から商工省への移行作業や、軍需省所管の軍需会社や軍需省に在籍していた陸海軍人に対する残務処理事務のため留任していた椎名悦三郎次官はじめ、主要幹部は一斉に辞任した。[71]その背景は、戦時体制化・統制経済化における軍需生産中心主義が、終戦により陸海軍・軍需省が解体され生活必需品などの民需生産中心主義へ転換したことであった。これにより、それまで主流であった椎名ら総務局系統が、豊田雅孝新次官ら商務局系統に取って代わられたのである。[72]

こうした事態に対し総務局系統は、ＧＨＱとの連絡を行う終戦連絡部と新設の企画室での活動に、その活路を求めた。終戦連絡部と企画室とは、互いに無関係な存在ではない。この頃の総務局は、ＧＨＱからの日本の法律の翻訳命令など、「何か訳のわからない仕事が飛び込んでくる（…）要するに『他に属せざること』はみな来る」という状況であった。そして、「そのうちに、もう少しまとまったことをやろうと言って、いろんなことを考える目的」から企画室が設置され、その事務は、「比較的に連絡部とかＧＨＱとの関係」が多くなっていた。[73] すなわち、総務局は、相対的に省内での地位が低下するなか、ＧＨＱとの連絡事務を行う終戦連絡部とこれに対応する企画機能を持つ企画室の二つの別働隊を、自らの主導権のもとに一体化させて運営したのである。

こうした試みは、より具体的な政策に結実していく。十一月二十四日に橋井終戦連絡部長が新設の内閣審議室の参事官に転出すると、後任の部長には山本高行が就任した。これにより終戦連絡部は、今まで以上に企画室との一体的な運用が可能となったうえ、まさしく「政策の中心」と称されるに至る。その事務官の多くは、同時に総務局総務課の事務官を兼任し、「総務課なんかいらなかった（…）司令部から来た事をこなしていくのが、通産省の職業」となるに至った。[74] 商工省は、大蔵省の大臣官房と同様、戦時体制化のなかで確立された総務局系統を中心に、ＧＨＱとの連絡機能と企画機能を密接不可分のものと捉え、両者の融合を図ったのである。

しかし、省内での総務局系統の政治的後退はさらに進んだ。一九四六年一月十日、前年からの内閣の方針により、商工省は人員整理とこれに伴う機構改革を行った。これにより商工省は、大臣官房のほか、商務局・工務局・鉱山局・繊維局・電力局・整理部の五局一部という体制になった。豊田次官は、戦時体制化以前の伝統的な商工省機構に戻すとして、今後の施策の重点を中小商工業組織などが中心となる配給組織の再編成に置くべく、総務局を廃止して商務局に統合した。[75]

当然、この商務局系統の攻勢に総務局系統は反発した。終戦後の激しいインフレ昂進と生産減少を受け、二月十六日に実施された金融緊急措置令などの経済危機緊急対策によって、三月中旬ごろには本格的な統制経済の復活と経済安定本部の設置方針が定まっていた。これに対応する商工省の部局として需給調整局の設置構想が現れると、省内の対立は表面化した。その様子は、次のように伝えられている。「需給調整局の新設によって現在総務局的内容の商務局は需給課等をとられるので繊維局から日用品課を入れるなど、差当りその後をつくらふ程度に止める考へである。これに対し、この際軍需産業の整理転換および賠償関係を所掌する整理部を商務局に併合して商政課をはづし現在の商務局を本来の総務局として強化する考へ方と、商務局は純然たる商務行政のみとし大臣官房に整理部も統合して今後の商工行政を確立するために綜合企画、調整を行ふ機構を整備せんとする考へがある。かゝる綜合企画機構を整備し商工行政の強力な綜合的運営を行はしめることは、現在の機構が綜合性を欠いてゐる点に不満をもつ若い事務官級の強い要望となってゐる(76)」。

とはいえ、総務局系統の巻き返しが実現するには、しばらくの時間を要した。商務局系統の攻勢に晒されて潜伏を余儀なくされていた総務局系統は、終戦連絡部と企画室という別働隊を組織して、独自のGHQとの連絡ルートの強化と来るべき重要政策の企画立案を積み上げることにまずは専念した。やがて、第一次吉田内閣において経済安定本部の強化拡充の動きが本格化し始めたのと時を合わせて、再び省内の主導権を奪還するに至る。経済安定本部の設置では大蔵省に出遅れた商工省も、GHQとの連絡ルートを整備するに至り大局的な「日本の経済の政策の方向決定」を見据え始めていく。そして、大蔵省との間に時間的なズレを見せつつ、やがて終連のGHQとの連絡ルートを分立化させる最大要因となった経済安定本部と深く融合していくのである。

3　占領体制化における連絡と統合

以上のように、大蔵省と商工省はGHQとの独自の連絡ルートを築きつつあった。一方、終連の下にあった終戦連絡各省委員会の議事録には、当初、各省別の連絡事項を要約した議事内容が頻繁に記述されていたが、一九四六年三月頃から「メモランダム接受」欄が中心となり、次第に各省による連絡事項の記述もなくなっていった[77]。加えて、終連自身も、当初は最も膨大かつ重要であった進駐関係の設営工事や物資・労務の調達に関する事務が、同月二十日に戦災復興院に臨時に設置された特別建設部に分掌されるなど、早くも権限の縮小が見られ始めた[78]。

その理由は、占領統治が本格化するにつれ、内政に不慣れな外務省の終連が、経済問題を中心とした広汎な行政事務に対応できなくなったことにあった。一方では、GHQ各部局が、対応する日本側の各省に直接連絡することを要求してきたうえ、占領政策の遂行のためとして各種機関の新設要求を頻発していた。これらの働きかけは、連絡ルートの分立化・複雑化をもたらすものであり、また、各省の組織利益に合致するものであった。GHQ各部局と日本側の各省双方における「クロス・ナショナルな連合」は、既にこの頃から形成されつつあった[79]。

こうした連絡ルートの分立化に対しては、GHQ・日本側の双方における所管争いを反映したものであると強調されている[80]。だが、その深淵には、単なる所管争いに止まらず、内閣が各省を強力に統合化する契機が終戦後に欠落していたことがあった。前章で見たように、一九三〇年代、企画院などの総合官庁は、それまで明治憲法体制における非制度的な政治統合主体であった元老勢力・政党勢力が政治的に後退したことを受け、内閣の統合化を果たすべく出現した。陸軍中堅層などの革新勢力は、戦時体制化のなかで総合官庁の設置を積極的に推進したが、この試みは結局、現実の戦時体制のなかで挫折した。戦時の東條内閣は、企画院を廃止するとともに、首相による非制度的な兼任体制を軸に軍需省の設置、内閣官房の機能強化を果たし、遂には天皇・宮中への政治的接近を図ることで、政治統合主体の不在の克服を目指した。これが、終戦に至り陸海軍と宮中勢力が消滅して明治憲法体制の矛盾が解消されると、ようやく内閣そのものが各省を強力に統合化していくかに思われた。

ところが、終戦後の内閣は著しく脆弱であった。この時点では、いまだ明治憲法下にあったことで国務大臣単独輔弼制は存続しており、政党勢力にしても、戦前からの指導者の多くが公職追放されたことで政治的な沈滞を余儀なくされ、いまだ新しい政治統合主体たり得なかった。この政党勢力にすら政治的な基盤を持たなかった幣原内閣は、GHQによる相次ぐ民主化指令に翻弄されていた。そのうえ、終戦後から機能強化を果たしつつあった内閣官房では、緒方・次田という大物書記官長が相次いで公職追放に見舞われた。

新しい政治統合主体が不在のなかで、終戦後の内閣は、改めて分立化する各省を強力に統合化する必要に迫られていた。戦時体制化が終焉したからといって、一九三〇年代からの内閣の統合化の要請が終焉した訳ではなかったのである。後の第二次吉田内閣における行政機構刷新審議会の答申では、終戦後の行政機構・人員の状況につき、次のように指摘している。「行政官庁の機構並びに人員は年と共に膨大の一途を辿ってきたのであって、試に一般会計及び特別会計所属の所謂本官者についてその増加率を見れば、昭和七年を一〇〇とし、昭和十六年一八八、昭和二十年二三三、昭和二十四年一月現在四六九となっている。部局の数においても終戦時に比して約倍加しているのであるが、かくの如き機構並びに人員の増加は経済統制の強化、多数邦人の引揚、連合軍関係業務等事務の増大に基くところも少なくないが、わが国の過去の実績及び主要各国の例に対比して見ても必要以上に膨大化していることは否定しがたい[81]」。

この答申が示唆することは、第一に、一九三〇年代以来の行政需要の増大による行政国家化は、継続されるどころか戦後にますます促進されたことである。従って、各省の機構と人員はそれぞれに膨張化し、分立化の度合いを強めていた。第二に、次節で見るように、終戦後いったんは解除された統制経済が一九四六年の春頃から本格的に復活し始め、統制経済化が戦後へ継続されたことである。国家による経済への介入は継続し、それとともに内閣の統合化の要請も継続された。第三に、これら行政国家化と統制経済化は、他ならぬGHQによる占領体制化のなかで促進されたことである。すなわち、行政国家化・統制経済化が戦前から戦後へと継続され、戦時体制化に代わり占領体制化が新たに登場し、改めて内閣の統合化が要請されたのである。

それにもかかわらず、政治統合主体の不在が継続し、内閣の統合化の契機が欠けていれば、いくら外務省の終連に一本化すると位置づけても、GHQとの連絡ルートが分立化していくことは不可避である。その一方で、間接占領統治を採用している以上、GHQ全体としても、分立する各省を内閣が統合化していくことを必要とする。それは、各省の分立化によって、総合的な見地からの占領政策まで分立化されるからである。皮肉にも、自ら「クロス・ナショナルな連合」を促進して連絡ルートの分立化をもたらしたGHQは、それが故に、内閣の統合化を日本側に強く要請することになったのである。

そのことを示唆するのは、GHQからの要請を受け、一九四五年十二月十四日に商工省外局として石炭庁が設置されたことである。GHQは、石炭庁を「石炭及亜炭ノ生産、配給等ニ関スル行政並ニガス、コークスニ関スル行政ヲ強力且一元的ニ所掌ス」と位置づけ、大きな期待を寄せていた[82]。だが、石炭庁は早くから、他省からの積極的な協力を得られないとの課題を露呈させていた。ここには、後の経済安定本部が石炭の超重点的な生産増強策である「傾斜生産方式」の推進を要請される背景が既に暗示されている。

十八日、小《こ》日山《ひやま》直登長官[83]はじめ石炭庁幹部とGHQ側との初会談が行われ、主に食糧確保・賃金など労働者の待遇改善策につき意見交換をした後、次のようなやり取りが交わされた。まず、GHQ側から、「貴官ハ石炭ニ関スル限リ関係各省大臣ニ指令ヲ発シ得ルガ如キ広汎ナル権限ヲ有スルヤ」との問いが発せられ、小日山長官は、「各省大臣ヲ指揮スル立場ニハ在ラズシテ石炭ノ関スル限リ関係ノ向ニ対シ強力ナル勧説ヲ行ヒ得ル立場ニ在リ（…）政治ニ於テ結局問題トナルベキハ機構ニアラズシテ寧ロ人ナリ」と答えた。これに対しGHQ側から、食糧・労務問題などで各省に統一のないことが増産を阻む理由であると指摘し、今回の石炭庁設置の目的は、「長官ヲシテ斯ル乱雑ナル組織ニ対シ十二分ニ『コーディネーション』ノ力ヲ発揮セシメントスルニ在リ」、政治力だけではなく明確な法制上の権限こそが必要である、と迫った。だが小日山長官は、「右ヲ立テレバ左ガ立タズ、双方立テレバ身ガ立タヌト云フ実情ナリ」と答える有様であった。会談ではこのほか、石炭の割当決定権について、閣議に依るか石炭庁に依るのかは曖昧なまま、ただ関係各省との連絡を万全するだけであることなどが判明した(84)。

ＧＨＱが、石炭庁に限らずこうした各省の分立性に随所で遭遇したとすれば、各省の政策を統合化すると同時に連絡窓口となる機関を設置する気運が高まることになる。そもそも、戦時体制化における企画院および各省の総務局は、陸海軍の軍務局との連絡機能と政策を統合する企画機能を分離していた訳ではない。両者は、密接不可分のものであった。同様に、終戦後に陸海軍に取って代わったＧＨＱが推進した占領体制化のなかでは、大蔵省・商工省など各省の連絡部局が、省内の政策を統合して企画を行う大臣官房・総務局と早い段階で機能的に一体化していた。だが、この一体化が省レベルで実現したとしても、それが内閣レベルで実現するには多くの困難が予想された。とりわけ日本側においては、総合官庁を戦時体制の申し子であるとしてその復活を忌避する声が根強かったからである。これが、ＧＨＱ・日本側の双方で内閣レベルでの総合官庁設置の気運が高まったのは、終戦後のインフレ昂進と物資不足が抜き差しならない次元にまで至った時であった。

第三節　経済危機緊急対策の展開過程

１　終戦後のインフレと内閣官房・大蔵省

終戦後の日本経済は、戦時体制期の矛盾が一気に噴出する形で激しいインフレに見舞われた。駆け込みで行われた莫大な臨時軍事費支払いを引き金として日銀券発行高の増加はさらに加速化した一方、今まで抑制されてきた国民の潜在購買力に対し生産は著しく減少して物資・食糧は極度の不足状態となり、激しい需給ギャップをもたらした。現状認識の甘さから日本政府の初期対応が遅れたため、一九三四―三六年を基準にして、卸売物価は一九四五年九月の三・六倍から一九四六年二月には八・七倍、小売物価は三・一倍から八・三倍、さらに消費財の闇・自由物価に至っては六九倍から一四〇倍にはね上がった。[85]

これに加え、日本政府が、統制経済の継続をめぐりGHQとの間に齟齬を生じさせたことが、いっそう事態を混迷させた。日本政府の当初の方針は、戦時の統制経済が「広汎且複雑多岐」にわたり「官治統制ノ色彩」が強かったにも拘らず、「効果ハ挙ラズ統制価格ハ徒ナル名目的価格ニ堕シテヰル」との非難が強かったことに鑑み、これを緩和ないし撤廃していくというものであった。[86] こうした認識のもと、一九四五年九月十八日、「食糧確保ニ関スル緊急措置方針要領」において、「青果物及鮮魚介類ノ経済統制ハ之ヲ撤廃スル」ことが閣議決定された。[87]

これに対し二十二日、占領軍から「指令第三号」が発出され、日本政府は、「賃銀および必需品の価格について、確固とした統制を設定し、維持する責任を負う」、「供給不足の必需品の公正な分配を保証するために、これらの商品の厳格な割当計画を設定し、維持する責任を負う」として、統制経済の継続を求める見解が打ち出された。だが、この時点で「指令第三号」の方針は絶対的なものではなく、生鮮食料品の統制撤廃を許可する見解がESSから打ち出されると、商工省でも、十月十九日に国民生活用品に関する統制を大幅に緩和する方針が定められ、以後、GHQの了解を求めることになった。だが、十一月二十日に実施された生鮮食料品の自由化は、出荷の不調から価格の暴騰を引き起こしてインフレ激化は明らかとなり、状況は一変した。[88] GHQはこれを失敗と見て、十二月二十六日、「インフレ的趨勢を刺激する」、「消費者に不公平を来す」との理由で、国民生活用品に対する価格配給統制の撤廃を不許可とした。[89] これにより、統制経済の再強化への転換が余儀なくされ、日本側は以後、これを重要な前提にインフレ対策を中心とした経済運営に取り組んでいった。

戦時体制期には、物価統制の基本政策を総合的な立場から扱う部局は、当初、物動計画の物資統制を補完するため商工省物価局・企画院の所管となっていた。これが、やがて商工省・企画院の廃止で軍需省とともに新設された農商省物価局に移管され、次いで綜合計画局の戦時物価部に移管されていた。終戦を迎え、綜合計画局が廃止されると、これに代わり設置された内閣調査局が所管部局となった。[90]だが、幣原内閣では、インフレ対策はおろか、内閣調査局での政策の立案自体がことごとく停滞した。大蔵省から内閣調査局に出向して物価行政に携わっていた谷村裕は、次のように述べている。「物価に対する根本的な対策を、一応あらわくではありますが、内閣調査局の方で数字だけは書いておったというように言えると思います。何分にもその上司に十分に推進力のある方がおいでにならなかった(…)多分次田書記官長が兼務してやっておられた」[91]。

次田書記官長が、内閣調査局の長官を自ら兼任してその機能を凍結させていたのは、内閣官房の機能強化を見据えてのことである。次田は、就任後初の次官会議で次のように述べていた。「各省ノ執務振リヲ私ガ外カラ見テ居タ所ニ依ルト、戦時中カラ頗ル緩慢デ速度ガ非常ニ遅イコトヲ遺憾トシテ居タ。デアルカラ私ハ諸君ニ対シテ、宜シク部下ヲ督励シテ、早ク事務ヲ処理スルコトヲ御願ヒスル」。また、相次ぐGHQの指令に対し、司法省が事務作業を遅延させ運輸省・厚生省が相互間の調整を遅延させたことで前日の閣議でそれぞれの省令決定に困難を来したことを引き合いに出し、「急グ書類ハ、徹夜ヲシテデモ急ガセテ貰ヒタイ」、「マックアーサー司令部ノ司令ニ基ク一日一刻ヲ争フ問題ヲ、権限争ヒ等ニ依ッテ遅ラスコトハ国家ノ為ニ不利益デアル」と苦言を呈していた。[92]こうした次田の苛立ちは、陸海軍や総合官庁によるタガが終戦によって外れ、各省が独自の行動を行い始めたことに起因していた。そして、次官会議は、GHQの指令を急ぎ決定・実行しなければならない閣議の障害となっているばかりか、各省の分立性を担保する機関となる危険性を孕んでいたのである。

このため、前任の緒方の頃から進められていた内閣官房の機能強化は、次田にとって喫緊の課題であった。各省ないし次官会議を取り纏め、閣議へとつないでいく役割を果たすためである。次田は、前述の運輸省・厚生省における相互間の調整の遅延に対し、次のように要請していた。「意見ガ対立シテ遅レルト云フナラバ（…）ドウカ両省ノ主任者打揃ッテ、私ノ所へ来テ貰ヒタイ。サウスルト私ノ所デ其ノ争ヒノ点ヲ決メマセウ。私ノ所デ決メ得ナイ場合ニハ、翌日ノ閣議ノ劈頭、運輸・厚生両大臣ノ話合デ決メテ貰ヒマス」。こうしたなかで次田は、もともと「戦争便乗ノ新官僚ガトグロヲ巻イテ居ル所」と認識していた内閣調査局を廃止してこれを内閣官房に吸収し、各省の政策を統合化していくことを試みた(93)。

しかし、自ら長官を兼任して内閣調査局の事務を引き継いでみると、「色々調査シ掛ケタコトガアルノデ、サウ一挙ニ廃止シテシマフ訳ニハ行カナイラシイ。其ノ中ノ或ルモノハ之ヲ法制局ニ移スコトガ出来ルカモ知ラヌ。併シナガラアルモノハ何処カデ其ノ仕事ヲヤラナケレバナラナイ」ことが判明した。そして、十七日に内閣調査局から自ら聴取を行い、次のような見当を得た。「調査及ビ規格〔企画〕ノ仕事ト、各省ノ事務ノ統一整理ノ仕事ト二通リアル。之ヲ一ツノ局ニ纏メテヤル所ニ無理ガアルノデハナイカ、少クモ後トノ方ハ別ニ切離シテ、書記官長ノ下ノスタッフニスル、前ノ方ハ此ノ侭調査局トシテ残スカ、或ハ一応ハ調査局ヲ廃シテ、調査スベキ重大ナル問題ヲ捉ヘテ、新タナル構想ノ下ニ調査機関ヲ設クルカ、ドチラカニスルベキデハナイカ(94)」。

そして、当初は「副書記官長ヲ置カナイ積リ」であったものの、「十日バカリヤッテ見ルト、仕事ガ山積シテ迚モヤリ切レナイ」ことを痛感した次田は、二十七日、同じく内務省系統の三好重夫を副書記官長に任命した。これで「一安心」した次田は、内閣官房で各省の政策を統合するため、三好副書記官長に内閣調査局の調査官を兼任させて今後の運営に当たらせることにした(95)。

内閣官房の動きに素早く反応したのは、大蔵省である。既に、戦後通貨対策委員会を省内に設置してインフレ対策の検討を開始していた大蔵省は、「単ニ個々ノ物資等ノ価格ノ問題トシテ之ヲ考フベキモノニ非ズ」として、総合的な見地から自らが企画立案にあたるべきことを次のように主張した。「内閣直属ノ一部局ヲシテ之ヲ担当セシムル方法ハ一応形式的ニハ異論ナキ処ナルモ、動モスレバ問題ノ把握ハ実体ヨリ遠ザカリ責任ト熱意トヲ以テ事ニ当ルノ実ヲ挙グルニ遺憾ノ点ナシトセズ。依テ此ノ際物価問題ニ関シ、真ニ其ノ責任ヲ自覚シ其ノ解決ニ主導性ヲ採リ得ル立場ニ在ル国務大臣ヲシテ主トシテ物価一般ニ関スル行政ヲ司掌セシムルヲ可トスベシ」。その所管省としては、商工省・農林省を「物価問題ニ至大ノ責任ヲ有スルモノナルモ問題ヲ把握スル立場ニ於テ総合性ヲ欠キ、動モスレバ一省限リノ立場ニ於テ問題ヲ採リ上ゲントスルノ点ナシトセズ」として退けている。一方で大蔵省を、「財政、金融、為替等ノ問題ト連ナリ真ニ通貨ノ安定ヲ確保シ財政ヲ確立シ国家経済ノ再建運営ヲ図ル上ニ於テハ、其ノ好ムト好マザルトニ拘ラズ物価問題ニ関シ最モ重大ナル関心ヲ払ハザルヲ得ザル立場」にあるとしている。そして、「通貨乃至資金ノ面ハ他ノ行政各部ノ司掌スル生産乃至配給、輸送、労務等ノ面ト共ニ謂ハバ盾ノ両面タル関係ニ在リ。従ツテ大蔵省ハ一種ノ総合行政官庁タルノ性格ヲ有シ、物価問題ヲ最モ総合的立場ニ於テ把握シ得ル立場ニ在ル」として、「大蔵省ヲシテ物価問題ヲ主トシテ司掌セシムルヲ可トス」と結論づけている。(96)

前章で見たように、戦時においては、莫大な臨時軍事費が政府・議会とは別個の特別会計として編成されたうえ、軍需生産の増強のため強制的な物資配分をなす「物の予算」たる物動計画が存在していたため、「金の予算」たる大蔵省の予算編成の統合機能は著しく低下していた。従って、陸海軍の意向を受けた企画院・商工省による物資統制が、実質的に各省の政策を統合する存在となっていた。これが終戦に至ると、ほとんどが公債と借入金で賄われた臨時軍事費特別会計や軍需会社に対する巨額の戦時補償債務などにより、激しいインフレ昂進と財政の「破産状態」に見舞われていた。(97)すなわち、大蔵省は、終戦に伴い財政金融政策を中心とした自らの役割が復活したことによって、それまでは主に企画院・商工省の物資統制を補完する形で行っていた物価統制を、自らの主導の下に行おうとしたのである。

とはいえ大蔵省は、商工省が中心となって物資統制を継続しているなかでは、単独で総合的なインフレ対策を立てられるはずもない。それゆえ、「大蔵省ヲシテ主トシテ物価問題ヲ司掌セシムルニセヨ、問題ノ性質ニ依リテハ之ヲ内閣全体ノ問題トシテ採リ上ゲ、或ハ閣議ニ於テ之ヲ決シ、或ハ経済閣僚懇談会ニ於テ論ヲ尽シ、或ハ内閣書記官長ノ手許ニ於テ之ヲ調整スルノ要アル場合アリト思料ス」としていた。各省の政策を統合する役割を果たしつつあった内閣官房と連携することで、主導的な立場を確保しようとしたのである。そして、「動モスレバ関係省ト二重行政ノ弊ヲ生ズルノ恐モ少シトセズ（…）個々ノ価格形成ノ問題其ノ他物価ニ関係アル事項ニ付テモ先ヅ各省ノ責任ニ於テ之ヲ施策セシメ、問題ノ性質ニ依リテハ之ヲ事務当局間ノ協議体組織等ノ運営ニ依リ関係当局間ニ於テ物価問題ナリインフレ問題ナリノ立場ヨリ採リ上グルガ如キ方法」を模索していった。(98)

こうした大蔵省の思惑は、やがて次田書記官長の構想と相まって実現した。十一月二十四日、内閣調査局は廃止され、「重要施策ニ関スル各庁事務ノ綜合調整ニ関スル事務ヲ掌ラシムル」ため、内閣官房に内閣審議室が設置され、その室務は、「内閣副書記官長之ヲ統理ス」とされた。(99)総合官庁の系譜を受け継ぐ機関は、再び内閣官房に吸収されたのである。次いで二十八日には、物価一般に関する事務が内閣調査局から大蔵省に新設された物価部に移管され、その部長には日本興業銀行から工藤昭四郎が就任した。個別商品の価格決定はこれまでと同様に各々の所管省で行われるものの、基本的な物価行政は大蔵省物価部の所管となり、戦後通貨対策委員会から改称された戦後通貨物価対策委員会と連携しながら運営していくことになった。(100)すなわち、内閣官房は、閣議を中心とした内閣レベルでは書記官長、内閣審議室を中心とした各省レベルでは副書記官長に役割を分担して各省の政策の統合を図ることを目指し、その一方で大蔵省は、物価部を内閣官房と連携させることによって、各省にまたがる総合インフレ対策を処理することを目指したのである。

2　経済危機緊急対策の実施

経済危機緊急対策は、預金封鎖・新円発行という金融緊急措置令を中心に、各省総がかりの総合インフレ対策として実施された。そこへ至る過程では、大蔵省を中心に様々な思惑による政策構想が混在し、これらがともかくも一体となっていた。

大蔵省が全体として念頭に置いていたのは、国民から幅広く財産税を徴収して莫大な戦時国債の償還と軍需企業への戦時補償支払を行うことである。主税局などによって打ち立てられたこの財産税構想は、そもそも預金封鎖を財産税の徴収手段として捉えていた[101]。一方で、愛知文書課長を中心とした大臣官房は、基本的にはこの考えに立脚しつつ、あくまで預金封鎖をインフレ対策の手段として捉え、これを財産税構想と結びつけ省内全体の調整を図ろうとしていた[102]。さらに、主税局・大臣官房の政策構想とは別に、木内終戦連絡部長は、財産税徴収による戦時補償支払の目的を専ら財界の再建におき、預金封鎖を農家からの食糧供出促進の手段と捉え、独自の立場から活動していた[103]。終戦後の食糧不足は、アメリカや連合国の国民世論や世界的な食糧不足傾向からＧＨＱへの食糧輸入申請が難渋を極めたことで、いっそう深刻化していた[104]。そのため農林省は、終戦後の政府の権威失墜も相まって生じていた農民の売り惜しみ・買いだめ傾向に歯止めをかけるべく、農民への食糧供出の強権発動を行うことにした。木内終戦連絡部長の狙いは、これへの「援護射撃」として預金封鎖・新円発行を行い購買力の抑制を図るというものであり、従って、「インフレをチェックしようというノーションはゼロ」と認識していた[105]。

こうした金融緊急措置をめぐる見解において、大臣官房出身者と木内とでは、後年に至るまで相違があったようである。愛知は、木内が食糧供出の「援護射撃」を預金封鎖の「決定打」としているのに対し、「大蔵省の自主的な考えでやったものであって、ほかから頼まれて援護射撃をした」というのではなく、あくまで「一つのファクター」としている。そして、「通貨価値の維持ということが大蔵省のほんとうの一番大事な仕事であると、それから出発した施策である」と結論づけている。[106]これに対し木内は、食糧供出の「援護射撃」は、そもそも愛知文書課長からの省議開催の提案に端を発したものであり、「もしも愛知君がそのときに別なことをいっていたら、それはもう私にはショック」と述べている。[107]この見解の相違は、木内終戦連絡部長と大蔵事務当局との意志疎通が充分でなかったことにもよるが、[108]結局は、金融緊急措置令が様々な思惑による政策構想で形成されていたため、立場によって重点そのものが相違していたことによる。そして、経済危機緊急対策は、大蔵省の金融緊急措置令が注目されることが多かったため、木内の見解は余り重要視されて来なかった。

しかし、内閣全体の立場から見た時、木内の見解はあながち的外れではない。前述のように、食糧不足は深刻の度を深めていたうえ、GHQ・アメリカ本国の食糧輸入に対する態度は極めて厳しいものがあった。大蔵省が主導したインフレ対策の実施にしても、農民への食糧供出の強権発動と一体化したことで初めてGHQから許可されていた。そもそも、内閣官房と大蔵省の協調関係の成立によってインフレ対策が劇的に進展した訳ではない。確かに、内閣官房との連携によりインフレ対策の総合性を確保する大蔵省の狙いは、内閣調査局の統合機能を内閣官房に吸収する次田の思惑と一致した。だがインフレ対策は、各省レベルでは検討が開始されたものの、必ずしも次田をして内閣レベルの最重要課題とさせることを意味しなかったのである。

この状況に対し大蔵省は、大臣官房を中心に内閣レベルで総合的なインフレ対策を樹立するよう働きかけを強めた。一九四五年十二月三十一日、愛知文書課長、西原直廉事務官らは、渋沢蔵相に対し、「今の内閣は経済的感覚がない。書記官長は経済的考慮なんか一向払わない。この内閣は経済危機をもう少し正視してもらいたい」とし、通貨措置を含む総合的なインフレ対策を内閣レベルにおいて実施するよう、強く申し入れた。翌一九四六年元日、次田は渋沢蔵相からの申し入れを受け、「政務ばかりに追われて、経済政策に手をつけなかった」として同意し、内閣審議室の橋井真内閣参事官に命じ、翌二日に各省関係者による総理官邸会議を開催することになった。[109]

この会議は、次田の下、橋井内閣参事官や大蔵省大臣官房を中心としながらも、「戦争中からの継続」であった総務局長会報がその基本的な構成となっていた[110]。まず会議では、「食糧ト石炭ニ重点、之ニ通貨」との次田の考えに基づき、大蔵省と内閣審議室が作成した内閣試案が示された。だが、これに対しては、各省から食糧供出対策についての発言が続出し、とりわけ農林省からは、「米国ハ有史以来ノ豊作」との期待感を抱きつつも、食糧供出が完了しても「予定通リ輸入ガ出来ヌトスレバ四月迄ニモツノガ精々」であるとの懸念が示された。これに対し次田は、供出のための調査は、『マ』ニ対スル gesture ヨリスルモ必要」として、GHQへの輸入懇請を行う観点から積極的な立場を示した。最終的には、「此ノ内閣ハ食糧内閣トイフ性格ニハッキリスル」として、八日の定例閣議に食糧問題と通貨問題が提案されることになった[111]。

しかし、八日の閣議では、供出促進・配給体制整備などの食糧対策のみが決定され、通貨対策は「時間ノ都合上未決定」となった。案文でも、通貨対策は他省に極秘にする必要があったからか預金封鎖・新円発行については触れられず、主に財産税徴収などによる購買力の抑制が謳われた程度であった。その一方で食糧対策は、「実施ノ基礎トシテ輸入ノ具体的取極ヲ懇請シ、本対策ノ発表ト共ニ少クトモ輸入第一船ノ具体的発表ヲ期スルコト」が、付記で確認されていた[112]。

ともかくもインフレ対策は、食糧対策の一環としてようやく内閣レベルで採り上げられ、実施に向け動き出した。その背景には、前述したように、アメリカ本国の厳しい国民感情から旧敵国の日本が食糧援助を得るのは容易ではないという事情があった。そのため、日本政府がGHQに食糧輸入の懇請を説得するためには、まず厳格な食糧供出・配給統制が必要であった。大蔵省全体としては木内と同様に、預金封鎖・新円発行などのインフレ対策をこうした食糧援助問題と不可分のものとして、次のように捉えていた。「日本経済としては自分でやり得ることは最大限度にやってみる。たとえば国内にある食糧をできるだけみんなに行き渡るように、少ないものを不公平に一方に片寄らないように、食糧供出を大いに進めて、これを公平にみんなに食わすような措置をできるだけ国内的にやる。そういうことをやって初めてアメリカその他の国から食糧輸入の促進を懇請できる」[113]。こうしてインフレ対策は、大蔵省だけでなく各省を通じる内閣レベルの総合政策となったのである。

ところが、前述したように直後の一月十三日に次田が公職追放令に該当して辞任となり、同じく三好副書記官長も該当して辞任した。後任の書記官長には、法制局長官であった楢橋渡が横滑りで就任した。後任の副書記官長は、様々な事情から「当分置かず内閣審議室を強化して、その役割を果さしめる」こととなった[114]。このなかで総合インフレ対策は、重要事項の決定は経済閣僚懇談会でなされる一方、具体的な企画立案は内閣審議室と大蔵省物価部が中枢とされた[115]。そして、内閣官房の人的構成が変動するなか大蔵省は、橋本龍伍を内閣審議室へ参事官として送り込むなど、自らの主導権を確保せんとしていったのである[116]。

二十一日の経済閣僚懇談会と二十二日の閣議では、各種の総合対策を盛り込んだ「経済危機緊急対策実施要綱（案）」が上程された。これを踏まえ経済閣僚懇談会は、ＥＳＳとの折衝にあたり、「綜合対策ナルヲ以テ特ニ食糧対策ト金融対策トハ必ズ並行シテ実施スルコト」、「連合国軍総司令部トノ交渉ニ付テモ右ノ趣旨ヲ徹底スル如ク措置スルコト」、「書記官長中心トナリ言論機関等ニ対シ綜合対策トシテノ地ナラシ工作ヲ為スコト」を確認した。一方で木内終戦連絡部長は、ＥＳＳのボグダン（財政課）、エゲキスト（価格統制配給課）との本格的な折衝を連日にわたり開始した。そして、新円発行の際の証紙使用などに若干の難渋はあったものの、ＥＳＳでは原則的に反対もなく、二月十日頃には了解を得るに至った[117]。

二月十七日、「金融緊急措置令」・「日本銀行券預入令」・「戦後物価対策基本要綱」・「食糧緊急措置令」・「隠匿物資等緊急措置令」・「緊急就業対策要綱」などからなる、経済危機緊急対策が実施された。通貨金融面では、預貯金の封鎖、新円の発行、そして一般勤労者の給与は月額五〇〇円を限度に新円払いを認める「五〇〇円生活」が開始された。

物価面では、石炭と米を基準として三月三日に新物価体系が確立され、本格的な物価統制が再開された。食糧対策については、予定通り強制的な食糧供出と配給の適正化が謳われた。インフレの大きな要因と見られていた物資不足対策では、隠匿物資の回収を強めると同時に、生産増強政策として石炭・肥料を中心とした重点主義化と生産・配給・価格統制の実施が図られた。失業対策としては、国庫負担も考慮した雇用増加を図ることが謳われた。[118]

こうして実施された経済危機緊急対策は、ドラスティックな金融緊急措置のみに帰するものではなかった。少なくとも当初の意図としては、通貨金融・物価・食糧・物資・失業の各分野にわたる総合的なインフレ対策の実現が目指されていたのである。[119] 橋井内閣参事官は、総合インフレ対策の功績につき次のように述べている。「楢橋内閣書記官長を推進役として関係各省大臣が十数回に亘る秘密閣僚懇談会に於て充分な議論を遂げ、完全な協力の下に、万全な準備を極秘裡になしとげたことと、内閣審議室を幹事役とする関係各省担当官の努力の結集に帰すべきであった[120]」。

しかし、同時にこの過程では、内閣が各省の政策を統合することの困難さが改めて浮き彫りにされた。総合インフレ対策とは銘打ちながら、その総合性に対しては早くから疑問符が付けられていたからである。そして、この直後から幣原内閣では、憲法改正問題はじめ民主化政策の遂行という一大事業の一方で、経済危機緊急対策の不完全性を補うべく新たな対応が模索されたのである。

3 経済危機緊急対策の挫折

経済危機緊急対策は、旧陸海軍の隠匿物資のストック放出もあって、一時的なインフレの緩慢化と終戦後に激減していた生産の持ち直しをもたらした。だが、その後は、金融緊急措置は数次にわたり改訂となり通貨は再び増発され、生産増強政策は単なるストック物資の喰いつぶしに終始し、やがてインフレは再昂進して多くの批判を浴びた。もう一つの主眼であった食糧供出も、農家が政府当局の供出割当に不信感を募らせたこともあって、一ヵ月が経過した時点での供米は六割にも満たない状況であった。とりわけインフレ対策が中途半端に終わったのは、大蔵省が、公式発表と異なりデフレ政策への反動やその後の財政金融政策の運用などを考慮し、当面の措置を一時的なインフレの抑制と定め、いわば時間稼ぎの方策と捉えていたからであった[121]。

とはいえ、経済危機緊急対策の狙いの一つは、インフレを強く抑制しつつ、同時に強い手段で食糧・失業対策を進め、生産再開の手がかりをつかもうとする点にあった。だが、生産増強政策への悪影響を懸念する商工省では、豊田雅孝次官が小笠原三九郎商相に「閣議で徹底的に反対されるべきだ」との進言をなすほど、強力な通貨措置に反対していた。このこともあって、「つよい通貨措置が生産を阻害することへの危惧」が作用し始めたのである。結局、商工省は、GHQの意向もあって通貨措置の緩和を引き出し消極的ながら金融緊急措置令に賛成したものの、総合インフレ対策の性格はその骨格が形成されていくにつれ、「一時的なインフレの抑制、生産再開の促進という方向に収斂」していった[122]。

しかし、通貨措置を緩和してまで期待された生産増強政策は、早々と行き詰まりを来した。従って、生産増強政策により、大きなインフレ要因であった物資の供給不足を満たし需給ギャップの解消を図るという期待は大きく崩れ、インフレ昂進は歯止めがかからなくなった。隠匿物資のストック放出以外の具体的な生産増強政策としては、二月八日に商工省策定の「緊急事態ニ対処スル生産増強方策大綱」が閣議決定され、石炭など重要物資の生産・配給・価格統制を行う重点主義や戦時から戦後への統制組織の再編成などが基本的な方針として謳われていた。だが、これに対してはその実効性に疑問符が付けられ、生産増強政策には悲観的な見通しが立てられるに至った[123]。それは、諸産業の最も根本的な原動力である石炭の重点生産のために必要な厳格な統制経済政策が、本格的に再開されていなかったからである。

その原因の一つは、前節で述べた一月十日の商工省の機構改革で、戦時体制化のなかで統制経済化を推進してきた総務局系統が、政治的に後退して商務局に吸収されていたことにあった。だが、より重要な原因は、商工省が終戦以来、戦後統制組織の再編成に絶えず追われ、生産増強政策を遂行する体制を容易に確立できなかったことにある。商工省・企画院の下で戦時の物資統制を支えてきたのは、実質上、統制会などの民間統制団体であった。商工省は、これを戦後に即応した組織へと再編成すべく早くから検討を進めてきた。それは、ある程度の統制経済の継続が必要とされるなか、統制会をすぐさま廃止することは戦後経済に重大な混乱をもたらすことが予想されたからである。そして、GHQの統制経済の再開方針が次第に明らかとなると、本格的な戦後統制組織の再編成に取り組んでいくことを試みた。[124]

商工省内でこうした方向性をリードしたのは、潜伏を余儀なくされていた総務局系統の別働隊として活動していた、企画室である。企画室は、その発足直後から、「産業経済ノ民主主義化方策要綱」の策定に取りかかっていた。マッカーサーによる経済民主化の指令を受けるなかで、その第三次案の内容は次のようなものであった。「産業経済ノ秩序維持ハ原則トシテ業界ノ責任ニ於テ之ヲ行ハシム、之カ為（…）指導統制及監督ハ公正ナル競争ヲ阻害セザル範囲ニ於テ政府ノ監督ノ下ニ業界ノ総意ヲ代表スル自治機関ヲシテ之ヲ行ハシム」。戦時の統制会組織で批判の多かった官僚統制的な側面を後退させ、その権限を民間団体の自治統制に委ねることによって、これを日本における「民主化」措置とするものである。だが、この「民主化」案は、GHQの経済民主化方針の一環である独占禁止政策との間で、全くの齟齬を生じた。産業内の無秩序な企業間競争を防ぐという、経済新体制でも見られた伝統的な産業組織政策を真の狙いとした日本の「民主化」解釈が、自由な企業間競争を目指すGHQの「デモクラシー」解釈と、根本から異なっていたからである。独占禁止政策を推進するESSの反トラスト課にとって、商工省による民間団体の自治統制案は単なるカルテルに過ぎず、到底容認できるものではなかった。[125]

GHQはこれ以降、統制経済は選挙によって選ばれた政府機構が直接に行うことが真の「デモクラシー」であるとし、日本政府に行政機構の改編を伴う統制組織の再編成を要求していく。アメリカ式の直接民主主義的な統制経済運営の要求である。これにより商工省は、統制会の発展的改組を軸にした戦後統制組織の再編成方針を大きく転換することを余儀なくされた。それゆえ、戦後統制組織は混乱・弛緩を来し、厳格な統制経済による石炭の生産増強政策に実効性をもたせることができなくなっていたのである。[126]

こうして経済危機緊急対策は、内閣官房と大蔵省による連携にもかかわらず、総合インフレ対策として挫折を来した。それは何より、通貨措置を緩和してまで期待された生産増強政策が、厳格な統制経済を再開できずに物資不足を解消できなかったことに求められる。だが、それは何も、商工省による統制組織の再編成が混乱したことだけによるものではない。大蔵省の物価部が、商工省と十分に連携しきれていなかったことも、大きな要因であった。

このとき物価部長であった工藤昭四郎は、次のように述べている。「物価の統制を完全にやって行きますためには、どうしても一方で物の流れを押えて行かないと十分でない。やはり物資統制を一緒にやって行かないと、物価統制というものはその効果が上って来ない」。すなわち、戦時体制化のなかで商工省・企画院が物価行政を所管して物資行政と一体化させて運営していたところを、戦後は物価行政が大蔵省に移管されたことで、商工省の物資統制との十分な連携なく運営されていたのである。それゆえ、内閣審議室などと連携しながら他省と緊密な連絡を取っていたとはいえ、物価統制と物資統制を大蔵省物価部という「一つの役所で両方やって行くということ」は、多くの困難が伴うことであると認識された。[127]また、若干の機能強化が施されたとはいえ、内閣官房に分立化している各省を抑える条件は整備されていなかった。内閣審議室・大蔵省物価部を中心とした体制のみでは、内閣の統合化の要請に応えられないことが露呈されたのである。

ここへ来て、抜本的な行政機構改革は不可避であるとの認識が、各方面で高まった。各省のインフレ対策を統合化するため、内閣に直属する総合官庁の復活が検討されるに至ったのである。とりわけ、生産増強政策が今後の帰趨を左右することから見ても、大蔵省の物価統制のみならず商工省の物資統制をいかに総合官庁に取り込むかは、極めて重要であった。戦時の企画院や軍需省で試みられたごとく、各省にまたがる政策を強力に統合化することが求められる本格的な統制経済は、総合官庁の復活なしには実現が困難であると認識された。

こうした必要性を感じていたのは、日本側だけではない。むしろ、総合官庁の設置により強い関心を持ち、より大きなインパクトをもたらしたのは、ＥＳＳであった。三月三日、物価統制令が公布・施行され、米・石炭を基準として種々の物資の公定価格を算出した新物価体系が実施された。ＥＳＳは、戦後の物価統制を具体的に定めたこの新物価体系の施行を承認する条件として、以前から「もっと強力な役所をつくったらどうか」と大蔵省に要請していた[128]。橋井内閣参事官は、次のように述べている。「折角獲得した経済安定状態を、単に屯服による熱冷まし的効果に終らせぬ様に、引続いて必要な政策を経済全体に施し、漸次健全な国民経済に引きもどす為には、各省を通ずる統一的活動の中心となる組織を置くべきであるという意見になった。その具体案作成を担当したのは内閣審議室であり、之をもって総司令部当局と折衝に入った[129]」。

ＥＳＳは、経済危機緊急対策の企画立案・実施を通じ、日本政府が各省をまとめ総合的なインフレ対策を打ち出すことができない状況に鑑みて、総合官庁の設置による打開を試みるようになっていた。同時に、もはや終連ではこの膨大な経済問題を処理できないことに鑑み、これに特化した新たな連絡機関を設置する意図を持つようになった。ＥＳＳは、統合機能と連絡機能を一体化した総合官庁の設置に着手するに至ったのである。

ただし、ＥＳＳが、こうした経済問題に特化した総合官庁の設置を強く望んだのは、インフレ対策だけが目的ではない。そもそも前述したように、ＥＳＳは経済危機緊急対策を、インフレ対策というよりアメリカ本国からの食糧援助に関連させて捉えていた。四月二十五日、極東委員会は、「日本占領連合国最高司令官または対日理事会は、占領軍の当座の安全にとって必要不可欠と認めるもの以外は日本に対し、連合諸国あるいは被解放諸国住民よりも優先待遇を与えるが如き一切の食糧輸入を許可してはならない」との決議をなした(130)。これに対し、日本の占領統治に責任を持つマッカーサーは、「食糧を輸入せねば治安を保つことは出来ない」として、繰り返しアメリカ本国に要請を行っていた(131)。

　その際に最も重要なことは、本格的な対日食糧輸入援助が開始されれば、アメリカはじめ連合国が、こうした援助物資が闇市場に流れないよう今まで以上に厳格な統制経済政策を要求してくるということである。GHQは、アメリカ本国に食糧援助を説得するため、厳格な経済統制政策を実施させるべく日本政府への介入の度合いを深めざるを得ない。そのために不可欠とされたのが、総合官庁の設置であった。

注

(1) 終戦連絡事務局については、荒敬「日本占領と日本側折衝機関」同『日本占領史研究序説』柏書房、一九九四年。栗山雅子「占領期の〝外交〟(一)」『みすず』一九八一年六月号、みすず書房。

(2) 『昭和財政史(続)』三巻、一〇八―一〇九頁。

(3) 木戸幸一『木戸幸一日記』下巻、東京大学出版会、一九六六年、一九四五年八月十五―十七日。東久邇稔彦『一皇族の戦争日記』日本週報社、一九五七年、一九四五年八月二十―二十二日。

(4) 「終戦処理会議その他に関する件(一九四七年十二月二十六日)」『外務省公開文書』外交史料館所蔵、A'―〇一一五。『朝日新聞』一九四五年八月二十四、二十七日。

(5) 内閣官房編『内閣制度九十年資料集』大蔵省印刷局、一九七六年、一四一頁。『朝日新聞』一九四五年八月二十六、九月二日。

(6) 総務局長「会議」ではなく、会議と同時に実行の報告を行う「会報」という陸軍内部の用語が依然として使われていることは、その性格が戦後にまで継続されていたことを示すものである。戦時期に出現した各省の総務局および総務局長会報については、第一章注(77)を参照。

(7) 「フィリピン諸島マニラニ於テ日本国代表ニ手交セラレタル連合国最高司令官要求事項(一九四五年八月二十日)」前掲

『外務省公開文書』A'—〇一一三。
(8) 重光葵『重光葵手記』中央公論社、一九八六年、五四八—五五〇頁。
(9) この時点では、予想以上に早い終戦に対日占領政策の作成が遅れていたため、マッカーサーにある程度の裁量を委ねた「ゆるやかな直接軍政」が想定されていた。『昭和財政史(続)』三巻、一二六—一三〇頁。
(10) 緒方竹虎伝記刊行会『緒方竹虎』朝日新聞社、一九六三年、一五九頁。
(11) 荒敬編『日本占領・外交関係資料集』一巻、柏書房、一九九一年、五—六頁。
(12) 前掲『重光葵手記』五四八—五五〇頁。「終戦連絡事務局ニ関スル説明振」前掲『外務省公開文書』A'—〇一一三。この作成日時は、内容からして八月二十六日の終連設置前後のものと思われる。
(13) この背景は、この頃にようやく直接軍政から間接統治方式への転換が示されたうえ、日本への本土進駐が予想以上に平穏に進んだことがあった。『昭和財政史(続)』三巻、一二九—一三〇頁。
(14) 細川護貞『情報天皇に達せず』下巻、同光社、一九五三年、四三一—四三二頁。
(15)『読売報知新聞』一九四五年九月十一日。
(16)『東久邇内閣次官会議記録』一九四五年九月六日。
(17)『読売報知新聞』一九四五年九月十一日。前掲『情報天皇に達せず』下巻、四三四頁。
(18) 重光葵『続重光葵手記』中央公論社、一九八八年、二四八—二五〇頁。前掲『緒方竹虎』一五九—一六〇頁。
(19) 前掲『続重光葵手記』二六五頁。
(20) 前掲『一皇族の戦争日記』一九四五年九月十五、十七日。前掲『続重光葵手記』二五〇—二五二頁。
(21) 前掲『木戸幸一日記』下巻、一九四五年九月十七日。
(22) 前掲『内閣制度九十年資料集』一四一頁。『読売報知新聞』一九四五年九月十九、二十日。
(23) これらの活動については、伊藤隆編『高木惣吉　日記と情報』下巻、みすず書房、二〇〇〇年、一九四五年九月十九日—十月八日。
(24) 前掲『日本占領・外交関係資料集』一巻、五頁。『読売報知新聞』一九四五年十月二日。
(25) 荒敬『日本占領・外交関係資料集　解題・詳細総目次』柏書房、一九九一年、三頁。

(26) 五百旗頭真『占領期』読売新聞社、一九九七年、六三―七〇頁。
(27) 前掲『高木惣吉　日記と情報』下巻、一九四五年九月二十九日。
(28) 日本占領のごく初期に限り、アメリカ太平洋陸軍（ＡＦＰＡＣ）の総司令官に着任したマッカーサーは、その総司令部に占領業務を担当させていた。この組織を活かし、連合国最高司令官（ＳＣＡＰ）の下に総司令部＝ＧＨＱを設置したのは、十月二日のことである。それまで日本政府は、その名称を漠然と占領軍としていた。百瀬孝『事典昭和戦後期の日本』吉川弘文館、一九九五年、五五―五六頁。
(29) 『昭和財政史（続）』一七巻、二三―二五頁。
(30) 前掲『一皇族の戦争日記』一九四五年十月四、五日。『読売報知新聞』一九四五年十月六日。
(31) 前掲『木戸幸一日記』下巻、一九四五年十月五―六日。
(32) 大田健一ほか『次田大三郎日記』山陽新聞社、一九九一年、一九四五年十月六―九日。
(33) 「軍中央機関の整理方針（一九四五年十月二日）」前掲『内閣制度七十年史』一九五五年、五〇九頁。
(34) 前掲「占領期の〝外交〟（一）」九頁。なお、十二月一日、陸軍省・海軍省・参謀本部・軍令部は正式に廃止され、首相が大臣を兼任する第一・第二復員省へと代わり旧軍人の復員業務にあたった。秦郁彦編『日本陸海軍総合事典』東京大学出版会、一九九一年、四六二頁。
(35) 前掲『東久邇内閣次官会議記録』一九四五年十月八日。
(36) 十一月二十四日には内大臣府が廃止され、十二月六日にはＧＨＱから木戸・近衛らが戦犯指定を受け、逮捕令が出された。前掲『木戸幸一日記』下巻、一九四五年十一月二十四日、十二月六日。
(37) 前掲『一皇族の戦争日記』一九四五年九月十五日。
(38) 前掲『続重光葵手記』二四七頁。武田知己『重光葵と戦後政治』吉川弘文館、二〇〇二年、一五六―一五八頁。
(39) 吉田茂『回想十年』一巻、新潮社、一九五七年、六九―七〇、一一六―一一七頁。
(40) 後藤基夫ほか『戦後保守政治の軌跡』岩波書店、一九八二年、九―一〇頁。
(41) 『読売報知新聞』一九四五年十月十二、二十六日。
(42) 外務省「終戦事務ノ連絡強化ニ関スル次官会議決定（一九四五年十一月十五日）」前掲『外務省公開文書』A'―〇一一四。

(43) 内政史研究会『福島慎太郎氏談話速記録』一九八四年、一五七、一八三頁。
(44) 前掲『日本占領・外交関係資料集』一巻、五—六頁。津島寿一「終戦直後の財政金融問題（其の一）」『戦後財政史口述資料』一冊、四五—四七頁。
(45) 前掲『占領期』一八八—一九八頁。
(46) 『朝日新聞』一九四六年一月十五日、二月一日。
(47) 前掲『福島慎太郎氏談話速記録』一六一頁。
(48) 古関彰一『新憲法の誕生』中央公論新社、一九九五年、一五四—一七二頁。
(49) 『読売報知新聞』一九四六年三月二日。前掲『日本占領・外交関係資料集』一巻、四〇頁。
(50) 佐藤達夫『日本国憲法誕生記』中央公論新社、一九九九年、五二—七四頁。
(51) 牧原出『内閣政治と「大蔵省支配」』中央公論新社、二〇〇三年、四〇—四八頁。
(52) 大蔵省の主な機構・人事の変遷は、大蔵省百年史編集室編「幹部職員変遷表」『大蔵省百年史』別巻、大蔵財務協会、一九六九年。大臣官房秘書課『大蔵省人名録』一九七五年。
(53) 『昭和財政史（続）』四巻、四二五—四二六頁。省議決定「戦後緊急対策企画室設置に関する件（一九四五年八月二十日）」・「戦後緊急対策企画室に対する津島大蔵大臣指示事項（同日）」『昭和財政史（続）』十七巻、一四三—一四四頁。
(54) 渡辺武「終戦当時の渉外関係」『戦後財政史口述資料』一冊、二頁。
(55) 『昭和財政史（続）』四巻、四二五—四二六頁。なお、戦後緊急対策企画室は十一月十四日に廃止された。
(56) 幣原首相が叔父、渋沢蔵相が義兄であった木内は、既に、横浜正金の調査事務の必要上、ESSに九月末から出入りしていた。木内信胤「終戦直後の渉外為替行政」大蔵省大臣官房文書課編『ファイナンス』一九七一年十一月号、大蔵財務協会、二〇頁。同「終戦時の渉外関係」『戦後財政史口述資料』一冊、一頁。
(57) 前掲「終戦直後の渉外為替行政」二一—二三頁。前掲「終戦当時の渉外関係」一八頁。
(58) 前掲「終戦当時の渉外関係」一八—一九頁。
(59) もともと、これらの大臣官房企画課の権限は、一九四五年五月十九日の機構改革以前には理財局金融課と大臣官房文書課が所掌していた。『昭和財政史（続）』四巻、四二二—四二三、五〇四頁。

(60) 前掲「終戦当時の渉外関係」一九―二〇頁。
(61) 前掲「終戦当時の渉外関係」二一―二二頁。
(62) 『昭和財政史(続)』四巻、四二六頁。
(63) 主な機構・人事の変遷は、通商産業調査会産業政策史研究所『商工省・通産省　行政機構及び幹部職員の変遷』一九七七年。
(64) 『商工政策史』三巻、三二六―三三五頁。『通商産業政策史』二巻、二三六頁。
(65) 「占領期の商工行政　終戦連絡部(一)」『産業政策史回想録』四三分冊、九―一二頁。「占領期の商工行政　商工省連絡部」『産業政策史回想録』三九分冊、一三―一四頁。
(66) 『通商産業政策史』二巻、二三六―二三七頁。前掲「占領期の商工行政　商工省連絡部」一九頁。
(67) 『商工政策史』三巻、三二八頁。『通商産業政策史』二巻、二三七―二四二頁。
(68) 後の経済安定本部の設置で活動停止状態となった企画室が初めて官制に現れるのは、占領が終結した一九五二年八月一日、通産省の大臣官房内に設置されてからである。『通商産業政策史』二巻、二九一―二九二頁。
(69) 後の一九四六年一月十日の機構改革を機に、室長は総務局から商務局総務課に移った徳永久次に引き継いだが、山本はその後も企画室の運営を事実上取り仕切っていたようである。「皆川良三氏」『産業政策史回想録』二八分冊、一二五―一二六頁。
(70) 前掲『通商産業政策史』二巻、二九二頁。
(71) 「椎名悦三郎」中村隆英ほか編『現代史を創る人びと』四巻、毎日新聞社、一九七二年、二九一―二九三頁。『通商産業政策史』四巻、三八一―三八二頁。
(72) 戦時体制化のなかで台頭した総務局系統と、それまでの伝統的な商務局系統の相克については、野島博之「椎名悦三郎と戦時統制経済」『現代史研究』三七、現代史研究会、一九九一年、四四頁。「豊田雅孝氏(第二回)」『産業政策史回想録』七分冊、一三四頁。
(73) 「佐藤尚邦氏」『産業政策史回想録』三五分冊、九一頁。「占領期の商工行政　終戦連絡部(二)」『産業政策史回想録』四三分冊、二七頁。
(74) 前掲「占領期の商工行政　終戦連絡部(一)」一二―一六頁。
(75) 吉田悌二郎『私の回想録』通商産業調査会、一九九〇年、四五―四六頁。『通商産業政策史』四巻、三八六頁。なお、

後述するように前年の十二月十四日に燃料局は外局の石炭庁となっていた。また同日、「全輸出入ニ関スル綜合的官庁」として外局の貿易庁も新設された。
(76) 『朝日新聞』一九四六年三月二十一日。
(77) その後、日曜日を除き連日開催していた終戦連絡事務委員会は、一九四七年三月から隔日に、八月からは大体三日おきになった。前掲『日本占領・外交関係資料集　解題・詳細総目次』三頁。
(78) 戦前期官僚制研究会編『戦前期日本官僚制の制度・組織・人事』東京大学出版会、一九八一年、六七八頁。なお、終連や戦災復興院などが分掌していた占領軍調達業務は、一九四七年九月一日に設置された特別調達庁に一元化された。日本近現代史辞典編集委員会編『日本近現代史事典』東洋経済新報社、一九七八年、四六八頁。
(79) T・J・ペンペル「占領下における官僚制の『改革』」坂本義和・R・E・ウォード編『日本占領の研究』東京大学出版会、一九八七年、三〇〇―三〇一頁。
(80) 代表的なものとして、前掲「日本占領と日本側折衝機関」。
(81) 行政管理庁行政管理二十五年史編集委員会編『行政管理庁二十五年史』第一法規出版、一九七三年、六六四―六六五頁。
(82) 『通商産業政策史』四巻、三八二―三八六頁。GHQには石炭省を設置する意見もあったようだが、日本政府は「行政機構の現状に即して」商工省の外局として石炭庁の設置を決定した。
(83) 小日山は、南満州鉄道株式会社総裁、鈴木内閣・東久邇内閣の運輸大臣を歴任していた。
(84) 朝海浩一郎記「石炭問題ニ関シ石炭庁長官とイーストウッド代将会見ニ関スル件（一九四五年十二月十九日）」『外務省公開文書』E'―〇〇〇二。なお、石炭庁と貿易庁は、重要な案件を除き本省の終戦連絡部から独立してGHQとの連絡を行っていた。前掲「占領期の商工行政　商工省連絡部」二〇頁。
(85) 経済企画庁戦後経済史編纂室編『戦後経済史』四巻、東洋書林、復刻版・一九九二年、三三―三四頁。
(86) 谷村裕綜合計画局物価部調査官「価格統制方式ノ検討メモ（一九四五年八月三十一日）」大蔵省財政史室編『資料・金融緊急措置』霞出版社、一九八七年、一三三―一三六頁。
(87) 『昭和財政史（続）』一七巻、二一八頁。
(88) 『昭和財政史（続）』一〇巻、二二二―二二九頁。
(89) 大蔵省財政史室編『終戦直後の財政・通貨・物価対策』霞出版社、一九八五年、二六七頁。

(90) 『昭和財政史（続）』一〇巻、二〇三―二〇八、二一七頁。
(91) 平田敬一郎ほか「終戦直後の物価問題」『戦後財政史口述資料』八冊、一六―一七頁。
(92) 前掲『次田大三郎日記』一九四五年十月十一日。
(93) 前掲『次田大三郎日記』一九四五年十月八、十一日。
(94) 前掲『次田大三郎日記』一九四五年十月十二、十七日。
(95) 前掲『次田大三郎日記』一九四五年十月二十二、二十七日。『読売報知新聞』一九四五年十月二十八日。
(96) 『昭和財政史（続）』一〇巻、二三三―二三四頁。谷村裕「今後ニ於ケル物価行政ノ運営ニ関スル意見（一九四五年十一月六日）」『戦後経済政策資料』一六巻、一八―一九頁。
(97) 『幣原内閣次官会議書類』一九四五年十月十八日。
(98) 前掲「今後ニ於ケル物価行政ノ運営ニ関スル意見」一九―二〇頁。
(99) 前掲『内閣制度九十年資料集』一四三頁。
(100) 『昭和財政史（続）』十巻、二三四―二三九、二四五頁。
(101) 『昭和財政史（続）』十二巻、六九―七二頁。
(102) 愛知揆一・河野通一・西原直廉・佐竹浩「金融緊急措置を中心として」前掲『ファイナンス』一九七二年四月号、三二頁。
(103) 前掲「終戦直後の渉外為替行政」二二一―二二四頁。
(104) 国民経済研究協会「昭和二十一米穀年度の食糧輸入に付て（一九四六年十一月二十五日）」『戦後経済政策資料』三一巻、二一一―二一八頁。この報告書は、終連と連絡を取りつつ食糧輸入問題にあたった農林省総務局渉外課の尾崎忠二郎の執務メモを中心に構成されたものである。
(105) 前掲「終戦直後の渉外為替行政」二四―二五頁。
(106) 前掲「金融緊急措置を中心として」三二―三三頁。
(107) 前掲「終戦直後の渉外為替行政」二四頁。
(108) その背景の一つには、両者をつなぐ役割をしていた渡辺終戦連絡部次長が、金融緊急措置令の実施に重なる一九四六年二月から四月まで肺炎で静養していたこともあった。前掲「終戦当時の渉外関係」二〇頁。
(109) 河野通一ほか「通貨措置の諸問題（一）」『戦後財政史口述資料』六冊、二六―二八頁。『昭和財政史（続）』十二巻、八一―八二頁。
(110) 前掲「金融緊急措置を中心として」三〇頁。
(111) 「総理官邸会議愛知メモ（一九四六年一月二日）」前掲『資料・金融緊急措置』三二九―三三〇頁。
(112) 閣議決定案「経済危機緊急対策ニ関スル件（一九四六年一月八日）」前掲『資料・金融緊急措置』三四七―三四九頁。
(113) 金融局（一九四六年二月二日に銀行局へ改組）の銀行課長であった河野通一は、さらに「私どもよりも、担当者以外の方にこういう措置をやらなければならぬという意見が強かった」と述べている。前掲「通貨措置の諸問題(一)」八―一〇頁。
(114) 『朝日新聞』一九四六年一月十八日。
(115) 『昭和財政史（続）』十巻、二四五頁。
(116) 橋本龍伍「福田官房長宛文書送付状（一九四六年一月二十一日）」前掲『資料・金融緊急措置』三七三頁。
(117) 『昭和財政史（続）』十二巻、八五―八九頁。経済閣僚懇談会了解「経済危機緊急対策ノ進メ方ニ関スルメモ（一九四六年一月二十八日）」前掲『資料・金融緊急措置』四一七―四一九頁。
(118) 『昭和財政史（続）』十七巻、二九九―三〇九頁。
(119) 『昭和財政史（続）』十二巻、九八―一〇一頁。
(120) 橋井真「経済安定本部長官時代」吉野孝一編『膳桂之助追想録』日本団体生命保険、一九五九年、一五八―一六〇頁。
(121) 『朝日新聞』一九四六年三月二十七日。『昭和財政史（続）』十二巻、八九―九一頁。
(122) 『昭和財政史（続）』十二巻、一四九―一五一頁。前掲「豊田雅孝氏（第一回）」一〇六―一〇七頁。
(123) 『通商産業政策史』二巻、二五六―二六一頁。
(124) 統制会など戦時からの民間統制団体が、戦後に新たな統制方式の下で再編され存続していく過程については、山崎志郎「物資需給計画と配給機構」原朗編『復興期の日本経済』東京大学出版会、二〇〇二年。
(125) 前掲「物資需給計画と配給機構」一一〇―一一六頁。『通商産業政策史』二巻、二二九―二三六頁。
(126) 前掲「物資需給計画と配給機構」九八―一〇一頁。
(127) 工藤昭四郎「終戦初期の物価行政について」『戦後財政史口述資料』八冊、九―一〇頁。
(128) 前掲「終戦初期の物価行政について」九頁。
(129) 前掲「経済安定本部長官時代」一六〇―一六一頁。

(130)『通商産業政策史』四巻、一〇四―一〇五頁。
(131) 前掲「昭和二十一米穀年度の食糧輸入に付て」二二八頁。セオドア・コーエン『日本占領革命』上巻、TBSブリタニカ、一九八三年、二二三―二二七頁。

第三章　第一次吉田内閣と経済安定本部

第一節　経済安定本部の設置

1　総合官庁の設置問題

一九四五年十一月一日のSWNCC五二／七による「降伏後における初期の基本的指令」では、マッカーサーが「日本の経済的復興又は日本経済の強化について何らの責任をも負わない」ことを明記していた(1)。これにより、GHQは当初、非軍事化・民主化政策とは異なり、経済政策に関しては非介入の方針を貫いていた。

しかし、一九四六年に入る頃から日本経済は、「『インフレーション』ト食糧不足ニ脅カサレ乍ラ所謂生産虚脱ノ状態」となり、これらが「相互ニ因果関係ニアッテ三スクミノ形」という悪循環に陥った。GHQは、占領統治の観点から、「日本ガ経済的混乱ニ陥ルコトハ極力防止」するため、次第にインフレ・食糧・生産増強などの経済政策に介入せざるを得なくなりつつあった。ただし、食糧など援助物資の要請に対するアメリカ本国の根強い認識は、「日本側の配給機構の崩壊が現在の食糧危機に重大なる関係を有ってゐるとの見解から、日本に主食の闇取引が存在する限りまだまだ食糧状況緊迫なりとの日本政府の言ひ分には掛値がある」、というものであった。従って、GHQは、「『インフレーション』ノ防止ニ付テハ極メテ重視シテヰル。コレガタメ財政再建ノ指令ガ発セラレ、日本ノ政府予算ハ米国ノ承認ヲ得ネバナラヌ」、「必要ナ統制ヲナスベキコトヲ指令シテヰルガ、統制ハ飽ク迄モ困難ヲ克服スルタメノ手段デアリ、ソレ自身目的デハナイ」という立場を取った。(2) GHQは、アメリカ本国の対日認識に基づき、イデオロギー的な観点からではない、厳格な財政均衡と統制経済を日本政府に求めたのである。占領統治に十分な食糧援助を確保するためには、日本国内での食糧生産、米の供出、厳格な配給統制が大きな前提であった。(3)

とはいえ、このとき新憲法草案問題に集中していたマッカーサーとGS（民政局）は、経済問題には不介入の方針を堅持していた。こうした不介入の方針と、総合的な政策の遂行能力に欠ける日本政府の間にあって焦燥感を強めたのが、インフレ対策・食糧問題・生産増強政策とそれにまつわる対日援助問題の処理にあたっていたESS（経済科学局）である。特に問題であったのは、戦時の統制組織に代わる戦後の生産・配給・価格統制を行う組織が確立していないことであった。直接の担当であったエゲキスト価格統制配給課長は、二月三日、アメリカ大統領府に設置された経済安定局（OES）をモデルとする総合官庁の設置につき、マーカット局長に初めて打診した。OESは、大統領府の上位にあって各省間の意見の相違を解決し、国家経済の見地から最終の政策決定を行う機関として一九四三年に設置され、五〇名ほどの小規模ながらスタッフに大物を揃えて強力な統制を行う、と伝えられていた。(4) この大統領府をモデルとした総合官庁構想は、直ちにESS全体の賛同を得ることになり、次いで、GSのホイットニー局長から、「事態の進行についてよく連絡してほしい」との注文がつきながらも、その了解を取りつけることに成功した。そして、経済危機緊急対策の実施から間もない二十一日、終連（終戦連絡事務局）および主要省との会合の席上、マーカットは幣原内閣に総合官庁の設置を正式に提案した。[5]

何らかの抜本的な対策が必要との認識は、幣原内閣でも同様であった。既に、前章第三節で見た年初の総理官邸会議においても、内閣試案として「鉄、石炭、肥料、船舶ニ付綜合官庁」を設置する可能性が記されている。[6]また、アメリカ本国の動向をいち早く察知していた吉田から閣議で、「日本ノ配給機構ノ拙劣、不正退蔵ノタメ食糧ガ来テモ渡サヌ。農林、商工、内務ニテ善処ヲ望ム。早ク処置シナクテハナラヌ」ことが伝えられ、それが次官会議にも伝達されていた。[7]二十六日、幣原内閣は、「経済危機対策の強力なる遂行と今後に予定される政治ならびに経済の民主化の徹底のための諸方策実施のため内閣強化を行ふ」として、楢橋渡書記官長と石黒武重法制局長官をそれぞれ国務大臣兼任とした。[8]そして、この両者を内閣全体の取り纏め役として、その下で内閣審議室が総合官庁の具体案の作成に取りかかった。[9]

三月一日、「緊急対策を強力に推進してゆく為には、之を専担する有力な中枢組織が必要である」ことが改めて確認され、内閣直属の「経済緊急対策本部」を設置することが閣議決定された。翌二日、ESSから、「私案として略同じ方向の構想の政府機関設置の提案」が示されると、同日、経済閣僚懇談会でその設置が検討され、加納久朗終連次長を主な連絡役としてESSと具体案の協議に入った。ただし、この時点での幣原内閣の構想は、戦時体制期の企画院のごとき総合官庁の復活ではなく、戦前の内閣調査局の上部機構であった内閣審議会のごとき会議体であった。従って、この会議体は、経済閣僚懇談会を発展的に解消させる形で、幣原を本部長、石黒国務大臣兼法制局長官を幹事役、経済関係閣僚を構成員とし、機能強化された内閣審議室を下部機構とするものであった。また、楢橋書記官長の補佐および内閣審議室の機能強化に即応するため、前任の三好重夫が辞任してから空席であった副書記官長に、元大蔵省主計局長の木内四郎が就任した。[10]四日には、石黒が法制局長官を辞任して経済緊急対策本部の専任国務大臣となることが決定した。[11]そして、国民に大きな衝撃を与えることが予想された六日の「憲法改正草案要綱」の発表を見据え、楢橋書記官長が政治問題を担当する一方、石黒国務大臣が経済問題を統率して「総理を補佐」するという体制が敷かれたのである。(12)

これらの動きのなかで、自らの主導権を確保すべく積極的に活動をしていたのは、総務局系統が省内で潜伏を余儀なくされていた商工省ではなく、大臣官房を中心に省内の陣容を整えていた大蔵省であった。そもそも大蔵省は、終戦直後の戦後緊急対策企画室において、愛知揆一文書課長を中心に全行政機構の「抜本的再編成ヲ断行」するため、徹底した総合官庁の構想を検討している。その主な内容は、首相の下に、内閣官房、内務省・経済省・産業省・文教省に統合・簡素化された各省、総合官庁たる国務省を設置するものであった。国務省には、「各省ニ対スル内閣ノ統制権ヲ拡大スル」ため、現在の外務省の終連・政務局・調査局からなる外政部と、「予算及重要国策」を決定するための予算局・企画局・人事局からなる総務部が設置される。終戦直後の大蔵省大臣官房は、戦前戦後に一貫して反対し続けた主計局の移管を含む総合官庁構想を、自ら打ち出していたのである。(13)

こうした総合官庁構想は、終戦直後の混乱が一段落するにつれ後退したものの、大蔵省は、ESSの意向に基づき、経済危機緊急対策の実施に合わせた「戦後物価対策基本要綱」で、「物価行政ニ関スル機構及運営ノ改善強化ニ付考慮」することを謳っていた。三月三日の物価統制令の施行に際しては、物価行政に関する権限は大蔵大臣に完全に一元化することが定められたが、さらに進んで、物価部を物価省ないし内閣直属の物価安定局に拡大して設置する構想が浮上していた。これらの構想は、アメリカの物価局(OPA)を模したものである。一九四二年に設置されたOPAは、物価統制を所管する行政機関で、本部に四〇〇〇人の人員と、八つの地方局およびその下部機構として一二〇の支局を擁するものであった。また、OPAの上位には前述のOESが存在し、国家経済の見地から物価政策について各省間の総合調整と最終決定を行っていた。(14)

大蔵省物価部は、OPAが物価統制と同時に物資統制も扱っている点を殊更に強調して、アメリカのようなOES

の下位機関としてではなく、後に設置された「経済安定本部と物価庁とを一緒にしたような機構」を構想していた。自らの主導によって、物価統制と物資統制を所管し、インフレ対策と生産増強政策を同時に推進する総合官庁の設置を試みていたのである。だが、内閣レベルでは強力な総合官庁の設置には抵抗が強く、ESSからも、「こういう機構では大きくなり過ぎて、長官の能力をオーバーする、これを計画官庁と実施官庁との二つにわける方が適当だ」との意見が出され、経済安定本部と物価庁の二つに分けて設置されることになった(15)。

これを受け、「経済安定本部の問題は内閣審議室と法制局とが共同して立案を進めることになったが、物価行政機構の問題はこれと併行して、大蔵省物価部と法制局とが共同して」立案を進めていくことになった。ESSからは一時、他省と同格の物価省を設置するとの意向も示されたが、これに大蔵省は、「独立の省とすると、形式的には強化された様になるが、実質的には各省との関係もあり弱体となる惧れがあり、寧ろ仕事の性質から考へて形式的には内閣総理大臣の権限として、実質的には物価庁長官に権限を与へる様にしたい」と申し出て、承認された(16)。

大蔵省は、「一省の立場に偏して総合的な処理を欠く惧れのありました従来の弊を去り、又謂はば並列的立場にある為兎角関係庁に対して強力な発言を為し得なかった憾み」をなくすため、内閣への物価庁の設置によって、各省への統合機能の確保を目指していた(17)。わずか数ヶ月前、物価行政を内閣から大蔵省へと移管した際の論拠を、こともなげに逆転させている。つまり、大蔵省は、第一章で見た戦前の企画庁・企画院への態度と同様、自らの主導権を確保し得る限りにおいては、総合官庁の設置に積極的だったのである。こうして八日の経済閣僚懇談会では、石黒国務大臣を長官とする内閣直属の機関として経済安定本部と物価庁を設置して、インフレ対策および生産増強政策の企画立案に乗り出すことに原則的な意見の一致を見た(18)。

ところが、こうした経済安定本部・物価庁の構想は、表面上の機構はともかく、ESSが欲したような強力な総合官庁と言えるものではなかった。大蔵省が、比較的に強力な総合官庁に積極的だったのに対し、やはり幣原内閣全体では、「委員会的ノモノ、総裁総理」ということを基本方針として、経済閣僚懇談会と内閣審議室を緩やかに結合した会議体の機関を想定していた[19]。また、このことは、官邸サイドが各省の強い抵抗を排して新しい機関に権限を集中するだけの政治力がなかったことを示すものであった[20]。

従って、十四日に開催されたESSとの初の全体会議では、「議事は相当混乱状態に陥入り具体的な結論を見なかった」のみならず、日本側の会議体案は修正を余儀なくされた。二十六日、数回の非公式会談を経た後の第二次会議では、ESSから具体的な修正案が読み上げられたうえ、「之を基礎として日本側は最終案をGHQに提出することが望ましい」ことが告げられた[21]。この日、エゲキスト課長から橋井内閣参事官、終連の朝海《あさかい》浩一郎総務課長らに示された修正案は、次のように総合官庁の色彩が濃いものであった。①あくまで臨時緊急的なものであり商品が市場流通し出したら廃止する、②価格の凍結、賃金と物価の関係、原料・半製品の不足物資の割当権限を持つ、③長官は総理を通じて関係大臣に命じることができる、④各分野の優秀な人材を集める、など。この修正案に対し日本側は、「立法技術上、鵜呑みの困難な点があったので提案の内容を勅令と閣令とに分ち重要な部分を勅令に規定し其の他は閣令に譲りたいと申し出た」以外は、大体の最終案をまとめて四月六日にGHQに提出した[22]。

だが、この最終案に対するESSの承認は大幅に遅れた。それは、十日に戦後初の衆議院総選挙が行われ、その結果を得た後も、次期政権をめぐる混乱が続いたからである。ESSの望むように、経済安定本部が強力な総合官庁になるかどうかは、次期政権がアメリカのOESのごとく、長官をはじめとして精鋭のスタッフをどれだけ集めるかが重要であった。そして、その次期政権は、GHQの承認を必要とするとはいえ、基本的に総選挙の結果に委ねられたのである。

2　吉田内閣の成立と食糧危機

総選挙の結果は、定数四六六に対して自由党一四〇、進歩党九四、社会党九二、協同党一四、共産党五、その他は多数の小党が分立する状況で、単独過半数となる政党が存在しないことが明らかになった。その後は周知のように、幣原内閣居座り工作と幣原の進歩党総裁への就任、野党四党による退陣要求、幣原内閣の総辞職決定、度重なる連立交渉、自由党の鳩山一郎総裁への大命降下と直後の公職追放と、事態はめまぐるしく変転した。結局、幣原内閣の外務大臣であった吉田茂が後任の自由党総裁に就任することとなり、自由・進歩の保守連立による吉田首班が決定した。取り敢えず自由党の総務会長となった吉田に大命降下されたのは、五月十六日のことである。[23]

幻の鳩山内閣の組閣陣容を、「大体党の方ですでに決まっていたのを引継いだ」吉田は、[24]最初から組閣につまずいた。吉田が、幣原内閣で経済安定本部の長官に模せられた石黒国務大臣を書記官長へ就任させ組閣参謀にしようとしたのに対し、吉田―幣原ラインの形成を警戒する鳩山ら自由党幹部から、「幣原内閣の身代りに見られて面白からず」、政党軽視との反発を受けたのである。[25]結局、書記官長には、吉田の同郷の親戚ながら、当時はまだ鳩山系の色彩が濃かった林譲治の就任が決まった。また、副書記官長も、自由党から強く農林大臣に推されていた農林省出身の周東英雄が就任した。[26]吉田は、内閣官房の陣容を鳩山系に固められたのである。

ただし吉田は、首班受諾の際に鳩山との間で、金作りはしない、閣僚の選定については口出しを受けない、嫌になったら何時でも投げ出すという、いわゆる就任受諾の三条件を交わしていた。[27]このうち最も重要であったのは、第二の人事権についてである。吉田にとってこの条件が効果を発揮したのは、農林大臣の人選であった。吉田は、東畑精一など学者を中心に人選をなしたがいずれも頓挫し、最終的には和田博雄の就任を要請した。これに対し、河野一郎幹事長を中心に自由党は、企画院事件で検挙された和田を社会主義的であるとして猛反発した。だが、吉田は、人事権に関する条件を持ち出し自由党を押し切ることに成功した。[28]吉田は、僅かながらも人事権を行使したのである。

しかし、組閣にあたり最も困難となったのは、農林大臣の人選が混乱した背景であった、深刻な食糧危機である。強権発動による食糧供出は、農村からの反発でいまだ八割にも満たないなど効果が挙がらず、五月に入り全国に広がった欠配は、特に東京など大都市部で深刻となった。[29] 組閣の最中であった十九日には、共産党・社会党・労働勢力などが参加して食糧メーデーが開かれ、宮城前広場には二十五万人が集まり、天皇への上奏文、食糧の人民管理、保守反動政府反対、民主人民政府の樹立などが決議された。[30] 食糧危機は、労働問題や治安問題、ひいては政治問題に発展する可能性を見せたのである。吉田は、日本占領の失敗を恐れるGHQの立場を利用し、この乗り切りを図った。その結果、食糧メーデー翌日の二十日、マッカーサーは、「組織された指導の下に漸次増大しつゝある大衆による暴力と脅迫的言動への傾向が日本の将来の発展にたいして重大なる脅威」をなし、「かゝる示威運動は秩序ある政治にたいする脅威であるのみならず占領の基本的目的および保証にたいする脅威をも構成する」として、警告を発した。そして二十一日、マッカーサーは、自分が総司令官である限り日本国民は一人も餓死させない、という吉田が渇望していた言質を与えたのである。[31]

こうして二十二日、ようやく第一次吉田内閣が成立した。主な閣僚の顔触れは、国務大臣兼副総理に幣原前首相、外務大臣は吉田の兼任、大蔵大臣は自由党から石橋湛山、商工大臣に自由党から星島二郎、農林大臣に和田博雄、労働問題を扱う厚生大臣に進歩党から河合良成、などであった。全体から見れば、自由党から五閣僚、進歩党から四閣僚であり、内務大臣の大村清一など官僚出身者が加わって内閣は構成されていたが、そのなかで自由党鳩山系の影響力は依然として強いものがあった。[32]

六月七日、吉田内閣は、「食糧非常時突破に関する声明」・「食糧危機突破対策要領」を閣議決定し、十三日に発表した。食糧供出の強化など日本の努力姿勢を見せることにより、国産食糧の最大限の利用とこれらの供給の公正な配給を厳しく要求するアメリカ本国から、実質上の対日援助である食糧輸入を引き出そうとするものであった。また、

ＧＨＱにしても、日本政府からの適切な計画による要請がないのであれば、大量の手持ち食糧の放出は、「先行に不安の要素が少くないため躊躇して居る」という状態であった[33]。そのため、「総理大臣陣頭に立ちて政府の全力を挙げて輸入並に輸入食糧の引渡しの促進」に努めることになった。この結果、アメリカ本国が対日食糧輸入の具体的数字を通告し、二十五日、初めてＧＨＱは輸入食糧放出の包括的計画が可能になった。最終的に、食糧放出は六八万七千トンに及び、七月以降、最悪の事態すら予想された食糧危機はかろうじて回避された[34]。

とはいえ、当面の食糧危機が回避されたとしても、これに端を発した労働問題や治安問題が解決した訳ではない。労働勢力による賃上げ要求は、依然として続く食糧不足にインフレ昂進が追い打ちをかけて激しさを増し、社会党や共産党の保守連立政権への反対運動と相まち政治性さえ帯びていた。また、労働問題は生産増強政策に直結していた。戦後統制組織の未確立が指摘されていた生産増強政策にとってもう一つの大きな課題だったのが、石炭産業などの労働力不足である。戦時に炭鉱で働いていた中国大陸・朝鮮半島からの外国人労働者が終戦によって一斉に帰国したため、緊急に大量の復員者や浮動労働力を炭鉱に投入する必要が生じたのである[35]。

さらに、労働側が、経営側の経営権・所有権に踏み込んで現場の生産や業務を管理する争議戦術である生産管理闘争が、この頃に頻発していた[36]。吉田内閣は、前述の「食糧非常時突破に関する声明」と同時に、「社会秩序保持に関する声明」を発表していた。吉田は、前述の労働運動の行き過ぎに対するマッカーサーの警告声明や、生産管理を「決して支持したこともなければ現在に於ても支持しない」というマーカットの明確な意向を背景に、生産管理闘争は生産増強政策を阻害するものとして正式に否定し、これを収束させた[37]。だが、その一方では、従来以上の炭鉱労働者への食糧配給、賃金改訂、住宅用木材の確保を柱とした「石炭非常時対策」を閣議決定している[38]。依然として、労働者への優遇政策を採らざるを得ない状態だったのである。

以上のような労働問題・インフレ対策・食糧問題・生産増強政策のため、ＧＨＱのみならずアメリカ本国から注視されていたのは、設置予定の経済安定本部である。労働問題に関する勧告書をマッカーサーに提出するため、アメリカから派遣されていた労働委員会のアバソルド委員は、次のように述べている。「法令によりすべての賃金及俸給の上昇は経済安定本部の承認を要すべし（…）例外の場合を除きては、価格の上騰を招来するが如き賃金の増加を否認するの政策を一般的に堅持する」、また、「日本の労働者に対し特に関心あるは金銭よりは寧ろ食糧なり。しかして食糧の配分は団体交渉によって決定せしむべからざる（…）経済安定本部は出来得る限り速かなる機会に職業もしくは産業に関するプライオリチー・リストを決定し、日本の経済復興に最も緊急なるもの最も重要なるものを選定」し、このリストに掲げられた「種類の業務もしくは産業に従事する者に対し食糧の特配を行うべく、かかる食糧の特配を行うべき源泉は米国よりの輸入食糧にまつこととなるべし（…）配給を行うに当りてはこの種食糧が他の闇市場に流れざるよう取締りの要あることはもちろんなり[39]」。

この労働委員会の勧告書に基づきＥＳＳは、たとえ輸入食糧が十分でないとしても、食糧を「一般配給より取り去ってこの種労働者に与ふることをも辞せざる程の決意を要する、蓋しこのために一般民の生存に多少の障碍を来すことありと雖も止むを得ざるべく、斯の如き徹底した措置を執り初めて日本の経済危機の期間を短くし且つ結局に於てはより少い人数が飢ゆるに過ぎざる結果を収め得る」との姿勢を示し、これこそ、「正に経済安定本部の慎重なる研究に委せらるべき重大問題」であるとしていた[40]。

こうして経済安定本部への期待が高まったのにもかかわらず、長官の人選は難航してその発足は大幅に遅れ、ＥＳＳは焦燥感を募らせた。七月三日、ＥＳＳは、商工大臣・農林大臣との会談において、改めて経済安定本部設置の必要性を強調した。だが、この会談では、各省の政策の統合が容易でないことを予感させた。重要産業への食糧の重点配給について、星島商相は歓迎の意を表する一方、和田農相は、「食糧は石炭増産に必要であらうが、石炭生産不振の原因はこれを食糧の不足のみに帰するを得ないといふ点であって、増産を阻む他の有力なる諸原因に付ても十分に研究の上、対策を講ずる必要がある」として、不満を表明した。さらに、「農林大臣としての責任から言へば、所謂基本産業に付てもそのウェイトに従ひ商工大臣とも連絡の上、特配に付き再調整を行ふ必要がある」として、特配計画の再検討を迫った。これにエゲキスト課長は、「食糧と基本産業の生産との関係は正しく経済安定本部に於て各省の上に立って裁断を下すべき問題であり、石炭増産の途を拓き、交通逼塞の危険を封殺せば日本経済の困難を最小限度に止め終局に於ては困難克服を早め得る」と答え、経済安定本部による特配強行を強く望んでいることを匂わせた。(41)

ESSが焦燥感を募らせていたのは、アメリカ本国からの圧力を意識していたからである。エゲキスト課長は、アメリカの新聞紙上の、「米国人は食糧を日本に削く結果、黒パンを取得するのに長く列を作らなければならない始末である。然るに日本人中には酒に酔ひ痴れて闊歩して居る者もある、酒は一体何で出来るか」との投書記事を取り上げ、「食糧輸入を要請する我等の立場は斯る記事にも注意せねばならぬやうに機微なることを日本側に知って貰ひたい」と伝えている。(42) ESSは、食糧輸入を要請する立場上、アメリカ本国の世論に敏感にならざるを得ず、強力な統制経済政策を遂行するためにも、間接占領の建前を取りつつ日本政府に介入する必要があった。とはいえ、各省がそれぞれGHQ各部局と独自の連絡ルートを築き始めていることを考えれば、ESSが単独で各省の所管に介入することは容易ではない。もし、経済安定本部が各省の政策を統合することが可能であれば、ESSは介入の大きな足場を得ることになる。従って、ESSは、経済安定本部の設置が遅延しているなかで特配問題への協力を求められても、「建前上、飽く迄も日本政府の責任でやるべき事である、何故早くESB〔経済安定本部〕を作らぬか」として、苛立ちを隠せなかったのである。(43)

しかし、その設置過程で見られたように、日本政府は、経済安定本部に対する位置づけに曖昧な点を多く残していた。戦時の企画院による陸海軍の介入という苦い経験から、経済安定本部によるGHQの介入に対し警戒感を隠せなかったからである。

3　経済安定本部をめぐる攻防

次期政権をめぐる政治的混乱によって遅れていた経済安定本部の設置は、組閣の最中であった五月十七日にGHQに承認された。取り敢えず施行から一年に限っての設置である。これを受けて六月十九日には、枢密院で官制による経済安定本部令が可決された。[44] その重要な条項を挙げれば、以下の通りである。

第一条　経済安定本部は、内閣総理大臣の管理に属し、物資の生産、配給及び消費、労務、物価、金融、輸送等に関する経済安定の緊急施策について、企画立案の基本に関するもの並びに各庁事務の綜合調整、監査及び推進に関する事務を掌る。前項の事務を行ふために、特に必要がある時は、内閣総理大臣は、関係各省大臣に対して必要な事項を命ずることができる。

第五条　総裁は、内閣総理大臣を以て、これに充てる。総裁は、庁務について、その責に任ずる。

第六条　総務長官は、国務大臣を以て、これに充てる。総務長官は、庁務を掌理する。

第十条　経済安定の緊急施策に関する重要事項を審議するために、経済安定本部に、経済安定会議を置く。経済安定会議に関して必要な事項は、内閣総理大臣が、これを定める。

さらに、必要な規定は首相が定めるとされた第十一条により、経済安定本部規程が定められた。これによれば、総務長官の庁務を分担するため第一部から第五部が置かれる。企画立案の基本に関する全てが諮られる経済安定会議は、議長には首相、幹事長には総務長官があてられ、第一号議員として関係各大臣・書記官長・法制局長官・物価庁長官・終連総裁など政府関係者が、第二号議員として首相が任命する経済界人・学識経験者が想定された。[45]

物価庁は、同様に首相の管理に属し、経済安定本部と緊密な関係を保持して物価問題を総合的に取り扱い、その施策を推進する。物価問題の企画立案は経済安定本部第五部で取り扱われるが、その実施は物価庁が行う。経済安定本部は企画官庁であり、物価庁は物価の実施官庁という関係である。よって、物価庁長官は経済安定会議の構成員となり、経済安定本部第五部と物価庁は職員の兼任などで一体的に運営されることになった。長官には国務大臣をもってこれにあて、これを補佐し庁務を掌理する次長の下に、長官官房および三部が置かれる。これと同時に、大蔵省物価部は他省所管の物価行政とともに物価庁に吸収された(46)。

以上のように経済安定本部は、経済安定に限定されるとはいえ、戦時の企画院や軍需省のごとく各省の政策を統合する強力な総合官庁を想定して設置された。いまだ明治憲法下にあることに鑑み、戦時の東條内閣と同様の首相の他大臣への指示権も与えられた。エゲキスト課長は、設置の承認にあたり、次のように期待感を露にしている。「日本の経済復興のためには、単一機関によってあらゆる適切なる調整を行ひ、もって堅実な経済政策を立案することが最も好ましきことである。堅実な経済統制は、戦時中強大な軍需省が軍需品生産のために行った統制にもまして、今日の日本にとってさらに重要である。経済安定本部が、生産増強と生活必需品配給の公正化のため効果的な経済統制を行ひ得る非常機関となるやう希望する」。また同時に、「連合国最高司令官は経済安定本部の全活動に対し、査察、監督の権限を保有するものである」と述べ、自らの介入権を謳っている(47)。

しかし、吉田内閣がESSの意図をそのまま受け入れていた訳ではない。例え明文化された権限・機構であっても、それらを解釈によって換骨奪胎することは十分可能だからである。以後、吉田内閣の認識と意図について、概観していく。吉田内閣が経済安定本部の設置にあたり、「GHQと接触中問題となった事項であり、又将来機構が円滑な運営をされる為に注意を要すると認められる事項」は、主に次のようなものである。

（1）経済安定本部は政策事項に付ては各省に優越せる存在であること。

(2)本機構は経済危機突破の為の暫定機構であること。
(3)本機構は政変等に累されることなく継続性を有するものであること。
(4)総務長官の地位を強力ならしめ長官は名実共に国務大臣を指揮命令し得る様な「ガリバー」の人物たることを希望せられてゐること。
(5)勅令第六条は必ずしも英文と「コレスポンド」しないが、日本側の意図は総務長官を閣僚中より選定することに限らうとするものではなく適当な人物を先づ国務大臣に任命し、次で総務長官に任命せんとする趣旨であることを説明し、GHQの了解を求めたものであること。
(6)GHQは総務長官の権限を強大ならしむることを希望して居り、総裁たる総理大臣は形式的首長たるに止まらしめ、勅令第六条に総務長官は総裁を佐け庁務を整理すとあった原案に関して、「総裁を佐け」といふ字句は総務長官の地位を軽からしめる印象を与へるといふことで、斯る字句に拘泥するは意外と思はるゝ程に其の削除を要求したこと。
(7)民意を反映した経済安定会議の利用を図ったこと。但し、先方の意向を汲んで当方で作った中間案は余りに経済安定会議を強力ならしめ事務当局を牽制し過ぎる嫌があったので再修正が行はれたこと。
(9)閣令第十四条の議員の構成中、GHQ側は第二号の議員が第一号の議員に「アウトヴォード」せられぬ様相互の人数を同数とすべき旨要求したが、当方から第十四条第二号は有能達識の士を以て第一号の議員に協力せしむることを主眼として居り、第一号・第二号議員が対抗して相争ふ様な事態を予見することは本条の精神に反すべき旨を力説し、GHQ側も右に同意した経緯があること(48)

明らかに、ESSが日本政府をバイパスして自ら経済安定本部に介入しようという政治的意図が垣間見える。まず、総務長官は、現在の閣僚からは選ばせず自らの意に添った人物をあてたうえで、一時は首相を超越させることを試みたほど、強力な立場にしようとしている。さらに、政変に左右されない継続性という条件からして、日本政府から独立した存在にしようとしている。また、経済安定会議の位置づけでは、民間側の協力確保にこそ狙いがあり、ESSの意に沿わない閣僚を極力排除し、主に事務当局を通じた運営を目指していることが窺える。エゲキスト課長は、吉田内閣の成立から間もない記者会見で、次のように述べている。「内閣と同じレベルで総合的に各省の経済活動を拘束する（…）経済安定会議は本部内の五部門を通じて提案された経済計画を実現する機関で、広く民間専門家に協力を求め、その人選には政治的な制約は一切排除しなければならぬ」(49)。これに対し吉田内閣は、「経済安定本部と他の連絡関係其の他」につき、主に次のような確認をなしている。

（1）GHQとの連絡　重要事項についての正式の連絡は、CLO〔外務省終連〕を通して之をするが、個々の施策の具体的折衝、連絡については所管各省に大幅に之を任せるのが適当と思はれる。特に重要な問題については、安定本部員が各省と協力して直接連絡を維持する。

（2）閣議等との関係　重要な事項は、経済安定会議に附議した後、閣議決定とする。この場合、安定会議の決定事項は、迅速簡略に閣議決定されることが望ましい。経済安定会議に附議せられたものについては、次官会議の附議は要しないこととする。その代り経済安定本部のうちに、各省次官の出席する関係各庁協議会を設け、密接な連絡を保持する。右に関連し、経済閣僚懇談会は今後原則として開かないことゝする。

（3）経済安定会議の構成人員　政府以外から経済安定会議員になるものは、商工、農林、運輸、金融、物価関係等に関連し、経営、勤務、消費者等の各層を代表せしめ得るやうに考慮する。

（6）部長と部員の人選　部長は、能ふる限り民間人を以て充てることゝする、部員は、関係各庁と民間の有能者に対し之を命じ、その一部は、専ら経済安定本部に於て勤務せしめる。之の場合、特に行政各部門との連絡緊密化について考慮する。(50)

吉田内閣からも、明らかな政治的意図が窺える。幣原内閣の当初の構想と同様、実質上は各省による緩やかな会議体としての経済安定会議の役割を重視し、経済安定本部をその下部機関として位置づけようとしている。枢密院の審査委員会では、河原春作顧問官から次のような質問がなされていた。「本部の政策が如何なる経過を辿って実行に移されるか、又それは本部案として行はれるか、或は各省案としてゞあるか」。これに対し、まず橋井真内閣事務官から、「本部の各部から、関係各省への連絡によって実行されるが、実際上安定会議には各省大臣が、各部には関係各庁から部員が選出されてゐるので連絡に遺漏がないと思ふ」との答弁があり、次いで吉田からは、「本部と各省との結合を破壊することのないよう、内閣総理大臣の命令は極力避け、専ら各省大臣の互譲に俟ちたい」との答弁が出されていた。(51) また、総合官庁的な性格を避けるため、経済安定会議には、政府側の主導の下で民間側を取り込んだ挙国一致的性格を持たせようとしている。そのため、経済安定本部が日本政府から独立した存在にならぬよう、「安本官制―独立ノ省トスル向フノ考」に対し、かろうじて「ソレヲ折衷シテ総理ヲ上ニカブセ」ることに成功していた。(52) 吉田は、企画院設置の時に見られたごとき、首相の「傀儡化」を警戒したのである。

その吉田が経済安定本部に期待を寄せていたのは、GHQとの連絡機関としての役割である。ここでは、終連を正式の連絡機関としながらも、具体的な事項は各省にGHQとの独自の連絡ルートを認めている。そのなかで経済安定本部は、経済安定事項に限るとはいえ、終連に代わるGHQとの主要な連絡機関と位置づけている。だが、経済安定会議との関係に曖昧さが残されたものの、その後の政治過程を展望するうえで重要だったのは、次官会議の頭上を越えて、当面の緊急施策についての「企画」機能および閣議の「事前審査」機能が経済安定本部に付与されたことであった。戦前の企画院と同様、経済安定本部は内閣の統合化にとって極めて重要な機関となることが予想されたのである。戦後の占領体制化・統制経済化・行政国家化のなかで、この経済安定本部をどのように位置づけていくのかは、その後の重大な争点となりつつあった。言い換えれば、どの政治勢力が経済安定本部の主導権を握りどのような運営をしていくかが、重大な争点となりつつあったのである。

4　吉田の権力基盤と次官会議

経済安定本部の位置づけをめぐり主導権争いを演じていたのは、吉田とESSだけではない。新憲法草案が議会主義を謳うなか、戦後初の総選挙を経た政党勢力は、無視できない存在となりつつあった。閣内では、石橋蔵相を中心に自由経済への復帰を主張する自由党が、閣外では、計画的な統制経済の導入を主張する社会党・共産党とその背後にいる労働勢力が、台頭し始めていた。吉田は、革新政党はおろか鳩山派の影響が濃く残る自由党にも、さしたる権力基盤を持っていなかった。それだけではない。後に官僚派を形成した吉田は、この時点では、外務省・終連以外の官僚機構に、さしたる権力基盤を持っていなかった。むしろ、この時点での吉田は、官僚機構の中枢たる次官会議と衝突していくことになるのである。

幣原内閣での次官会議は、各省がGHQとの連絡ルートを独自に構築しつつあったとはいえ、次田書記官長の下で機能強化された内閣官房の影響下にあった。この趨勢は、一九四六年一月に次田が公職追放となり、楢橋渡が書記官長に交代してからも変わらなかった。楢橋書記官長は、一月十七日の就任後初の次官会議で、公職追放令や官公庁の労働運動の激化に各省が独自の対応を見せていることに対し、「各官庁ノ官紀ノ弛緩ヲ充分取締シタシ。農林省ヲ中心トスル下級官吏ノ動キ（…）何レ官房長、人事課長ヲ集メテ会ギスル」と釘を刺すと、公職追放令の「解釈ノ疑義ハ閣ギニカケテ折衝スル。行政整理ヲドンドンドンヤル」と述べ、積極的な動きを見せ始める。続く二十四日の次官会議では、形式的になっている同会議の敏速化を図りその運営を活発化する必要があるとして、近衛新体制期から週二回（月曜・木曜）となっていた開催を、週一回（木曜）に戻すことを決定した[53]。つまり、楢橋書記官長は、独自の動きをしようとする各省を強く牽制し、閣議や内閣官房の次官会議に対する主導性を強調して見せたのである。そして、経済危機緊急対策での各省の取り纏めにあたっては、内閣官房にある審議室と大蔵省物価部を重視していた。

ところが、経済危機緊急対策にあたっていた審議室と大蔵省物価部が経済安定本部・物価庁へと発展改組する方針が定まったものの、総選挙後の混乱によりこれらの設置は大幅に遅れた。そればかりか、食糧危機に端を発したメーデーなど労働運動の激化は、治安問題に発展しかねない情勢であった。これに強い危惧を抱いたのが、内務省・大蔵省などが議論をリードしていた次官会議である。四月二十五日の次官会議では、内務次官から、「食糧不安、政局不安ノママ、メーデーニ入ルコトハ内務省トシテハ憂慮ニ堪ヘヌ」との懸念が示された。吉田内閣の組閣が遅延するなかの五月十六日午前の次官会議では、やはり内務次官から、「新手ハ新政権デヤリタイ」、警視総監から、「官長カラ政権ノ方向ヲ知リタイ（…）今ノ所治安維持ノ方法ナシ」との見解が出された。遂には、「政府ガ出来ナケレバ次官会議ノ意思ヲハッキリスルノ要アリ」との主張が出るまでに至った[54]。現状に対する強い危惧は、そのまま新政権への強い不信となって表れたのである。

十六日午後に食糧危機の検討を再開した次官会議は、閣議提出のための「緊急食糧対策に関する件（案）」・別紙「食糧危機打開に関する件（案）」を、十七日付けで策定した。そこでは、次のように記されている。「最も重要にして且緊急な問題は食糧を措いてないと信じます。従って、新内閣は『食糧内閣』たるの性格を明かにし、総ゆる施策を之が解決に集中すべきものと考へます。私共は、之が具体的方策に付きまして、討議の結果別紙の様な結論に達しましたので、茲に之を提出し、政策樹立の資料に供せられんことを請ふ次第であります」。その具体策としては、政府が食糧非常事態宣言を発し、「供出の強化、促進、消費規正の徹底、配給の合理化、輸入の促進並に食糧生産の増強の国民的基礎を確立する」など、強力な施策の遂行を求めていた。そのうえで、「総理陣頭に立ちて、政府の全力を挙げて輸入並に輸入食糧の引渡しの促進に全力を傾すこと」、「経済安定本部に臨時に食糧対策本部を設け、関係各省一体となり、食糧施策を強力に推進実施すること」が謳われている。[55]

二十二日、吉田内閣が成立すると、次官会議は満を持して活発化した。まず、三十日の次官会議では、わずか四ヶ月前に週一回にされていた開催を、週二回の開催に戻すことが決定された。[56] そして、次官会議の策定した「緊急食糧対策に関する件（案）」・別紙「食糧危機打開に関する件（案）」は、基本的な内容はそのままに、前述の六月七日の「食糧非常時突破に関する声明」・「食糧危機突破対策要領」の閣議決定へ受け継がれていた。次官会議は、吉田内閣の成立以前から、食糧危機に対応する基本的な政策を拘束すべく策動していたことになる。また、この時点では、経済安定本部を強力な総合官庁と捉えておらず、各省の政策を緩やかに調整する機関としてむしろ積極的に位置づけている。つまり、この時点で次官会議を掌握していなかった吉田は、政党勢力に対してはおろか、官僚機構に対してもさしたる権力基盤を有していなかったのである。

官僚機構の掌握すらままならない吉田にとって焦眉の課題は、マッカーサーとの個人的関係を築いたうえで、終連総裁・経済安定本部総裁として政治・経済両面におけるGHQとの連絡ルートを独占的に掌握することである。また、首相の真の補佐役と言うべき内閣官房の陣容が鳩山系に押さえられてしまったばかりか、その内閣官房で様々な機能を果たしてきた内閣審議室のスタッフの大部分は経済安定本部に吸収されていた。[57] 従って、吉田は、各省の政策を取り纏めて一連の経済問題を解決していくためにも、そのための企画機能を果たすためにも、経済安定本部に大きな期待を抱いていた。経済安定本部が強力な総合官庁となるのに反対したのは、あくまでESSの主導権の掌握や企画院のごとき自律的な動きを封じるためであって、決してその役割を軽視した訳ではない。

経済安定本部に期待されていた役割は、これら「連絡」・「企画」の機能だけに止まらない。吉田には、一連の経済問題の解決のため、労働勢力に大きな影響力を持つ社会党の協力が不可欠との認識があった。この時期に外務省は、GHQからの感触として、「吉田内閣の進むべき方向」につき次のような報告書を提出している。「今後益々進歩的分子を活用して行く必要があると思ふが、社会党の右派乃至現実派をして現内閣に協力せしむる様に仕向くることが望ましい。この意味で経済安定本部長官は社会党の中から起用するのも一法である。具体的には森戸辰男氏等が受けるならば之も面白い。この場合自由党乃至一部の経済閣僚との間に生ずることあるべき摩擦を吉田首相に於て巧く調整して行かれることを期待すること勿論である。最高司令部が一方に於て争議手段としての生産管理を否定して吉田内閣の立場を援護する他面、労働立法等に於て著しく進歩的態度を要求してゐるのは示唆に富むと云はねばならぬ。吉田内閣は此の二つのものの中間を縫って進まねばならぬ」[58]。

吉田はこの頃から、経済安定本部を結節点に、社会党との連立を視野に入れ始めていた。社会党との連立による経済安定の実現が、ESSの統制経済政策と合致するばかりでなく、自由党を牽制することになるからである。経済安定本部は、吉田にとって絶好の、そして数少ない政治的ツールとなり得るものであった。この時の吉田にとって、自由経済か統制経済かというイデオロギー的な選択は副次的要素に過ぎなかった。

経済安定本部の展望につき、「何れにしても総務長官の力量如何による（…）好むと好まないとに拘らず統制を続けるのは已むを得ない」としていた吉田は[59]、労農派マルクス主義者として社会党からの信任の厚い大内兵衛・有沢広巳ら学者グループからの長官登用に、執拗に拘り続けた。その後にも度々見られる学者好きについて吉田は、岳父・牧野伸顕の学者を尊重するようにとの忠言、公職追放による人材難をその理由に挙げ、また、「経済関係の閣僚となると、経済というものが政治というものよりも理論的に動くという点を考えると、大改革の場合は特に、学者か経済的理論家とかいわれる人の知識を利用する方がいゝと思った」と回想している[60]。だが、吉田は明らかに、ある種の政治的意図をもって社会党と労働勢力に強い影響力を持つ学者グループに接近していたのである[61]。

ところが、こうした吉田の構想は、思わぬところから挑戦を受けた。鳩山一郎・河野一郎が公職追放された後の自由党で急速に勢力を伸ばした、石橋蔵相ら「一部の経済閣僚」である。石橋は、石橋グループとも言うべきものを閣内に形成して強い勢力を振るったばかりか、経済安定本部までその手中に収めようとしていた。ＥＳＳの統制経済政策のため設置され、政治的な便宜のためとはいえ吉田までもが積極的に活用しようとしていた経済安定本部は、議会主義・政党政治を強く主張する石橋にとって極めて危険な存在だったからである。

第二節　石橋グループの挑戦

1　膳長官の就任と経済安定本部の発足

吉田は、早くから経済安定本部の長官に、大内や有沢を擁立すべく活動していた。この第一次擁立工作は挫折したものの、枢密院で官制が可決される六月中旬ごろには、本格的な第二次の有沢擁立工作が開始された[62]。十七日、学者グループとの橋渡し役であった和田農相に、吉田から長官の人選につき次のような書簡が届けられている。「小生ハ総理官邸ニ罷在、貴台、東畑（精一）、相沢（有沢広巳）両博士ニて一応御懇談願上候、安定本部構成ニ付腹蔵なき意見御交換相成候様致度願上候[63]」。難色を示し続けていた有沢は、吉田や和田の粘り強い交渉に、高橋正雄九州大学教授の経済安定本部入りを受諾の条件に、いったんは就任を承知した。だが、大内を中心に学者グループ全体としては、吉田内閣への警戒心を捨て切れなかった。高橋は交渉の途上、「政府の教授グループ引出し工作は、主観的意図はともかく客観的には進歩的な人々と進歩的勢力との間に楔を打ちこむ」と述べ、吉田の政治的意図を鋭く指摘している。結局、有沢の第二次擁立工作は断念され、長官の人選は学者グループからやむなく経済界出身者へと方針転換された[64]。

経済界からの人選は、公職追放の関係から難航したものの、二十三日、戦前の農商務省出身で元全国産業団体連合会常任理事・日本団体生命保険社長の膳桂之助が、経済安定本部長官を予定されて国務大臣に任命された。[65] ここで吉田は、和田農相に次のような有沢の顧問就任の斡旋を依頼している。「膳《ぜん》（桂之助）君より安定本部ハ不取敢現官制の下ニ発足することとし、大臣の下ニ顧問を置、其内一人を相沢（有沢広巳）博士ニ委嘱致度との事ニ付、同博士ニハ貴下より話を願候様ニ勧め置候、御含迄」。[66] それは、膳が戦前の全産連で労使問題に奔走した財界の論客であり、戦闘的な「資本側の選手」と見られたことから、労働勢力の取り込みが困難になると予想されたからである。そのため膳は、この懸念を払拭するべく、「私を闘士といふのは世間の誤解に過ぎない。信念は持ちたいが、主張を無理に押しつけようとは思はない。本来私は妥協的な性格を持ってゐるし、安定本部総務長官の仕事も良い意味での妥協性が必要なのではあるまいか」との姿勢を示し、労資休戦の考慮、労働界・言論界からの経済安定会議への参加などの方針を繰り返し表明している。[67]

膳は国務大臣への就任直後から、内閣審議室の橋井真参事官を参謀に、経済安定本部の組閣作業を開始した。ESSの既定方針も織り込んでの人事構想は、次のようなものであった。①総合計画・各省事務の総合調整など総務局的な役割を担う第一部長は膳長官が兼務となり、実際の事務は橋井が副部長として行う、②第二部長（生産資材関係）・第三部長（食糧、生活必需物資関係）・第四部長（労務、賃金、監査関係）には民間の有能者から登用する、③第五部長（物価関係）は物価庁次長の兼任とする、④各部の副部長は関係の深い省から適任者を探し各省との連絡にあたる、⑤特に内閣審議室のメンバーとして総合対策の樹立に参加した者は全員これを経済安定本部の該当部に移す、⑥経済分野に関する学識経験者から選ばれる参与には総務長官が腹を割って話せる人物に委嘱しアドバイザー的活動を期待する、など。[68]

実際の人選では、部長級には民間からほぼ予定通りの人材を得ることになり、各省からの人材獲得は難航したものの、少人数ながら所要の部員が揃うことになった。橋井は組閣にあたって、アメリカOESのごとく、「各省を使えばいいので各省にものの言える人さえ来てくれれば良い」と考えていたようである。[69]第一部は、兼任部長の膳長官、副部長の橋井の下、部員には内閣審議室のメンバーと各省からの出向者（兼任を含む）が揃えられた。特に大蔵省からは、総合官庁の設置に積極的であった経緯もあってか、内閣審議室にいた橋本龍伍をはじめ、平田敬一郎、河野一之、杉山知五郎など多くの事務官を送り込んでいる。第二・三・四部は、副部長は民間人から選ばれ、部員はそれぞれ商工省・農林省・内務省系統によって主に占められた。大蔵省系統の多い物価庁と一体化していた第五部は、部長が物価庁次長の兼任、副部長は物価庁第一部長の兼任となった。[70]

なお、膳国務大臣の「差当り物価庁長官を兼ねたき」という意向に対しては、ESSから承認が与えられた。[71]当初は経済安定本部と物価庁を並列に扱う意向であったESSは、物価庁を「経済安定本部の下にある」ことを確認した。[72]エゲキスト課長は、物価行政に関しては物価庁を「内閣と同じレベル」のものとしながらも、それは「経済安定本部のたてた全面的物価政策の下において」運営されることを強調したのである。[73]こうして八月十二日、ほぼ方針通りの布陣をもって、経済安定本部と物価庁は設置された。

2　軍需補償打切り問題と「物の予算」の復活

経済安定本部の設置と前後して、日本の経済復興にとり極めて重要な課題であったのは、軍需補償打切り問題であった。[74]前章で見たように、大蔵省は当初、軍需補償を支払う代わりに財産税を徴収する構想をたて、木内終戦連絡部長を通じESSから了承を得ていた。この頃の大蔵省の見解は、全面的な打切りは経済的・社会的混乱を惹起し軍需生産から民需生産への転換を困難にするとして、各種の補償は厳格な査定の下に行いその財源は財産税によるという、従来通りのものであった。だが大蔵省は、ESSが次第に軍需補償打切りの方向へ転換し始めたことを察知し、一九四六年五月頃から検討作業を開始した。五月三十一日、マーカットは、軍需補償への一〇〇％課税による実質的な打切り案を正式に手交してきた。[75] ＥＳＳのこうした方針は、インフレ抑制という側面もさることながら、それ以上に、「戦争は引き合わないものだ、戦争に協力したものが補償をうけることは認められない」という、日本の非軍事化・民主化政策としての意味合いも含まれていた。[76]

これに抵抗しＥＳＳと激しい対立を繰り返したのが、石橋蔵相である。六月三日、ＥＳＳ側との会談で、「本案ハ面白キ案ナリト考フルモ、今直ニ実行スルニ於テハ経済界、金融界ニ混乱ヲ惹起スル虞アリ、準備ノ為時日ヲ要ス。唯ソノ間此ノ案ガ自然洩レルコトモアラバ生産ストップナルベシ」と述べ、生産増強政策への悪影響を持ち出して、打切り案に反対の意を示した。これにＥＳＳは、むしろ軍需補償問題が未決定なこと自体が不安を呼び起こしていると反論した。[77]

こうした状況を受け石橋は、ＥＳＳとの妥協案を探るべく商工省・農林省・厚生省など他省との調整を検討し始めた。連日行われた検討の場は、内閣審議室と経済閣僚懇談会であった。石橋が、経済安定本部の設置以前にその母体たる両機関と頻繁に連携を図っていたことは注目に値するが、ＥＳＳとの妥協点は容易に見出されず、むしろ政治問題化するに至った。七月十六日、吉田から問題解決を図るマッカーサー宛ての書簡が送られると、十九日の返信では、一〇〇％課税による打切りが決定する一方、個人の戦争保険金支払限度額の引上げや国債利子課税案の撤回など一定の緩和策が付随された。そして、二十三日の経済閣僚懇談会、二十四日の臨時閣議を経て、石橋は受諾回答をＥＳＳに行いようやく決着した。[78] その後、戦時補償特別措置法のほか、金融機関再建整備法・企業再建整備法・財産税法など関係諸法案が議会に提出された。[79]

全体から見れば、軍需補償打切りはＥＳＳペースで進められたとは言い難い。むしろ、ＥＳＳは、石橋に相当程度の譲歩を余儀なくされていた。それは、打切りに伴う経済界への衝撃緩和策が大幅に採り入れられ、ＥＳＳのインフレ抑制と戦時利得の排除という方針が、かなりの部分で骨抜きにされたからである[80]。まず、金融緊急措置令施行規則の改正により法人の封鎖預金に対する政府保証が拡大されるなど、運用が緩和された[81]。また、財産税法にしても、法人財産税が中止され個人のみの課税となるなど規模と対象範囲が縮小され、当初の財政再建とインフレ抑制としての目的は大きく後退した[82]。最も重要な緩和策だったのは、特別会計を通じ政府資金を産業融資させる復興金融金庫の設置である。日本政府は、経済危機緊急対策の立案作業の頃から復興金融会社案を構想していたが[83]、ＥＳＳもまた、軍需補償打切りによる生産増強政策への悪影響を懸念し、「若シ新規貸出ガ行ハルルナラバ、生産ストップナカルベシ」と述べ、こうした必要性を認めていた[84]。その後、復興金融会社案は独立した国家金融機関である復興金融金庫案に代わったが、設置までの応急措置として、八月一日、興業銀行内に設置された復興金融部を通じた特別融資が開始された。この復興金融部における融資決定機関は、大蔵大臣の諮問機関としての復興金融委員会であった。つまり、復興金融は大蔵省の所管とされたのである[85]。

しかし、議会に提出された復興金融金庫法案では、その所管が大蔵省となっていたのに対し、各省の不満を代表する形で商工省から異論が唱えられた。商工省は、法制局から「理屈がない限り、二つの大臣だということになるとこれは内閣所管になる、そういう法律は今まではない」との示唆を受け、「組織法上の大臣は大蔵大臣で、行為法上の大臣は商工大臣である」との解釈を打ち立てた。これを基に、吉田悌二郎商務局長が大蔵省の福田赳夫銀行局長と協議し、復興金融金庫の主務大臣は大蔵大臣・商工大臣の共管となった[86]。

大蔵省が商工省の要求を呑んだのは、前者の資金割当・資金統制と後者の物資配分・物資統制とが密接不可分の関係にあり、両者を「内閣所管」たる経済安定本部の下で調整することが想定されたからである。それこそが、経済安定本部の設置に積極的であった大蔵省が期待していたことであった。差し当たり興銀で始められた復金融資では、既に、経済安定本部が企画立案する総合計画に即応することが復興金融委員会で確認されていた。復金融資を含めた産業融資全般は、経済安定本部の資金計画やそれに基づく融資準則などの資金統制の下で行われることになり、後に一九四六年度第四四半期から実施された。そして、この資金計画は、経済安定本部の企画立案する他の経済諸計画、とりわけ物資需給計画やそれに基づく物資統制と吻合調整して行われていった。(87)

経済安定本部が企画立案する物資需給計画とは、重点的な物資配分を行った戦前戦時の企画院・軍需省の物資動員計画が、終戦後に改称されて商工省へ受け継がれていたものである。この戦後の物動計画は、軍需省の解体と統制経済政策の後退で、内閣レベルから省レベルの部分計画となっていた。これが、統制経済政策の本格的な再開に伴い、GHQの覚書に基づいて再び経済安定本部という内閣レベルで実施されることになり、九月六日、その所管が商工省から委譲されることが閣議決定した。(88)

これを受け、戦前・戦時の物動計画・物資統制の根拠法であった国家総動員法・輸出入品等臨時措置法に基づく物資統制令などが九月三十日に失効することもあって、急ぎ臨時物資需給調整法案が議会に提出された。この法案は、経済安定本部が、物資統制の総合的計画を立て、物資の割当・配給、供給不足物資の使用制限・禁止、生産・出荷・輸送・工事施工の命令または制限禁止などの権限を有し、基本的方針を決定して内閣訓令により主務大臣に実施を命じ、それに基づき主務大臣が省令により命令を発することができる、というものであった。また、戦時に物資の配給統制を担ってきた統制会・統制会社の解散が命じられたため、従来のESSの方針通り、経済安定本部の直接統制の下に統制会・統制会社に代わる公的機関を設置することを前提に、まずは暫定的に、民主的に組織された民間産業団体に配給統制を担わせるとされた。(89)ここに、「物の予算」は復活した。そして、経済安定本部を中心に、戦時以来の総務局長会報を想定した「関係各省等より成る連絡会議」がこの「物の予算」に対応するとされ、(90)終戦後から課題となっていた統制組織の再編成が本格的に着手されたのである。

しかし、衆議院の法案審議では、経済安定本部が持つ予定の権限に対し、委任立法の復活であるとして多くの批判が浴びせられた。それは、経済安定本部の他大臣に対する指示権は現行の明治憲法に抵触し、また、戦時のごとき官僚統制的な計画経済は独断に陥る、というものであった。特に、内閣の更迭に関係ない機関のごとく扱われる経済安定本部に対しては、「日本ノ政治デハナクテ、何カ『アメリカ』ニ委託シタ政治ノ感」があり、政治的・立憲的な責任の所在が不明化し政党政治を妨害する危険性があるなどの質疑が出された。これらの質疑に対し膳長官は、民主的な経済安定会議が設置されていることにより、経済安定本部は「従来ノヤウナ全ク官僚的ノ組織デナイ」こと、また、内閣の更迭に関係のない機関となるかどうかについては、憲法の「解釈カラ出ル問題」であり、「実際ノ問題トシテ其ノ場ニ於テ考究スルヨリ外ナイ」ことなどを答弁した。(91)

結局、ESSの意向により、総裁の権限はより明確化され、経済安定本部が各省の政策を総合調整することが法文上にも明記されるなど、議会の「面目まるつぶれ」の形で修正が施され、臨時物資受給調整法は十月一日に公布・施行となった。その後には、指定生産資材割当手続規定が施行され、新たな重要生産資材の割当方式が具体的に定められた。(92)また、「物の予算」を資金面から支える復興金融金庫法案も議会で成立し、十月二十九日に施行となったが、実際の業務開始は翌年一月二十五日となった。復金融資はこれ以降、一般産業の運転資金供給ないし赤字融資にも向けられた。その殆どが、日銀引受による信用創出を通じ消化された復金債の発行で調達されたことから、いわゆる「復金インフレ」を引き起こし、やがて強い批判の対象となった。(93)

ともかくも、軍需補償打切り問題を契機として、戦後の「物の予算」は復活し、そのための統制組織の再編成が着手されて、経済安定本部の果たすべき機能は次第に整備されていった。とはいえ、ESSを背後に控えた経済安定本部の設置は、戦後の議会・政党との対立を予感させるものであった。とりわけ、経済安定本部に対する警戒心が強かったのは、その前身たる経済閣僚懇談会と内閣審議室を本拠として、ESSから次第に各種の緩和策を引き出させた石橋であった。石橋の狙いは、経済安定本部がESSの傀儡となることを、あるいは、吉田の強い政治指導力の発揮のための政治的ツールになることを警戒しつつ、これを自らの主導下に置くことである。事実、石橋はこのことを経済安定本部の設置当初から試みていた。

3　石橋グループの形成

石橋の財政金融政策には、資本家擁護的かつ自由主義経済的であり、さらなるインフレをもたらすのではないか、という懸念が当初から持たれていた。こうした懸念は、つとにマスコミ・社会党・労働勢力・学者グループから示されてきたが、これはＥＳＳでも同様であった。

エゲキスト課長は、六月二十一日の大内らとの夕食会につき、次のように記している。「大内先生にかねがね経済安定本部長官を打診していたが断られた。現政権下で長官ポストに有能な人材がつくことは不可能と彼は信じてる模様。吉田首相はあらゆる経済問題を石橋大蔵大臣にまかせているし、石橋はレッセ・フェールを信じてるように思える」、「不安定な経済と継続的な物価上昇が投機を刺激し、物資生産の意欲をなくさせる。政府は緊急事態に対応する組織を作って基礎的資材の価格統制、割当、配給を行わなければならないと固く信じているのだが、行政能力、意志が日本政府にあるのだろうか。そして総司令部も日本政府にかわって行うには人員不足だし、意思もなく、義務も感じていない。さらに石橋の政策は、巨大な海外資本の活用、海外からの原材料輸入、海外市場への展開を求めることがその視野に入っているのだろうが、未だそれは全く非現実的である」。エゲキストら課長クラスの担当者にとり、石橋は最大の障害となっていた。そして、その苛立ちの矛先は、経済政策を石橋に委任してしまっている吉田、さらには経済政策への本格的な介入に未だ踏み切れないＧＨＱ上層部にも向けられていた(94)。

七月二十五日の衆議院における財政演説は、石橋の財政金融政策を明確に表したものであった。赤字インフレ財政として多くの批判を浴びることになった、いわゆる「石橋財政」の始まりである。石橋は、次のように述べている。「今日のわが国のいわゆるインフレは、通貨収縮すなわちデフレ政策によって処理しうるものでは断じてないと信じる（…）国に失業者があり、遊休生産要素の存する場合の財政の第一要義は、これらの遊休生産要素を動員し、これに生産活動を再開せしめることにあると考える。この目的を遂行するためならば、たとえ財政に赤字を生じ、ために通貨の増発をきたしてもなんらさしつかえがない。それどころか、かえってこれこそ真の意味の健全財政であると信じる」[95]。だが、このくだりを良く読めば、石橋が必ずしもインフレ対策に無頓着ではないことが窺える。その意図は、インフレ対策を一時的に後退させてでも、産業資金の豊富な供給により生産増強政策を優先させることにある[96]。インフレ対策という観点から、生産増強政策の優先による需給ギャップの解消がまずは優先されたのである。

こうして、財政金融政策ばかりか生産増強政策にまで積極的な姿勢を見せた石橋が、経済安定本部に介入を試みたのは当然のことであった。石橋は、有沢擁立工作が進む時期から長官の人選に大きな関心を寄せていたが、これが流れて経済界から人材が求められる頃には既に、貴族院議員であった膳に目を付けていた。七月十九日には、「総理と安定本部の人選につき語る。井川〔忠雄〕及び膳両氏をすゝむ」として、膳の長官就任を推薦している[97]。そして、膳が進歩党の政調会顧問になる予定のところを、「河合厚相が仲に入り、進歩党入党を変更して」、経済安定本部長官に内定したという経緯があった[98]。また、石橋は、「内閣以上ノ存在」となり、「閣議モ拘束ヲ受ケル性格」となる可能性のある経済安定本部について、「其ノ権限、機能、運営方針ヲ政府ニ承ツテ置キタイ」との衆議院での質疑に対し、次のように強い牽制を投げかけている。「経済安定本部出来ズトモ、我々ハ経済再建ノ方策ハ樹テテ居ル訳デアリマス」[99]。

河合は、閣内の様子につき次のように述べている。「私は、当時は進歩党首領連の一人として、自由党の石橋蔵相などと手を握って、（そこへ膳桂之助君も安本長官として現れてくるということで）政治面において相当力を持っていた。進歩党総裁の幣原さんは、温厚な人だからあまり口を出さず、吉田さんも当時はまだワンマンぶりを発揮せず、いわば猫を被ったという形で、穏やかな風格を現わしていた。そして、経済のことはおもに石橋蔵相にまかせ、石橋蔵相は、私と膳安本長官とに相談しながら、万事を進めていた。そして、こういう期間が相当つづいた」[100]。その自由主義的な経済政策とGHQへの抵抗姿勢によって自由党内で評価を高めていた石橋は、閣内で石橋グループとでも言うべき勢力を形成し[101]、経済安定会議へ発展的解消を遂げるはずであった経済閣僚懇談会を自らの主導の下でその後も開催し続けたのである[102]。結局、経済界の公職追放問題で設置が遅延したとされた経済安定会議は、開催の決定が報じられたこともあったものの、その後ついに開催されなかった[103]。日本政府からは経済安定本部の総合官庁的な性格を抑制するため、ESSからは民主主義的な側面をアピールするために構想されていた経済安定会議は、経済閣僚懇談会に吸収されてしまったと言って良い。

石橋グループが、経済閣僚懇談会や閣議で強い影響を振るったのは、財政金融・生産・労働にわたる経済行政のほぼ全般を手中に収めていたことによる。経済閣僚懇談会での補償打切り問題の討議につき、「商工大臣〔星島〕は何も判らず只だ官僚の言を取次ぐに過ぎず、だらしなし」と記していた石橋は[104]、また次のように述べている。「石炭の増産ができなければ、一切がどうにもならない。それは惨憺たるものでありました。これに対して、初め商工省では、どうしたかと申しますと、炭鉱業者の要求に応じて、食糧とか、坑木とか、地下足袋とか、作業衣とかの品物を出してやって、それで出炭を奨励する方法をとっておりました（…）それがちっとも来ないものですから、ますます意気阻喪して、何だ政府はうそばかり言っているというので、サボタージュの口実を労働者に与えることになっていた。そこで私が、石炭問題に首を突込むようになってからは、方針を変えました。もちろん物についても、政府は誠意をもって供給をはかる。しかし、はっきりした約束はできない。その代わり金なら出そう。それでやってくれということで話がつき、経営者側も労組問題に入り込んだ」[105]。

石橋は、積極的な産業資金の供給による生産増強政策を遂行するため、商工省の生産行政に介入した。前述した復金の共管問題について、「一時的ナ臨時ノ特別ナ金融機関デアリマスカラ、必ズシモ之ヲ大蔵省ダケガ所管ヲスル必要ハナシ、又実際、商工省等ニ十分ノ協力ヲ願ハナケレバナラヌ訳デアリマスカラ、事務ノ簡素化ヲ図リマシテ、サウシテ大蔵、商工両大臣ノ所管ニ致サウト只今考ヘテ居リマス」と衆議院で答弁している。[106] それは石橋が、物資政策と資金政策の吻合調整の必要性もさることながら、商工省の生産行政への介入に自信を深めていたからである。加えて、石橋は、生産増強政策に不可欠な労働勢力からの協力を取り付けるため、その後も「まるで労働行政が大蔵大臣の所管のようだった」と言われるほど、厚生省や運輸省などの労働行政にも介入していた。[107]

こうして石橋は、大蔵省・商工省・厚生省・運輸省といった経済行政の中枢的な官庁を経済閣僚懇談会で纏めあげたうえ、経済安定本部にも影響力を及ぼしつつあった。衆議院で経済安定本部の官僚統制に対する見解を求められた際には、次のように自信に満ちた答弁をなしている。「官僚ナド云フモノハ、ソンナニ恐レルコトモナイト考ヘマス、言フコトヲ聴カナカツタラ、踏ミ潰シテ行ケバ宜シイノデアリマス」。[108]

膳は、ESSとの板挟みにあいながら、結局は石橋グループの政治力に依拠するほかなかった。橋井真は、次のように述べている。「総ての重要政策は一々総司令部当局に伺いをたて、その同意を受けなければ実行に移すことが出来ない、反面、日本には日本的な考え方、複雑困難な経済の実情と社会的な圧迫があり（…）国内からの風当りも、民間のみならず官庁内部からも相当激しいものがあった」。[109] もちろん、ESSがこの状況を看過していた訳ではない。石橋グループとESSは、軍需補償打切り問題が決着した後にも、経済安定本部の運営をめぐり激しい対立を繰り広げていくのである。

4　石橋グループとESSの対立

ESSは膳の長官就任にあたり、「重大事案即ち補償問題、賠償問題、食糧問題等が山積して居るから同本部の責任は極めて重大であることを知られたい」として、大きな期待感を示していた。[110] だが、八月十四日、マーカットらE

SSとの初の会談で、膳は、「先づ中小工業者の復活が急務であると考へてゐる。依て大事業家に対する補償の打ち切りは可なりとするも斯る分子の復興に付ては光明を与へたい」として、補償請求権の一万円から五万円への引き上げを要請した。これにはESSから、次のような否定的な見解が示された。「かかる中小工業者に五万円のループホールを容認する結果この金が循環して結局インフレーションを誘致し目的を壊すことになる」、「金をやればそれが結局は彼等と連絡のある大企業家に流れて行く危険がある」、「戦時補償を払はないといふ原則をとって居るのであるが、これが続々歪められてゐることは主義上の問題としても面白くない(111)」。膳は就任早々から、石橋と同様、戦時補償打切りへの緩和方針を開陳してしまったのである。

この頃には、日本側から食糧品の統制撤廃、主食の増配、米価の引上げなどの要望が相次ぎ、これがアメリカ本国からの食糧援助に奔走していたESSを苛立たせていた。エゲキスト課長は、自由党代議士が生鮮食糧品の統制撤廃を申し入れてきたことを受け、その日のうちに朝海終連総務部長を招致して、次のように反対意見を伝えている。「ESSから目下ジョンストンが華府に赴き来年度対日食糧供給問題に付き華府に要請して居る」が、「日本側が統制を緩和し又一々統制の枠を外すが如き措置を執り、例へば有力なる政党が強権発動に反対し又生鮮食糧品の統制を緩和する等の措置は決して吾人の華府に対する手を強むるに役立たない」、「若し日本側が斯る統制の枠を外さうとするならば総司令部としてはその不可なる所以を正式に意思表示する外あるまい(112)」。

その後のESSと楠見義男農林次官との食糧問題をめぐる会談では、それまで一人一日当たり二合一勺であった主食の家庭配給基準量を、新米穀年度が開始される十一月から一気に二合五勺に増配する日本政府の方針が示された。ここでもエゲキスト課長から、増配を匂わす国内の政治関係は一応了承するが、米の蒐買機構がまだ未整備であること、本年度の収穫予想が必ずしも明瞭でないことに加え、ジョンストンからいまだ明年度の対日輸出計画決定の報告はなく、国際的に「機微な諸事情もあり（…）時期に付ては慎重に考慮し総司令部とも密接に連絡を遂げて貰ひたい」

という、苛立ちを込めた回答が寄せられた(113)。

このような状況のなか、八月二十七日、マーカットと膳との週一回の定期会談が開始された。この日の第一回会談では、まず、膳らから軍需補償打切りに伴う措置として会社の未払込金徴収を緩和する提案がなされたところ、「殊に補償関係係官は斯る問題のために又々遅延させられるのかと云った不快の面持を示し」、マーカットから、「大蔵大臣からもいろいろ意見の開陳はあるが（…）日本側案は余りにループホールスが多く、結局日本政府は資本家の利益のみを擁護するといふ非難に答へることが困難であると思ふ。膳長官は此の点に付政府部内に於て十分のインフレンスを使用せられたい」と、明確に拒否された(114)。

この直後の二十九日、農民層の支持を背景にした自由党・進歩党は、財政的な見地から生産者米価を石当たり三〇〇円から五〇〇円への引上げを行う経済安定本部案に反発し、六〇〇円への引上げを行う農林省案に全面的に賛成して、「経済閣僚懇談会に強力な意思表示」を行った。その結果、三十一日の臨時閣議で六〇〇円案が決定されたばかりか、「膳国務相を中心とする安定本部の基本構想について内閣の内外に不満の声が台頭しつゝあったが今回の新米価決定を機会に果然表面化するに至り」、「安定本部の性格および権限についての再検討論が二、三の閣僚から積極的に発言され」、九月三日の閣議で検討されることになった。その理由は、「安定本部の政治性の貧困にあり与党の自進両党から非難の声が起り、結局党出身閣僚を通じて党内の意向が閣内に反映された」と伝えられた(115)。これを受け三日の閣議では、改めて生産者米価を石当たり六〇〇円とすること、主食の配給を二合五勺に増配すること、そして、「経済安定本部の位置を確定し、閣議及び経済閣僚懇談会との関係を明かにすること」が、閣議了解された(116)。重要政策の「企画」および閣議の「事前審査」をするはずの経済安定本部は、石橋グループが中心となった経済閣僚懇談会に取って代わられる事態が予想され、ますますＥＳＳは苛立ちを深めた。

五日の第二回定期会談でＥＳＳは、三日の閣議了解とこれが事前に報道された「連絡の不備に付き」、激しい不満を突きつけた。アメリカ本国の対日食糧輸入の説得に「各種の困難に当面して居る」ことを強調し、米価引上げの根拠やこれがインフレに及ぼす影響などにつき、次回の会合まで文書で回答することを迫ったのである。朝海終連総務部長は、報告書で次のように記している。「財産税問題に関するＥＳＳの石橋蔵相に対する反感は強い、本日膳長官から此の問題を論議しようとしたところ、係官のルカウント氏〔財政課長〕がその論議を拒否せんとした（…）これは石橋氏が自分の交渉に依り目的を貫徹せずと見るや、又膳氏を使って自己の主張を固執せんとして居るものであるといふ印象を先方が持って居る為であることが判明した（…）此の総司令部の対石橋感情は一応考慮に入れて置く必要があり」[117]。ＥＳＳはここに来て、膳が石橋の代弁者であると完全に疑うに至ったのである。

もっともＥＳＳも、就任したばかりの膳をすぐに辞任させるつもりはなく、時に激励しながらも、まず経済安定本部の機構整備に専念していた。第一回定期会談で膳長官は、「現在ノＥＳＢハ設立許可一年ノ臨時機関ニシテ且職員少数ニ限ラル以上ハ重荷ニ過クル」ため、さらなる機構拡充を訴えていた。少数精鋭ながら強力な人材を揃えることで指導力を発揮したアメリカＯＥＳにならった経済安定本部は、実際には、そこまでの機構・人員・権限を有していなかったからである。これにマーカットは、「既存の各省に伍して貴官が内政的に困難なる立場にあることは十分了承する。併し乍ら貴官の地位は恐らく現政府に於て最も重要な地位である（…）出来得る限り貴官に対して支援をする用意がある」と、積極的な支援を約束していた[118]。

これを受け第二回定期会談で膳は、具体的な機構拡充の要望を伝えていた。すなわち、二名の次長制を新設し、うち一名は終連次長の兼任として一名は専任とする、長官の兼任となっていた第一部長を専任とする、公共事業部および石炭政策部を新設する、などである。これにマーカットは、次長制には異存ないが、部の新設については、「徒らに厖大化する惧れがあること、斯る新設の部が現存する部の権限を冒すことゝならざるやう注意の要あること、既存の実施官庁との関係を考慮する要あること」として、消極的な姿勢を見せた。その一方で、「経済安定本部とＥＳＳ

の連絡方法、又経済安定本部の権限等に関係する手続き上の諸問題に付ては目下研究中であるから、次回会合の際披露の上審議することゝ致したい」旨が述べられた[119]。

ＥＳＳは、経済安定本部・物価庁の機構拡充というより、緊密な連絡ルートの構築に精力を傾けた。十三日、工藤物価庁次長とエゲキスト課長との会談が行われた。この会談でエゲキスト課長は、「閣議は経済安定本部の決定を over rule し得ざることになり居るに非ずや。米価の場合は洵に此の常道が逆転し居れり」との懸念を示したうえで、経済安定本部と同じく物価庁との連絡ルートの緊密化につき、次のような提案を行った。「ＧＨＱとしては定期間連絡（一週二、三回位）を計り物価の変動決定に関し緊密なる連絡を計ることと致度く、特に Basic commodities の物価に関しては特にＧＨＱ物価庁と事前に緊密なる連絡を保持し外部の政治的影響の介入を防止すること肝要なり」、「之が為には英語を良く解する Liaison officer を物価庁に配属せらるること必要なり」。そして、その理由につき次のように述べている。「経済統制政策の遂行に当りてはディレクティブを以て万事を処理することは容易なるべきも之が為には多日数の人員を要するのみならず多分に無理を伴ふ虞あり。乃てＥＳＳとして出来る丈け斯る手段を避け度き意向なり。然共も日本政府が重要問題に関し事前緊密なる連絡協議を行ふことなく勝手なる行動を採る時は止むなくディレクティブの手段に訴へざるべからず。例へば米価の如き重要問題が外部の新聞等に洩れる時は、余は上司に対し充分の説明を為し得ず職務怠慢の非議を免れざる処なりとす。而して物価決定に当りては純経済的論理的立場に立脚して行ふを要し、之が為には事前にＥＳＳと連絡され度し」[120]。

石橋は、軍需補償打切り問題をめぐる折衝のなかで、こうしたＥＳＳの置かれた立場を、次のように鋭く見抜いてみせていた。「どうしてもこれをやれというならばディレクティブを出してもらいたいと要求しました（…）二十一年の吉田内閣ができるころまでは、ディレクティブもいくつか出しているのでありますが、その後は出さない。マーカットの言うのには、ディレクティブを出すのはわけはないが、これを出すと対日理事会の問題になる。対日理事会の中には豪州とかソ連というような日本に好意を持たない国があるので、日本のためにならない。だから司令部の言う通りにした方が利益だと」[121]。つまり、ESSは、ディレクティブの発出が次第に困難になっていく状況に鑑み、経済安定本部・物価庁との連絡ルートの緊密化による内面的な介入を重視していたのである。

その後の十一月一日、物価庁では、長官官房が新設され三部制から五部制となり、第一部には渉外課が新設されてESSとの緊密な連絡にあたることになった[122]。次いで十二月十八日、経済安定本部に、庶務課・調査課からなる総裁官房（官房長は設置せず）および第一部に連絡部が新設され、一名の次長制の導入が決定された。次長には白洲終連次長が兼任で就任し、連絡部長には朝海終連総務部長が兼任で就任した。経済安定本部と終連の連絡ルートを、一体化させて運用させようというものであった。また、第一部長に橋井副部長が昇格して専任となり、副部長には商工省終戦連絡部長の山本高行はじめ、大蔵省の平田敬一郎、運輸省の津田弘孝が就任し、各省からの協力体制が整えられた[123]。だが、こうした連絡ルートの強化および人員の補強策にもかかわらず、経済安定本部・物価庁が、ESSが期待したような閣議を「事前審査」する「常道」を敷くことはなかった。それは、膳が石橋グループの代弁者に追いやられ、それゆえ、やがてESSの政治的支援を失ったからである。

5　次官会議の政治化

石橋グループの挑戦は、経済安定本部を有効な政治的ツールとして活用し、ESSからの支援を獲得して強い政治指導力を発揮するはずであった吉田にとって、大きな誤算であった。とりわけ、石橋グループが閣内で大きな勢力を保ちESSに真っ向から挑戦したことは、自らの政権運営にとって痛手であった。また、吉田の経済安定本部を通じた学者グループ取り込みによる社会党との連立構想も大きく後退しかねなかった。

さらに、事態をいっそう困難にさせることが発生しつつあった。組閣の頃から活発な動きを見せ始めていた次官会議が、著しく政治化してきたことである。次官会議が政治化していく契機となったのは、一九四六年秋以降の経済危機の発生であった。[124]輸入食糧の放出でかろうじて深刻な危機は脱したものの、依然として続くインフレと食糧不足に対し、大幅な賃金の引き上げを要求する産別会議などの十月労働攻勢が激化し、これが官公庁の労働組合による全面的な労働攻勢にまで波及したからである。時に官公庁の幹部クラスまで労働攻勢に加担する者が現れ始め、省内では連日のように集団交渉が持ち込まれ日常の行政運営に重大な支障が出始めると、次官会議の政権不信はいっそう高まった。

その理由の一つは、閣議が官公庁の労働組合の攻勢に対し、明確な態度を示さなかったことがある。八月二十日には、次官会議の意を受けた法制局長官から官公庁労働組合が強く要求していた団体協約について検討資料が提出されたにもかかわらず、閣議は明確な意思決定をなし得ず、「所管大臣ノ責任ニ於テ画シタル限界以内ニテ処理スル」という曖昧な方針が閣議で了承された。[125]だが、労働攻勢で矢面に立たされることになったのは、所管大臣より主に事務当局であった。九月に入り、現業官庁を多く抱える運輸省・逓信省の下で国鉄・全逓などの労働攻勢が、十月には商工省の下で電産争議が激化し、閣議の明確な意思決定を欠いた次官会議は対応に苦慮した。

十一月七日の次官会議では、賃上げ要求への緩和策として、電産争議に直面している商工次官から、「内閣で綜合対策をする外ない。闇の取締、税、配給の問題である。警察力の強化も必要であらう。各省によって対策をとらねばならぬ」との意見が出された。十一日には、教育ストに直面している文部次官から、「次官会議が主になってやらなくては駄目」との意見が出され、次官会議が主体的に事態打開にあたるべきことが主張された。次いで、商工次官の「政党方面との連絡は如何になってゐるか」との問いに対し、閣議にも出席している林書記官長から、「各政党は現在離集してゐる（…）政府と与党との連絡がわるいとの注意も受けた」との返答があると、再び商工次官が、「政党が立ち上がるのが必要である（…）具体的に計画して貰ひたい」との要望を述べ、与党ないし閣議の消極的な態度を批判する主張がなされた[126]。

この時に大蔵次官であった山田義見は、インフレの原因につき次のように述べている。「やはり労働攻勢ですね。賃金と物価との悪循環の始まることを皮切りしたのは、二十一年の秋の電産の問題」であり、これに対し、「政府は非常に弱かったのです。当時、次官会議等においては、政府の弱腰を大部非難して、閣議にもわれわれ出て、政府はもっとしっかりしなければいかぬということを言って、大臣を鞭撻したこともあるのです。当時石橋さんは何かの都合でその席におられなかったが、われわれ次官の半分ばかりが閣議に乗り込んで、大臣を鞭撻した[127]」。

さらに、次官会議の不満は、石橋グループが中心となっている閣議や与党のみならず、これを首相として制御しきれないでいた吉田にも向けられた。次官会議は、十一月二十一日、逓信・運輸・文部・農林各省の労働組合が、人事権への参加を含む待遇改善のための団体協約を要求していることにつき協議した。ここで、「首相と会見したい」、「人事権の容喙の問題は閣議の問題としたい」との意見が出されると、その代表者数名が、同日の午後に吉田への直談判に乗り込み、自らの強い要望を開陳するに至った。その結果、二十二日の次官会議では、「官公庁職員労働組合の団体協約に関する件」が申し合わされ、同日午後の閣議に報告された。これを受け、「官公庁労働組合の団体協約に関する件」が閣議決定され、クローズド・ショップの採用による人事権への参加は取り敢えず否定したものの、待遇改善のための団体協約は今後の協議に委ねることとされた[128]。

ここで重要なのは、次官会議による吉田への直談判の政治性である。大蔵省給与局長として閣議や次官会議に列席することの多かった今井一男は、この直談判の急先鋒は、「いちばん左のほう」であった商工次官・農林次官であったとしている。そのうえで、この直談判の内容は、「自由党だけだからいけないんだ、挙国一致内閣を作りなさい。だから社会党を全部抱き込む、抱き込んだらこっちから出来るし組合も押えられる」、というものであったと述べている。つまり、次官会議は、労働組合との協調関係の構築とそのための統制経済政策の徹底のため、自由党・社会党による連立内閣を樹立して政治的安定を確立するよう強く要請していたのである。この時の吉田は、これらの要請を聞くだけに止まったものの、この後も次官会議は著しく政治化していく。[129]

しかし、石橋グループが中心となっている閣議では、その後にさしたる態度の変更は見られなかった。それどころか、十二月十一日には、「統制撤廃（統制制度、価格、運送等）に関する件」が厚生大臣から閣議に提出され検討に付される有様であった。[130]これは結局未決になったものの、大蔵次官ですら「閣議の空気は統制撤廃である。撤廃では生産増強できぬ」との認識を抱いていた次官会議では、「内閣の人が認識を深めるの要あらう」、「安定本部、物価庁が中心がよいだらう」として、閣議の態度に強い不満を洩らすに至る。[131]

その後も次官会議は、労働組合との団体協約に際したびたび閣議と対立した。その一端は、例えば国鉄労組が要求する団体協約への対応をめぐる両者の対立に垣間見える。これに妥協的な解決を目指していた平山孝運輸次官は、自ら閣議に乗り込み意見具申をなし、これが奏功しないと見るや、次官会議で、十一月二十二日の閣議決定を形骸化させることを試みている。とりわけ、この閣議決定に「一番反するのではないかとの疑」のあったのは、組合員の意向を考慮し協議のうえで人事を決定するという、部分的なクローズド・ショップの採用方針であった。平山次官は、この方針を「飾り文句にすぎぬ」として、「閣議決定の線に沿って考えれば枝葉の点は各省に委せて欲しい」との態度を見せた。この方針は正式な「決定」とはならなかったものの、「報告」という形でなし崩し的に既成事実化していくという提案がなされると、厚生次官から「現業官庁はこの位でなければ纏まらぬ。現業と非現業のとに分けて欲しい」、大蔵次官から「賛成。内閣だけ反対して居る」との意見が出され、概ね賛同を得た。これに対し、閣議にも出席している周東副書記官長は、正式な「決定」には「仲々難しい」として反対したものの、「報告」というなし崩し的な提案には、「内閣は反対して居ない。結構である」と認めざるを得なかった。[132]

このように次官会議は、経済危機の発生を機に著しく政治化し、閣議と対立しその決定を形骸化させる場面が出てきたばかりか、吉田への政治的な働きかけを強めていった。こうした事態に直面した吉田は、経済安定本部と次官会議の双方を掌握して自らの主導権を取り戻すべく、様々な模索を始めていた。

第三節　経済危機の発生と吉田の挫折

1　吉田昼食会と傾斜生産方式

首相である吉田のもと、和田農相を幹事に有沢広巳・東畑精一・中山伊知郎・大来佐武郎・白洲終連次長などが集まり週一回の昼食会が外相官邸で開催され始めたのは、一九四六年の夏頃である。この経緯につき、有沢は次のように述べている。「安本長官には膳桂之助さんがなりました。ところが和田君はいかにも残念だというんで、吉田総理とどういう話をしたか知らないが、安本長官を援護するという意味で、吉田さんを中心にした円卓会議、昼めし会を開くことになったのです」。そして、昼食会では、多くのメンバーが重複していた商工省企画室で既に検討されていた有沢の傾斜生産方式が採り上げられ、後の石炭小委員会に発展していった(133)。

傾斜生産方式が動き出したきっかけは、八月の吉田・マッカーサー会談において、軍需補償打切りの衝撃を緩和するため、重要物資の緊急輸入が特別に許可されたことであった。各省がその品目リスト数の絞り込みをできないことに業を煮やした吉田が、これを昼食会に諮ったのである。有沢らによって進言された傾斜生産方式は、輸入重油の鉄鋼への重点的投入を基に、拡大再生産に必要な一九四七年度三〇〇〇万トンの石炭生産を実現し、もって工業生産全体の回復を図るものであった(134)。また、この背景としては、食糧輸入の時と同様、アメリカ本国から様々な輸入促進の斡旋をしているESSが、「石炭増産施策及び重要資材の重点配給等に充分に努力を払っておらぬ点を指摘して日本側の反省を求めて」いたことがあった(135)。こうして、吉田首相直属の私的諮問機関として石炭小委員会が発足し、有沢を委員長とし、委員には昼食会のメンバーの多くと稲葉秀三や都留重人、関係各省との連絡役を兼ねて日銀から吉野俊彦、大蔵省から大島寛一、商工省企画室から佐藤尚邦の参加を得た。十一月五日からは、外相官邸において傾斜生産方式の企画立案およびその実施についての本格的な検討が開始された。[136]

ここで重要なことは、有沢らの傾斜生産方式を検討するにあたり、「安本長官を援護する」どころか「安本そっちのけですなあ」と漏らす、吉田の認識である。[137] 事実、傾斜生産方式の実施にあたり石炭小委員会は、「安定本部内或は総理直属」に設置されるとされていたのに対し、[138] 結局、総理直属の機関となった。そもそも傾斜生産方式は、石炭・鉄鋼など基礎資材部門への重点的な物資配分がなされないまま推移すれば、やがてストック物資がいたずらに消費され枯渇して縮小再生産に陥り、需給ギャップは解消されずインフレ昂進を止められない、という強い危機意識から生まれたものである。[139] それは、重点的な物資配分という徹底した統制経済政策を避けたまま産業向けの資金散布に偏重している、石橋財政に対するアンチ・テーゼであった。従って、昼食会から石炭小委員会へと至る一連の流れのなかで、石橋グループの一員と見られた膳が疎遠となっていったのである。

橋井真は、この時の膳につき次のように述べている。「彼は吉田さんと仲良くて、頼まれて最初の長官やったんですけれど、それが後で学者グループ作ってやると怒りましてね、絶対行かないんですよ。それはね、経済はお前に頼むと言って呼び出しておいてこのざまは何だと。あんなつまらねえとこは絶対行かねえ」。[140] 一方、吉野俊彦は、吉田につき次のように述べている。「膳さんに頼んだってダメだという感じだったのではないかしら。有沢・大来ラインにしかるべき人が加わって、そっちに頼もうということだったのではないか」。[141] よって吉田は、有沢が委員長に就任するにあたり、「あなたのいうことならなんでもききますよ、左に向けというなら左にむきます、右に向けといえば右にむきます」として、全面的な支持を約束していた。[142] 吉田はこれ以降、経済安定本部ではなく石炭小委員会で企画立案した傾斜生産方式を、内閣の正式な政策とすることを試みたのである。

昼食会・石炭小委員会という非公式の機関を活用したことは、吉田の置かれていた立場を如実に示している。吉田は、閣議では石橋グループの挑戦を受け自らの主導権を確立することもままならず、次官会議などを通じ既存の官僚機構を駆使して政策を企画立案・実施することもままならず、頼みの綱であった経済安定本部は石橋グループに掌握されてしまった。これに加え、ただでさえ機能低下している内閣官房が鳩山系に占められていたこともあって、吉田は首相官邸にはあまり出入りしなかったばかりか、閣議も欠席がちであった。吉田は、ESSが傾斜生産方式に積極的であることを頼みに、とかく欠席がちであった閣議より「よっぽどおもしろい」と漏らすほど、昼食会・石炭小委員会に望みをかけていた。(143) 吉田が「首相官邸」ではなく「外相官邸」を活動の拠点にしていたのは、これらの背景からであった。

傾斜生産方式の構想は、石炭業者や関係各省、とりわけ商工省石炭庁の反発を呼び起こした。それは、石炭庁が既に内定していた二七〇〇万トンの出炭計画が、首相直属とはいえ非公式の機関である石炭小委員会によって三〇〇〇万トンに覆されることを意味していたからである。それでも、その後の石炭小委員会の検討で、労働者の作業時間の延長などでこれが技術的に可能であると判断され、さらに、十二月七日のGHQ回答で重油輸入が正式に許可されたことで情勢は好転した。そして、最後に傾斜生産方式を各省に呑み込ませたのは、吉田であった。大来佐武郎は、次のように述べている。「総理の権威をかりなければとても動かせなかった。だから、石炭庁長官を昼飯会に呼んで、総理から直接いってもらうという形をとった(144)」。二十七日、GHQの了解を背景に、「昭和二一年度第四・四半期基礎物資需給計画策定並に実施要領」が閣議決定され、超重点主義たる傾斜生産方式は正式に経済安定本部の「物の予算」に組み込まれ実施の運びとなった。(145)

ところが、石炭小委員会は年明けの一月早々に解散となる。一つには、元旦ラジオ演説での吉田の「不逞の輩」発言によって、炭鉱労働者との関係が悪化しその協力が困難になったばかりか、有沢ら学者グループが吉田から離れていったことにある。前述のように、石炭生産三〇〇〇万トンのためには労働時間の延長が不可欠なものであり、十二月二十七日の閣議決定では、その見返りとなる労働者への優遇条件が明記されていた。[146] それ以上に重要だったのは、有沢はじめメンバーが、石炭小委員会そのものの限界を強く感じていたことにある。有沢は、傾斜生産方式につき次のように述べている。「まだ物動計画のうえでの話であり、それを実施するための計画と体制とについては、具体案はまだできていなかった（…）総理の私的なブレーンとしての石炭委員会ではちょっと手の下しようのない問題にいよいよ当面することになった」[147]。つまり、傾斜生産方式が企画立案の段階から実施の段階になってくると、「石炭小委員会みたいなノーマルな行政のチャンネル以外のところでプッシュする必要」は少しずつ減少し、「役所なり司令部なりのベース」で動き出して来ることになったのである。[148]

従って、吉田や石炭小委員会、そしてESSにとって、傾斜生産方式を実施していくためには、石橋グループが掌握している「ノーマルな行政のチャンネル」を奪還することが必要である。もとより昼食会・石炭小委員会は、初めから政治的な意図を伴って発足している。稲葉秀三は、石炭増産を計画するにあたっての意図につき次のように述べている。「政治・社会情勢の整備を急がなければならない。それには、和田博雄氏あたりがもっと努力して、吉田内閣をこの方向へもっていくようにしていく必要がある。もっとはっきりいうと、石炭三千万トンの増産計画を本格的にすすめていくために、自由党と社会党との連立内閣をつくっていくことを、がんばってほしいと考えた」[149]。社会党との連立が実現すれば、必然的に内閣改造を伴う。吉田は、有沢を長官に据えた経済安定本部を結節点として社会党との連立内閣を実現するという、当初からの構想に改めて着手していくのである。

2　社会党との連立交渉

傾斜生産方式をめぐり吉田・学者グループ・ESSの動きが活発化した背景には、前述のように、一九四六年秋以降の経済危機の深刻化があった。それまで小康状態にあったインフレは再び激しい昂進を見せ、石橋財政でインフレ対策を犠牲にしてまで生産増強政策が優先されたにもかかわらず、ストック物資の枯渇とともに生産の停滞が経済全般に及び始めた。それは、ストック物資の枯渇自体が原因となったのではなく、生産の再開に不可欠な石炭・鉄鋼など基礎資材部門への重点化が徹底されず、限られたストック物資が時に闇市場に流出して消費財部門に費やされたことにあった。[150]これにより、賃上げを要求する労働勢力の十月攻勢は激化の一途を辿り、有沢らが危惧した縮小再生産は次第に現実となって、経済危機は全面的な兆候を見せ始めた。そして、石橋財政への批判を強めた社会党は、積極的な統制経済政策の採用と労働勢力の体制内統合とを期待されて、その政治的求心力を著しく高めた。このなかで吉田は、統制経済政策への明確な転換と社会党との連立を模索し始めたのである。

社会党との第一次連立交渉は、一九四六年十一月下旬から始められた。吉田は複数のルートを駆使したが、その一つは、社会党の西尾末広書記長・平野力三の右派ルートであった。一方、稲葉や有沢を連絡役にした和田農相は、西尾ら右派の領袖を「大臣病患者」として、ルートの本筋を片山哲委員長と左派の鈴木茂三郎に定めていた。社会主義的な志向から出た和田農相の「連立工作の根本理念」は、次のようなものである。「吉田のマックに対する個人的な信用力――これは幣原なんかの比ではない。どんな日本人でも吉田の右に出ることはできない――この吉田の個人的な力に組織された大衆の労働力をくっつけること、それが社会党引入れの目的であり、その接合剤をなすものは今日では有沢とか僕とか知識や技術を持ったインテリ以外にはない」。また、その動機として、「吉田内閣がこのままじゃ二ヶ月のちには必ず破局がくる。その時はマックへ全面的な負担がかかる時であり、同時に負担はそのまま大きな干渉となる時だ（…）それから社会党が出てきても日本の社会党じゃなく、『マックの社会党』だよ」。[151]吉田は、こうした和田農相の意図を十分に理解したうえで、連立交渉に臨んだ。

しかし、石橋グループは、自らの辞任に発展しかねない連立交渉をただ傍観していた訳ではない。十二月二十二日、石橋は、膳・河合厚相・平塚常次郎運相らと会談し、平塚常次郎を石炭庁長官とする構想を申合せ、これを吉田に要請した。[152]これは、閣議決定間近の第四・四半期物資需給計画での石炭配分が、「不要不急の貨物は強力に之を削除の上、重点的計画輸送の徹底」を図り、「強度の旅客輸送制限を行ひ、之が為通勤、通学をも相当規正する」とされていたからである。[153]このため、こうした重点主義を緊急手段としてやむを得ないとする膳と、それでは輸送に責任が持てないとする平塚との間で調整が難航していた。つまり、傾斜生産方式で内部を分断されかけた石橋グループは、その実施機関である石炭庁の長官を国務大臣とし、これに平塚をあてて自らの手中に収めようと構想したのである。この目論見を察知した吉田は、社会党との連立構想を示して、拒否の構えを見せた。[154]だが、傾斜生産方式が閣議決定された翌日の二十八日、自由・進歩両党出身の閣僚・幹事長による懇談会が開催され、連立交渉に反対し「無党籍閣僚」の一掃が申し合わされた。この申し合わせが、「和田農相の追出し」と「政党内閣としての強化」を目指す動きであることは明白であった。[155]自由党を背後に控えた石橋グループは、連立交渉の要である和田農相に狙いを定め、公然と吉田に対抗したのである。

年が明けた一九四七年一月八日、吉田の西尾・平野ルートによる交渉では、閣僚の割振りなど具体的な条件が明らかとなっていった。[156]一方で吉田は、同じ日に和田をして片山・左派ルートによる交渉を継続させていたが、十三日、石橋を招致して「安本の膳をやめて有澤を据へん」との意向を伝えた。水面下では片山・左派ルートを優先し、有沢長官構想を打ち立てたのである。[157]ところが吉田は、この直後、これを警戒した「幣原の横槍」で片山・左派ルートを凍結してしまう。これを見て、もともと石橋の蔵相辞任を求め、右派主導の交渉を警戒していた大内・有沢ら学者グループは、左派主導の社会党首班以外は協力せずとの申し合わせを行った。十五日深夜、吉田による西尾・平野ルートによる交渉は閣僚の割振りが最後まで妥協に至らず、さらに、吉田が突如として西尾・平野の公職追放の資格問題をカードとして持ち出したことで西尾は態度を硬化させ、決裂した。十六日、社会党は連立への不参加を決定し、十七日には臨時閣議でもこれが確認された(158)。

片山・左派ルートの凍結に失望した和田農相は、一時は辞任を決意したものの、連立交渉の継続を表明した吉田の慰留で閣内に留まった。そして二十三日、社会党から内閣総辞職を条件に交渉の用意があることを表明されると、和田・片山ルートによる第二次連立交渉が開始され、二十九日の吉田・幣原・片山の三党首会談で一気に決着が図られた(159)。会談に際し、吉田が和田農相に伝えた構想は次の通りである。「兼而の御意見之通、有沢氏経済安定本部長官、老兄次長の組合ニて参度（…）是非ニ実現を希望致候、幸ニ御同意ニ候得者、有沢博士ニ老兄より御勧説被下、午前中ニも承諾御取付被下度、尚片山君よりも同様勧説之筈ニ御座候(160)」。吉田・片山の双方において、有沢・和田を経済安定本部のトップに据えた構想が連立の重要な結節点として確認されていたのである。

しかし、この三党首会談もまた、決裂した。第一次・二次を通じ最大の障害となったのは、石橋の蔵相辞任問題であった。左派を中心に石橋財政を批判してきた社会党がこれを最大の条件としたのに対し、この頃には石橋を「次期総裁」と目すまでに至った自由党が強硬に反発したのである。第二次連立交渉が大詰めを迎えた際、「吉田首相不信任の空気瀰まん」となっていた閣議では、三十日に交渉が正式に断念されると、一連の責任をとる形で和田農相が辞表を提出し、総辞職論が大勢を占めた(161)。二・一ゼネストが差し迫る緊迫した状況のなか、吉田は次の一手を迫られていたのである。

三十一日、吉田は、マッカーサーによる二・一ゼネストの中止声明が発表された後、内外にあった総辞職論、大幅な内閣改造論の流れに抗し、小幅な内閣改造を断行した。その内訳は、次の通りである。まず、以前から自由・進歩両党に「石炭、電力問題を主とする商工行政の明白なる失敗」を指摘されていた星島商相が辞任し、自由党鳩山系から石井光次郎が後任となった。最大の焦点であった和田と石橋グループでは、和田が農相を辞任すると同時に、石橋蔵相は留任するも膳と平塚が辞任となった。後任の農相は吉田の兼任、経済安定本部長官は石橋の兼任、運相は北海道庁長官であった増田甲子七が就任した。この処置は、両者への両成敗的なものに見えるが、吉田からすればそうでもない。もともと平塚は、ＧＨＱが同月四日に範囲を拡大した公職追放令に該当したことで辞任表明している。[162]膳の辞任にしてもＧＨＱの要望に基づくもので、石橋や河合厚相と同様、後の四月の衆参選挙の前後に突如として公職追放となっている。[163]

吉田は、ＧＨＱによる公職追放の情報を得たうえで、内閣改造を行ったに違いない。むしろ、内閣改造で注目されるのは、次への布石である。吉田は、石橋に経済安定本部長官の兼任を要請するに際し、「将来有沢氏を据へたき意向」を示し、釘を刺している。[164]そして、片山委員長と関係の深い星島を国務大臣として閣内に留まらせたこと、吉田の農相兼任もいずれ東畑に再要請の予定であることが指摘されるなど、依然として学者グループを介した社会党との連立交渉を断念していないことを窺わせていた。[165]

しかし、石橋グループの動きもまた、機敏であった。吉田の第一次・二次連立交渉にともに不信感を抱いていた石橋と西尾との間で、第三次連立交渉が持たれたのである。[166]二月八日に吉田から連立交渉の内諾を得た石橋は、[167]九日と十二日、河合厚相とともに西尾・水谷長三郎との会談に臨んだ。会談では、いったん総辞職しその日の内に吉田首班の連立内閣を組織する段取りで、次のような協定案が合意された。閣僚は自由五、進歩四、社会四、協同および国民より一、無党籍者五とする。安本長官は、社会党より無党籍を推薦すること。最大の焦点であった石橋の蔵相辞任は明確にせず、何らかの閣僚ポストには残るが大蔵大臣にはならないという了解、などである。ただし、河合がメモした「了解事項」には、「石橋大蔵ニツイテハ迂餘曲折ヲ経タル後『社会党ノ政策ヲモ取入レルコト』位ノ言明ニテ落着カシムベシ」とある。[168]西尾の解釈とは相違があった訳だが、実質的に石橋財政を修正する代わり蔵相留任を求める案が存在していたことは確かである。吉田にしても、石橋財政の転換を自由党に説得するため、石橋を「シンボル」として蔵相留任を認めざるを得なくなっていた。[169]

石橋は同時に、経済安定本部を結節点として社会党との連立を目指すという吉田の構想を、自らの主導権に置き換えようとしていた。石橋は、協定案に際しての注意点として、「安本は中山見当トシ片山氏カラ自進両党総裁ニ内協議」と記していた。中山伊知郎を長官に挙げたのは、学者グループにありながら労農派ではなく近代経済学の立場であったうえ、石橋財政に一定の理解を見せていたからである。そして、これを実現するため石橋は、「政策協定ニッキ社会党ノ主張ヲ大幅ニ認メル用意アリ」として、石橋財政の修正を決意していた[170]。

既に大蔵省では、経済危機の深刻化によるインフレ再昂進に危惧を抱いた愛知官房長など事務当局の強い要望により、次年度予算における財政均衡・産業資金供給規制によるインフレ抑制の方針が石橋に承認されていた[171]。石橋は自らの転換につき、次のように述べている。「事態は全く容易ならぬ状況でありますから、一つのプリンシプルはなくてはならないけれども、これを実行する処方は、その日その日の容態を見て加減する必要」がある、そして、「抽象的のイデオロギーでなく、政治を実行的に取扱う場合には、保守といい、進歩というも、諸政党間の政策に、そう、はなはだしい違いの現れるものではない[172]」。つまり、石橋は、必ずしも自由経済イデオロギーや石橋財政に固執していたのではなく、自らの主導権を握るべく現実的な修正を試みていたのである。

しかし、結局十三日に第三次連立交渉は失敗した。吉田は、既に七日のマッカーサー書簡で議会終了後の総選挙が指示され、また依然として自由・社会両党に強硬意見が残っているとして、土壇場で覆したのである。西尾は、次のように結論付けている。「吉田茂という人の貴族的なワンマンぶりが、結局、社会党の体質と合わなかった（…）いちばんの難関であった石橋蔵相辞任問題も、石橋氏自身が自らやめるといって、当の本人が連立交渉にのり出してきていながら、ドタン場で駄目になったというのも、吉田さんの存在が結局大きくこれを左右した[173]」。吉田にとって、石橋グループと西尾ら右派が主導する連立交渉の成立は、自らの主導権を損なう恐れがあった。

それでは吉田が、二月八日の時点で石橋に交渉の内諾を与えたのは何故であろうか。恐らくは、進歩党の新党樹立問題に関係するであろう。犬養健ら進歩党少壮派は、以前より吉田や大野伴睦幹事長に批判的な芦田均ら自由党連立派との提携を深め、協同民主・国民両党からも参加を得て新党結成の構想を抱いていた。そして、十日には、自由経済から脱却して修正経済などの革新政策を打ち出す新党をもって、総選挙後に社会党との連立を目指すことを表明していた。[174] つまり、吉田や幣原にとって、石橋グループに連立交渉を行わせておくことは、こうした新党構想への大きな牽制となっていたのである。[175] 十日夜、石橋グループによる連立交渉の情報が入ると進歩党内は紛糾し、幣原総裁の巻き返しによって十一日には進歩党少壮派のみならず自由党連立派も勢いを削がれ、新党構想はいったん「惨敗」を喫した。[176] 吉田は、新党構想の「惨敗」を見届けたうえで、十三日、石橋グループによる連立交渉を潰したのである。

3　後任長官問題と吉田不信任

残された最大の焦点は、石橋が暫定的に兼任した経済安定本部長官の後任人事であった。吉田は、石橋による第三次連立交渉のさなかにも、片山委員長と会談して、有沢の長官就任やその施策について打診していた。[177] 吉田は、有沢長官構想を結節点にした社会党との連立にいまだ執念を見せていたのである。ここで有沢は、石炭小委員会で傾斜生産方式を打ち出した行掛かり上、次の三つの就任条件を吉田に出した。第一にインフレ財政の修正、第二に吉田による全面的な支持、第三に閣僚人事。最も重要であったのは、やはり第三の閣僚人事である。前述したように吉田は、石橋財政の修正を図りつつ自由党への配慮から、「シンボル」として石橋の蔵相留任を認めていたのに対し、有沢は、例え「シンボル」としてでも、あくまで石橋の蔵相辞任を迫ったのである。だが、吉田がこれに即答を避けたため、有沢は就任を拒絶した。[178]

それでも吉田は、すかさず稲葉を通じ今度は和田の長官就任を試みた。これを受け、学者グループや商工省企画室も再び動き出した。二月二十日の様子につき、吉野俊彦は次のように記している。「商工省企画室において、稲葉氏より、今回経済安定本部長官に和田博雄氏就任、教授グループは皆常任顧問となるゆえ、従来の関係も考慮し、安本の事務官となって来てくれとの話あり。聞けば有沢先生の石炭委員会の旧メンバーは、すべて安本の要職にすぐ就く手はずになっているとのこと」[179]。

二十一日には和田が片山委員長から、二十二日には吉田が幣原総裁から了解を取り付け、自由・進歩・社会の三党首推薦の形で和田の長官就任が内定した。吉田は、「安定本部は政局や政党政派の動きに左右されず、安定本部設立当初の目的通り、総選挙の結果、政府がいかに交替するとも安本長官の地位は動かさず、経済再建の施策を継続実行してゆくという決意」を固め、これにより学者グループも全面協力を惜しまない方針であることが伝えられた。吉田は、これまで石橋グループ・自由党に振り回された経験から、各政党から中立の長官を得てこれを挙国一致的に運営するという従来の構想を、三党首の合意を得ることで改めて強化したのである。この時、吉田と和田の間に成立した了解は、①官僚統制の機関ではないことを明らかにするため部長級は全て進歩的な財界人とする、②学者グループの就任を前提として顧問会議の機能と発言力を最大限に強化し事実上安定本部の最高幕僚とする、③副部長以下には各省最優秀の官吏をあてその人事は和田に一任する、などであった。和田は、経済安定会議が活動停止状態になっていたのに鑑み、これに代えブレーン・トラスト的な顧問会議を置き、首相の私的機関に過ぎなかった昼食会・石炭小委員会のメンバーを、「ノーマルな行政のチャンネル」に取り込むことを意図したのである[180]。

これに対し予想通り、石橋を中心に「閣員いづれも反対の態度」が強く示された。石橋は、三月一日の中山伊知郎との会談につき、「同氏は予の保証ある場合出馬敢て辞せず、只だ和田前農相等への気兼ありと認む」と記していたように、吉田と和田・学者グループの分断工作を試みた[181]。そして、石橋ら自由党は、和田の長官就任の交換条件として、和田は自由党に入党すること、生鮮食糧品の統制を撤廃すること、経済再建の方途は自由主義経済の原則に立脚すること、との三条件を吉田に迫った[182]。

経済安定本部が政変などに左右されず中立の機関であることを約束したはずの吉田は、こうした石橋ら自由党の攻勢に、まずは和田長官の実現を最優先してしまった。吉田は六日に、戦前の農林省時代から和田の後見人的存在であった石黒忠篤に、次のような入党の説得依頼の書簡を送っている。「党内甚だ厄介に候処、漸く収拾の端緒を得候、党の希望は自由党へ入党を希望致居候（…）同君の快諾を未だ不能得、同君は恐らく社会党には望を断ちたる今日、従前とは多少心境の変化に可有之候得共、老台より更に此点可然御勧説被下度、右入党承諾を得候へば一件解決可致と被存候（…）兎に角に入党の意志を党に通し被下候得者それにて宜敷候、此際の事に付曲げて右快諾致され、国難打開に協力被下致候様御勧説相願候[183]」。

これに対し、同日夜の石黒の返書は次のような激しい拒絶であった。「尊翰拝誦、愚直者失望極に達し候。安本確立に大経論を新興日本の発足として敬仰、それだけが成就せば吉田内閣の意義は充分とさへ思込居候愚人が、唯一敬愛の貴台より俗悪無比の連中の条件を和田に勧誘すべく尊書を拝するに於ては、最早万事おしまひに候。斯様にして成立候安本は、何の価値か有之べき（…）乍失礼御衰弱の結果かと御心配申上候。尊書の御依頼乍遺憾御受申上兼候[184]」。石黒や和田にとり、党派性の排除によって経済安定本部の挙国一致性を実現することは、少なくとも建前としては不可欠な前提であった。七日、和田は自由党の三条件を拒否し、吉田に長官就任を正式に辞退したのである[185]。

それでも吉田は、十四日、最後の有沢擁立工作を試みた。有沢は、日本の経済事情は極めて困難であること、輸入援助懇請のため統制経済の実績を見せるべきこと、経済安定本部を強化しその長官には学識広く公平な立場の人物を任命すべきこと、経済安定本部に対し従来の行きがかりを捨てて協力すべきこと、との public statement をＧＨＱから表明する条件で、前向きな姿勢を見せた。大来は、都留重人を通じＥＳＳ調査統計課のロスから賛同の意を確認すると吉田を訪問し、都留作成の原案をＧＨＱの public statement の翻訳であると称し、この公表に基づく有沢擁立工作への了解を迫った。吉田は、「司令部ノ御厄介ニナルコトハドフカト思フガ、考ヘテオク」と答えたものの、翌日には、自由党を説得することに困難を覚えたのか、消極的な姿勢を見せた。これを受け都留とロスは、public statementを単独で表明する方針を検討し始めた[186]。

一方で石橋は、十七日の記者会見で、一両日中に専任の長官が決定することを言明し、自らの主導で後任人事が進んでいることを印象づけた[187]。十九日、石橋グループと中山との協議によって、東京商科大学学長を務めた高瀬荘太郎の長官就任が内定し、二十日に就任が決定した。高瀬長官は、新設予定の労働大臣を意識していた中山とともに、大内・有沢ら労農派の「帝大系学者ニ対抗シテ商大、慶応系学者ノ出陣ノツモリ」で就任を決意していた[188]。これにより、吉田にわずかな期待を抱きつつ活動してきた学者グループ・和田・都留・大来・稲葉・ESSらは、強い失望感を覚え離反した。

ESSは、都留らと連絡を取りながら原案を詰め、これを吉田宛てマッカーサー書簡として表明することに承認を得た[189]。三月二十二日、マッカーサーはこの書簡で、「食糧の輸入は、最小限度の基準で計算されているものであり、かつ国産食糧の最大限の利用と、これら供給の公正な配給を前提とするものであることを御注意致さねばならぬ。食糧配給の継続遂行のため、所定ルートによる食糧の蒐集を最大ならしむることと余剰県より不足県への食糧移譲を適正に行うことは明らかに日本政府の責任である」として、次のような警告を発した。一九四五年九月二十二日の指令第三号により、「賃金と価格を確固たる統制下におき、かつ供給不足せる必需品につき厳格な割当配給計画を策定維持すると共に、これら品目の適正配給を確保することは、日本政府の責任と定められている」、従って日本政府は、「経済安定本部によって、現情勢の要求する総合的一連の経済金融統制を展開実施するため」、その機構の大幅な強化拡充を急速に採らなければならない[190]。すなわち、マッカーサーは、遂に吉田に対し不信任の意を表明したのである。

都留は、二十四日にESSのファインから経済安定本部入りを要請されると、「吉田ノ腹モ分ッタヨウニ思フカラコノ際ハ黒白ヲ明カニシ、一応blunderセシメルノガ妥当」として、辞退した。そのうえで、石橋の線から出たこと

図5　第一次吉田内閣における（外相）官邸の孤立化

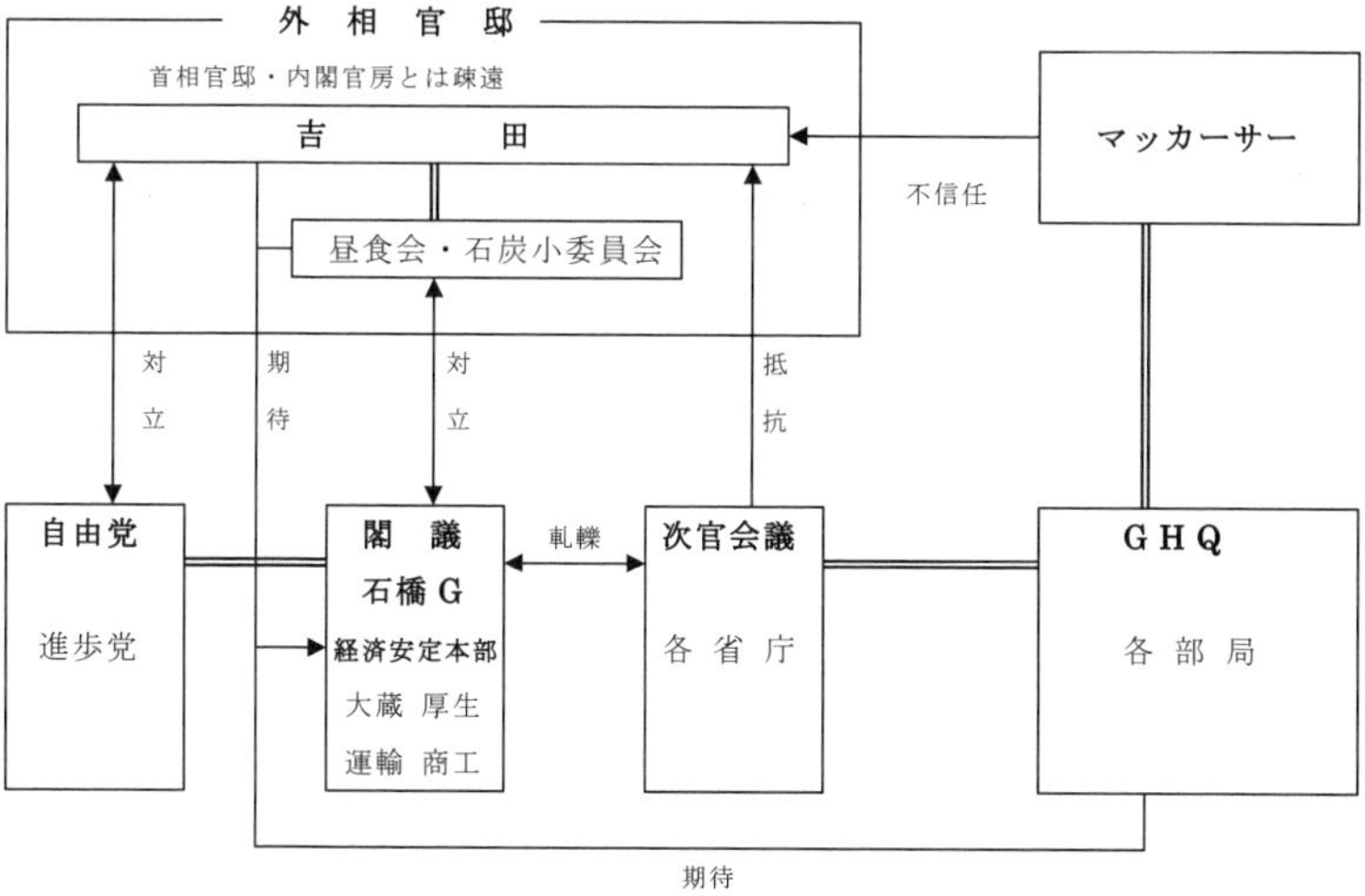

を知りながらあえて高瀬を長官に推薦したことにつき、次のように説明している。「object lesson ニヨリ incorrigible conservative ニ政治的打撃ヲ与ヘルノダ」。四月二日には、稲葉・大来と会談した都留は、「高瀬氏ガ現在安本ノ最高人事ヲ如何トモシエナイデイル現状ニカンガミ、次ノ手トシテ、高瀬氏ノ『組閣』ヲ不可能ニスルカタワラ、モウ一度和田氏ヲ選挙前ニ長官トシテヒキ出サセル」という方針を確認した[191]。そして、四月の総選挙を経ると、これら一連の動きは、片山中道連立内閣とその下での和田安本へと収斂されていく。吉田による経済安定本部構想はおろか、官邸主導の模索そのものが、ここに潰えたのである。この際の吉田の（外相）官邸の孤立化をイメージしたものが、**図5**である。

4　吉田の次官会議への介入

官邸主導の確立に挫折した吉田であったが、将来に向けて何ら布石を打たなかった訳ではない。確かに、経済安定本部を基軸にした構想は頓挫し、閣内は石橋グループに占められた。だが一方で、著しく政治化した次官会議への介入を試みていた。吉田は、官公庁労組が中心となった二・一ゼネストの混乱を引き起こした責任は各省にあるとして、内閣改造と同時に、異例にも次官の一斉更迭を行っていた。主だったところでは、大蔵省は山田義見から池田勇人（二月六日）、商工省は奥田新三から岡松成太郎（同十二日）、運輸省は平山孝から佐藤栄作（同一日）、外務省は寺崎太郎から岡崎勝男（同四日）、内務省は飯沼一省から斉藤昇（同四日）などである[192]。

特に、次官会議において強硬派であった奥田商工次官に対する動きは素早かった。吉田は、各省次官に対する辞任要求とほぼ同じ時期に、傾斜生産方式の決定を実施に移すためとして、石炭庁を商工省から内閣直属とする案を打ち出している。商工省は、全局を挙げ奥田の留任と石炭庁の内閣移管反対の運動を行って抵抗した。結局、移管案は中止となったものの、吉田は、これへの報復として露骨に奥田の辞任を挙行した。この時に、奥田から新しく商工次官に代わった岡松は、次のように述べている。「次官の責任なんて、何にもありゃしないじゃないか、むしろ内閣の責任じゃないか。次官を辞めさせてどうなるのか（…）ほとんど次官が辞めたんじゃないですかね。ワンマンもおかしなことやる、あんなのは八つ当たりですよ[193]」。これ以降、和田・都留・学者グループらとともに、それまで吉田との協調を試みてきた商工省は、有沢長官構想の挫折もあって急速に反吉田の気運を高め、社会党との政治的連携も想定した経済安定本部の強化拡充構想へ水面下で進んでいった。

ところで、次官の一斉更迭後の二月二十一日、吉田は異例にも次官会議に出席して、次のような指示を出している。「官紀の粛正が一番重要（…）一、人事課長をかへること。二、共産党系人物の一掃。連合国も要望す[194]」。これにつき、大蔵省給与局長であった今井は、次官の一斉更迭は前年十一月二十一日の次官会議代表者による直談判に対する吉田の報復人事であったと指摘して、この場での発言につき次のように回想している。「前の次官連中というのは不都合もきわまれる。一体職務を怠慢にして部下の監督よろしきを得ないだけではなく、政治的に口を出して、総理大臣に会見を申し込んで、こういうようなことをしゃべった。諸君はこういうことがあっては相ならん[195]」。

和田・学者グループなどが、労働組合との協調や統制経済政策の徹底を目指した社会党との連立の具申を行っていたことを考えれば、吉田にとって、これと全く同じ各省次官による具申の内容そのものが問題だったのではなかろう。このことは、この時点で書記官長ないし副書記官長を通じて次官会議をコントロールできていなかった反省に鑑み、内閣改造を契機として、吉田が次官会議を中心に官僚機構を固める重要性を認識し始めたということを示唆している。後藤基夫は、吉田の各省へのコントロールにつき次のように述べている。「官僚を通じなければああいう占領政策は遂行できなかったし、それが官僚だけは旧勢力のまま生き残らせ、さらに官僚中心の吉田政治とも関係してくるんだが、むしろ問題は、彼らがそのような自意識を持ち出したのがいつごろかということだね」、「第一次吉田内閣、最初に彼は総理になったときに、かなり人事をいろいろやっているよ、各省の役人の人事についてでも。そのときすでに吉田は役人を選別してY項パージをやっている（…）準備している」[196]。吉田は、内閣改造において、決して守勢に立たされていただけではなかった。そしてこのことは、後の中道連立内閣、ひいては吉田復権に際して大きな布石となっていくのである。

注

（1）『昭和財政史（続）』十七巻、三一—三二頁。

（2）外務省経済局「対日経済処理ノ現段階（一九四六年一月）」・終連総務部朝海記「石炭問題等に関する商工大臣マーカット少将会談要点（一九四六年六月十二日）」『外務省公開文書』外務省外交史料館所蔵、E'—〇〇〇二。なお、終連総務部の朝海が提出したこれらの会談報告書は全て、吉田はじめ関係閣僚が目を通していたようである。外務省編『初期対日占領政策　朝海浩一郎報告書』上巻、毎日新聞社、一九七八年、二六頁。

（3）総合研究開発機構編『政治としての経済計画』日本経済評論社、二〇〇三年、五—八頁。同書の「第Ⅰ部　戦後インフレの抑制と経済復興」では、総合研究開発機構に所蔵されているESS価格統制配給課長であったW・S・エゲキストの日誌「日本経済の復興と経済安定本部」（Japanese Economic Recovery and Economic Stabilization Board）が随所で引用されている。

（4）『朝日新聞』一九四六年六月六日。
（5）以上のESSによる総合官庁構想に至る経緯は、前掲『政治としての経済計画』二二六—二二八頁。
（6）「総理官邸会議愛知メモ（一九四六年一月二日）大蔵省財政史室編『資料・金融緊急措置』霞出版社、一九八七年、三二九頁。
（7）『幣原内閣次官会議書類』一九四六年一月二十四日。
（8）『朝日新聞』一九四六年二月二十七日。
（9）橋井真「経済安定本部長官時代」吉野孝一編『膳桂之助追想録』日本団体生命保険、一九五九年、一六〇—一六一頁。
（10）「経済安定本部に関する説明資料（一九四六年六月十日）」『佐藤達夫文書』国立国会図書館憲政資料室所蔵、一八三〇。前掲「経済安定本部長官時代」一六一頁。『朝日新聞』一九四六年三月三日。
（11）『朝日新聞』一九四六年三月五、二十日。実際に石黒が国務大臣専任となったのは、三月十九日である。後任の法制局長官には、次長であった入江俊郎が昇任した。
（12）「石黒武重氏（第一回）」『産業政策史回想録』五分冊、四四—四五頁。
（13）愛知揆一ほか「行政機構改革大綱（一九四五年十月二十六日）」『昭和財政史（続）』十七巻、四七二—四七四頁。
（14）『昭和財政史（続）』四巻、六三八—六三九頁。『読売報知新聞』一九四六年三月三日。
（15）工藤昭四郎「終戦初期の物価行政について」『戦後財政史口述資料』八冊、九—一〇頁。
（16）大蔵省物価部「物価庁の設置に関するGHQ当局の意向（一九四六年六月十八日）」『戦後経済政策資料』十六巻、三八—三九頁。
（17）「物価庁の設置に関する説明要旨　於枢密院・第二稿（一九四六年六月十日）」『戦後経済政策資料』十六巻、三一—三三頁。
（18）『朝日新聞』一九四六年三月十日。
（19）前掲「経済安定本部に関する説明資料」書き込みメモ。
（20）前掲『政治としての経済計画』二七—二八頁。
（21）前掲「経済安定本部に関する説明資料」。なお、内閣審議室の橋井は、公職追放指令で三月二十八日に辞任した加納終連次長につき、「余り熱心に日本案を推進したのが当時の司令部の一部の忌む所となり後日退官の因をなしたとも云う」と記している。前掲「経済安定本部長官時代」一六一頁。

(22) 前掲『政治としての経済計画』二八頁。前掲「経済安定本部に関する説明資料」。
(23) 五月十五日に取り急ぎ自由党の総務会長に就任した吉田が、ようやく総裁に就任したのは、八月十八日のことである。『朝日新聞』一九四六年五月十六日、八月十九日。
(24) 吉田茂『回想十年』一巻、新潮社、一九五七年、一三九―一四〇頁。
(25) 「安藤正純日誌」一九四六年五月十七日『安藤正純文書』国立国会図書館憲政資料室所蔵、一〇―一一。
(26) 『朝日新聞』一九四六年五月二十二日。
(27) 前掲『回想十年』一巻、一三八―一三九頁。
(28) 大竹啓介『幻の花』上巻、楽游書房、一九八一年、二八八―三〇〇頁。
(29) 前掲『幻の花』上巻、三一二―三一六頁。
(30) 『読売新聞』一九四六年五月二十日。
(31) 五百旗頭真『占領期』読売新聞社、一九九七年、二五二―二五五頁。『読売新聞』一九四六年五月二十一日。
(32) 天川晃「第一次吉田内閣」林茂・辻清明編『日本内閣史録』五巻、第一法規出版、一九八一年、七九―八〇頁。
(33) 『昭和財政史（続）』十七巻、三一四―三一五頁。前掲「石炭問題等に関する商工大臣マーカット少将会談要点」。
(34) 前掲『幻の花』上巻、三一八―三二〇頁。
(35) 労働力の大量動員は一九四七年の傾斜生産まで続いたが、一九四八年半ばを境に、飽和点を超えた労働力を減少させ、合理的な機械化により労働生産性の上昇を目指す方針に置き換えられた。張英莉「傾斜生産方式とドッジ・ライン」『年報日本現代史』四号、現代史料出版、一九九八年、二一七、二二二―二二三頁。
(36) 『通商産業政策史』三巻、七六―七七頁。
(37) 『朝日新聞』一九四六年六月十四日。前掲「石炭問題等に関する商工大臣マーカット少将会談要点」。
(38) 閣議決定「石炭非常時対策（一九四六年六月七日）」『昭和財政史（続）』十七巻、三一五―三一六頁。
(39) 「賃金問題その他の労働問題に関しアバソルド博士との会談報告書（一九四六年四月十八日）」前掲『初期対日占領政策』上巻、一四六―一五三頁。
(40) 前掲「石炭問題等に関する商工大臣マーカット少将会談要点」。

(41) 終連総務部朝海記「石炭問題に関し商工大臣農林大臣総司令部側との会談の件（一九四六年七月五日）」前掲『外務省公開文書』E'―〇〇〇二。
(42) 終連総務部朝海記「炭鉱に対する食糧問題に関連しエギキスト氏と会談の件（一九四六年七月五日）」前掲『外務省公開文書』E'―〇〇〇二。
(43) CLO関「炭鉱用食糧配給に関しGHQエギキストPCR課長と会談要旨（一九四六年七月九日）」前掲『外務省公開文書』E'―〇〇〇二。
(44) 『朝日新聞』一九四六年五月十九日、六月二十日。
(45) 『戦後経済政策資料』一巻、六〇―六三頁。
(46) 経済企画庁戦後経済史編纂室編『戦後経済史』七巻、東洋書林、一九九三年、三三七―三四二頁。
(47) 『朝日新聞』一九四六年五月十九日。
(48) 前掲「経済安定本部に関する説明資料」。
(49) 『朝日新聞』一九四六年六月一日。
(50) 前掲「経済安定本部に関する説明資料」。
(51) 枢密院「経済安定本部令外一件審査委員会（一九四六年六月十二日）」『枢密院会議文書』国立公文書館所蔵、二A―一五―七―枢B三三。
(52) 「臨時物資需給調整法」前掲『佐藤達夫文書』一八三二。
(53) 前掲『幣原内閣次官会議書類』一九四六年一月十七、二十四日。『朝日新聞』・『読売報知新聞』一九四六年一月二十五日。
(54) 前掲『幣原内閣次官会議書類』一九四六年四月二十五日、五月十六日。なお、三月下旬頃からの次官会議では、内務省警保局の『治安経済情勢』や農林省の食糧情勢の報告書が頻繁に提出されるようなった。
(55) 前掲『幣原内閣次官会議書類』一九四六年五月十六日。
(56) 『読売新聞』一九四六年五月三十一日。
(57) 総理府史編纂委員会編『総理府史』内閣総理大臣官房、二〇〇〇年、一五九―一六〇頁。
(58) 大野「憲法改正問題其他（一九四六年七月二十日）」前掲『外務省公開文書』A'―〇〇九二。作成者は、この時に外務

省総務局総務課長であった大野勝巳と思われる。
(59) 前掲「経済安定本部令外一件審査委員会」。
(60) 前掲『回想十年』一巻、二五九―二六〇頁。
(61) 学者グループと社会党・労働勢力との同時代的な関係については、河野康子「復興期の政党政治」『法学志林』九八巻四号、法政大学法学志林協会、二〇〇一年、二七―三三頁。中北浩爾「補論　有沢広巳の同時代経済分析」『経済復興と戦後政治』東京大学出版会、一九九八年。
(62) 前掲『幻の花（上）』三九九―四〇〇頁。
(63) 「和田博雄宛書簡」吉田茂記念事業財団編『吉田茂書簡』中央公論社、一九九四年、一九四六年六月十七日。
(64) 前掲『幻の花（上）』四〇〇―四〇三頁。『朝日新聞』一九四六年七月一、十二日。
(65) 『朝日新聞』一九四六年七月二十四日。
(66) 「和田博雄宛書簡」前掲『吉田茂書簡』一九四六年八月一日。
(67) 『朝日新聞』一九四六年七月二十三日、八月二十一日。
(68) 前掲「経済安定本部長官時代」一六二―一六三頁。
(69) 「橋井真氏に聞く」『ＥＳＰ』一九七六年十一月号、経済企画協会、六七―六八頁。
(70) 前掲「経済安定本部長官時代」一六四―一六六頁。『朝日新聞』一九四六年八月十一日。
(71) 終連総務部朝海記「戦争調査会問題、台湾人法権問題、経済安定本部問題、生鮮野菜統制問題等に関し総司令部と連絡事項覚（一九四六年八月十日）」前掲『外務省公開文書』E'―〇〇〇二。
(72) 終連総務部朝海記「物価庁設立問題に関しマーカット少将、大蔵大臣会談の件（一九四六年七月十二日）」前掲『外務省公開文書』E'―〇〇〇二。
(73) 『朝日新聞』一九四六年八月三十日。
(74) 軍需補償打切りが日本の経済復興に大きなインパクトを与え、これが後の政党再編につながったことを論じたものとして、前掲「復興期の政党政治」。
(75) 以上の経緯は、『昭和財政史（続）』十一巻、二一六―二四五頁。

(76) 渡辺武「著者の回想」大蔵省財政史室編『渡辺武日記』東洋経済新報社、一九八三年、六七六―六七七頁。
(77) 前掲『渡辺武日記』一九四六年六月三日。
(78) 『昭和財政史(続)』十一巻、二八四―二八六、三二一―三二四頁。
(79) これら法案は、十月十一日に公布・施行の運びとなった。『昭和財政史(続)』十一巻、三四二頁。
(80) 前掲「復興期の政党政治」一〇―二八頁。
(81) 『昭和財政史(続)』十二巻、一二四―一三三頁。
(82) 『昭和財政史(続)』十一巻、三二四―三二六、三三一―三四四頁。
(83) 「復興金融会社設立要綱(試案)(一九四六年一月二十二日)」前掲『資料・金融緊急措置』三七八―三八〇頁。
(84) 前掲『渡辺武日記』一九四六年六月三日。
(85) 『昭和財政史(続)』十二巻、六二六―六二九頁。
(86) 岡田豊・吉田悌二郎「戦後の金融政策」『産業政策史回想録』四〇分冊、一二六―一二七頁。
(87) 『昭和財政史(続)』十二巻、一九一―二〇〇、六二八―六二九頁。
(88) 『吉田内閣閣議書類(其ノ三)』一九四六年九月六日。
(89) 『通商産業政策史』二巻、二八一―二八四頁。なお、公的な配給統制機関については、後に各種の配給公団が設置された。山崎志郎「物資需給計画と配給機構」原朗編『復興期の日本経済』東京大学出版会、二〇〇二年、一一七―一二一頁。
(90) 閣議決定「八月六日付覚書一Cに対する処置(一九四六年九月六日)」『戦後経済政策資料』四巻、二〇―二四頁。
(91) 「臨時物資需給法案(一九四六年九月二日)」『帝国議会衆議院議事速記録』八三巻、東京大学出版会、一九八五年、六一一―六一五、六二三―六二五頁。
(92) 「生身の行政の数々(第二回)」『産業政策史回想録』四分冊、五〇―五一頁。『通商産業政策史』二巻、二八二―二八四頁。
(93) 『昭和財政史(続)』十二巻、六三一―六三二、六四四頁。
(94) 前掲『政治としての経済計画』六八―六九頁。
(95) 「昭和二十一年度衆議院財政演説」石橋湛山全集編纂委員会編『石橋湛山全集』十三巻、東洋経済新報社、一九七〇年、一九二頁。

(96)「元大蔵大臣石橋湛山氏講述（一）」『戦後財政史口述資料第』一冊、五頁。
(97)石橋湛一・伊藤隆編『石橋湛山日記』上巻、みすず書房、二〇〇一年、一九四六年六月二十八日、七月十四、十九日。
(98)『朝日新聞』一九四六年七月二十三日。
(99)「国務大臣の演説に対する質疑（一九四六年七月二十七日）」『帝国議会衆議院議事速記録』八二巻、東京大学出版会、一九八五年、三一九―三二二頁。
(100)河合良成『孤軍奮闘の三十年』講談社、一九七〇年、一七四―一七五頁。
(101)石橋グループは明確に定義づけられた訳ではないが、その後の経緯から見て、河合厚相や膳長官のほか、星島二郎商相・平塚常次郎運相らもその影響下に置かれていたと思われる。
(102)石橋グループの拠点となっていた経済閣僚懇談会が活発に活動していたことについては、前掲『石橋湛山日記』上巻の当該期の項からも窺える。
(103)『朝日新聞』一九四六年十一月十七日。大森とく子「解題『経済一般・経済政策』編」『戦後経済政策資料』一巻、三六―三七頁。
(104)前掲『石橋湛山日記』上巻、一九四六年八月三日。
(105)前掲「元大蔵大臣石橋湛山氏講述（一）」九―一〇頁。
(106)「復興金融金庫法案（一九四六年八月二十九日）」前掲『帝国議会衆議院議事速記録』八三巻、五四二―五四三頁。
(107)「元大蔵大臣石橋湛山氏講述（二）」『戦後財政史口述資料第』一巻、二五―二六頁。
(108)「臨時物資需給調整法案（一九四六年九月四日）」前掲『帝国議会衆議院議事速記録』八三巻、六三〇―六三一頁。
(109)前掲「経済安定本部長官時代」一七七―一八一頁。
(110)前掲「戦争調査会問題、台湾人法権問題、経済安定本部問題、生鮮野菜統制問題等に関し総司令部と連絡事項覚」。
(111)終連総務部朝海記「補償問題に関し安定本部長官マーカット代将と会談の件（一九四六年八月十四日）」前掲『外務省公開文書』E'―〇〇〇二。
(112)前掲「戦争調査会問題、台湾人法権問題、経済安定本部問題、生鮮野菜統制問題等に関し総司令部と連絡事項覚」。
(113)終連総務部朝海記「(1)連合国人に食料増配問題(2)主食配給増加問題(3)食糧放出問題に関し総司令部と会談の件（一九四六年八月二十三日）」前掲『外務省公開文書』E'―〇〇〇二。

(114) 終連総務部朝海記「経済安定本部長官とマークアット代将会談の件(一九四六年八月二十七日)」『石橋湛山文書』国立国会図書館憲政資料室所蔵、四三八。

(115) 『読売新聞』一九四六年八月三十日、九月一日。

(116) 閣議了解「米価其の他に就ての覚書(一九四六年九月三日)」『昭和財政史(続)』十七巻、三一六―三一七頁。

(117) 終連総務部朝海記「経済安定本部長官マークワット代将会談(第二次)要旨覚(一九四六年九月六日)」前掲『石橋湛山文書』四三八。

(118) 前掲「経済安定本部長官とマークアット代将会談の件」。「膳大臣白洲次長マーカット会談(定期会談第一回)」『戦後経済政策資料』一巻、二九五―二九八頁。

(119) 前掲「経済安定本部長官マークワット代将会談(第二次)要旨覚」。

(120) 松井記「米価改訂に関する件(一九四六年九月十三日)」前掲『外務省公開文書』E'―〇〇〇二。なお、連絡ルートの緊密化に関しては、報告書に「朝海部長にも話済み」と記されている。

(121) 前掲「元大蔵大臣石橋湛山氏講述(一)」一八―一九頁。

(122) 前掲『戦後経済史』七巻、三四二―三四四頁。

(123) 『戦後経済政策資料』一巻、六三、九六―九七、一一九頁。

(124) 一九四六年秋以降の経済危機の深刻化については、前掲『経済復興と戦後政治』三〇―三八頁。

(125) 『吉田内閣閣議書類(其ノ二)』一九四六年八月二十日。

(126) 『吉田内閣次官会議書類(其ノ三)』一九四六年十一月七、十一日。

(127) 山田義見「終戦初期の一般財政事情」『戦後財政史口述資料』一巻、二二―二三頁。

(128) 『吉田内閣次官会議書類(其ノ三)』『吉田内閣閣議書類(その四)』一九四六年十一月二十一、二十二日。『朝日新聞』一九四六年十一月二十二、二十三日。

(129) 内政史研究会『今井一男氏談話速記録』一九七七年、一九三―一九五頁(第二八〇集)。

(130) 『吉田内閣閣議書類(其ノ五)』一九四六年十二月十一日。

(131) 『吉田内閣次官会議書類(其ノ三、四)』一九四六年十一月二十五日、十二月十二日。

(132) 『吉田内閣閣議書類(其ノ五)』一九四六年十二月十六日。『吉田内閣次官会議書類(其ノ四)』一九四七年一月九日。

(133) 有沢広巳・大来佐武郎「経済再建と傾斜生産」安藤良雄編『昭和政治経済史への証言』下巻、毎日新聞社、一九七二年、二八三―二八七頁。
(134) 有沢広巳『学問と思想と人間と』東京大学出版会、一九八九年、一八二―一八四頁。
(135) 外務省「賠償に関連する資材輸入の要請案(一九四六年九月二十七日)」中村隆英・宮崎正康編『資料・戦後日本の経済政策構想』二巻二巻、東京大学出版会、一九九〇年、六一―六三頁。
(136) 宮崎正康「解題」前掲『資料・戦後日本の経済政策構想』二巻、一四―一六頁。
(137) 前掲『学問と思想と人間と』一八四頁。
(138) 大来佐武郎「石炭増産特別対策案(一九四六年十月十八日)」前掲『資料・戦後日本の経済政策構想』二巻、八七頁。
(139) 大来佐武郎「何故三千万噸掘らねばならぬか(一九四六年十月二十四日)」前掲『資料・戦後日本の経済政策構想』二巻、一〇六―一〇八頁。
(140) 「占領期の商工行政　終戦連絡部(二)」『産業政策史回想録』四三分冊、四五頁。
(141) 有沢広巳・稲葉秀三・大来佐武郎・吉野俊彦「日本経済再建の基本問題と石炭小委員会」前掲『資料・戦後日本の経済政策構想』二巻、二二三―二二四頁。
(142) 前掲『学問と思想と人間と』一八五頁。
(143) 前掲「日本経済再建の基本問題と石炭小委員会」二二三四頁。なお、『吉田内閣閣議書類(其ノ一―八)』では吉田の欠席がたびたび記載されている。
(144) 前掲「日本経済再建の基本問題と石炭小委員会」二二三六―二二三七頁。
(145) 以上の閣議決定に至るまでの経緯は、前掲「解題」『資料・戦後日本の経済政策構想』二巻、一六―二三頁。超重点主義たる傾斜生産方式は、石炭・鉄鋼など基礎資材の生産増加に寄与したものの、繊維など消費財の生産回復の遅れという犠牲を伴った。戦時体制期でも見たように、超重点主義は激しい政治摩擦を呼び起こす。岡崎哲二「『傾斜生産方式』と日本経済の復興」前掲『復興期の日本経済』。
(146) 前掲「解題」『資料・戦後日本の経済政策構想』二巻、二三―二四頁。
(147) 前掲『学問と思想と人間と』一九〇頁。
(148) 前掲「日本経済再建の基本問題と石炭小委員会」二二三六頁。

(149) 稲葉秀三『激動三〇年の日本経済』実業之日本社、一九六五年、一四〇頁。
(150) 前掲「物資需給計画と配給機構」一〇二―一〇五頁。前掲『政治としての経済計画』五七頁。
(151) 前掲『幻の花』上巻、四一三―四一六頁。および「笹山メモ(一九四七年一月十八日夕記)」四二三―四二五頁。同メモは、朝日新聞の農政記者であった笹山豊による和田農相への取材メモである。
(152) 前掲『石橋湛山日記』上巻、一九四六年十二月二十二、二十三日。
(153) 閣議決定「昭和二十一年度第四・四半期基礎物資需給計画策定並に実施要領(一九四六年十二月二十七日)」前掲『資料・戦後日本の経済政策構想』二巻、一五五頁。
(154) 前掲『石橋湛山日記』上巻、一九四六年十二月二十四日。『朝日新聞』一九四六年十二月二十四、二十五日。
(155) ただし、自由党の強硬姿勢に対し、「進歩党はやゝ受身のかたちであって、犬養総務会長およびその系統はかならずしも同意していない」と伝えられている。『朝日新聞』一九四六年十二月三十日、一九四七年一月一日。
(156) 西尾末広『西尾末広の政治覚書』毎日新聞社、一九六八年、八〇―八一頁。
(157) 『読売新聞』一九四七年一月九日。前掲『石橋湛山日記』上巻、一九四七年一月十三日。
(158) 前掲『幻の花』上巻、四二〇―四二一頁、および前掲「笹山メモ」。
(159) 前掲『幻の花』上巻、四二六―四二七頁。
(160) 「和田博雄宛書簡」前掲『吉田茂書簡』一九四七年一月二十九日。
(161) 『朝日新聞』一九四七年一月三十、三十一日、二月四日。前掲『石橋湛山日記』上巻、一九四七年一月二十八、三十日。
(162) 『朝日新聞』一九四七年一月五、八日、二月一日。『読売新聞』一九四六年十二月三十日。
(163) 前掲『膳桂之助追想録』一九四―一九九頁。前掲『孤軍奮闘の三十年』一八〇―一八三頁。
(164) 前掲『石橋湛山日記』上巻、一九四七年一月三十一日。
(165) 『朝日新聞』一九四七年二月一日。
(166) この頃には、進歩党少壮派の連立交渉、自由・進歩・社会に協同民主党・国民党を加えた五党連立政策協定問題などが存在したが、ここでは前掲『幻の花』上巻、四一三頁に従い、石橋・西尾らの連立交渉を第三次とする。
(167) 前掲『石橋湛山日記』上巻、一九四七年二月八日。
(168) 前掲『西尾末広の政治覚書』九七―一〇一頁。

(169) 前掲「復興期の政党政治」三九―四〇頁。
(170) 前掲『石橋湛山日記』上巻、一九四七年二月九日。中山伊知郎「体系なき体系 石橋経済学」長幸男編『石橋湛山――人と思想』東洋経済新報社、一九七四年、二六五頁。
(171) 『昭和財政史(続)』五巻、二〇七―二一三頁。大島寛一『ある大蔵官僚の回想』図書出版社、一九九一年、一四五―一四八頁。
(172) 前掲「元大蔵大臣石橋湛山氏口述(一)」五頁。石橋湛山『湛山回想』毎日新聞社、一九五一年、三五九―三六〇頁。
(173) 前掲『西尾末広の政治覚書』一〇一―一〇八頁。
(174) 『朝日新聞』一九四七年二月十一日。
(175) 木下威『片山内閣史論』法律文化社、一九八二年、六二―六五頁。
(176) 前掲『孤軍奮闘の三十年』一七七―一八〇頁。進藤栄一編『芦田均日記』一巻、岩波書店、一九八六年、一九四七年二月十、十二日。
(177) 『読売新聞』一九四七年二月十四日。
(178) 前掲『学問と思想と人間と』一九一―一九四頁。
(179) 前掲「日本経済再建の基本問題と石炭小委員会」二二八頁。
(180) 『朝日新聞』一九四七年二月二十三日。
(181) 前掲『石橋湛山日記』上巻、一九四七年二月二十四日、三月一日。
(182) 『朝日新聞』一九四七年三月九日。
(183) 「石黒忠篤宛書簡」前掲『吉田茂書簡』一九四七年三月六日。石黒と和田の農林省時代からの交情については、前掲『幻の花』上巻、三一―五九頁。
(184) 大竹啓介『石黒忠篤の農政思想』農山漁村文化協会、一九八四年、三八一頁。
(185) 『朝日新聞』一九四七年三月九日。
(186) 「都留重人日誌」経済企画庁編『戦後経済復興と経済安定本部』大蔵省印刷局、一九八八年、一九四七年三月十四、十五日。
(187) 『読売新聞』一九四七年三月十八日。
(188) 前掲「都留重人日誌」一九四七年三月十九、二十日。
(189) 「都留重人氏インタビュー」前掲『戦後経済復興と経済安定本部』一一二―一一三頁。前掲『政治としての経済計画』

七四―七五頁。
(190) 「吉田茂宛マッカーサー書簡（一九四七年三月二十二日）」袖井林二郎編『吉田茂＝マッカーサー往復書簡集』法政大学出版局、二〇〇〇年、一七四―一七六頁。
(191) 前掲「都留重人日誌」一九四七年三月二十四日、四月二日。
(192) 以上の人事は、戦前期官僚制研究会編『戦前期日本官僚制の制度・組織・人事』東京大学出版会、一九八一年による。
(193) 吉田悌二郎『私の回想録』通商産業調査会、一九九〇年、五二―五三頁。「岡松成太郎氏（第二回）」『産業政策史回想録』七分冊、七八―八〇頁。
(194) 『吉田内閣次官会議書類（其の五）』一九四七年二月二十一日。
(195) 前掲『今井一男氏談話速記録』一八二―一八三頁（第一九九集）。
(196) 後藤基夫ほか『戦後保守政治の軌跡』岩波書店、一九八二年、二二六―二二八頁。

第四章　中道連立内閣と新憲法の施行[1]

第一節　経済安定本部の強化拡充

1　マッカーサー書簡に至る経緯

GS（民政局）の経済担当官でありながらESS（経済科学局）の統制経済政策が採用されないでいることに不満を募らせていたトーマス・A・ビッソンは[2]、第一次吉田内閣の成立後の一九四六年六月九日、次のように記している。「事態は突然の『リバース』にはいってしまった（…）民政局は保守党内閣の最悪の閣僚を二、三人追放しようとなお努力しているが、マッカーサーは吉田内閣の安定性を気にしはじめた。マッカーサーは吉田がもちこたえて、彼のお気に入りの憲法の国会通過をはかれるかどうか心配しはじめている。その結果、吉田は幣原もときどき好んで使った一種の脅迫的手段をもって、状況を自己に有利に利用しようとしている。経済プログラムはわれわれが吉田体制の〝安定性〟を維持しなければならないこともあって、実行が遅れている」[3]。

そのマッカーサーは、対日理事会の英連邦代表マクマホン・ボールとの六月二十五日の会談において、次のように述べている。「現在の政府の実行力について何ら期待をしてはいない、自由党も進歩党も、戦時下の日本の指導者たちに比べればずっと民主的であるには違いないが、一見したところ本質的には保守的である」。だが一方で、万が一にも憲法草案が廃案となれば、「傀儡としての天皇を通して統治するか、または直接的軍事政府、つまり独裁政府を樹立するか」という、占領統治の失敗を意味する「恐るべき代案」を懸念していた[4]。つまり、マッカーサーは、憲法草案の国会通過を最優先して吉田内閣の安定性に目配りするあまり、統制経済政策という強力な介入方針を極力回避していたのである。

やがて、一九四六年の秋頃から経済危機の兆候が明らかになってくると、ESSは、具体的な統制経済政策の検討を開始した。十月八日には、GHQ全体の合意形成を試みるため内部向けスタッフ・スタディ文書を作成した。その概要は、日本政府は輸入援助に過度の期待を抱きながら効率的・計画的な物資需給計画を立てないまま闇市場を放置している、従って、価格統制の徹底、物資の重点的配分、労働対策などより効果的な安定化政策が必要である、そして、このようなインフレ対策のための強力な統制経済政策案を最高司令官の指令として完全に実施させる、というものであった。こうした文書が作成された背景の一つは、たびたび吉田が頭越しにマッカーサーと直接交渉して、ESSの立場を弱めていたからである。ESSにとって、マッカーサーによる「ディレクティブ」発出は不可欠だったのである[5]。

十一月三日、憲法草案がほぼ原案通りに国会通過して公布されると、マッカーサーは、「首相に就任してから最初の七ヶ月に吉田と閣僚のあげた成果は賞賛に値する」と述べ、吉田への評価を一変させた[6]。だが依然として、マッカーサーおよびその意向を忖度したGSのホイットニー局長は、日本政府への直接的な指令を求めるESS局長マーカットの方針に慎重であった。ホイットニーは、同月二十六日、マーカットの度重なる協力の要請に、「インフレーションの現状の深刻さ、およびこれにともなう深刻な諸問題は、疑問の余地なく認められていることであり、多言を要しない。しかしながら、経済安定に必要な諸手段について、唯一責任をもつべき者は日本政府である」として、マッカーサーの関与を排除しESS限りで処理するよう返答している。(7)

しかし、経済危機が深刻化し一九四七年に入りゼネスト突入の可能性が高まると、それまでの方針は転換され始めた。マッカーサーは、度重なる警告を軽視して二・一ゼネストに突き進んだ労働勢力の指導者と同様、これに対処できず中止命令に依存した吉田に対し、「失望」を禁じ得なかった。それは、翌年に迫ったアメリカ大統領選で共和党候補となることを意識していたマッカーサーにとって、占領統治の動揺を示す中止命令が、「アメリカで大物政治家になるチャンスを棒に振る」覚悟を要したからである。(8)マッカーサーは、二月六日付けの吉田宛て書簡で、五月の新憲法施行に合わせ議会閉会後に速やかに総選挙を実施することを命じていた。(9)それは、「現政府の誠意と能力、とりわけ現政府の経済政策を信頼する気持ちを失ってしまった」からであった。(10)

この判断に、GSやESSの強い意向が反映されていたことは、間違いない。吉田ないし自由党は、新憲法草案はじめGSの民主化改革に概して消極的であり、(11)ESSの統制経済政策の方針に協力的ではないとして、少なからぬ忌避感を持たれていた。特にESSは、機を見るに敏であった。マーカットは、ゼネスト中止命令後の二月一日、マッカーサー宛ての覚書「実行されるべき必要政策手段」を提出している。その内容は、不足物資の需給調整・財政の均衡化・闇市場の撲滅・賃金と物価のバランスなどであったが、その実行のため次の三つの予備的措置を必要としていた。①大蔵大臣・経済安定本部長官の交替、②日本政府に対する正式なGHQ指令の発出、③軍政チームとESSにこれら施策実施上緊密かつ直接的に協力する権限の付与。(12)ESSは絶好のタイミングで、強力な介入を伴う経済統制政策の実行を、マッカーサーに懇請したのである。

ただし、この時点でのマッカーサーは、吉田に完全な不信任を示していた訳ではない。二月七日の会談について、マクマホン・ボールは次のように記している。「マッカーサーはこの計画を実行に移すには日本の政治指導者を見つけることが重要課題であると続けて述べた。彼はこれは吉田内閣では実行できないとわかっていた。しかし彼には吉田にとって代わる指導者に心当たりがなかった。もし吉田に代わる政治リーダーを見つけ出すことができないとしたら、直接軍政という恐ろしい事態に直面する」[13]。依然としてマッカーサーは、吉田内閣に代わる、自らの占領統治の成功をもたらす強力な安定政権を見出せないでいた。また、総選挙の実施命令も、新憲法の施行に合わせる意味合いが強く、公布の段階で密かに予定されたものであった[14]。従って、マッカーサーの最大の関心は、吉田が統制経済政策を強力に実施していけるかどうか、そのため経済安定本部をどのように位置づけていくかにあった。そして吉田は、このことを熟知していたからこそ、三次にわたる社会党との連立交渉が失敗した後でも、学者グループや和田博雄を中軸とした経済安定本部構想に固執し続けたのである。

だが、この吉田構想が、石橋グループないし自由党によって挫折させられるに及び、マッカーサーは従来の方針を完全に転換した。マッカーサーは、三月十七日の記者会見で、対日講和の機は既に熟し、できる限り早期に交渉の開始を望むとして、次のような認識を示した。占領政策の第一段階である非軍事化はすでに終了し、第二段階の政治改革もほぼ終わろうとしている、日本占領は最後に残された第三段階の経済復興という新たな局面に入りつつあり、自給自足のできない日本にとって貿易再開は不可欠であるが、この解決のためまず対日講和を締結しなければならない、というものである[15]。「日本の経済復興または日本経済の強化について何らの責任をも負わない」はずのGHQは、従来の方針を転換して経済復興を最重要課題と位置づけ、強い介入の意志を示したのである。それは、アメリカ本国が、経済危機を民主化改革の定着を脅かすほどに深刻なものと認識したのみならず、ESSはじめGHQ全体が、「米国の納税者は日本援助の為食糧並に原料を供給した」という事情を強く意識してのものであった[16]。既に前年十一月の中間選挙では、緊縮財政と「納税者の論理」を重視する共和党が勝利し、莫大な占領費・対日援助の予算支出に議会の厳しい目が向けられ始めていた(17)。

徹底した統制経済政策と経済安定本部の積極的活用を命じた三月二十二日付のマッカーサー書簡は、以上のような介入方針への転換に基づき発出された。マッカーサーは、吉田内閣がこれらの要求を実行するだけの強力な安定政権ではないとして不信任の意を示す一方、新憲法に相応しい議会の創出という建前のもと、総選挙の推移を見守ることにした。そのなかでESSは、まず経済安定本部の強化拡充に没頭した。それは、総選挙による次期政権の行方が不透明である以上、「直接軍政」以外の選択肢として、当初は権限や機構が不十分なまま設置された経済安定本部を一気に強化拡充して、間接統治の原則は守りつつ、これを通じた強力な介入を行うことが最も有効な手段と捉えられたからである。

2 強化拡充の政治過程

ESSにとって経済安定本部の強化拡充問題は、長官などの人事問題と並ぶ大きな焦点であった。一九四七年二月六日、マーカットは、経済安定本部長官宛ての非公式覚書で、「日本に於ける割当及闇市場統制問題の取扱の適正を期する」ため、次のような措置を要求している。「必要なる命令訓令を凡て発出し、ESB〔経済安定本部〕割当計画実施上必要な機構を設立すること」、「使命を完全に達成し得る様ESBを構成し且相当の職員を備へること」、「本来ESBの責任事項たる政策決定を行いつつある凡ての関係省職員の転移を行うこと」などである(18)。だが、この要求がただちに進捗した訳ではない。こともあろうに、ESSが「安定ニ同情ヲモタヌ大臣」と呼んだ石橋蔵相が、内閣改造で長官を兼任したからである(19)。この日の石橋「長官」との初会談で、マーカットは次のように牽制している。「ESBは総ての統制の大本であり言はゞ強大なる統制機関の如きものである。之に対し現状は弱体と云はざるを得ぬ。

に対する政府の支持が不充分であることも重要な原因なり[20]」。

しかし、石橋は、三月三日に強化拡充案を添えつつ、次のような反駁意見書を提出した。「ＥＳＢが統制方針及方式を決定し政府各部門に指示しこれを施行することは、戦時中の所謂官僚統制を繰返すの感を与ふる点があり、とかく徹底を欠く現状にある。今後はその指示に際しては議会及国内各階層を動かし、一度び与えられた方針は挙国的に遂行される体勢を作りたい[21]」。さらに、五日の会談で石橋は、石炭増産につき、「日本にフリーハンドを認められたい。尚事務の為には現機構にて大体出来る」として、強化拡充の狙いはＥＳＳの介入であるとみなし、日本の議会などの主導性・自主性を主張した。言わば、明確な議会主義的な政治体制構想をもって、ＥＳＳや官僚らの強化拡充構想に対抗したのである。これにマーカットは、「フリーハンドは日本政府が持って居るではないか。ＧＨＱが之を押へようとする如き意向はないが、唯金をばら撒けばよいと云ふ様な案は色々の意味から賛成出来ない」と再反駁した。これに石橋が、「人事も機構もやるが仕事も強力に推進することが必要（…）吉田なり石橋なりに石炭を任すからやらせては如何」と応酬すると、マーカットは、「吉田石橋がやると云っても機構が出来てなければ出来ない」と、あくまで強化拡充の必要を念押しした[22]。

十七日、経済安定本部は強化拡充の基本方針案を改めて提出した[23]。だが二十二日にマッカーサー書簡が発出され、強化拡充が正式にＧＨＱ全体の方針として認められると、ＥＳＳからより具体的な要求が示された。二十八日には、マーカットから基本方針案に対する変更勧告がなされ、燃料関係部局や建設関係部局の強化拡充、物価庁・石炭庁・戦災復興院の企画事務と関係人員の移管、課長級以上の任命に対するＥＳＳの検閲などが要求された[24]。これを受け三十一日、「経済安定本部の機構改革について」が次官会議に附議されると、強化拡充案は、「内務、大蔵、農林、商工等関係省の総務局長会報にて良く練る」という方向性が打ち出された。すなわち、経済安定本部は、ＥＳＳによる強化拡充の意向を契機に、戦時から総合官庁と密接な関係のあった関係各省による総務局長会報を横の連絡調整機関として改めて位置づけたのである[25]。

こうして四月四日には、後に実現したものとほぼ同様の強化拡充案が作成され、八日には、その一環として、「中央地方経済各庁、公団等の行政を厳正に監査して行政運営の適正化を図ると共に、経済違反の取締を徹底的に励行して闇の絶滅を期するために所要の監査取締機構を整備充実する」案が作成された。この闇市場の撲滅という方針に沿うため、案では監査局・経済査察官制度・経済監視委員制の設置が唱えられていた[26]。

ところで、ESSと協調して強化拡充案や人事案を進めていったのは、高瀬長官ではなく、都留・稲葉・大来・和田らと学者グループ、そして前述の関係各省の総務局であった。とりわけその中核となったのは、山本高行ら商工省の総務局系統であった。これらの勢力は、石橋に近い高瀬長官に反発する一方、社会党への期待感を露わにしていた[27]。

商工省の総務局系統は、経済安定本部の設置時には省内での沈滞のなかで大蔵省に先手を取られたものの、石橋蔵相とESSとの激しい対立の間隙を縫って、主導権を奪還すべく積極的に動き始めていた。経済政策の重点が、インフレ対策から生産増強政策および傾斜生産方式に代表される物動計画へ移ってきたことも追い風であった。山本の指示で企画室から経済安定本部入りした佐藤尚邦は、「最初の安本は何か変なの」ができてしまったとして、次のように述べている。「GHQの気に入るようなことをいたしますというカモフラージュをしつつ、日本の官僚機構を強くして自主性を確立しなくてはいけない。それには各省が縄張りなど言っている時期ではない。特に大蔵省だけが威張っているなんていうのは元々けしからん。だから内閣強化という線」で、「とにかく商工省ががっちりと安定本部を握ってしまおう（…）その母体を企画室でやった」。そして、山本らの「高度なストラテジー」もあって、ESSとの重要な連絡役を果たしたのが、都留重人であった[28]。

こうした動きを察知した吉田は、高瀬長官への妨害工作を裏面で続けている都留への働きかけを強めた。三月二十六日には、「膳君ノ件ハ君ノ方ガ目ガ高カッタ」と前置きしながら、「高瀬長官ヲ援助シテクレ」と要請し、四月一日には、石橋に近い橋井真第一部長に関し、「ヨキ人事ヲスル上デ邪魔ニナルカモシレヌカラ何レ栄転シテモラウ」との意向を示している。だが、四日の会談で吉田が、「自分ガ Mac ヤマーカットニ十分ノ信頼ヲウケテオルコト、ESSノ下ノ方ノ人ガナント云ッテイルカ知ラナイガ、ソンナコト、大シタ問題ニシナイ」と牽制したのに対し、都留は、「ソノ信頼ニヒビノ入ラヌヨウ、コノ際十分ニ考ヘラレタイ。高瀬氏ハアト二週間タッテモ『組閣』デキナイト思フガ、ソレデモ放任シテオクツモリカ」と応酬している。(29)

とはいえ都留らは、強化拡充される経済安定本部での主導権の確立に、成算を得ていた訳ではない。総選挙による次期政権の帰趨を見極めることが困難だったからである。十四日の会談でマクマホン・ボールから、「election ノ結果、再ビ自由党ニ mandate ガ与ヘラレ、而モ自由党ハ stabilization ニ関心ヲモタヌトイウ事態ニ至ッタ場合 Scap ハドウスルツモリデアロウカ」と尋ねられると、都留は、「自一八〇、民一〇〇、社九〇、共一〇以下」と自由党首班を予測し、率直に見通しの暗さを述べている。(30)

二十六日、参院選に次いで総選挙の大勢が明らかとなり、大方の予想に反し社会党の第一党が確実となった。それでも都留は、社会党が単独で過半数を得た訳ではなく、自由・民主両党を交えた連立交渉は必至なことから、稲葉と、「安本ノ問題ハ連立問題ト独立ニシテ早クキメテシマッタ方ガヨイ」と意見一致した。三十日、都留は、高瀬長官の意向も交じった現在の人事構想につきESSのファインから、「モシモ新内閣ニオイテ有沢氏又ハソレニ匹敵スル人ガ安本長官ニナルコトガ、略々確定的デアレバ（…）副長官級ハ承認シテオイテ局長級ニ文句ヲツケ、局長級ダケ、有沢氏ガキテモ変エル必要ガナイヨウニシテオク」との意向を伝えられた。翌日には再びファインから、まずは新内閣成立の推移を見守ることを、白洲終連次長と了解していることを伝え聞いている。(31) ここから都留らは、自由・民主の保守連立となった場合でも、ESSの強い介入姿勢を頼りに経済安定本部の主導権を握り、これを独立した存在とさせることを目論んだのである。こうして五月一日、改正勅令が公布され即日施行された。強化拡充された経済安定本部は、次長制・部制・経済安定会議を廃止し、新たに四人の副長官制・総裁官房と十局制・顧問会議や経済査察官を設置する、二〇〇〇人の定員が見込まれる大機構となった。

その新機構は、次の通りである。まず、四人の副長官は、総務長官を助け、その定めにより部務を掌理する。総裁官房には官房長が設置され、庶務的な事務を取り扱うほか、基本政策の企画立案および総合調整にあたる企画課をはじめ、調査課・統計課やGHQとの連絡を密にするため情報部・連絡部を設置する。局は、生産・建設・貿易・交通・財政金融・生活物資・監査・動力・物価・労働の十局とし、顧問会議は、学識経験者などから選ばれた顧問で構成する。経済査察官は、三〇〇名を超す人員が予定され、経済安定本部の政策・計画が各省で実施されているか監査を行い、また、司法警察官として統制違反の摘発にあたる。そして、この大機構すべてを統合するため、部務の総合調整事項を審議する総合調整員会が設置された。長官を委員長とし、長官が指定する副委員長が会務に責任を負い、官房長および副長官をもって委員とする。例えば、四人の副長官の間で意見が異なる場合、長官が一々直接決済しかねることもあり得るので、実際は他省の次官に相当する副委員長が、チェアマンとして総合調整をなすという仕組みであった。

権限の強化については、次の通りである。第一に、関係大臣に対する指示権は総裁を兼任する首相から発する建前だったのが、総裁が自らの名の下に発することが可能となった。これにより、名実ともに他省に対する優越が制度化された。第二に、経済安定の緊急施策における基本政策の企画立案・各庁事務の総合調整・推進・監査に関する所掌事務は、従来における物資の生産配給・消費・労務・物価・金融・輸送に、新たに貿易・財政・建設が他省より移管された。特に、新設された財政金融局・建設局は、大蔵省から、大臣官房の財政金融行政に関する総合計画の設定事務、理財局の総合資金計画の設定事務、主計局の公共事業に関する予算編成事務が移管されたものであった。また、物価庁は、従来は運用解釈により実施官庁とされたのに対し、純然たる実施官庁と明示された。物価庁を通じた大蔵省の物価行政における企画立案権は、経済安定本部に移管されたのである。第三に、経済安定の緊急施策として、「経済統制の励行に関する事務」が追加され、統制経済政策の遂行が主要事務であると明示された。第四に、新設の顧問会議は、少数の学識経験者による諮問機関とされた。官僚統制に陥らせない民主化措置として経済界・労働界・学識経験者から民間議員も参加して重要事項を審議決定するはずであった経済安定会議は、消滅した。緩やかな会議体構想は完全に潰え、他省に優越する強力な総合官庁が目指されたのである。(32)

3 新憲法の施行と経済安定本部

強化拡充された経済安定本部は、アメリカの大統領府的な機関を想定したESSの政治体制構想と、戦時の総合官庁的な機関を想定した統制官僚らの政治体制構想との合作であった。両者をつなぐ接点となっていた都留は、次のように述べている。「もうおまえは司令部のやり方を覚えたと思うから、できたら今度は安本に入れと。そのために総合調整委員会というのをこしらえたから（…）チェアマンということで行けと」(33)。都留は、吉田の外務省終連（終戦連絡事務局）に対抗して、経済安定本部を通じGHQとの連絡ルートを掌握しようとしたのである。都留は、GHQとの連絡につき次のように述べている。「各省とも連絡はお手あげだったんですね。それで結局は外務省が窓口になって、したがって、実質的にもいろんなことを受け持って企画した面はありますね。それはだんだん、分かれてきましたがね。僕が安本に入ってからは、安本のことに関しては外務省は出る余地はなくなってきました」(34)。

ただし、この強化拡充は、様々な軋轢を生じさせた。まず、山本グループが積極的な協力をする商工省は別として、その優越性が明確にされたことで他省との権限対立が不可避となった。なかでも、物価統制と物資統制との調整の必要から経済安定本部の設置に積極的であった大蔵省にとって、当初の思惑を超え、予算編成の基本方針などを浸食する危険性のある強化拡充は、重大な警戒を呼び起こすものであった。加えて、他省に対する監査・摘発権を手中に入れたことで、企画立案の立場を超え他省の実施面に入り込むことも予想された。そして、これらの強化拡充に際しては、本部内で他省との衝突を恐れず企画立案をしていく意見と、他省の「縁の下の力持ち」になる意見との二通りがあった。結局、「企画と同時に実行面についても相当の権限を持つ役所となるべし」とのESSの意向によって前者とともに後者も採用されるところとなり、よろず的に他省の事務を引き受けることになった。経済安定本部は、権限対立の火種はそのままに、その担当業務など量的な面でも肥大化する性格を帯びたのである[35]。

しかし、強化拡充された経済安定本部が様々な方面と軋轢を生んだのは、何もその突出ぶりだけが原因ではない。アメリカの大統領府的な政治体制構想にしても戦時の総合官庁的な政治体制構想にしても、新憲法との間にある種の緊張関係を生み出したからである。とりわけ、こうした緊張関係を作り出していたのは、枢密院と総合官庁が消滅した終戦後、その地位を急速に回復させていた法制局であった。新憲法は、第六六条が「内閣は、行政権の行使について、国会に対し連帯して責任を負ふ」と定め、第六八条が首相の国務大臣の任命権・罷免権を定め、連帯責任に基づく議院内閣制と、明治憲法体制における反省に鑑みての「強い総理」を想定していた。ところが、法制局はこれに反するかのごとく、現状維持的な三権分立解釈を強調する「国会の関与を排除しつつ自律・安定した内閣」と、「強い総理」の後退とを試みていた[36]。法制局は、その巧みな立法技術を駆使して、新憲法とともに内閣法を施行させ、主に次の条文でこうした換骨奪胎を試みていたのである。

第三条　各大臣は、別に法律の定めるところにより、主任の大臣として、行政事務を分担管理する（…）
第四条　内閣がその職権を行うのは、閣議によるものとする。閣議は、内閣総理大臣がこれを主宰する（…）
第五条　内閣総理大臣は、内閣を代表して内閣提出の法律案、予算その他の議案を国会に提出し（…）

第六条　内閣総理大臣は、閣議にかけて決定した方針に基いて、行政各部を指揮監督する。

第十二条　内閣に、内閣官房及び法制局を置く。内閣官房は、閣議事項の整理その他内閣の庶務を掌る。法制局は、内閣提出の法律案及び政令案の審議立案並びに条約案の審議その他法制一般に関することを掌る。

前二項の外、内閣官房及び法制局は、政令の定めるところにより、内閣の事務を助ける（…）

法制局は、これらの条文により、従来のように法案提出権を確保させた内閣を「合議制の大統領」とも言うべき最高行政機関と位置づけ、その職権の行使にあたっては行政事務を分担管理する各省の主任大臣で構成される閣議に基づく、との解釈を打ち出した。従って、首相は、この合議制の閣議の決定に基づかなければ行政各部を指揮監督できなくなった。すなわち、新憲法における議院内閣制と「強い総理」の理念が換骨奪胎されたことにより、戦前からの官僚機構の強固性と各省の分立性が戦後に継続する契機は高まったのである[37]。ただし、法制局がいくら立法技術を駆使して新憲法が定めたはずの「強い総理」を換骨奪胎しようとしたとしても、現実の政治過程のなかで生み出される非制度的な運用ルールまで完全に規定できる訳ではない。ここで法制局にとって問題となるのは、戦後に継続された各省の分立性を、実際どのように内閣で統合していくかということである。

そのため法制局は、「内閣提出の法律案及び政令案の審議立案並びに条約案の審議その他法制一般に関することを掌る」立場から、自らを強力な内閣補助部局と位置づけることを構想した。新憲法にあわせて施行された行政官庁法は、明治憲法下の内閣では曖昧であった「内閣としての事務」と総理大臣を含む「各大臣が分担管理する行政事務」とを敢えて区別している。この結果、前者の事務は、「閣議事項の整理その他内閣の庶務を掌る」内閣官房とともに法制局が担当することになり、後者の事務は、新設の総理庁が担当することとなった。そして、経済安定本部が設置されてからは機構・人員が縮小されていた旧内閣官房審議室の「重要施策に関する各庁事務の総合調整に関する事項」は総理庁の内局である官房審議室の所管となり、経済安定本部、物価庁などは総理庁の外局に押し込められた[38]。つまり、法制局は、自らを「合議制の大統領」たる内閣を補助する統合部局とし、経済安定本部などの総理庁外局より一段高いものとして位置づけようとしたのである。

そして、前年十月には、ＧＨＱの要請で行政機構・公務員制度・行政運営の改革に関する調査・研究・立案をなすという「行政管理（行管）」を担う行政調査部が法制局から分離独立し、その「兄弟分」としてこの総理庁外局に設置されていた。ここから法制局は、戦前以来の「法制」概念に自らの別働隊とも言うべき行政調査部の「行管」概念を加え、各省の分立性を自らが統合するための強力な内閣補助部局を構想していったのである[39]。

こうした法制局の意図は、自らを中核に人事局・予算局からなる強力な内閣補助部局構想を示した、次のような行政調査部の未定稿文書から垣間みえる。ただし、ここで法制局・行政調査部が意識しているのは、主計局の内閣移管による予算局の設置だけではない。戦時体制化のなかで、常に台風の目であり法制局の鬼門であった「企画」概念に基づく総合官庁をどのように位置づけるかもまた、強く意識されていた。

文書は、まず次のように記している。「従来この種制度は、非政党内閣制の下に於て所謂内閣政治力の強化のため、この政治力の根拠をこの機構に求めようとしたものであった。そして、この部局の中心的位置を占める企画院的なものに現れてゐる様に、又、それは統帥権の独立を土台として軍部の所謂国務と統帥の一致（実質的には後者の優越を目指して）を図るためのものであった。今日に於てこの種の企図は必要はない。今日に於ては、内閣の政治力の根拠は政党にあるのであるから、それは、今後は政治力の強化と云ふのではなく、謂はば行政機関としての内閣の、内部に於ける行政統率力の強化と云ふ点から必要とされる」。だが、行政内部に限るとはいえ、法制局・人事局・予算局だけでは、企画の機能を十分に果たし得ないことは明らかである。それは、内閣にとって、「国策の企画立案をいかなる方法に於て行ふべきであるかは依然大きな問題」だったからである。ここで代わって構想されたのが、「すべての行政に亘って総合的な資料を提供することを主たる内容とする調査的機能」を果たす、「調査局」である。この調査局が必要とされる前提は、次のようなものであった。「議院内閣制、政党政治が健全に確立すれば、政策は政務調査会等政党内部に於て確立され同一政党出身の各省大臣は党の政策を具現することにより、内閣が確固たる一政策を強力に遂行する事が予想される。かゝる状態に於ては、内閣自体に企画局的なものが設けられる必要はない」、そして、「内閣がその際に自ら何等かの力を持たねばならぬとするならば、それは前述の調査局が正確なる資料を内閣総理大臣及び閣議に提供することによってその機能を果し得る」(40)。

法制局と行政調査部は、各省の分立性を統合する強力な内閣補助部局の必要性を訴えながら、経済安定本部を企画院になぞらえ、総合官庁の排除を試みていた。その際の主要な論拠は、アメリカの大統領制と日本の戦時体制を発想の源にして強化拡充された経済安定本部は、新憲法が想定する議院内閣制＝政党内閣とのあいだに矛盾を生じる、というものであった。ただし、ここで留意すべきは、議院内閣制・政党政治が「健全に確立すれば」という前提が付されていることである。法制局は、内閣法第五条の内閣の法案提出権の正当性につき、次のような論拠を打ち立てている。「現在は国会がなお時日浅くその仕事に充分習熟するまでに至って居らず、かたがた連合国最高司令部との連絡も内閣ほどに緊密でない事情等をも考え合わせると、少くとも当分は、内閣の法律案提出によらなければ、立法の機能は円滑に動かなくなってしまうおそれがある」(41)。ここから導き出されるのは、「国会の関与を排除した自律した内閣」と、未熟な政党に代わり各省の分立性を統合する内閣補助部局である。それだけに、「企画」概念と閣議の「事前審査」を抱えてきた総合官庁が再びＧＨＱの政治介入のため復活することは、法制局と行政調査部にとって大きな脅威であり、調査局の設置によりこれを換骨奪胎することが必要であった。

こうした文脈のなか、経済安定本部の改正勅令が公布・施行された五月一日という日付の持つ意味は重要である。この改正勅令は、いわゆるポツダム勅令の形式ではなく、しかも、三月三十一日の衆議院解散と貴族院廃止から五月三日の新憲法施行までの間に行われている。従って、この改正は、いまだ明治憲法下にあることに鑑み、天皇の官制大権に基づく勅令によりなされている。それならば、前年の経済安定本部の設置がそうであったように、基本的に枢密院への諮詢が必要なはずである。ところが、枢密院が経済安定本部の改正勅令を審議した形跡はなく、四月三十日には閉院式を迎えている。[42] そして、明治憲法下の勅令に基づき改正された経済安定本部は、他省の官制と同様、新憲法施行の五月三日に合わせ施行される行政官庁法により、一年間に限り法的根拠を与えられた。[43] つまり、経済安定本部の強化拡充の勅令は、明治憲法下のどの機関にも諮られることなく、また、新憲法下の議会を回避するかのように、密かに改正されたのである。

新憲法施行後の初議会において、自由党の佐瀬昌三はこの点を鋭く質している。「五月一日に根本的改正があったように承れますが、新憲法の施行される前々日に、かような勅令をもって、かく重大な内閣における補助部局を設置するということは、新憲法に対する脱法的措置のように、われわれから見ると感ぜられるのであります。なるほど行政官庁法によってその後法律的な根拠が与えられたとしても、前々日に何ゆえかような根本的改正を急速にしたかということについて、私は少くとも憲法の精神を蹂躙するものではないかという疑いを抱かざるを得ないのであります」。これに対し佐藤達夫法制局長官は、暗にESSからの圧力を示唆しつつ、次のような苦しい答弁をなしている。「ごもっともな御疑念だと存じます（…）あたかも時がそういう時に際会してこの改正を必要としたということでありまして、今御指摘のような動機は全然ございません」[44]。

こうして、強化拡充された経済安定本部は、既存の官僚機構ばかりか新憲法下の議会・政党と対立する契機を孕みつつ始動した。予想通り、GHQ各部局が各省とのクロス・ナショナルな連合を形成し経済安定本部に動揺が見られると、その突出ぶりがゆえに様々な政治的軋轢を巻き起こし、さらに政権与党内の党派対立にまで連動していく。そして、片山内閣への支援のはずだった経済安定本部の強化拡充は、戦時の東條内閣における企画院がそうであったように、やがて自律化して内閣官房との間で「何等かの改善」が要求されていくのである。

第二節　片山内閣における政治的混乱

1　片山内閣と和田安本の成立

一九四七年四月二十五日の総選挙は、定数四六六のうち、社会党一四三、自由党一三一、民主党[45]一二四、国民協同党三一、共産党四という結果となり、どの政党も単独で過半数を獲得できない結果となった。このため、共産党を除く社会・自由・民主・国協四党による連立交渉が開始された。その焦点は、第一党となりながら政権担当能力を欠く社会党が、政策的には対極にある自由党を含めた四党挙国連立を望んだことである。五月二日、「首相ヲヒキウケテモ吉田サンヤ白洲サンノヤウナ具合ニユカヌコト」を心配していた片山哲社会党委員長は、都留・稲葉らを招き、「対司令部関係ノ色々ナ情報ニツイテノ質問ト政局担当ニツイテノadvice」を求めるべく、会談を行った。片山は、社会党の政権担当能力のみならず、GHQとの連絡についても不安を隠せなかったのである[46]。

これを受け都留は、十四日に片山とGSのケーディス次長との会談を斡旋し、実現させた。片山は、「社会主義的政策ハ漸進的ニヤルツモリ、アクマデ議会ヲ通シテ行ク」、経済の「緊急対策ハマ元帥書簡ニモトヅク」として、社会党首班の暁には漸進主義を採用し、GHQの占領政策に従っていく方針を伝えた。これにケーディスは、片山の不安の払拭に努め、希望的観測を交え次のように支援を約束した。「社会主義的政策ト雖モ、新シイ議会ノ民主的方法ニヨッテ行ハレルコトト思ウカラ、元帥モ支持スルダロウ、元帥ハタトエ米国ニ関スル限リ自由経済論者デアッテモ、日本デハ社会主義政策ガヨイト、云フカモシレヌ」。また、片山がGSは社会党左派の入閣に反対であるとの噂を質すと、次のように答えている。「特定ノ閣僚ノ椅子――ソレニ対シテ超党派的ナ人ガ就任スルコトガ望マシイト思ハレルヨウナ――ニ政治的ナ性格ノ特ニ強イ人ガ入ルコトニ対シテハ反対ガアリウル」。これを受け片山は、「社会党ノ提案ハ首相、蔵相、商工、農林、労働ノ五ツダガ、経済閣僚ヲトリスギルトイフ反対ガ自民カラアルノデ、蔵相ハユズッテ無任所ヲトッテモヨイ」とし、経済安定本部については、「組閣迄モメナイコトニシテ、ソノ後、閣議ニオイテ超党派的ナ人ノ所ニモッテユキタイ」と述べた。(47) つまり、経済安定本部長官・大蔵大臣ともに、統制経済政策に消極的な自由党や、重要産業の国家管理や新円封鎖・国債利払いの停止など急進的な政策を求める社会党左派からの就任は、党派性を帯びるとして排除されたのである。

一方、社会党の政権担当能力への懸念を踏まえ、現実的な観点から連立交渉にあたったのは、西尾末広である。西尾の「腹の中の本当の筋書」は、次のようなものであった。首班に固執すれば、多数を有する自由・民主の反撃にあい「ひとたまりもない」ため、「首班を受けないで、逆に自・民両党の間に立ってキャスティングボートを握り、政局をリードしてゆく方が得策」である、従って、「総理大臣を吉田さんにゆずり、自・民・社・国四党の挙国連立にもってゆくのがいちばん賢明な策」である。西尾は、社会党内の片山首班論を封じたうえで、四党代表者会談に持ち込むことに成功した。そして、十四日の四党幹事長会談で、経済政策を中心に懸案となっていた政策協定を一気に纏め上げにかかった。その狙いは、三月二十二日付のマッカーサー書簡を骨子に原案を作ることである。その主な内容は、必要なる国家統制の遂行、超重点産業政策の採用と必要に応じた国家管理の遂行、健全財政主義の堅持、新円封鎖及び国債利払い停止等の不履行、厳重な配給割当計画の実施などである。十六日、西尾の狙い通り、各党とも異論はなく、正式な四党合意に至った。(48) 西尾は、GHQの権威を最大限に利用して、その枠内に自由党と社会党左派を含む四党を封じ込めたのである。

ところが、四党挙国連立の構想は急速に後退した。そのきっかけは、十八日に民主党が、自由党との保守連立を目指す幣原喜重郎を押しのけ、社会党との連立を目指す芦田均を総裁に選出したことである。十九日、吉田は、片山の首班指名には協力を約したものの、突如として、共産党との密接な関係から機密保持をし得ないとして社会党左派の排除を主張した。社会党にとって、到底受け入れられない要望であった。結局二十三日、まずは片山首班がほぼ満場一致の国会指名で実現し、二十四日に全閣僚を兼任して片山が首相に就任した。そして、さらなる連立工作のすえ六月一日、社会・民主・国協の三党連立による片山内閣が発足した(49)。

マッカーサーは、「日本の内政が〝中道〟を歩んでいることを強調するものである」として、片山内閣への支持声明を出したものの(50)、実際には、自由党抜きでの連立に少なからず不安を覚えていた。それでも、その後も片山内閣を支持し続けたのは、「大統領選挙に出馬したいと考えており、この野心こそが日本でのマッカーサーの行動や声明を規定する」との見方通り、日本占領の成功を絶えずアメリカ本国に主張する必要があったからである(51)。つまり、新憲法の成功を主張してやまないマッカーサーは、「総選挙の結果どのような内閣が生まれようとも、日本の議会制民主主義への信頼の証として、これに協力することに心を決めて」片山内閣を支持し、統制経済政策の遂行と労働勢力の協力確保のため、「便宜上の結婚」を決意したのである(52)。

このなかで吉田は、四党挙国連立を葬り去り、望んで下野した観があった。吉田の下野は、経済危機の局面を全て社会党の責任に帰し自滅を待つという、高等な政治戦略として評価されることが多い(53)。だが、この時点での吉田に、明確な政権復帰の見通しがあった訳ではない。吉田は、石橋グループや自由党に翻弄され続け、ESSやGSばかりかマッカーサーの信任も失っていた。そのまま社会党や芦田が総裁である民主党との連立に参加しても閣内で利用されるだけと判断した、と見るのが妥当である。下野後に吉田は、「東京ニハ毎火曜ニ参、総裁業ニ取懸候」として、まずは石橋グループの殆んどが公職追放された後の自由党の掌握に専念した(54)。従って、「第一位の社会党に譲って、この際わが国の民主政治のルールを確立するということに決めていた」という、戦前の憲政常道論を主張するがごとき回想は(55)、そのまま受け取ることはできない。吉田は、首班指名の直後に片山を訪問し、四党政策協定の枠内での閣外協力を約すと同時に、和田の入閣を推薦している。[56] 第一次内閣末期の連立交渉で、和田が吉田・片山をつなぐルートだったことからして、今後の情勢の変化次第で四党挙国連立に含みを持たせていたのである。

さて、片山内閣の構成は、次の通りである。まず内閣の要として官房長官に国務大臣兼任で西尾が、外務大臣に副総理格として芦田民主党総裁が、傾斜生産方式を実行する商工大臣に社会党から水谷長三郎が、それぞれ就任した。[57] 社会党からは、左派からの入閣はなく、農林大臣に平野力三、司法大臣に鈴木義男など七名、民主党からは、大蔵大臣に矢野庄太郎、行政調査部総裁に国務大臣兼任で斉藤隆夫など七名、国協党からは、逓信大臣に三木武夫書記長など二名が入閣した。そして、無党籍で閣僚になったのが、初当選して参議院の緑風会入りを果たし、経済安定本部長官に就任した和田である。社会党内の閣僚選考がほぼ西尾一人で決定されたのに対し、鈴木義男司法大臣とともに和田長官は、片山の強い意向で決定された。[58]

片山が和田長官に固執したのは、ＥＳＳや都留の推薦に加え、三党連立に素早く切り替えた西尾と異なり、四党挙国連立に未練を残していたからである。[59] 和田とともに片山との会談に臨んだ稲葉は、次のように述べている。「吉田がどうも片山に和田を推薦していたんやないかと思われるのです。そして、片山も助平根性を起こして、ひょっとしたら、和田を大臣にしておったら自由党とうまいことといくんじゃないか（…）もう片山さんは泣かんばかりに頼んだのです」。[60] 結局、和田と稲葉は、「こと経済政策については安本の言うことを絶対視して、他から文句をいわさぬ」こと、「役人だけじゃダメだから、民間の経済界と労働組合の代表も安本に入れて、できるだけ局長以上のポストを確保する。そして、みな一緒になってやるという体制をとる」ことの二つの条件に片山が了承を与えたため、経済安定本部入りを受諾した。和田は、片山から経済政策に関する全権委任を得たのである。[61]

こうして、いわゆる和田安本の組閣作業が開始された。六月二十日には大体の人事が発令され、当面は兼任となったポストも順次埋められた。まず、ＥＳＳとの連絡役であり実質上の次官として部内を纏める総合調整委員会副委員長には、予定通り都留が就任した。次に、官房長に山本高行、官房次長に稲葉、企画課長に徳永久次、調査課長に大来が就任し、商工省企画室に関係していたメンバーの多くが総裁官房入りした。また、長官秘書官として勝間田清一、佐藤尚邦が就任した。副長官は、後の十月十四日の改正で四副長官制から三副長官制となったが、生産・建設・貿易・交通の四局を担当する第一副長官に日本製鉄常務取締役の永野重雄が就任し、財政金融・物価・労働・生活物資・動力の五局を担当する第二副長官に日銀理事であった堀越禎三が就任し、監査局を担当する第三副長官は、千葉地検検事正の田中巳代治が就任した。(62)

局長は、なるべく民間から登用し、その次長には、主に商工省・大蔵省など各省の優秀な人材を据えた。課長級以下を含めた各省からの人事は、商工省から徳永久次、大蔵省から石野信一、農林省から東畑《とうはた》四郎など、セクショナリズムに固執しない各省の「妥協派代表」によって決定された。とりわけ商工省は、戦時体制期には総合官庁に「一級品ばかりは出してなかった」ことで、「結局損」してしまったとの認識を抱いていた。そこで、今回の強化拡充にあたっては、山本グループの主導で「一級品」を多く送り込むことに成功していた。(63)

なお、顧問会議は、既に七月初旬に第一回会議が開催されたが、有沢が「なんの関係もなかった」と述べたように、ほとんど活動の実績はなかったようである。(64)顧問の正式な発令は十月二十日に遅れ、労働界からの二名は未定のまま、学界から有沢広巳・東畑精一、経済界から日銀総裁の一万田《いちまだ》尚登、ほか言論界などから八氏が就任した。(65)和田が重視したのは、顧問会議ではなく、労使の自主的な協調を目指す経済復興会議であった。経済復興会議は、社会党系労働組合の総同盟と進歩的経済団体の経済同友会が主導して、産別会議や日産協を含め当時の主要な団体を網羅的に収め、既にこの年の二月六日に結成されていた。(66)和田は、近衛新体制における企画院の最高経済団体構想のごとく、経済復興会議との密接な連携に大きな期待を寄せた。言い換えれば、それまでの経済安定会議による経済界・労働界との協調を、代わって経済復興会議で実現する構想であった。従って、永野副長官はじめ多くの局次長には、経済復興会議の関係者から多く登用されていたのである。[67]

和田安本の中枢となったのは、ＧＨＱとの直通ホットラインが敷かれている一室に勤務していた都留副委員長、山本官房長、稲葉官房次長の三人である。部内の調整は、名目上の組織に過ぎなかった総合調整委員会ではなく、和田・都留・山本・稲葉はじめ、各局長などが出席して開かれる幹部会で行われた。幹部会は、まず、ＥＳＳから都留に連絡が入れば、同室の山本官房長が副長官への連絡役となる。そして、山本官房長の下の徳永企画課長が中心となり、「議案を事前に企画課で目を通し、問題のありそうな所を調べて予め調整して」から、開催に至っていた。それは、「幹部会では問題なしにするという事が一番大事なわけです。というのは、寄り合い世帯ですからみんなが仲良く仕事をしてくれるというのが、すべての生命なんです（…）そういう舞台廻しというか、影役が大切」だったからである。[68]

こうして陣容を整えた和田安本は、矢継ぎ早に重要な経済政策を打ち出していった。

2　和田安本の始動

六月一日の初閣議では、「政策は閣議できめる」との方針が打ち出され、当面は毎日、今後は週三回（火曜・木曜・土曜）開催することになった。次いで二日の閣議では、「経済閣僚懇談会をひらくこと。幹事は和田大臣とする」ことが確認された。[69]片山内閣は閣議中心主義を打ち出す一方、経済政策については和田を中心にした経済閣僚懇談会によって決定することにしたのである。実質上、経済政策に限り、経済安定本部に閣議の「事前審査」を行わせようとしたと言えよう。

ただし、閣議中心主義を貫くのであれば、吉田内閣で閣議と対立を繰り返し政治化していた次官会議との関係を、どうするかが問題となる。しかも、この時の次官会議は、吉田内閣末期での政治介入により、池田・佐藤といった吉田系で占められている。これに関し、都留は次のように述べている。「当時の閣議には次官が三人だけ出席を許され、池田大蔵次官、佐藤鉄道〔運輸〕次官と、私と、この三人だけが閣議に入ってた」[70]。すなわち、経済政策や労働対策という政権運営に最も影響のある大蔵省・運輸省・経済安定本部を閣議に取り込むことで、次官会議に対する主導性を保ちこれを事務機関化することを試みようとしていたのである。

こうしたなか、和田安本は矢継ぎ早に重要な経済政策を打ち出した。都留らは、マッカーサー書簡を基にした原案を内閣の成立直後から作成し始めていた。原案は、早くも六日の経済閣僚懇談会で和田から説明が行われ、十日の閣議決定を経て、次の八項目から構成される「経済緊急対策」が十一日に発表された。①食糧確保と遅配の防止、②重要物資の配給統制による流通秩序の確立、③物価・賃金体系の全面改訂、④財政金融の健全化、⑤生産の重点的増強と企業健全化による能率の向上、⑥能率向上による勤労者の生活と雇用の確保、⑦消費圧縮による輸出の振興、⑧企業管理の実施[71]。

七月一日には、片山の首相施政方針演説に続き和田の「経済緊急対策」の説明演説が行われ、次の三つの事実認識と対策の基本的な考え方が示された。第一に、鉱工業生産は絶対的に不足しているため、石炭三〇〇〇万トンを実現する傾斜生産方式により拡大再生産の足掛かりをつかんでいく、第二に、現在は過去のストックを食い潰す縮小再生産の状態であるため、食糧配給を公平化し流通秩序の確立を図ることで悪影響が起こる時期をできるだけ繰り延ばしていく、第三に、物価と賃金との悪循環によるインフレが生じているため、闇撲滅などにより実質賃金を充実させていく[72]。このような「経済緊急対策」は、以前から謳われていた内容が多く、別に新味のある政策ではない。だが、③の物価・賃金体系の全面改訂と並んで最も重要であったのは、②の重要物資の配給統制による流通秩序の確立であった。それは、「アメリカから食糧援助などを受けていますから、対外的なジェスチュアないしポーズとしても政府の積極的姿勢を示す必要があった」と大来が述べているように、ESSがこの二点の実行を強く迫っていたからであった[73]。

五日、経済安定本部は、インフレ抑制のための新物価体系を発表した。新物価体系は、公定価格と闇価格との格差を縮めるため、石炭など基礎物資の公定価格を、戦前基準（一九三四—三六年）の約六五倍を限界とする安定帯に落ち着かせ、価格がこれを越える物資には価格差補給金を支出して安定帯まで引き下げると同時に、全国の工業平均賃金を基準年次の二七・八倍の月一八〇〇円とし、食糧そのほかの正規配給量の増加によって実質賃金の充実を図り、もって賃金を安定させ物価を維持する、というものであった。これにより、九月までの間に全ての公定価格が改訂された。この新物価体系によって、公定価格は一挙に二—三倍に引き上げられ、物価に比して賃金は低く抑えられた。[74]つまり、経済安定本部の対策の核心は、傾斜生産方式で生産が回復するまで、新たな物価体系と標準賃金を設定したうえで実質賃金を確保して一時的なインフレ抑制を図り、労働勢力に取り敢えずの耐乏生活を求める、ということにあった。西尾は、これに対する労働組合の不満につき、「労働者の生活にもっとも理解のあるべき社会党内閣が、労働攻勢の矢面に立つということは、まことに苦しいことであった」と述べているが、[75]逆に労働勢力に耐乏生活を要求できることこそが、ESSが社会党内閣を熱望した理由であった。

また、ESSにとって社会党内閣の存続のためにもアメリカ本国へのアピールのためにも、食糧を中心とした物資の流通秩序を確立することで労働勢力の実質賃金を確保することは、極めて重要であった。二十九日、経済安定本部作成の「流通秩序確立対策要綱」が閣議決定された。その内容は、公団制度の改善と強化、割当切符制度の改善、闇取引や輸送の取締強化などにより、配給統制を徹底し闇市場を撲滅するというものであった。[76]

これらを実現するため、片山内閣では、社会党の右派と左派が一体となり、また経済安定本部と経済復興会議との緊密な関係の下に、生産復興運動や救援米運動への積極的な協力が行われた。さらにGHQは、七月から相次いでアメリカからの輸入食糧の放出を行い、八月半ばには民間貿易の再開と輸出入回転基金設定を許可した。こうした片山内閣への側面支援は、アメリカ本国の輸入援助の前提条件である日本側の自力再建の努力が見られたことで実現したものであった。その結果、八月末には日本経済に小康状態がもたらされ、片山内閣は一応の政治的安定を得た[77]。この頃の片山内閣と、「経済総理」「和田内閣」と呼ばれた和田安本は、次のように伝えられている。「閣議といえばいつも安本関係のプリント類が山のように閣僚の前に積まれ」て他の閣僚を辟易させ、「片山、西尾両氏は経済問題では全面的に安本和田氏にオンブして」積極的な支持を与えている[78]。

ところが、経済対策の大前提と言うべき流通秩序の確立は、闇の撲滅では一定の成果を挙げたものの中核となるべき公団の強化・増設などが遅延し、その成果は削がれた。そもそも経済安定本部の下における各種公団は、ESSの強い要請で前年十月に制定された臨時物資需給調整法に基づき、戦時の統制会に代わる公的物資配給機関として設置された。そのため、配炭公団法・貿易公団法・肥料配給公団法・特別調達庁法などが国会を通過し、片山内閣が成立する前後には一〇公団・一庁が業務を開始していた。だが、ESS内部では、旧財閥・統制会系の人物が首脳となり統制会存続の隠れ蓑となっているとのニューディール派の批判に、日本の社会主義化の土台となりかねないとする保守派の批判が加わり、これらの増設に反対の声が挙がった。結局、増設される食料品配給公団法など四配給公団の法案国会通過は十二月にずれ込み、業務開始は翌年まで持ち越された[79]。

こうした流通秩序確立の遅延による物資配給の停滞と相まち、価格差補給金による財政赤字の増大や傾斜生産方式に対する復金融資による日銀券の増発が原因となってインフレは再び昂進し、次第に新物価体系と一八〇〇円ベース賃金に疑問が提起され始めた[80]。そして、一八〇〇円ベース賃金には歯止めがなかったことから、民間企業で賃上げが行われる一方、予算の枠で賃金が縛られた全官公労組は激しい賃上げ攻勢を始めた[81]。

これを契機に、以前から燻っていた経済安定本部の突出に対する各方面の不満が、九月頃から表面化し始めた。特に経済安定本部を激しく批判したのは、鈴木茂三郎政調会長を中心とする社会党左派と大蔵省である。まず、社会党左派は、労働組合や経済団体など各部門の代表者、閣僚、経済各省の事務代表などで構成される最高経済会議が国家経済の最高の決定機関となるべきとし、和田と同様、近衛新体制で議論された最高経済団体と類似した構想を示していた。[82]この構想の下、物動計画に基づいた石炭三〇〇〇万トン生産は、「民主化せる安本機構および経済復興会議において審議し、実行に移すこと」としていた。ただし、和田と異なるのは、「復興会議はいわゆる経済安定会議の如きものに発展させ、安本はその事務機構になるべき」との立場であった。[83]つまり、左派は、民主化による官僚統制打破という名分のもと、自らと労働勢力の主導で経済復興会議を推進させることを目論み、和田安本の独走を警戒していたのである。[84]さらに、経済安定本部長官への就任希望をGHQの方針で断念させられた鈴木は、和田の就任に強く反発していた。[85]左派にとって、インフレが昂進するなかで労働勢力に負担を強いる和田安本による一八〇〇円ベース賃金と新物価体系は、容認できないものであった。

一方、大蔵省が和田安本を強く批判したのは、予算編成権への浸食に対してであった。第一章で見たように、そもそも総合官庁の「企画」は、大蔵省の「予算」との軋轢を孕むものだったからである。まず、新物価体系による価格差補給金の支出や賃金の統制を想定しない一八〇〇円賃金ベースは、大きな財政負担が予想された。大蔵省渉外部長の渡辺武は、「Balanced Budget の見込薄」を指摘し、「価格差補助によって安定帯を作っても、一方財政上の赤字があったのでは安定は単に見せかけのものになる」とESSのファインに詰め寄っている。これにファインは、「今の基本条件では赤字たるをまぬかれぬ」と認めざるを得ず、マーカット局長から、「双方に於てこの serious な問題に付て充分研究すべし」との取りなしがあり、新物価体系はようやく承認されていた。[86]第一次吉田内閣では、軍需補償打ち切りや財閥解体、そして石橋財政問題に忙殺されていた大蔵省も、一九四七年に入った頃には、「態勢も相当整って(…)だんだんこちら側でも企画して、向う側にこうしたらどうか、ああしたらどうかというようなことを積極的に持って行く、今度は向うが受け身」という状況になっていたのである。[87]

大蔵省が積極的な攻勢をかけ始めたもう一つの背景は、六月のマーシャル・プラン発表以降、アメリカ本国が日本の経済復興の本格的な検討を開始し、占領政策の全面的な見直しを図っていたことがあった。[88] こうした見直しを強く推進したW・ドレーパー陸軍次官は、その就任直後の九月に来日し、ESSのニューディール的な経済民主化政策からの転換の意味を込め、アメリカの占領費負担を軽減するため厳格な健全財政を強く要求した。[89] 二十六日の会談では、戦前の実業家時代から旧知の間柄であった栗栖赳夫大蔵大臣[90]がドレーパーに対し、次のような要請をしている。「特に追加予算に関して目下赤字克服に努力し居り、若し Draper 氏の助力により健全財政を維持し得るとせば幸」。これを受けドレーパーは、マーカット、財政課のリードと会談し、ESSの「FI〔財政課〕の立場大に support」すると述べた。[91]

これ以降、アメリカの「納税者の論理」に基づきESSの方針は次第に、「均衡財政に固執せず、不足はアメリカの対日援助に仰ぎ、生産再開を優先」するニューディール派の統制経済政策から、「通貨の緊縮と予算の均衡を重視」する保守派の健全財政へと移り始めた。ESS内部では、価格統制配給課・調査統計課・労働課などのニューディール派に対し、財政課・工業課・輸出入課などの保守派の発言力が高まった。[92] すなわち、三月二十二日付マッカーサー書簡から半年ほどにして、ニューディール派とこれが全面的に支援する和田安本の政治的基盤は動揺し、一方で、保守派とこれが全面的に支援する大蔵省の政治的基盤は一気に強まったのである。以上のように、左派と大蔵省は、新物価体系と賃金ベースを契機に、和田安本の突出への反発を強めていった。一見して対立し合う左派と大蔵省が同時に反発したところに、和田安本に対する包囲網の広さが示されていたのである。

3 和田安本への包囲網

八月二十八日に行われた片山、和田、栗栖蔵相、水谷商相による会談では、「経済安定本部機構の強大と一部官僚の経本人事独占、および経済緊急対策実施上の資金資材梗塞による中小企業の過度の圧迫等」に対し、国会や民間のみならず、閣内からも批判が集まっていることが協議されていた。九月二日には、社会党政調会で西尾、和田、栗栖蔵相、平野農相らとの懇談会が行われ、賃金一八〇〇円ベースなどへの要望がなされた。これにより、「経済緊急対策を立案した場合のように経済安定本部に一切を委せ切ることなく、これを内閣の手許で総合検討する方向」が打ち出され、「社会党の提唱している最高経済会議の設置ないし強力な経済閣僚会議をインナーキャビネットとしてもち、こうした閣内の強力な中枢機関によって恒久的な経済再建対策を考究することになろう」と伝えられた。[93]

しかし、前述のようにこの時期には経済状態が一応の安定を得ていたうえ、和田が片山や西尾から積極的な支持を得ていたことから、こうした構想が実際に動き出す気配はなかった。片山は、十月七日に経済安定本部の総裁として初めて幹部会に出席し、「安本としてはできるだけ官僚化を防ぎ各党の政務調査会とも十分連絡してほしい」と述べたものの、当面の措置としては、月に一回は幹部会に出席し緊密な連絡を取る方針を示す程度であった。[94]

状況が一変したのは、インフレ昂進に伴い労働勢力の賃上げ攻勢が激化した十月下旬頃からである。二十三日、鈴木政調会長はじめ社会党政調会は改めて、物価体系を維持しつつ一八〇〇円ベースを引き上げ、官民協力の最高経済会議の設置による経済安定本部の官僚的性格の欠陥補強、根本的なインフレ対策の実施などを片山内閣に要望した。[95]さらに、新物価体系による多額の価格差補給金を支出するため急遽必要となった追加予算の決定が、事態を悪化させた。この決定で、そもそも価格差補給金の支出に反対し均衡財政の観点からタバコの値上げによる財源確保を主張する大蔵省・ESS財政課と、新物価体系と一八〇〇円ベースを維持するためタバコの値上げに反対する経済安定本部・ESS価格統制配給課との間で、激しい対立が生じた。二十七日、均衡財政を強く求めるドレーパーの意向や、芦田外相や栗栖蔵相など民主党系の閣僚が経済安定本部に批判的な態度を取ったこともあり、最後は片山、西尾らが和田の反対を抑え、タバコ値上げ案が閣議決定された。[96]この閣議決定で新物価体系と一八〇〇円ベースは大きな打撃を受け、一時は和田、都留、山本ら首脳陣が「退陣」を申し合わせたものの、三十一日に片山と西尾が「社会党トシテ安本ヲ全面的ニ支持スル」としたため、和田らは留任を決めた。[97]

といって経済安定本部が、無条件で社会党の全体的な支持を得た訳ではない。片山は十一月一日の会談で、「和田安本長官の辞任については千八百円ベースを引きつゞき堅持する政策を執るとの約束で留任して貰ふことになったから、党の政調としてもこれに協力してもらひたい」と鈴木政調会長に対し要請したものの、「物価体系の方式は出来るだけ堅持したいとおもふが千八百円ベースは更改しなければならぬ」との答えを得るに止まった。[98] 経済安定本部は、社会党はじめ与党三派政調会との間に、何らかの調整を迫られたのである。こうした各方面からの批判に鑑み、和田は、①企画立案は与党政調会の意向を反映した閣議決定案の線を外れないよう心掛ける、②実施官庁との連絡を密にして企画と実施面との調整を図る、③経済復興会議には永野第一副長官の線を通じ経済団体との連絡を強化する、④顧問会議を活用して財界の協力体制を強化する、などの方針転換に追い込まれた。[99] 特に重視されたのは、やはり与党三派政調会との関係であった。十七日、稲葉らを世話役として、片山（総裁）、和田など経済安定本部側と、会長・副会長などからなる与党三派政調会との間で、首相官邸での第一回懇談会が行われた。この席で片山が、「政府の政策を作製する安本に対して協力してほしい」との懇請をなすと、以後も懇談会は継続されることになり、二十七日の第二回懇談会では、行政整理および行政機構改革が話し合われた。[100]

しかし、不満を募らせる左派が、自らの政策を封じ込めている四党政策協定の破棄を求め始めると、そこから生じた対立に和田安本は巻き込まれていく。次年度予算案を協議するため、大蔵省もオブザーバー参加して開かれた十二月四日の第三回懇談会では、鈴木政調会長から私案が出された。そこでは、健全財政の確立、行政整理による官僚の刷新、闇利得の排除などが主張されていたが、波紋を呼び起こしたのは、予算編成における大蔵省主計局中心主義の是正と、四党政策協定の破棄による軍事公債の利払い停止の主張であった。鈴木政調会長は大蔵省に対し、「会社の合理化、行政の整理、換言すれば、首切りが予算編成方針の基本となっていることの不当」を指摘し、「四党政策協定は、主として自由党が政府をけん制するために作られたものであり、財政、経済状勢はその後大きく変化し、今後の政策を作るには邪魔になる古証文であるから、こういうものは寧ろ無視して、新たなる状勢に対応する建前で予算案に対する方針を決めるべき」ことを要求した。[101]

和田は、軍事公債利払いの停止には消極的だったものの、大蔵省主計局中心主義の是正には、「経本側は予算編成権を握り完全に物と金の面を押える、このため主計局の総理庁移管も断行すべき」と同調する態度を示した。再び、総合官庁の「企画」による「予算」の包摂が目指されたのである。これに対し、民主党を背後に控える栗栖蔵相があくまで予算編成権を固守する態度を示したことから、与党を巻き込んだ激しい対立が展開していった。[102] ここで片山が斡旋に乗り出し、八日に経済安定本部と大蔵省による意見交換が行われ、「安本は長期財政計画の樹立、その他経済安定の見地から予算の編成方針に関係するが、予算の編成権はあくまで大蔵省にあることを確認、今後は一層緊密に両者提携することにして事務的には一応対立を解消し妥結した」ことが伝えられた。そして、十一日の民主党役員会では、予算編成は四党政策協定の枠内で行うこと、経済安定本部の偏重を排し、予算編成権を持つ大蔵省の参加なしには懇談会の協議は行わないこと、などが決定された。[103]

こうして十三日、与党三派政調会と経済安定本部に加え、大蔵省から首脳陣が参加して第四回懇談会が開かれた。だが、この席ではいったん態度を軟化させていた鈴木政調会長が、十一日の民主党役員会の反撃に呼応し、私案ではなく社会党役員会の正式な承認案として四党政策協定の破棄を強硬に主張した。これには、当然のごとく民主党と大蔵省から強い反対の意見が上がった。結局、経済安定本部が鈴木案に一定の理解を見せながらも、「重要な政治的問題は閣議で決定するべきでこの懇談会で決定すべきではない」としたため、結論に至らないまま取り敢えず各事務当局・各党が具体案をまとめ、年明けの懇談会で予算編成方針を協議することに決定した。[104]

この懇談会での協議に期待をかけていた和田安本は、社会党と民主党の対立、さらには予算編成権をめぐる大蔵省との対立によって、むしろ機能不全に陥った。二十四日の会談で都留・山本・稲葉は、片山に対し、「講和条約ハ少ナクトモ一年以上先ノコトト思ウ。ソノツモリデ政局ノ指導ニアタラレタイ」、「向フ三ヶ月間ニ民主党ト社会党トガ政策ノ上デ衝突セネバナラヌ事ガオコルト思ウ。ソノトキハ社会党ノ立場ヲツラヌイテホシイ」、「経済危機突破ノ為ニ労働者ニ対シテ強ク出ネバナラヌ事ガオコルト思ウ。ソノトキハ主動性ヲ以テ強ク動イテホシイ」と求めた。つまり、片山に首相として強い政治的支援を要請したのである。[105]

しかし、鈴木政調会長は、四党政策協定の破棄と軍事公債利払い停止を繰り返し主張し続け、「銀行資本側の意見に制約されている」として、大蔵省のみならず経済安定本部への批判を強めた。[106]また、二十三日から連日行われた予算閣議では、社会党と民主党の対立も相まち、経済安定本部と大蔵省の調整は容易に纏まらなかった。大蔵省が、予算編成の前提として、インフレ昂進により現状にそぐわない新物価体系と賃金一八〇〇円ベースを少なくとも来年一月中に改訂することを強く主張したのに対し、経済安定本部は、一月での改訂は現行の供米価格に影響し渇水による電力危機の最高潮期である関係からも不適当であり、四月以降に改訂すべきとして反発した。三十日、予算編成方針は遂に定まらず越年した。[107]すなわち、強化拡充され万全の体制となったはずであった和田安本は、ESSの一本化された支持も得られず、社会党・民主党などの政党勢力、大蔵省など既存の官僚機構からの包囲網によって、身動き取れない状況に陥ったのである。

年が明けた一月一日、和田は、片山と西尾の再三にわたる要請に、十六日に予定される社会党の党大会後を目途に入党することを決意し、次のような見解を表明した。「一、現在の経済危機乗り切りは社会党中心の相当思い切った施策を進めなければならないのに、片山内閣は四党協定にしばられて何ら積極的な手がうてず、また最近の予算編成方針をめぐって与党内の対立の成行はよくいったとしても微温的な妥協に終り、それがため経済回復の時期を遅らせるとの懸念から、このさい安本長官として中立的な立場で与党間の態度決定をまつよりは政治的立場をハッキリさせ、社会党結束の一環として、政策を前面へ押し出す外はない。二、安本の超内閣的な存在から総務長官は一党一派に偏すべきではないという従来の考え方に対し、安本の機構からいっても総裁は総理大臣の兼任になっており、従って安本は内閣の政策を反映し、長官は事実上内閣と運命をともにせざるを得ないから、党人であってもさしつかえない」。そして、和田の入党に際しては、「旧企画院グループなど氏のブレーンの一部も行動をともにする」と伝えられた[108]。各方面からの包囲網のなかで孤立していた和田は、以前から親近感を持っていた社会党に政治的に依存せざるを得なくなっていたのである。

和田の入党宣言は、経済安定本部のあり方にとって重要な転換点であった。それは、第一次吉田内閣では経済安定本部の中立性を訴え自由党への入党を拒絶した他ならぬ和田が、現在は長官在任中であるにもかかわらず、その中立性と超越性を貫く姿勢を放棄したからである。和田安本は、この時点で、議会・政党の主導下に置かれたと言って良い。そして、その最大の支持基盤であったＥＳＳが一本化されないなか、和田安本は次第に、新憲法が規定している議院内閣制の原理に淘汰されていくのである。

4　首相官邸における機能不全

和田が社会党に入党する意思を示したからといって、経済安定本部への包囲網が解かれる訳ではない。むしろ、炭鉱国管問題を要因とする社会党と民主党の対立や、閣内から排除されていた社会党左派と西尾ら右派との対立などの党派対立に巻き込まれることになり、包囲網はいっそう狭まった。炭鉱国管問題では、前年の十一月に法案が成立していたものの、これに反発する幣原派二十四名が民主党を脱党して同志クラブを結成していた[109]。社会党内では、右派の実力者であった平野農相が、米価決定問題をめぐり和田や西尾と対立したうえ、吉田自由党に接近したとするＧＳの強い要請を受けて片山に罷免されたことで、右派と左派の対立が増幅された。平野の後任には、野溝勝が左派に強く推されたが国協党の反対などで容れられず、結局、片山の裁断で学者出身の波多野鼎が就任した。これに不満を持った左派は、すかさず閣内野党宣言を発表して攻勢に転じ、西尾ら右派の党内優位は次第に揺らいでいった。[110]

これらの党派対立は、閣議中心主義と経済政策での経済安定本部の閣議の「事前審査」という片山内閣の方針を、著しく困難にさせた。党派対立が閣議に持ち込まれて混乱を生み出したばかりか、前述のように経済安定本部への風当たりを強めたからである。そもそも閣議中心主義と言っても、池田大蔵次官、佐藤運輸次官、都留安本副委員長が常席していた事実から分るように、行政経験の乏しい中道連立内閣の閣議では、時に各大臣に各省の課長クラス事務官までもが付き添い、収拾がつかない状態に陥っていた。[111] 従って、閣議の主導権の下で次官会議を事務機関化していくという目論見も、早い段階で破綻を来していた。むしろ、閣議の機能不全により、次官会議の事務量は膨張化していた。そのため池田大蔵次官が、「次官会議に出すものの標準がわからぬ（…）各省からまとめて内閣でやってくれ」として、次官会議の位置づけを改めて確認するよう提議したほか、些末な附議案件については、「こんなものは次官会議にかけなくともよい」と苛立ちを露にする場面も表れていた。[112] つまり、GHQ各部局とクロス・ナショナルな連合を形成していた各省による次官会議は、閣議の機能不全を補う形で、その附議事項を本格的に「事前審査」し始めていたのである。そして、年が明ける頃には、「閣議と次官会議の関係」の見直しが行われ、閣議附議事項は「なるべく始めに次官会議に出すこと」が促されていた。[113]

しかし、閣議から主導権を奪った形の次官会議ではあったが、大蔵省と経済安定本部の対立が激化する一方であったように、各省間の対立を調整する契機を欠いていた。そもそも次官会議は、戦前から申合せ程度の連絡機関としての性格が強いからである。政権内で、政治指導力に乏しい片山首相に代わり実質的に官邸主導を果たすべく切り盛りしていたのは、官房長官の西尾である。従って、閣議・次官会議の双方に出席する立場の西尾こそが、各省間の取り纏めをなし得る立場のはずである。ところが、官界にさしたる人脈のなかった西尾は、内閣発足時に佐藤運輸次官、池田大蔵次官を内政担当の官房次長に抜擢させることに失敗した挙句、地元大阪の府会議員の滝川末一を官房次長に就任させ、多忙な自分の代わり、次官会議の議長役を担わせてしまった。このため、次官会議で内閣の行政事務全体を円滑に進め各省の法案や主張を調整するべき官邸は、威信に欠くことになった[114]。

経済安定本部の労働局長であった渡辺年之助は、次のように述べている。「滝川さんは次官連にほんろうされているんだ。つまらんことばかりいうから、みんな相手にしない。次官会議をリードしていたのは池田と佐藤だった。私は西尾さんに出席するよう進言したんだが、西尾さんは〝ぼくはそこまで手がまわらんよ〟という」。また、こうした片山内閣の官界との人脈のなさを痛感した首相秘書官の竹本孫一は、「党人が官僚を使いこなすには、その省のことをよく知っていることが第一であると同時に、人事権をうまく使って、彼らに恩威ならび施すということで忠誠を発揮させねばならない（…）各省にはだいたい次官候補が二人はいるものだから、一人をクビ切って保守陣営に追いやっても、起用された一人は片山内閣に忠誠を誓うだろう」として、次官人事の刷新を片山に進言したものの、実現しなかった[115]。

外務次官であった岡崎勝男は、「談論風発して、閣議そこのけの勢いであった」この時の次官会議について、次のように述べている。「昭和二十二年の暮れのことと思うが、私は池田、佐藤両氏をはじめおもなる次官連中を自分の官邸に招いて、食事をしながら、今後のことを相談したことがあった。そのとき列席の各次官とも、もうこれ以上社会党内閣に御奉公する気にはなれないから、なるべく早くやめて、選挙にでも出ようと思う、というのが一致した意見であった[116]」。片山や西尾は、吉田が第一次内閣末期に各省次官を一斉更迭にしたのと対照的に、そこで就任した各省次官を一斉更迭することができず、さりとてコントロールすることもできず、その後、その多くを自由党入りさせてしまった。そして、片山の代わりに内閣の要となっていた西尾が党派対立に精力を削がれるあまり、官邸サイドとして調整機能を果たし得なくなっていたことは、和田安本と大蔵省などの各省間の対立をもたらしていた。

こうした首相官邸における機能不全は、ＧＨＱ各部局が各省とクロス・ナショナルな連合を形成して内部分裂したことで決定的に悪化した。ＥＳＳ内部が保守派とニューディール派に分裂し、和田安本の包囲網を狭めていたことは、その最たるものである。つまり、占領下での生命線であるＧＨＱとの連絡ルートは、決定的に分立化してしまったのである。それでも、ＧＨＱとの連絡を苦手としていた片山に代わり、西尾は官邸の連絡ルートを整備することに努めた。元終連政治部長の曽祢《そね》益を連絡担当の官房次長に就任させ、終連を通さず内閣官房が直接にＧＳとの連絡にあたる一方で、[117]ＥＳＳとの連絡は、和田・都留らの経済安定本部に委ねた。だが、こうした西尾の動きは、経済安定本部のみならず各省独自の連絡ルートをかえって活発化させることになり、その中央機関であるはずの終連の形骸化をもたらしていた。

もともとＧＨＱとの連絡を苦手としていた芦田外相にしても、[118]姻戚関係にあった吉沢清次郎を終連次長に就任させるなどしたものの、終連の機能低下は著しく、また、炭鉱国管をめぐる民主党内の幣原派との主導権争いに忙殺され、この問題に対処できないでいた。[119]これを見た西尾は、終連の内閣移管を構想し始め、芦田外相との協議を行っていた。これに対し、外務官僚が吉田自由党と緊密な関係を保っていることに警戒心を抱いたＧＳのケーディス次長は、外務省の抜本改革に伴う措置として終連の内閣移管構想に同調した。一九四七年二月一日、終連は、その大部分が内閣に移管され連絡調整事務局（連調）と改称された。内閣移管の建前は、ＧＨＱ各部局と各省が直接に連絡した方が便宜的・技術的であるためこれらに委ね、一方で連調は、「各庁全体にわたる事務を総合する関係から、総理大臣がこの機関を握っていることが合理的でかつ便宜」というものであった。[120]

これと同時に、岡崎次官はじめ外務省幹部が辞任となり、新しい外務次官には吉沢前終連次長が、連調長官には曽祢官房次長が取り敢えず兼任で就任した。連調の内閣への設置は、ＧＳと西尾による連絡ルートの構築と、ＧＳと芦田外相による吉田系統の外務官僚の更迭が動機となって進められ、これら三者了解のもとで行われたものであった。[121]

連立与党内で党派対立が繰り返されるなかで、ＧＨＱとの連絡ルートの再構築が図られたのである。とはいえ、連調の設置は、各省が単独でＧＨＱ各部局との連絡にあたることを正式に承認したものであり、官邸サイドによる各省の連絡ルートの総合調整には結びつかなかった。そして、連立与党内の党派対立、各省間の調整役の不在、ＧＨＱとの連絡ルートの分立化によって首相官邸の機能不全は極まり、それに伴い和田安本に対する包囲網はいよいよ限界にまで狭まったのである。

5　片山内閣・和田安本の崩壊

片山内閣を崩壊に至らしめたのは、次年度の予算編成をめぐり様々な対立が繰り返され、新たな補正予算問題が噴出したことが契機であった。一九四七年十一月十四日、度重なる労働勢力の賃上げ要求に、中央労働委員会から二・八ヵ月分の生活補給金支給の勧告がなされた。そのうち二ヵ月分は取り敢えず支給されることが決定したものの、残り〇・八ヵ月分の財源のための補正予算案をめぐり、経済安定本部と大蔵省が再び対立した(122)。年が明けた一月八日の与党三派政調会・経済安定本部・大蔵省の懇談会でも次年度予算編成方針は纏まらず、大蔵省の主張により、十三日に始まる予算閣議で補正予算案問題が審議されることになった(123)。

予算閣議での焦点は、補正予算の財源を鉄道・通信料金値上げに求める大蔵省と、新物価体系維持のためこれら値上げの縮減・延期を主張し、その財源は民間企業の賃上げに伴う所得税はねかえりに求める経済安定本部とが、互いに譲る気配がないことであった。この問題は、予算閣議のなかで決着がつかず、ＥＳＳに持ち込まれた。ＥＳＳでは、価格統制配給課の推す経済安定本部案が途中まで優位に展開したものの、土壇場で財政課を通じた大蔵省の巻き返しが功を奏し、二十五日、財政均衡に軍配を上げたマーカットの裁断で、大蔵省案に沿った解決策が採用された。これにより二十七日、補正予算案は閣議決定された(124)。和田安本とニューディール派は、大蔵省と保守派に敗北したのである。

閣議決定がされたにもかかわらず、左派は補正予算案に反発した。閣議決定に先立つ六日、右派から平野ら全農派議員十六名が社会党を離党し労農新党を旗揚げしていたため、党内で相対的に優位となった左派は、いっそう急進化して右派・民主党への対決姿勢を鮮明にした。十九日、社会党の党大会で左派提案の四党政策協定破棄による戦時公債利払いの停止が右派の反対を退けて決定されると、左派の次なる攻勢は補正予算案に向けられた。左派は、鉄道・通信料金値上げはインフレを促進し労働者への大衆課税であるとして攻撃し、さらにESSによる予算編成への介入を糾弾した。衆議院の予算委員長となっていた鈴木政調会長は、補正予算案の否決を辞さない強硬な態度で鉄道・通信料金値上げに反対し、片山内閣は崩壊の危機に追い込まれた。片山内閣の存続を図るGSの財政均衡の緩和要求に対しESSは、財政均衡はマッカーサーの意志であるとしてこれを拒否し、両者の激しい対立の末、結局GSの試みは頓挫した。和田・都留ら経済安定本部の首脳陣は、二月五日、再び所得税はねかえりを財源とし料金値上げを四月まで延期する収拾案をESSに提示し、これへの基本的な了解を得ることに成功したものの、時既に遅く、同日夜の予算委員会は、実質上の補正予算案否決に等しい組み替え動議を可決した[125]。

西尾は、これを左派の倒閣運動でありこれ以上は内閣を継続できないとして、片山に総辞職を促した。翌六日、西尾は、和田らの所得税はねかえり案を三たび持ち出しての収拾工作を傍観して、これを頓挫させた。結局七日、片山は社会党出身閣僚懇談会で総辞職の決意を表明し、十日の最終閣議で正式に総辞職が決定した。かくして片山内閣は、党内対立を理由として崩壊するに至った[126]。

西尾は、和田による最後の工作を傍観しただけではなく、それ以前の一月二十七日の補正予算案の閣議決定でも、経済安定本部の所得税はねかえり案を拒否している。これにつき、都留は次のように回想している。「社会党左派の鈴木さんが衆議院の予算委員長で政府の案を差し戻した。だから、西尾と芦田とでその次をやるということで、それ

図6　片山内閣の混乱とクロス・ナショナルな連合

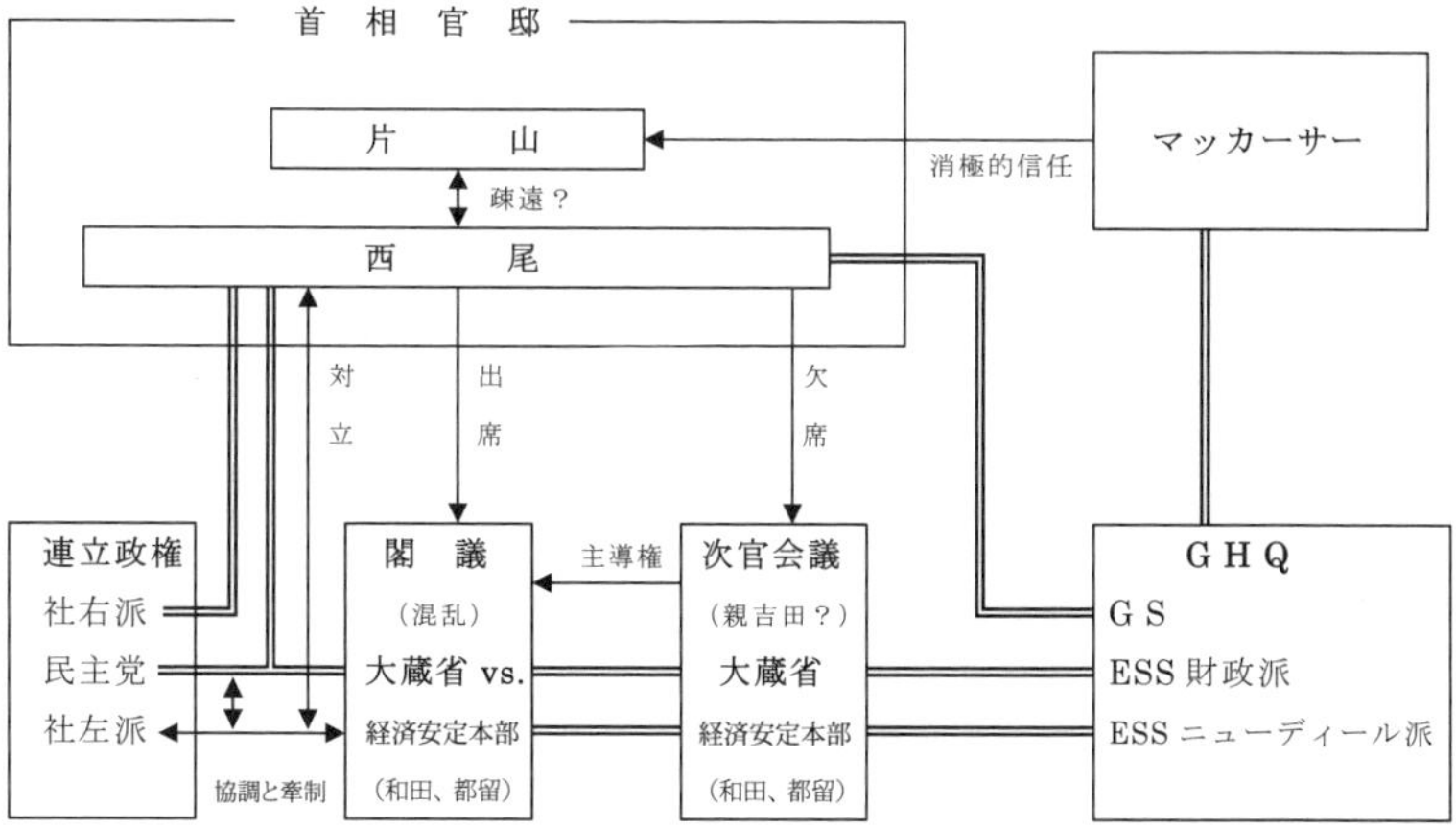

に池田次官が絡んでいて、大蔵省はとにかく片山内閣にここで大きな傷をつけて後を引き継ぐということだった（…）民間所得税のはね返りで司令部も了承するんだからこれで押し通してくれと言ったけれども、西尾さんがそれに応じないわけです。だから、そのときに僕らは、もう西尾は魂胆があるということを理解した[127]」。

西尾は、一二月五日の予算委員会直前、密かにケーディスと会談を行っている。ここでケーディスから、自由党と左派を排除した中央党の構想を打診された西尾は、これを時期尚早であるとしたものの、「ある種の連合」の可能性を示唆して、次期芦田首班の了解を事前に取り付けていた。一方、「単り健全な革新的中央政党が中軸となり、思ひ切って強力に政治を指導することが何よりも要請せられてゐる」と認識していた芦田外相も、西尾構想に呼応する考えを示していた。つまり、西尾は、左派の反乱を口実として決断を渋る片山の意向を押し切って総辞職に持ち込み、芦田首班工作を試みたのである。そして、これまで社会党政調会との懇談会で左派と協調路線を取っていた和田の工作は、左派と政治的気脈を通じたものとして捉えていた[128]。

西尾の総辞職工作に不快感を隠せなかった片山は[129]、後年、次のように述べている。「社会党ではやはり西尾と和田だよ。それだけに平野追放のあとでは両雄並びたたずということになった。西尾は極端に反共で左をきらう。その点和田は柔軟性があり、進歩的意見を採用したがる。西尾は当時世間ではライバル視されていた鈴木茂三郎より、和田こそ次の社会党内閣の首班を争う相手だと考えていたのではないか[130]」。

西尾と和田の対立は、片山内閣における様々な混乱のなかから生まれたものである。内閣の要として各省間の調整とGHQとの連絡ルートの構築に苦慮していた西尾にとって、和田安本は、当初の期待に反する存在であった。そして、GSとともに芦田首班を想定するのであれば、ESS保守派および民主党との協調関係を築く大蔵省と激しく対立する和田安本は、今や、撹乱要因以外の何者でもない。戦時の東條内閣の状況にも似て、西尾の（片山を抜きにした）官邸サイドと和田・都留の経済安定本部は対立し、またもや総合官庁は政治的な敗北を喫した。すなわち、和田安本は、官邸サイド、大蔵省をはじめとする各省、ESS保守派、民主党に加え、GS、常に協調している訳ではなかった社会党の左派、右派からも見放されたのであり、これに命運を託した片山内閣の官邸主導を挫折せしめることになったのである。この片山内閣における混乱状況をイメージしたのが、**図6**である。

第三節　過渡期としての芦田内閣

1　芦田内閣の成立と和田安本の解体

一九四八年二月二十三日、GSの強い後押しを受けた民主・社会・国協の三党により、国会で芦田首班が決定した。今回は左派の協力を万全にするため、自由党を除いた三党政策協定が改めて締結された。ここでは、民主党との妥協で、「軍事公債利払いの停止」の後に「的処理」との文言が盛り込まれたことなどにより、左派の協力と入閣が実現した[131]。三月十日、中道連立は継続され、芦田内閣は成立した。一方、いまだマッカーサーからの信任を回復していなかった吉田は、首班決定後の芦田との会談で、「本当のところ私は君に救はれた。今日自由党が出てもどうしようもない」と述べるなど、自由党首班ないし保守連立に固執しなかった。[132]吉田は十五日、民主党から脱党した幣原派との保守合同により一五二名で衆議院の第一党となる民自党を結成し、その後に備えたのである。[133]

組閣の焦点は、社会党からの協力の程度を計るうえで、片山委員長が外相兼副総理として入閣するか否かにあった。だが、委員長を人質に取られるとして社会党の大勢が反対したため、代わりに副総理格の国務大臣として西尾が入閣し、外相は芦田の兼任となった。[134]官房長官には、民主党幹事長の苫米地《とまべち》義三が国務大臣の兼任で就任し、その下の内閣官房では、閣議の運営を支えGHQとの連絡を担うべく、連調長官が曽祢の専任となり、連絡担当の官房次長に元幣原内閣首相秘書官の福島慎太郎、内政担当の官房次長に運輸省海運総局長官であった有田喜一が就任した。[135]なお左派からは、加藤勘十が労相、野溝勝が国務大臣として、二人が入閣した。経済閣僚では、商相は右派の水谷が留任し、蔵相は社会党が予算編成に責任を負うことを回避したため民主党から前運輸大臣の北村徳太郎が就任した。そして、経済安定本部長官には、民主党の党内事情から片山内閣で和田と激しく対立した来栖前蔵相が就任した。[136]

ESSは、片山内閣の総辞職直後から、和田の留任問題など経済安定本部の今後の動向に重大な関心を持っていた。ロス統計調査課長は、「和田モヤメナケレバナラヌ事ハ誠ニイカン。independent ニシテオクベキデアッタ」とマーカットとともに後悔の念を述べている。だが、前述したように和田は、既に中立性を否定して社会党への入党宣言していた。もはや、経済安定本部は independent ではあり得ず、片山内閣と命運を共にせざるを得なくなっていたのである。そして、「ESBノ仕事ハ大事ナダケニ Premier ノ信頼ヲエナケレバ仕事ハデキナイ、新 Premier ノ下ニオイテ信頼ヲエラレルトハ思ハナイ」と和田が述べたことは、経済安定本部にとって民主党総裁の芦田が首相として総裁を兼任する事実が、いかに大きかったかを示すものであった。[137]

一方、民主党では、「安本総裁を首相が兼任する以上」、長官に民主党あるいは中立の経済人から起用すべきとの議論が強く、和田の辞任は決定的となった。[138]ここでESSは三月五日、組閣にあたっている芦田宛てに「現在ノESB

ノstaffヲdisintegrateサセナイヨウニカイタmemo」を作成した。九日には、新長官に栗栖が就任するとの情報に対し、「ESBヲvacantニシテ芦田ノ兼任トシ事実上現在ノstaffデヤル」案を出した。和田の留任は断念するとしても、栗栖の長官就任を阻止することで首脳陣の継続を図ったのである。ところが、連調の設置と同時に外務省総務局長となっていた朝海浩一郎が、マーカットから託された五日作成のmemoを握り潰したことで、これが芦田に伝わることはなく、九日の案も結局は手遅れとなり、十日、栗栖の長官就任が決定した。十三日、都留らは、永野副長官の長官就任工作など最後まで粘ったものの遂に断念し、栗栖長官の留任要請を固辞し、後任が決まるまで一ヵ月を限度にして辞任を申し合わせた。[139] 結局、中道連立内閣の安定性を何よりも優先するマッカーサーとGSの意向もあって、ESSニューディール派と都留らの最後の工作は、遂に頓挫した。[140]

こうして、和田・都留・永野・佐多忠雄・勝間田など、主に社会党に近い系統を中心に多くの首脳陣が次々と辞任していった。[141] ただし、山本・徳永ら商工省総務局系統は、残務処理を行うためとしてそのまま留任し、稲葉は、参与という形で在籍し当面は経済復興計画の立案に携わることになった。[142] ここに和田安本は解体し、栗栖長官の下での新しい陣容は次のようになった。まず、永野の辞任に伴い、堀越禎三が第一副長官と第二副長官を兼任し、第三副長官担当の監査局がGHQの強い要請により経済統制の監査および取締を行う経済調査庁として独立することになったため、第三副長官は廃止された。よって、副長官は実質上一人制となり、局数も一一局から一〇局になった。[143] これと同時に、副委員長は都留の後任もなく既に消滅状態となっていたため、総合調整委員会制度そのものが廃止となった。[144]

他省の次官に相当し部内の総合調整をなしていた副委員長が廃止されると、次官会議には副長官が出席したものの、総裁官房長が実際上の「次官」・「事務の大将」として部内の総合調整をなす地位とみなされ、官房長の山本と企画課長の徳永が留任している総裁官房の地位が高まった。[145] このため五月二十二日、総裁官房では官房次長の二人制が採用され、終連総務部連絡課長から経済安定本部貿易次長に転任していた勝部俊男が兼任で、大蔵省から森永貞一郎大臣官房長が出向して、それぞれ官房次長に就任した(146)。

この総裁官房で、商工省以上に存在感を示したのは大蔵省である。森永官房次長は、二十七日に総裁官房に新設された企画部の部長兼任となり、企画課・調査課・統計課・指導課を統括することになった。また、佐多の後任となる財政金融局長には、大蔵省から経済安定本部建設局次長に転任していた内田常雄が就任した。和田安本との対立を繰り返してきた大蔵省は、芦田内閣に至り、総裁官房を中心に多くの人材をその中枢に送り込み、積極的な運営に関わっていった。これにより、経済安定本部と大蔵省との予算編成権をめぐる対立は取り敢えずの休止を見ることになり、芦田内閣での重要な経済政策は両者の協調関係が保たれつつ企画立案されていった。そして、この協調関係は、そもそも新憲法のなかに総合官庁をどのように位置づけるのかという、人事・政策のレベルに止まらない統治機構レベルでの問題が、取り敢えずの妥協により先送りされたことを示していたのである。

2　経済安定本部の縮小改組問題

一九四七年の末頃から、新憲法とともに施行された行政官庁法を受け継ぐ法案とこれに基づく各省設置法案の企画立案が、本格的に着手されていた。行政官庁法は、戦前からの各省官制に一年間に限り暫定的な法的根拠を与えるものであったため、その期限切れを前に恒久的な対応を迫られていたのである。これに伴い、占領期に著しく膨張していた行政機構の抜本的な改革・整理の検討が開始されていた。そのなかで大きな焦点の一つであったのが、本章第一節第三項で述べた内閣補助部局の構想である。

ただし、各省の分立性を統合するという従来の内閣補助部局の構想は、突如として転換を余儀なくされていた。一九四七年九月十六日の片山首相宛てマッカーサー書簡によって、法制局の解体が指令されたためである。その経緯は詳らかではないが、GSが、「too Logical, too Legal, too Technical である」こと、さらには「too Powerful である」ことの多い法制局を、民主化改革への障害物としたことがその理由とされている。ともかくも、法制局が新設の法務庁の一部局として吸収されて内閣レベルから各省レベルへ降格されると、「法制」概念を中軸とした内閣補助部局の構想は断念された。法制局に代わり、急速に地位を向上させた「兄弟分」たる行政調査部が打ち立てたのが、行政の能率的経営の観点から、予算編成の裏打ちに基づき行政機構の調査・監査による統合を行う行政経営部局の構想であった。行政経営部局は、行政調査部、旧内閣審議室から新設の総理庁の所管となっていた官房審議室、そして大蔵省から移管される主計局などから構成されるものとされた。[147]

この行政経営部局構想は、片山内閣の政治状況を色濃く反映していた。その一つは、予算編成をめぐる大蔵省の激しい抵抗によって様々な紛糾が繰り返されたことで、内閣が著しく動揺したことである。GSは、アメリカ大統領府の予算局をモデルに主計局を内閣移管させ、中道連立内閣への側面支援をしようとしていた。もう一つは、次年度の予算編成にあたり経費節減のための大幅な人員削減を行う行政整理が、喫緊の課題として現れていたことである。すなわち、時の政治状況を反映して、予算定員管理などの「行管」概念が、さらに「予算」概念の包摂を試みたのである。これ以降、主計局の内閣移管を主張するGS・行政調査部と、これに強く反発するESS保守派・大蔵省との対立は、行政機構の抜本的な改革・整理のなかで大きな焦点となっていった。[148]

この頃に行政調査部は、「新憲法下の行政機構改革の方針」を作成し、行政経営部局構想の一端を示している。そこでは、総理庁に設置すべき統合部局として法制局・人事局・予算局を挙げている一方、経済安定本部のごとき最高企画官庁的な部局を戦時体制からの「反議会主義の思想」に基づくものとして、新憲法下では不必要として退けている。そのうえで、行政内部における統合性を確保するためとして、次のような主張をしている。「従来主張せられた予算局的なものの構想に止まらず、それに現在行政調査部が行っている機能をも加えたところの行政経営部局を設置すると云う方向が採らるべきである。それは予算を通しての行政の統制と云うことに、更に進んで従来わが国に欠けていたところの、行政機構及びその運営についての実態的・組織的及び恒久的調査を基礎とした行政経営と云う機能をも加えたものであり、今後恒久的な行政機構改革を担当すべき使命をも負うものと考えられるべきものである」。ただし、この行政経営部局構想では次のような留意が付されていた。「現在に於ては経済安定本部の掌る財政に関する政策及び計画の基本に関する機能とも関連し更に問題は複雑微妙なるものが存し、更に現下我が国の当面している困難なる経済事情とも睨み合わせ、慎重なる検討を必要とする」。つまり、予算編成権を持つ主計局の内閣移管を構想する以上、その基本方針の企画立案権や「物の予算」の編成権を持つ経済安定本部をどのように位置づけるかという問題が、もう一つの大きな焦点とならざるを得なくなっていたのである。[149]

この時に検討されていたのは、まず、経済安定本部の大幅な縮小改組である。それは、前節で見たように、片山内閣の和田安本が過度に突出したことに各方面から反発の声が挙がっていたからである。主計局の内閣移管の動きを監視するため大蔵省から行政調査部に出向していた庭山慶一郎は、次のように記している。「純然たる企画官庁である経済安定本部が単に各省のなすべき仕事までやっているに止まらず、それ以上に殆んど現業に近い仕事に容喙している。かくの如きはその官庁の本来の任務を果し得ない許りでなく、各省と事務の重複を来たし、人的物的に不経済が多い」、従ってこの種の最高企画官庁は、「総理大臣の参謀的役割を演ぜしめるに足るものとしその機構を可及的に縮小」し、「純然たる調査企画機関」とすることが必要である。[150] これまでにも見られたように、政治性を持ちやすい「企画」概念を、これを希薄化した「調査」概念へとすりかえようというものである。

これと軌を一にして、廃止間近の法制局において渡辺佳英は、「議院内閣制乃至政党政治の下にあっては、政治的企画は専ら各党政務調査会に任せること。従って行政府の最高企画は行政上の綜合調整の形を採るべきこと」として、次のように記している。「現在の安本は、その所掌事務が経済面に限定され、爾余の面は総理庁官房審議室が所掌しているが、これを一括し、且つ、各省各庁の行政事務の総合調整（及びその滲み出しとしての企画）の面に限定して、行政総合調整局（仮称）を設置すること（…）大蔵省主計局は、行政総調局の一部局に移管すること」。やはり、経済安定本部の機能を「行政事務の総合調整」に限定することで、「企画」概念が本来的に持つ政治的な「統合」性を希薄化し、これを「滲み出し」程度の「総合調整」概念にすりかえようというものである。[151]

しかし、一方で見逃してならないのは、この法制局による縮小改組案が主計局の内閣移管とともに検討されていることである。当然、大蔵省にとっては好ましくない逆のロジックも生み出される。法制局は、経済安定本部の縮小改組案に賛成の意を示しつつ、次のような見解も示している。「予算に関する主計局及び経本の権限を統合して、これを内閣総理大臣の所掌事項とし、総理庁に一局を設けてこれを所掌させるか、或は経本に移管すること」[152]。恐らくは、いまだ影響力を保持するESSニューディール派が「複雑微妙」な状況を生み出していたのであろう、場合によっては経済安定本部が主計局を吸収することも検討されていたのである。

こうしたなか片山内閣は、総辞職前の一九四八年一月二十七日、「行政整理に関する件」を閣議決定していた。ここでは、予算定員の二割五分の縮減を謳っているものの、労働攻勢が予想される公営企業部門に関してはこれを別途検討するとし、さらに整理の適用除外対象を様々な形で拡大していた。労働勢力への配慮のみならず、「官僚制改革への関心よりも官僚への依存とその活用が優先した」という、片山内閣特有の事情があったからである。むしろ、閣議決定の主眼は、「その残存人員の範囲内においてその省庁内の機構の再編成を行う」ことにあった。[153]

片山内閣の総辞職決定後に後継首班問題が揺れていた二月十六日、GHQの指示に基づき、行政機構の改革に関する重要事項の調査審議を行い首相に必要な勧告を行うため、「臨時行政機構改革審議会令」が公布・施行された。審議会は、会長を首相、副会長を行政調査部総裁、委員を関係大臣・学識経験者などとし、行政調査部がその庶務を担うこととされた。また、事務レベルの作業を統轄するため、関係各省からなる幹事会が設置された。幹事長の前田克己行政調査部総務部長をはじめ、曽祢益内閣官房次長・福田赳夫大蔵省主計局長・宮澤俊義行政調査部機構部長・山本高行経済安定本部官房長が幹事として選ばれ、芦田内閣の成立と審議会の開始に先行し、幹事会が二十三日から開催されていった。[154]つまり、内閣の変動とは関係なく、まずはGHQ各部局と各省によって決着を図ることが目論まれたのである。

各省の代表が送り込まれた幹事会では、早くも激しい議論が交わされた。三月二日の幹事会では、経済安定本部と各省の実施業務との重複が問題にされ、とりわけ公共事業費の査定権を大蔵省に戻すことが主張された。これに対し、四日の幹事会で山本幹事から次のような反論がなされた。「予算局の問題の方を先決すべし(安本との関係をはなれて、憲法の下では予算局を総理の所にもって行くことが本当なので、大蔵省と安本との重複などはさして問題ではない)。予算編成の点を弄るのなら抜本的に扱ふべきで、小さな改正は不要」[155]。つまり、山本は、主計局の内閣移管を含めた抜本的な改革案を持ち出し、大蔵省を牽制したのである。

八回にわたる幹事会を終えた二十七日、首相官邸で第一回の審議会が開催された。まず、幹事会側から、GSの意向を反映して行政調査部が作成した叩き台の原案が配布され、主計局の内閣移管を含めた行政経営部局の構想が示された。だが、各幹事からは、幹事会は全体として意見が一致していないことが繰り返し強調された。福田幹事が、主計局の内閣移管を「問題がある」と発言したのに続き、山本幹事が、「関係方面の実際上の取扱いぶりをどういうふうにやってもらうかという点が、安定本部の問題を考えるにつきまして根本の条件」として、縮小改組が望ましいにしてもその具体案は容易ではない考えを示した。つまり、前田幹事長が、「先方でも内部で非常に意見がわかれまして、今ではどちらの意見を言ってくるかちょっと予測のつかないような状態」と述べたように、GSと行政調査部、ESS保守派と大蔵省、ESSニューディール派と経済安定本部がそれぞれクロス・ナショナルな連合を形成して、議論は膠着状態となっていたのである。[156]

四月八日の第三回の審議会では、蔵相の北村委員から、GHQ内部が意見一致しない以上は主計局の内閣移管は議論の複雑化をもたらすとの反対意見が出されると、行政調査部総裁の船田亨二副会長（兼議長）から今後の「宿題」にすることが提案され、了承された。このため今後は、まず緊急の問題を先に議論し、それ以外の問題は幹事長に順序を任せて検討することになった。ここで一番の緊急とされたのは、企画面のみならず実施面にまで入り込みすぎているとの批判を浴びていた、経済安定本部の縮小改組問題である。山本幹事は、次回に縮小改組の具体案を示すとしながらも、ＧＨＱから基本政策・計画以外の仕事も次々と持ち込まれ各省からも便宜的に仕事を持ち込まれている状態であることや、「向うの意向をとっくり聴いた上でないと、この点は軽々に判定はつかない」ことを述べた。[157] 強化拡充の際の、ＥＳＳの意向で他省の「縁の下の力持ち」となる方針が足枷となっていたのである。

十五日の第四回審議会では、山本幹事から経済安定本部の機構改革案が説明された。だが、この案は、「非常に微温的」と評されたように、経済査察庁の新設に伴い移管される監査局の分だけ十一局を十局とし、総合調整委員会を廃止するなど、和田安本の解体で生じた現状を追認する程度のものであった。そればかりか山本幹事は、基本的な企画事務が他省と重複しているため総合性を欠いている現状を批判した。その一例として、大蔵省主計局が行っている財政計画の大綱に関する事務は、現在の官制からして本来は経済安定本部が所管すべきことを挙げた。そして、「特にこれ以上簡素化する必要を自分らは認めない」とのマーカットの意向を持ち出し、これを「御考慮に入れていただきたい」と結んだ。[158]

ところが、五月六日、ＧＨＱ内部である種の決着がついたことが、第七回の審議会で明らかにされた。この時には、行政官庁法の施行期限が延期され、これに代わる国家行政組織法案が翌日の国会に提出される予定であった。ここで、他省と同様に設置法の立案が進められている経済安定本部からは、現状追認的な案が実質的にＥＳＳから同意を受けていることが報告された。次いで、船田議長、前田幹事長から大蔵省主計局の内閣移管案について「差当り」としながらも、ＧＨＱから「あまり実際的でないということで見合わせになった」ことが報告された。[159] 従って、六月三十日に芦田首相に提出された審議会答申では、主計局の内閣移管問題は言及されず、経済安定本部の縮小改組問題は、「簡単には断定できないので、一応、一ヵ年だけ延長し、来年又その時の経済情勢によってその処置を決する」、統制経済政策などの任務については、「今日のような緊急事態の下では現状通り」、内部部局については、「現行通りとする」ことが答申された。[160]

結局、行政経営部局と経済安定本部の縮小改組の構想は挫折し、わずかに七月一日に行政調査部と行政監察委員会を合同した行政管理庁が総理庁外局に設置された。そして、五日に国家行政組織法は国会で成立し十日に公布となったものの、院・庁などの行政機関の類型化、外局の内部部局などで大幅な国会修正がなされたことから、その施行期日の翌年一月一日までは行政官庁法が引き続き効力を有し、各省の設置法案もそれまで施行が延期されることになった。[161]そして、クロス・ナショナルな連合による膠着状態に翻弄され続けた審議会は、「概括的なものには結論を出したに止まり具体的なものの解決は明日に譲ったことは已むを得なかった」との船田副会長の挨拶とともに閉会した。[162]すなわち、そもそも新憲法のなかに総合官庁をどのように位置づけるのかという統治機構レベルでの問題は、取り敢えずの妥協により先送りされたのである。

3　政治力なき安定と中間安定計画

芦田内閣は当初から「弱体内閣」・「選挙管理内閣」と揶揄され、政権たらい回しとの批判を浴びて内閣支持率は三〇％程度で、政党支持率は民自党四〇％に対し民主党は一三％という有様であった。[163]実際、物価・賃金ベースの改訂問題や軍事公債の利払い停止問題などが絡んだ予算編成では党派対立に悩まされ、その脆弱ぶりを露呈していた。だが、連絡担当の官房次長であった福島慎太郎は、芦田・西尾を中心にした内閣の意外な安定ぶりにつき次のように述べている。「二人のところで調整はついてしまって、閣議の運営上とかあるいは政府自体の政策決定上、社会党と、当時のあれは民主党でしたか何でしたか、それの意見の違いで困ったというようなことは、内閣レベルの問題としてはありませんでした」、「片山内閣をひっくり返したものですからね。そして、社会党から出た大臣の方が（…）最後の土壇場へ来てしがみつくという傾向が多かった」[164]。芦田と西尾は、民主党と右派を押さえると同時に、左派を入閣させその反乱を封じることで党派対立を最小限に止めていたのである。

閣内でも、次のような状態であった。まず経済面では、北村蔵相と栗栖長官がともに民主党閣僚であり、前述のように大蔵省が多くの人材を経済安定本部に送り込んでいたからか、比較的に両者の協調関係が築かれ、予算編成は思いのほか円滑に進んでいた[165]。従って、両者の背後にあるESSの保守派とニューディール派との対立は依然として存在していたものの、それは最小限に抑えられた。次いで政治面では、「行政は全くの素人」であった苫米地官房長官が「相談相手として、たよりにしていた」西尾副総理を、実質的な閣議の取り纏め役として、あるいは全官公との労働争議への対応役として位置づけていた。この西尾の下で、「内政一般の仕事」を引き受けたのは、運輸省時代に佐藤とともに労働争議に手腕を発揮した有田官房次長であった[166]。有田は福島とともに、このころ吉田民自党から次期総選挙に出馬するため相次いで辞任していた池田大蔵次官、佐藤運輸次官、岡崎外務次官、吉武恵市労働次官などが抜けた後の次官会議を、閣議との調整役を果たしつつまずは無難に纏め上げていた。一方、GHQとの連絡については、苫米地官房長官に代わり、通常の事務レベルの連絡は曽祢連調長官、政治問題の連絡は福島官房次長が、「殆ど一手に引受ける形になった」[167]。こうして芦田内閣は、その脆弱さと表面上の紛糾にもかかわらず、意外な安定ぶりを見せていたのである。

しかし、こうした安定を可能としていたのは、ワシントンの占領政策が転換し始めていたことが最大の要因であった。この転換を初めて公然と示したのは、日本を極東における安定勢力とするためその経済自立化の優先と民主化政策の緩和を唱えた、一九四八年一月六日のロイヤル陸軍長官演説である。そしてこれは、三月二十日のドレーパー陸軍次官の再来日によって、経済復興政策の転換という具体的な形となって日本政府・ＧＨＱ双方に波及した。[168] ドレーパーは、二十四日には芦田、二十六日には北村蔵相・栗栖長官とそれぞれ会談を行い、「日本よ自力で起上れ、然らば援助せん」との点に最も強調点を置いて、財政の均衡・物価の安定・食料や石炭などの生産増強を強く要求した。[169] これら会談の結果、ＥＳＳは、「必要トアレバドシドシ directive ヲ使ッテ政策ヲ推進スルコトニナッタ。殊ニ労働対策ノ面デハ Draper mission ノ支配的意見ハ相当強硬ナモノガアッタ」として、まずは物価・賃金の改訂の本格的な検討を開始した。さらに、新しい二九二〇円ベース賃金をめぐる全官公の二・一ゼネスト以来最大の三月労働攻勢に対し、二十九日にスト中止指令を発出するとともに、それまで反対していた賃金統制の検討を開始した。[170]

こうしたなか、昭和二十三年度本予算案は、従来の物価・賃金・公共料金・財政均衡の問題に加え、軍事公債利払い停止問題をめぐり対立と混乱が生じ、その成立は大幅に遅れた。だが結局、五月二十八日の予算大綱の閣議決定、六月四日の北村蔵相の財政演説へと進み、与党の一部が予算委員会で反対の投票に加わったものの、七月四日に国会で成立した。これにより、基礎物資の公定価格安定帯を戦前基準の約六五倍から約一一〇倍とする物価改訂が行われ、四三〇億円の価格差補給金支出、三七〇〇円ベースの賃金水準、鉄道料金三倍半・通信料金四倍の値上げ、軍事公債利払いを取り敢えず一ヵ年延期する形での決着がもたらされた。[171] そして、三七〇〇円ベースの賃金水準・国家公務員法改正問題・賃金安定問題などをめぐり再発していた全官公の労働攻勢も、七月二十二日のマッカーサー書簡による公務員の団体交渉権・争議権の否認によって封じ込められた。[172] 以上のように、芦田内閣の意外な安定は、占領政策が転換し始める過渡期のなかで、片山内閣期に噴出した政治課題をなし崩し的に解決していくことでもたらされていた。言わば、硬軟織り交ぜて労働勢力を宥めつつも、抜本的なインフレ対策には手を付けないという、問題の先送りによって安定を得ていたのである。

ただし、ＧＨＱの労働政策が転換されたからといって、このころインフレ対策の最大の課題となっていた賃金統制が一気に実現した訳ではない。社会党を含めた中道連立内閣では、労働勢力の意向を考慮せざるを得なかったからである。とはいえ、ＥＳＳが賃金統制の方針を明確にした頃から、その企画立案は水面下で着手され始めていた。これを体系的に示したのは、賃金と物価の悪循環を断ち切るとともに、総合的な施策を実施してインフレを沈静化し、単一為替レートを導入して国際経済に復帰することを目指す、中間安定計画であった。中間安定計画は従来、インフレを安定化してから生産回復に着手する「一挙安定」は安定恐慌をもたらすものとして回避し、一定の生産回復（戦前水準の六割）を待ってインフレを安定化するという、それまでのなし崩し的なインフレ安定策として捉えられることも多い。だが、労働政策としての側面を視野に入れれば、浅井良夫が指摘するように、その最大の狙いは、大蔵省・経済安定本部・日銀の共同企画立案による賃金統制の実施にある。(173)

中間安定計画は、二月頃より大蔵省理財局の為替第三課長であった石野信一が幹事役となり、まず課長レベルで検討された。これを携え石野が経済安定本部へ出向し、当時の山本官房長、稲葉官房次長、徳永企画課長、大蔵省から企画課員となった佐竹浩、大来調査課長らを中心に、日銀の吉野俊彦、商工省の今井善衛らとも連絡して企画立案が進められた。三月の「石野試案」とも言うべき「中間安定の実現」を経て、経済安定本部が体系的な計画として打ち出したのが、六月十四日の「中間的経済安定計画（試案）」である。ここでは、一九四八年十月までの準備期に賃金の間接統制を実施し、一九四八年十一月頃からの第一期に直接統制へ移行し、基準を越える賃金要求のための争議行為の禁止や、共産主義的秩序破壊分子の誤導がないよう労働組合法規の改正などを予定していた。そして、一九五〇年三月頃までの第二期に単一為替レートを実現する、というものであった。(174)

しかし結局、中間安定計画は挫折した。石野は、次のようにその理由を述べている。「保守党たる民主党と社会党との連立内閣であって、経済の安定を実現するには、どうしても企業経営に相当安定恐慌的な計画も与えるし、また賃金問題、労働問題に触れなければならない。が、その点では内閣で意見の統一を期し得ない。しかも司令部の管理が強力であって司令部の指示があれば強い政治力になるが、そうではない限り国内政治力としては弱い」、また、中間安定計画を推進しても、社会党や労働勢力の影響が強い経済安定本部の「労働局の考え方などは、とてもそれはやれないということで、幹部会にまではかけられない。かけると同時にこれが新聞に出て、当時非常に政治的色彩の強かった労働運動を刺激する」、賃金統制やインフレ安定に積極的なはずのESSにしても、「日本の政治力が弱いから、そういうことをやってもとてもやり切れぬだろう」として、GSなど様々な方面との政治調整が必要となってくることを考慮し、積極的な介入には及び腰であった[175]。やはり、芦田内閣の奇妙な安定は、占領政策が転換する過渡期のなか、強力な政治力を必要とする賃金統制などのインフレ安定策を、日本政府・GHQの双方が先延ばしにしていたことによるものであった。

石野および大蔵省は、余りに早くこの案を出せば「かえって反対が強くて葬られてしまう」ことから、機の熟すまで発表を待つ方が実現の可能性があると考え、それまで「下工作をしておこう」という考え方に至った。そこで、「政党関係としては当時の野党である自由党の人達にも、ある程度連絡をしておこう」と考え、四月か五月に池田前大蔵次官と、吉田がこの時に住まいとしていた荻外荘（旧近衛文麿邸）を訪れて中間安定の必要性を訴えた。すなわち、「仮に現内閣でやれなくても、どういう内閣になってもやれるように下ごしらへをしておき、経済安定といった全国民的な問題は超党派にやれる気運を作ること」を意図したのである。だが、前述のように、芦田内閣にしてもESSにしても、中間安定計画を実施する政治力はない。ここで石野らが得た結論は、次のようなものであった。「司令部自体の考え方を、経済安定というものに統一的に指導することが必要」であると同時に、また、「日本の政治力が今のような状態では、とうてい経済の安定はできない。やはり統一的な政見を同じくする政党の絶対多数を背景とする内閣が必要だ。当時ガバーメント・セクション〔GS〕の方面では国会の解散等に対して疑問的な態度をとっているような空気があった。しかし日本の政治としては、経済安定に対する民意を聞くという観点からも国会の解散が必至となればそれをいけないという理屈はなく、また解散の結果安定した内閣が出来れば経済安定のために役立つ、経済の安定には政治の安定、強い政治力が必要だということを主張すべきである」[176]。

石野らの考えを前提とすれば、中間安定計画の挫折は、いたずらにインフレ安定を先送りにしている芦田中道連立内閣の限界を示すものであった。第一に、クロス・ナショナルな連合の形成によってＧＨＱの内部分裂が固定化し、もはや強力な政治力を発揮し得なくなっていた。第二に、経済安定本部は、縮小改組される構想は立ち消えたものの、もはや総合官庁としても対日占領政策の受け入れ機関としても、その役割を喪失しつつあった。第三に、第一次吉田内閣で不可欠とされた社会党と労働勢力の協力は今や政治的な障害となり、もはや中道連立内閣では強力な政治指導力の発揮は期待できなくなっていた。

同時に、石野ら大蔵省の認識は、占領政策の本格的な転換を想定してのものであった。まず、ドレーパーの来日前からマッカーサーが、「ＥＳＳガ日本政府ヲ経済問題ニツキ指導スル体制ハ今度改メテ practical businessmen ニヨッテナル committee ガ supervise スル」と了解していたように、ＧＨＱを飛び越えたアメリカ本国による直接的な介入が予想された[177]。実際に六月には、初めて単一為替レートの早期設定によるインフレ安定を唱えるヤング報告書が作成された。結局、マッカーサーと陸軍省の反対によりレートの設定時期は明示されなかったものの、その趣旨は後のＮＳＣ（国家安全保障会議）一三／二へと結実し、やがて経済安定九原則をもたらすことになる[178]。

また、それまでの「とにかく復興」から「復興よりも安定」という思想が、経済安定本部や商工省においてすら共有され始め、これが大蔵省の主導によって実現することが期待された[179]。当初は、アメリカ本国からの輸入援助物資に対する受け入れ機関として統制経済政策や生産増強政策を推進してきた経済安定本部に代わり、経済自立のための単一為替レート設定を睨んだインフレ安定を受け入れる機関として、大蔵省が浮上したのである。

そして何よりも、保守党による絶対多数を背景とした単独内閣が不可欠として認識された。すなわち、日本経済の自立を唱える占領政策の転換が必然的にＧＨＱの段階的な撤退を導くのであれば、新憲法に基づく議院内閣制の下における政治統合主体は、衆議院の単独過半数を擁する政党に他ならないと認識され始めたのである。

こうしたなか、九月には莫大な復金融資が贈収賄に問われた昭和電工事件の捜査が政界に及び、芦田内閣は激震に見舞われた。三十日には来栖長官、十月六日には土木献金疑惑で既に七月に副総理兼国務大臣を辞任していた西尾と、芦田内閣で中枢的な役割を担っていた閣僚が相次いで逮捕された。翌七日、総辞職やむなしとの芦田の決断により、芦田内閣は総辞職した。[180]ここで一九四八年十月十五日、民自党単独による第二次吉田内閣が成立した。吉田は、本格的な対日占領政策の転換と歩を合せて、一年五ヵ月ぶりに政権復帰したのである。

注

（1）近年、豊富な一次史料に基づいた中道連立内閣に関する政治史研究が進展している。その代表的なものとしては、中北浩爾『経済復興と戦後政治』東京大学出版会、一九九八年。福永文夫『占領下中道政権の形成と崩壊』岩波書店、一九九七年。本章では、その詳細な政治過程についてはこれら先行研究に依拠する。

（2）ＧＨＱのニューディーラーのなかでも、最も左派でありマルクス主義に近かったとされるビッソンの思想については、浅井良夫『戦後改革と民主主義』吉川弘文館、二〇〇一年、一七―二二頁。

（3）トーマス・Ａ・ビッソン『ビッソン日本占領回想記』三省堂、一九八三年、九四―九五頁。

（4）アラン・リックス編『日本占領の日々――マクマホン・ボール日記』岩波書店、一九九二年、一九四六年六月二十五日、およびオーストラリア外務大臣宛電報。

（5）総合研究開発機構編『政治としての経済計画』日本経済評論社、二〇〇三年、七二―七三頁。

（6）リチャード・Ｂ・フィン『マッカーサーと吉田茂』上巻、同文書院インターナショナル、一九九三年、一九九―二〇〇頁。

（7）「経済安定計画（一九四六年十一月二十六日）」前掲『ビッソン日本占領回想記』三二二頁。

（8）前掲『マッカーサーと吉田茂』上巻、二二二―二二三頁。

(9)「吉田茂宛マッカーサー書簡」袖井林二郎編『吉田茂=マッカーサー往復書簡集』法政大学出版局、二〇〇〇年、一九四七年二月六日。
(10)E・H・ノーマン『日本占領の記録』人文書院、一九九七年、一八七―一八八頁。
(11)前掲『占領下中道政権の形成と崩壊』一一六―一二六頁。
(12)前掲『政治としての経済計画』七三―七四頁。
(13)前掲『日本占領の日々――マクマホン・ボール日記』一九四七年二月七日、同八日付けオーストラリア外務大臣宛電報。
(14)前掲『マッカーサーと吉田茂』上巻、二二四頁。
(15)『朝日新聞』一九四七年三月十八日。
(16)五十嵐武『対日講和と冷戦』東京大学出版会、一九八六年、一―三頁。「石橋長官宛マーカット経済科学局長非公式覚書(一九四七年三月十一日)」『昭和財政史(続)』十七巻、三二一―三二二頁。
(17)セオドア・コーエン『日本占領革命』下巻、TBSブリタニカ、一九八三年、一二八―一三一頁。
(18)「日本政府経本長官宛経済科学部非公式覚書(一九四七年二月六日)」『昭和財政史(続)』十七巻、三一九頁。
(19)「都留重人日誌」経済企画庁編『戦後経済復興と経済安定本部』大蔵省印刷局、一九八八年、一九四七年一月三十一日。
(20)経本連石黒「石橋マーカット第一回会談(一九四七年二月六日)」『戦後経済政策資料』一巻、一七四―一七八頁。
(21)石橋長官提出「経済統制再建強化の構想(一九四七年三月三日)」『戦後経済政策資料』一巻、一八四―一九三頁。
(22)経安本渉外石黒「第四回長官マーカット部長会談要旨(一九四七年三月五日)」『戦後経済政策資料』一巻、一九四―二〇〇頁。
(23)「経済安定本部の機構に関する案(一九四七年三月十八日)」『昭和財政史(続)』十七巻、三二二頁。
(24)「経済安定本部改組案に関する件(一九四七年三月二十八日)」『昭和財政史(続)』十七巻、三二二―三二三頁。
(25)「吉田内閣次官会議書類(其の五)」一九四七年三月三十一日。
(26)「経済安定本部改組案(一九四七年四月四日)」・「経済統制の監査及経済統制違反の取締強化に関する件(案)(一九四七年四月八日)」『戦後経済政策資料』一巻、二二四―二二八頁。
(27)有沢は、一九四七年五月十一日付の鈴木茂三郎宛書簡において、「中山君はダメです。高瀬長官の問題で官僚の間に信用を失ってしまったから」と欄外に記している。鈴木徹三「戦後社会運動史資料論　鈴木茂三郎（三）」『大原社会問題研究所雑誌』五三一号、法政大学大原社会問題研究所、二〇〇三年、四二―四三頁より再引用。

（28）「生身の行政の数々（第二回）」『産業政策史回想録』四分冊、四三―四七頁。「佐藤尚邦氏」『産業政策史回想録』三五分冊、九一―九三頁。

（29）前掲「都留重人日誌」一九四七年三月二十六日、四月一、四日。

（30）前掲「都留重人日誌」一九四七年四月十四。

（31）前掲「都留重人日誌」一九四七年四月二十六、三十日、五月一日。

（32）以上については、『戦後経済政策資料』一巻、六〇―六一、六三―六四頁。経済企画庁戦後経済史編纂室『戦後経済史』七巻、東洋書林、一九九三年、三五〇―三五八頁。『昭和財政史（続）』四巻、四〇二―四〇三、四〇九―四一一頁。

（33）「都留重人氏インタビュー」前掲『戦後経済復興と経済安定本部』一〇七頁。

（34）「都留重人氏に聞く」『ESP』一九七六年一月号、経済企画協会、四〇頁。

（35）前掲「都留重人氏に聞く」四二頁。稲葉秀三「経済安定本部の〝理想〟と経済企画庁の〝現実〟（上）」前掲『ESP』一九七五年九月号、五九頁。

（36）岡田彰『現代日本官僚制の成立』法政大学出版局、一九九四年、第一部・第三章。なお、首相のもう一つの権力の源泉とされる憲法第七条の適用による衆議院の解散権は、占領期のあいだには事実上、GSの見解に基づき認められていなかった。

（37）内閣官房編『内閣制度九十年資料集』大蔵省印刷局、一九七六年、一五〇―一五一頁。前掲『現代日本官僚制の成立』第一部・第三章。

（38）総理府史編纂委員会編『総理府史』内閣総理大臣官房、二〇〇〇年、五―八頁。

（39）内閣法制局百年史編集員会編『内閣法制局百年史』内閣法制局、一九八五年、九〇頁。行政調査部の設置過程については、前掲『現代日本官僚制の成立』第一部・第一章。

（40）行政調査部機構部・佐藤功部員「内閣制度改革の基本的諸問題（一九四七年一月十四日）」『佐藤達夫文書』国立国会図書館憲政資料室所蔵、一七〇九。

（41）「内閣の法律案提出権について（一九四七年六月三十日）」前掲『佐藤達夫文書』六六四。なお、この作成者は、当時、法制局参事官であった渡辺佳英と思われる。
(42) 国立公文書館所蔵の『枢密院会議文書』には、その形跡は見あたらない。『朝日新聞』一九四七年五月一日。
(43) 前掲『内閣制度九十年資料集』一五二―一五三頁。
(44) 衆議院司法委員会「経済査察官の臨検検査等に関する法律案（一九四七年八月二十九日）」『国会会議録』。
(45) 民主党は、進歩党少壮派の犬養健らが修正資本主義・官僚主義打破など保守からの脱皮を訴えて三月三十一日に結成され、これに自由党から芦田均ら九名が加わっていた。
(46) 前掲「都留重人日誌」一九四七年五月二日。
(47) 前掲「都留重人日誌」一九四七年五月十四日。片山の大蔵大臣人事に対する態度軟化は、五月八日の石橋の公職追放が背景にあったと思われる。石橋追放の経緯については、増田弘『石橋湛山　占領政策への抵抗』草思社、一九八八年。
(48) 西尾末広『西尾末広の政治覚書』毎日新聞社、一九六八年、一一四―一二五頁。
(49) 以上の経緯は、『朝日新聞』一九四七年五月十九日―六月一日。
(50) 『朝日新聞』一九四七年五月二十五日。
(51) 前掲『日本占領の日々――マクマホン・ボール日記』一九四七年五月二十五日。
(52) 前掲『日本占領革命』下巻、一三一―一三七頁。
(53) 例えば、渡邉昭夫「吉田茂」同編『戦後日本の宰相たち』中央公論社、一九九五年、五一―五二頁。谷聖美「書評　中北浩爾『経済復興と戦後政治』」『レヴァイアサン』二四号、木鐸社、一九九九年、一八七―一八八頁。
(54) 「菊池貞二宛書簡」『吉田茂書簡』吉田茂記念事業財団編、中央公論社、一九九四年、一九四七年六月七日。
(55) 吉田茂『回想十年』一巻、新潮社、一九五七年、一四八―一四九頁。
(56) 片山内閣記録刊行会編『片山内閣』時事通信社、一九八〇年、二三七頁。
(57) 新憲法の施行に伴う行政官庁法によって、従来の書記官長は官房長官と改称された。
(58) 前掲『幻の花』上巻、四五一頁。
(59) 前掲『西尾末広の政治覚書』一三九―一四〇頁。
(60) 「稲葉秀三氏インタビュー」前掲『戦後経済復興と経済安定本部』五八―五九頁。なお、都留は後に、「和田ノ選挙費用、吉田カラデテイル。GSデハ和田ノ自由党トノ近付キヲ厳戒中」との情報を聞いている。前掲「都留重人日誌」一九四七年十月三十一日。
(61) 前掲『片山内閣』二四四―二四五頁。
(62) 『朝日新聞』一九四七年六月二十一日。前掲『幻の花』上巻、四六〇―四六六頁。稲葉秀三『激動三〇年の日本経済』実業之日本社、一九六五年、一五七―一六二頁。
(63) 「徳永久次氏インタビュー」前掲『戦後経済復興と経済安定本部』一二六―一二七、一三二―一三三頁。
(64) 有沢広巳『学問と思想と人間と』東京大学出版会、一九八九年、一九五―一九六頁。有沢は、片山内閣の経済政策が次第に、傾斜生産方式など生産増強政策にはやや消極的なまま、なし崩し的なインフレ対策となっていったことに批判的であった。「有沢広巳氏インタビュー」前掲『戦後経済復興と経済安定本部』八八―九一頁。
(65) 『朝日新聞』一九四七年十月二十一日。
(66) 経済復興会議については、前掲『経済復興と戦後政治』。前掲『占領下中道政権の形成と崩壊』五章第二節。
(67) 五日には早速、経済安定本部と経済復興会議の具体的な協力方法を協議する初会合が開催され、少なくとも月一回の連絡会議を開催することが決まった。『朝日新聞』一九四七年六月二、四、六日。
(68) また、外部との調整については、経済界は永野副長官、社会党や労働組合は稲葉官房次長・勝間田長官秘書官が行い、関係各省は山本官房長が行うとされた。前掲「都留重人氏に聞く」四二―四三頁。「徳永久次氏に聞く」前掲『ESP』一九七六年三月号、六九―七〇頁。前掲「都留重人氏インタビュー」一〇九―一一〇、一一五―一一七頁。
(69) 『片山内閣閣議書類(其の二)』一九四七年六月一、二日。
(70) 次官会議には、永野重雄副長官が出席していたようである。前掲「都留重人氏に聞く」四三頁。「永野重雄氏に聞く」前掲『ESP』一九七六年五月号、三九頁。
(71) 前掲『内閣制度九十年資料集』一〇二七―一〇三一頁。前掲『幻の花』上巻、四六六―四六七頁。
(72) 前掲『激動三〇年の日本経済』一六四―一六七頁。前掲『幻の花』上巻、四六七―四六九頁。
(73) 前掲『幻の花』上巻、四七二頁。前掲「都留重人日誌」一九四七年六月二十四日。総司令部経済科部長非公式書信「価格安定計画に関する件(一九四七年六月二十四日)」『昭和財政史(続)』十七巻、三二八頁。
(74) 経済安定本部発表「新価格体系の確立について(一九四七年七月五日)」『昭和財政史(続)』十七巻、三二八―三三〇頁。

前掲『激動三〇年の日本経済』一六八―一七〇頁。
(75) 前掲『西尾末広の政治覚書』一六六―一六七頁。
(76) 『昭和財政史（続）』十巻、三二八―三三二頁。『朝日新聞』一九四七年七月三十日。
(77) 前掲『経済復興と戦後政治』一〇一―一〇九頁。
(78) 前掲『片山内閣』二六三―二六四頁。『朝日新聞』一九四七年九月八日。
(79) 『通商産業政策史』二巻、三三五―三四五頁。
(80) 『通商産業政策史』二巻、三二二―三二六頁。『昭和財政史（続）』十巻、三七二―三七三頁。
(81) 前掲『経済復興と戦後政治』一二二―一二三頁。
(82) 前掲『占領下中道政権の形成と崩壊』九六―一〇一頁。この意味で、「社会党左派の危機突破策がいかにも企画院官僚の作文めいて」いるとの指摘は、あながち的外れではなかった。宇都宮徳馬「偶像化された社会主義公式」日本自由党中央機関誌再建編集局『再建』一巻一号、一九四七年三月、五一頁。
(83) 鈴木徹三『片山内閣と鈴木茂三郎』柏書房、一九九〇年、八一―八六、九〇―九二頁。
(84) 両者が経済復興会議での主導権をめぐり当初から微妙な緊張関係にあったことは、前掲『経済復興と戦後政治』九六―九七頁。中北浩爾「解題　経済復興会議」同・吉田健二編『経済復興運動資料』三巻、日本経済評論社、二〇〇〇年、五一一―五一二頁。
(85) 前掲『幻の花』上巻、四五四頁。
(86) 渡辺武『渡辺武日記』東洋経済新報社、一九八三年、一九四七年六月二十六日、七月三日。なお、この年の四月二十八日、大蔵省の終戦連絡部は渉外部と改称されていた。
(87) 渡辺武「終戦当時の渉外関係」『戦後財政史口述資料』一冊、二二一―二二二頁。
(88) 五十嵐武士「対日占領政策の転換と冷戦」『占領期日本の経済と政治』中村隆英編、東京大学出版会、一九七九、四五―四六頁。
(89) 前掲『対日講和と冷戦』三一―三三頁。前掲『日本占領革命』下巻、一二九―一三一、二七六―二七九頁。
(90) 矢野庄太郎蔵相が脳溢血で倒れたため、六月二十五日、無党籍ながら民主党系の栗栖赳夫参院議員が後任となった。なお栗栖は、翌年一月二十日の党大会で正式に入党した。『朝日新聞』一九四七年六月二十四、二十五日、一九四八年一月二十一日。
(91) 前掲『渡辺武日記』一九四七年九月二十六日、二十七日。
(92) 『昭和財政史（続）』三巻、二六一―二六二頁。都留によれば、ニューディール派の筆頭は調査統計課のロスであり、その他にファイン、コーエン、労働課のキレンが挙げられた。前掲「都留重人氏インタビュー」一一五頁。
(93) 『朝日新聞』一九四七年九月二日。『読売新聞』一九四七年八月二十九日、九月二、三日。
(94) 『朝日新聞』・『読売新聞』一九四七年十月八日。
(95) 前掲『経済復興と戦後政治』一二三頁。『朝日新聞』一九四七年十月二十四日。
(96) 以上の経緯は、前掲『占領下中道政権の形成と崩壊』一七三―一八四頁。
(97) 前掲「都留重人日誌」一九四七年十月二十七、二十八日、十一月一日。
(98) 社会文庫編『日本社会党史史料』柏書房、一九六五年、一三三頁。
(99) 『読売新聞』一九四七年十一月七日。
(100) 前掲『日本社会党史史料』一三三頁。『朝日新聞』一九四七年十一月十九、二十八日。
(101) 前掲『日本社会党史史料』一三四―一三五頁。
(102) 『読売新聞』一九四七年十二月五日。
(103) 『昭和財政史（続）』四巻、四一五頁。『毎日新聞』一九四七年十二月九日から再引用。『朝日新聞』一九四七年十二月十二日。
(104) 『朝日新聞』・『読売新聞』一九四七年十二月十四日。前掲『片山内閣』三五〇―三五二頁。
(105) 前掲「都留重人日誌」一九四七年十二月二十四日。
(106) 前掲『日本社会党史史料』一三五―一三七頁。
(107) 『朝日新聞』・『読売新聞』一九四七年十二月三十、三十一日。
(108) 『朝日新聞』一九四八年一月一日。なお、和田の実際の入党は一九四九年三月となった。
(109) 炭鉱国家管理法案については、林由美「片山内閣と炭鉱国家管理」近代日本研究会編『年報近代日本研究』四、山川出版社、一九八二年。
(110) 前掲『片山内閣』十九章、二十章。平野の罷免は十一月四日、波多野の就任は同月十三日である。

(111) 前掲『片山内閣』二九八―二九九頁。
(112) 『片山内閣次官会議書類（其の三）』一九四七年十月十三日。
(113) 『片山内閣次官会議書類（其の四）』一九四八年一月十二日。
(114) 前掲『片山内閣』二四六―二四八頁。
(115) 前掲『片山内閣』二九六―二九七、二九九頁。
(116) 岡崎勝男『戦後二十年の遍歴』中央公論新社、一九九九年、五一―五二頁。
(117) 曽祢は、鳩山追放の処理問題などで当時の吉田首相と対立し、終連の政治部長から九州地方事務局長となっていた。曽祢益『私のメモアール』日刊工業新聞社、一九七四年、一三四―一四一頁。なお、当初一人制であった官房次長は、一九四七年六月十七日に二人制となっていた。
(118) 芦田外相は、ＧＨＱの過度の干渉によって、"Puppet Government"になっている内閣の現状に不満であった。前掲『芦田均日記』二巻、一九四七年十月十日。
(119) 江藤淳編『占領史録（文庫版）』四巻、講談社、一九八九年、一一四―一一七頁。荒敬「日本占領と日本側占領折衝機関」『日本占領史研究序説』柏書房、一九九四年、一一五―一一六頁。
(120) 衆議院本会議「連絡調整事務局臨時設置法案（一九四八年一月二十八日）」『国会会議録』。
(121) 連調の設置経緯については、前掲「日本占領と日本側占領折衝機関」一一六―一一九頁。ただし、同論文は本書とは異なり、終連の内閣移管をめぐる西尾と芦田との対立を強調している。
(122) 『昭和財政史（続）』五巻、二七七―二七九頁。
(123) 『朝日新聞』一九四八年一月八、九日。
(124) 前掲『占領下中道政権の形成と崩壊』二〇七―二一四頁。
(125) 前掲『占領下中道政権の形成と崩壊』二一四―二二六頁。
(126) 『朝日新聞』一九四八年二月七―十一日。
(127) 前掲「都留重人氏インタビュー」一〇四―一〇五頁。
(128) 前掲『占領下中道政権の形成と崩壊』二二七―二三二頁。前掲『芦田均日記』二巻、三七―三八頁。
(129) 前掲『片山内閣』三九五―三九七頁。片山は、マッカーサーから再首班を打診された際、「今度モ一度ヤル場合ニハ西尾君ノ官房長ハ困ル」と答えている。前掲「都留重人日誌」一九四七年二月十二日。
(130) 前掲『幻の花』上巻、五一二頁。
(131) 前掲『占領下中道政権の形成と崩壊』二三六―二四五頁。
(132) 前掲『芦田均日記』二巻、一九四八年二月二十五日。
(133) 『朝日新聞』一九四八年三月十六日。
(134) 前掲『片山内閣』四三八―四四〇頁。
(135) 前掲『福島慎太郎氏談話速記録』二二七―二二九頁。
(136) 『朝日新聞』三月九、十、十二日。
(137) 前掲「都留重人日誌」一九四八年二月九、十、二十六日。
(138) 『朝日新聞』一九四八年三月六日。
(139) 前掲「都留重人日誌」一九四八年三月八、十、十三日。前掲『激動三〇年の日本経済』一八五―一八六頁。
(140) この過程で芦田は、ウィリアムズから「GSはMacArthurと共に絶対に支持する。然しESSは内政干渉派であるから、問題があれば毎日でもMacArthurを訪ねて話すがよい」と伝えられている。前掲『芦田均日記』一九四八年四月二、五、十四日。
(141) 前掲『幻の花』上巻、五三〇頁。
(142) 『朝日新聞』一九四八年三月十四日。前掲『激動三〇年の日本経済』一八六―一八八頁。
(143) 前掲『戦後経済史』七巻、三六五―三六九頁。
(144) 前掲「都留重人氏インタビュー」一一五―一一六頁。
(145) 「岡部邦生氏（第二回）」『産業政策史回想録』二十分冊、一五一頁。
(146) なお、大蔵省大臣官房長の後任には、主計局次長であった河野一之が就任した。
(147) 前掲『現代日本官僚制の成立』一八三―一八六頁。今枝常男「雑録 思い出すまま」内閣法制局史編集委員会編『内閣法制局史』大蔵省印刷局、一九七四年、三三九頁。法制局の解体は、一九四八年二月十五日になされた。
(148) 前掲『現代日本官僚制の成立』一七〇―一七二、一八七―一九六頁。
(149) 行政調査部「新憲法下の行政機構改革の方針（一九四七年十二月十日）」前掲『佐藤達夫文書』一七一一。同文書の表紙には、

「物資管理ノ問題、金ノ予算ノミナラズ物ノ面カラノ問題アリ」との書込みが見られる。

(150) 庭山慶一郎「無題(一九四七年十一月十四日)」前掲『佐藤達夫文書』一七一七。

(151) 渡辺佳英「行政機構改革私見(一九四八年一月十二日)」前掲『佐藤達夫文書』一七一七。なお渡辺は、戦時中に商工省から出向し、法制局の廃止とともに商工省に復帰した。

(152) 法制局「『行政整理に関する件』及び『行政機構整理試案』に対する意見(一九四八年一月十九日)」前掲『佐藤達夫文書』一七一七。

(153) 同閣議決定に至る経緯は、前掲『現代日本官僚制の成立』二一七―二三八頁。芦田内閣では、三党政策協定に基づき五月二十六日、予算定員の二割五分の縮減を削除し、各省人件費の一割五分の削減を決定するなど、さらなる緩和が行われた。本格的な行政整理は、次の吉田内閣まで先送りされたのである。同、二四六―二四八頁。

(154) 前掲『現代日本官僚制の成立』二四三―二四四頁。幹事は、後に宮澤から総理庁官房審議室の島重信に代わったほか、二名の増員がなされた。

(155) 「第三回・四回幹事会(一九四八年三月二・四日)」『占領体制研究会資料』東京大学法学部図書館所蔵、和二一一九七。

(156) 「臨時行政機構改革審議会議事速記録(第一回)」前掲『占領体制研究会資料』和二二〇五。

(157) 「臨時行政機構改革審議会議事速記録(第三回)」前掲『占領体制研究会資料』和二二〇五。

(158) 「臨時行政機構改革審議会議事速記録(第四回)」前掲『占領体制研究会資料』和二二〇五。

(159) 「臨時行政機構改革審議会議事速記録(第七回)」前掲『占領体制研究会資料』和二二〇五。

(160) 行政管理庁行政管理二十五年史編集委員会編『行政管理庁二十五年史』第一法規出版、一九七三年、六四三―六四六頁。

(161) 前掲『行政管理庁二十五年史』七〇―七一頁。

(162) 「臨時行政機構改革審議会議事速記録(第十七回)」前掲『占領体制研究会資料』和二二〇五。

(163) 『朝日新聞』一九四八年三月十、二十四日。

(164) 前掲『福島慎太郎氏談話速記録』二六四―二六五頁。

(165) 前掲『福島慎太郎氏談話速記録』二二九―二三〇頁。

(166) 前掲『西尾末広の政治覚書』二二七―二二九頁。有田喜一『八十年の歩み』有田喜一自叙伝刊行会、一九八一年、一六九―一七三、一八一―一八二頁。

(167) 前掲『福島慎太郎氏談話速記録』二二七―二二九、二三七、二五七―二六一頁。
(168) 『昭和財政史（続）』三巻、三五三―三五五頁。
(169) 前掲『芦田均日記』一九四八年三月二十四日。前掲『渡辺武日記』一九四八年三月二十六日。
(170) 前掲「都留重人日誌」一九四八年四月七日。前掲『戦後改革と民主主義』一六七―一六九頁。
(171) 『昭和財政史（続）』五巻、三一一―三三七頁。同十巻、四二七―四二八頁。
(172) 前掲『対日講和と冷戦』三六―四八頁。この時に芦田は、「MacArthur letter は確かに内閣を強くした。七月初頭以来の左派の策戦は崩れた」と記している。前掲『芦田均日記』二巻、一九四八年七月二十六日。
(173) 前掲『戦後改革と民主主義』一六九―一七一頁。
(174) 『昭和財政史（続）』十二巻、二八七―三〇五頁。
(175) 石野信一「中間安定政策について」『戦後財政史口述資料』四冊、三―四、一三―一六頁。
(176) 前掲「中間安定政策について」一三―一四、一八―一九頁。
(177) 前掲「都留重人日誌」一九四八年三月十六日。
(178) 前掲『戦後改革と民主主義』一六四―一六七頁。
(179) 前掲「中間安定政策について」三一頁。
(180) 『朝日新聞』一九四八年七月七日、十月一、七日。

第五章　吉田の復権と官邸主導の確立

第一節　吉田の復権と占領政策の転換

1　第二次吉田内閣の成立

野党時代の吉田は、自由党内の掌握に失敗した第一次内閣での苦い経験に鑑み、次の総選挙に備え自ら地方遊説を試み、また、民主党幣原派との合同で民自党を結成するなど、着々と自派勢力の拡大を図っていた。[1] ただし、片山内閣が成立した当初の吉田は、保革二大政党制を主張しながらも、当面は、「日本の政界が極右極左に偏せず、中道を堅持する真正なる民主主義の線に沿う」必要を述べていた。[2] その後、一九四八年一月二十日の自由党議員総会の演説でも吉田は、「第一に強い者の経済的自由を制限して、国民の実質的自由を確保するためには、独占を取締ったり労働組合や農業協同組合の健全な発達を図ったりする等の措置が必要である。第二に当面必要な限度において有効な統制が必要である。第三に将来といへどもある程度貿易及び為替の管理が必要である」と述べている。吉田は、民主党・国協党との合同による保守新党の結成を呼びかけていたものの、基本的には統制経済政策ないし中道政治の継続を念頭に置き、社会党を含めた挙国連立への参加の可能性に含みを持たせていたのである。(3)

しかし、吉田は、反官僚統制・反社会主義を唱える民自党内からの批判を抑えることはできず、中道政治の継続を表立っては主張できなかった。(4) つまり、吉田は依然として、GHQの求める統制経済政策や労働勢力との協調に基づく生産増強政策と、民自党内における自由主義イデオロギーの強い拘束力との板挟みで、明確な政権構想を抱けなかったのである。芦田首班が確定した際に、吉田が、民自党と民主党との差は結局のところ「社会党と共に行けるかどうかの点にある」と述べたのは、こうした事情に基づくものであった。(5)

こうした状況を一変させたのは、芦田内閣が成立した頃から顕著となり始めた占領政策の転換が、いよいよ中道政治の継続を必要としない方向に作用したことであった。芦田にしても、社会党との中道連立を推進していたのは、次のような意図からであった。「労働総同盟が政府を支持し、勤労階級が耐乏生活の中にあって、大規模の労働攻勢に出なかったことは、全く三派連立内閣の成立の効果と見るべきである」、「今後何人が時局を担当しても、少なくとも勤労階級の一部の支持を受けない限り、労働攻勢にたいする防御力は皆無に等しい」。こうした芦田の姿勢は、イデオロギーではなく機会主義に基づき社会党との連立に踏み切っていたことを示している。従って、物価体系・賃金ベースを中心にしたインフレ対策・財政均衡化・生産増強政策において、労働勢力や社会党の協力の必要性がなくなれば、「これと袂を分たなければならない」ことを明白に認識していた。(6)

実際にこの時、労働勢力の賃上げ攻勢は、インフレ対策や財政均衡、ひいては外資導入など、占領政策の転換にとって大きな障害となりつつあった。また、五月十四日の会談でマッカーサーが芦田に、賃金統制の必要性に言及しつつも「インフレも緩くなり、物資の情況もよい」と述べたように、傾斜生産方式の目標であった一九四七年度の石炭生産三〇〇〇万トンはほぼ達成され、生産増強政策が一定の成果を上げつつあることが明らかとなった。日本経済は、「一時的にせよ相対的安定期に入った」のである。[7] 石炭生産が上昇したこの頃には、従来の炭鉱への労働力の大量投入という政策は、過剰労働力の抑制と機械化・合理化に基づく労働生産性の上昇を図る政策へと転換され始めた。そのため、石炭産業では、労働者の賃下げと過剰人員の整理による合理化が新たな課題となった。[8] このように、最優先であった生産増強政策が奏功し物資不足が解消されたということは、次にはインフレ安定が最優先になっていくということである。中道政治の政策上の基盤は、ここに来て失われつつあった。

吉田は、それまでの態度を一変し、五月頃より積極的な攻勢に出るべく次のような見解を述べた。「今や現内閣は外資導入を天来の福音なりとして宣伝之努むるもの丶如し。インフレ対策として之れ以外に良策なきは明かであるが、導入の前提条件は先づ以て自主自立の国策の確立である（…）我国再建が必要とする外資は民間外資の流入に待つ外なく、民間外資は投資の安全、利潤の保証せらる丶に非れば不可なり（…）議会に於て僅かに九十前後の議席を擁する第三党の民主党がその政策に於て全然相容れざる社会党の援助に依頼する連立内閣の態様を維持する以上、芦田内閣が諸弊一掃、外資導入の受入れ態勢を完成するに足る断固たる政策を取らんとして取る能はざるは明かである」。吉田は、占領政策の転換を見極めたうえで、労働勢力に引きずられる社会党との挙国連立に見切りを付けた。そして、統制経済の漸次撤廃、財政均衡、労働法規の改正といった外資導入の受け入れ体制を整備するため、まずは保守合同の必要性を強く訴えたのである。[9]

七月二十一日、吉田は、民自党内の党人派の反対を押し切り、荻外荘に池田前大蔵次官、佐藤前運輸次官、岡崎前外務次官・吉武前労働次官、大蔵省の橋本龍伍、前尾繁三郎らを集め、これら官僚出身者二十八名の一斉入党と次期総選挙の出馬を大々的に発表した。党内の党人派に対抗すべく、行政経験豊かな官僚派の形成を世に示すと同時に、従来のような政治工作ではなく、総選挙の実施による保守合同の実現、芦田ら中道連立派の中央党構想ないし挙国連立構想の否定、保守単独内閣の実現などを目指す旨の談話を発表した。吉田は、自らの政権構想に保守色を強めるとともに、政策においても、「財政を緊縮し、歳計の均衡を図り、所謂労働攻勢を純化して、その背後に政治撹乱を企図して暗躍する共産分子を清算し、生産の増強、インフレ防止、外資導入によりて一日も速やかに国家再建のため報国懸命の努力」をすべきである、との立場を明らかにした。(10)

ただし、政権復帰した時点での吉田の権力基盤が盤石であった訳ではない。それは、民自党が一五一議席という少数与党だったからだけではなく、民自党内での吉田の立場がいまだ盤石とは言い難かったからである。吉田の政権復帰の阻止と中道連立の継続を目論んだGS（民政局）は、芦田内閣の総辞職の兆しが見え始めた九月下旬頃から、山崎猛幹事長・山口喜久一郎議院運営委員・星島二郎筆頭総務など民自党脱皮派＝党人派を通じ、吉田総裁を棚上げし山崎首班による民主党・社会党・国協党との挙国連立の工作を開始した。(11) いわゆる山崎首班工作である。これは、官僚出身者の大量入党に対する党人派の強い反発の裏返しであり、吉田がいまだ党内を掌握していないことを改めて示すものであった。(12)

十月七日、芦田内閣後の政局収拾のため、民自党・民主党・社会党・国協党・社会革新党の五党首会談が呼びかけられた。吉田は、ひとまず五党首会談を先送りして九日にマッカーサーとの会談を行い、少なくとも吉田首班に反対ではないことを確認することに成功した。(13) そのうえで十日の五党首会談に臨んだ吉田は、「五党首会談が首班選考の立憲的方法であるかどうか」として疑義を呈し、あくまで首班指名は国会に問うべきとの強い姿勢を示した。吉田は、戦前の憲政常道論のごとき政権交代ルールに則って、こうした態度に出たのではない。五党首会談が、いまだ燻り続ける挙国連立の工作へ連動しかねないことを警戒していたのである。(14)

吉田は、十二日に再びマッカーサーとの会談を行うと、反吉田から転向した星島筆頭総務、および広川弘禅副幹事長との三者会談に基づき、十三日に益谷秀次を通じ山崎に勧告を行うと、十四日に山崎は議員を辞職し、山崎首班工作を頓挫させた。同日、衆参両院の指名選挙に基づき吉田首班が決定し、近いうちの総選挙を視野に入れつつ、民自党単独による第二次吉田内閣が成立した。十五日、取り敢えず全閣僚を兼任して認証式を終えた吉田は、学界など党外からも人材を広く求めること、党内からは昭電事件、炭鉱国管事件、その他の類似の事件で疑惑の持たれる者の入閣は避ける、老朽を遠ざけ清新な顔触れを揃える、などの方針で組閣を開始した。組閣参謀には、議席のないまま官房長官に抜擢された佐藤前運輸次官をあて、主に官僚出身者の選考にあたらせた。吉田は、このたびの組閣では内閣官房を手中に収めたうえで、ほぼ思い通りの人事を貫こうとしたのである。[15]

十九日に正式に発足した第二次吉田内閣の構成は、次の通りである。まず、外務大臣は吉田が兼任し、その代わり外務次官には総選挙までのあいだ岡崎勝男元外務次官を復活させた。佐藤官房長官の下には、内政担当の官房次長に大蔵省出身の橋本龍伍が就任し、連絡担当の官房次長は空席とするものの、連調長官に外務省総務局長の朝海浩一郎が就任した。官僚出身者からは、労働大臣に増田甲子七などが就任した。大蔵大臣は、池田成彬の推薦で三井出身の泉山三六が、商工大臣は、帝人社長の大屋晋三が就任した。経済安定本部長官は、GHQからの許可に難渋し当面は泉山蔵相の兼任となった。民自党の幹部級からの就任は、副総理兼厚生大臣の林譲治、建設大臣の益谷秀次くらいが目立ったところであった。全体的に見て主要な閣僚には、総務会を中心にした党側からの強い要望に反し長老の党人派の多くが棚上げとなり、若手の官僚出身者や経済界出身者から多く登用された。また、党役員人事では、山崎首班工作の鎮圧に功労のあった広川弘禅が幹事長に就任し、政調会長に青木孝義、総務会長には星島二郎が就任した。[16]そして吉田は、星島・山崎・広川の三人を組閣委員と称しながらも、山崎首班工作の影響からか星島・山崎を実質的に排除し、広川一人にこれを取り仕切らせた。広川幹事長に広汎な権限・役割を持たせることで、自前の新しい党人派を党内に形成し、従来の党人派への対抗勢力とすることを試みたのである。[17]

こうして吉田は、総選挙実施までの間ながら初めて思い通りの組閣を実現した。とはいえ、民自党内を完全には掌握していなかったばかりか、衆議院では少数与党であった。それ以上に、いまだ社会党・民主党・国協党の中道三派を支持するGSとESS（経済科学局）ニューディール派が政治的に大きな存在である限りは、多大な困難が予想された。従って、これらGHQ各部局と密接に結びついた各省の政策を統合していくことにも、多大な困難が予想された。実際に、第二次吉田内閣は、成立後から様々な困難に直面した。だが、まさにその時、それまで朧気ながらに伝わっていた占領政策の転換が、ワシントンから具体的な対日政策として現れたのである。

2 経済安定九原則の中間指令

吉田内閣は、来るべき臨時国会の開会に備え、前内閣以来の課題であった国家公務員法の改正、臨時人事委員会勧告が近づく公務員の新給与水準、これに伴う追加予算、スト攻勢が続く労働対策などにつき協議を開始した。この中心となったのは、佐藤官房長官である。佐藤は、既に組閣前の十八日から、定例の次官会議以外に、関係次官による会議を連日開催して対応を協議していた。そして、片山内閣の時には次官会議の議論をリードしながら閣議にも出席していた佐藤は、橋本官房次長とともに「次官会議の運営は従来通り」としつつ、閣議との連携を深めていく方針を固めた。[18] 十九日の初閣議からは、やはり佐藤が中心となって臨時閣議が連日開催され、同様に対応が協議されていった。[19]

一方、吉田ペースで進められた組閣に不満を募らせた民自党では、取引高税の撤廃は代替財源がなければ困難との泉山蔵相の就任会見の発言に対し、党の公約違反として反発の声が挙がった。二十一日の議員総会では、党の公約である取引高税の撤廃、統制の大幅解除、行政整理の断行の遵守を各閣僚に迫り、変更の場合は議員総会に諮ることや、基本的施策の発表前には常任委員に連絡することなどの要望が決議された。これに対し広川幹事長は、政府と党との連絡を密にするための連絡機関の設置を言明した。[20] 連立内閣ではないため他党との政策協定は不要であったが、それだけに政府と民自党との間の調整が重要課題となったのである。

吉田は、二十七日と二十八日、外相官邸[21]に佐藤官房長官、橋本官房次長、広川幹事長を招致し、今後の政府と民自党との連絡ルートおよび国会対策につき協議を行い、党との連絡機関として委員会を設置して官房長官を列席させることを決定した。これに基づき、民自党との連絡機関として党内に内閣連絡委員会を設置し、植原悦二郎・大村清一・樋貝《ひがい》詮三などの党長老らを委員としてあてた。その一方で、今後は毎日午前九時から外相官邸で会合を行っていくことを決定した。[22]ここから、首相・官房長官・官房次長・幹事長の四者を常任メンバーとし、時に応じ関係閣僚・党幹部などを招致する「外相官邸連絡会議」が、最も重要な政策決定の場となっていくのである。

しかし、最も懸案となっていたのは、依然としてGHQとの連絡ルートの構築であった。大蔵省渉外部長の渡辺武が、「吉田内閣の海外での評判は極めて悪く ultra conservative なりといふ(…)この内閣の渉外関係は困難が予想される」と記したように、[23]ワシントンからの占領政策の転換が具体的に現れていないこの段階では、いまだ単なる保守主義者と見られていた吉田は、GHQとの関係構築に苦慮していた。マッカーサーは、吉田の政権復帰に対し、「あまり喜んでいるふうには見えなかった」と評されたように、いまだ信任の意を示していなかった。[24]とりわけ問題だったのは、基本的に現場には不介入の姿勢を見せるマッカーサーではなく、公務員の新給与勧告をめぐる追加予算問でESSとGSとの調整が大いにこじれていたことであった。

十一月六日、ESS労働課は、労働勢力の賃上げ攻勢に対し、①新規財源が伴わない限り賃上げのための価格差補給金の増額は認めない、②賃上げのための赤字融資を禁止する、③一般物価水準の引き上げを必要とする賃上げは許さない、との賃金三原則を示した。財政金融面から賃上げの資金源を断つ間接的な賃金統制であり、実際には、財政課などESS保守派の財政均衡方針の一環として採用されたものであった。[25]だが、保守派の財政均衡方針には、矛盾も見られた。渡辺渉外部長は、大幅な歳入欠陥が見込まれる追加予算案につき、リード財政課長に次のように問い質している。「司令部が若し一方で予算をバランスせよといひ、給与は引上げよと云ひ、しかも物価を改訂せずといふならば自己撞着なり」。これにリードは、「司令部上司の命令が矛盾せる為なり」と釈明せざるを得なかった。[26]保守派が求めた財政均衡方針は、ニューディール派が求める価格差補給金支出による物価体系維持方針を維持させたまま打ち出されたものであった。そもそも、ここまで賃金統制が先延ばしにされてきたのは、各部局の見解が統一されず調整されなかったことで「司令部自身において強力な推進者がいなかった」からであった。[27]

九日、臨時人事委員会は公務員給与水準として、政府側が想定した五三〇〇円を大きく上回る六三〇七円を勧告した。これによる財源不足は明白であり、追加予算問題は混迷の度を深めた。[28]まず、それまで大々的に主張してきた民自党の減税公約は、ESSの財政均衡方針との隔たりが際立ち、吉田は両者の調整に難渋した。芦田は、自らの苦しい経験に鑑み、次のように記していた。「此際は民自党が政局に立つがよい。そして在野党時代に声明した取引高税の廃止、料飲店の再開、米の自由販売等、凡てが空手形といふことが判明し、其上新に増税を数百億に迄起さねばならぬ境涯に立ってから国民の審判をうけることが宜しい[29]」。

民自党は、中道勢力が昭電事件でイメージが悪いうちに総選挙を行う方が有利として、六三〇七円の勧告を承認し、取引高税撤廃に対する財源を赤字公債の発行で埋め、早急に追加予算案を国会に提出すべきとして、吉田内閣へ圧力をかけ始めた。[30]これにマーカットは、次のような強い批判を行っている。「支払能力があるならやって良いがそうでないのにするならば結局は米国の援助を失うことになる。それで良いなら吉田首相でもマッカーサー元帥の処え行って、援助はいらないから日本のことは我々の思うようにさせてくれと申し入れたら良い」。すなわち、マーカットは、「何党であろうと税をまけてやって投票をかせぎ其の穴埋めを米国の弗を以てするということには賛成出来ない」ことを強調してみせたのである。これに対し、経済安定本部長官を兼任していた泉山蔵相は、「大蔵大臣としては五三〇〇円が適当と考える」としながら、「自分は党議に服さねばならない」と答えるに止まるなど、何ら政治力を発揮できないまま事態は紛糾を続けた[31]。そのうえ、ESSと大蔵省の反対を押し切って臨時人事委員会に六三〇七円の勧告を行わせたGSは、中道勢力に不利として総選挙の引き延ばしを図っていた。そのため、国家公務員法の改正問題と絡め勧告案の遵守を吉田内閣に迫り、さらに、憲法七条の内閣による解散権を否定し、第六九条の内閣不信任案の可決にのみ解散権が存するとして、総選挙を阻止していた[32]。

吉田は、二十五日の外相官邸連絡会議であくまで解散総選挙を行う方針を決定すると、その解決をマッカーサーに求めた。よって二十八日、GSのホイットニー局長による妥協案が提示され、①野党は今国会中に国家公務員法改正案を承認し、②政府は新給与の引上げを含めた追加予算案を国会に提出し、③この提出から二週間後に野党から内閣不信任案を提出して解散を行う、との妥協が成立した。二十九日、吉田内閣は新給与の引上げを含む追加予算案を国会に提出し、三十日にはスト禁止条項を含む国家公務員法改正案が可決され、第三回臨時国会は会期終了した。翌十二月一日、第四回国会が招集され追加予算案の審議が始まった[33]。

審議ではまたもや、勧告案を支持する中道勢力と吉田内閣との調整が難航し、GHQでも、新規財源がなければ給与引上げを認めないとするESSと、勧告の原則に従い給与は国会で決めるべきとするGSとの調整が難航した。十四日には、泉山が国会内での泥酔事件で辞任に至り、急遽、蔵相が大屋商相の兼任、経済安定本部長官が周東農相の兼任となるなど、国会は混乱を重ねた。十五日、吉田はGHQの意向を質しにマッカーサーに面会し、マーカット、ホイットニー両局長の同席の下での裁定を引き出すことに成功した。裁定は、新給与水準を原則として勧告通りの六三〇七円とする一方、これによる財源の増額は認めないというものであった。ただし、これに基づき公務員給与は、十二月分から六三〇七円水準を原則とするが翌年一月分・二月分は減額することで決着し、二十一日、追加予算案は国会で成立した[34]。

二十三日、約束通り野党から内閣不信任案が提出されると、これが可決されて衆議院は解散となり総選挙に突入した。吉田は既に、総選挙を想定して、「外資の導入については、まず日本の受入態勢が大切である」との方針を示し、税制・労働不安・為替レート設定・インフレ・財政均衡などの問題の解決を繰り返し訴えている。[35]とはいえ、これらを実行するための具体策につき、吉田は確たる見通しを立ててきた訳ではない。それほどまでに、GHQ内部の意志決定が硬直化し、混乱した状況が続いていたからである。

ところが、国会での審議が終盤を迎えていた頃、ワシントンによる占領政策の転換が具体的な形で表れた。既にアメリカ国家安全保障会議（NSC）は、対日基本政策の主要目的を経済復興と確定し、また占領軍機能の縮小と行政責任の日本政府への移管を促進するNSC一三／二を採択した。[36]米ソ冷戦の進行により日本の講和独立を本格的に見据え始めたワシントンは、まずは国際経済への復帰を目指し、単一為替レート設定を目標とした。そのために必要とされるインフレの一挙安定の実現のためには、GHQを通り越した具体的かつ強力な介入が必要であると認識したのである。そして、NSC一三／二に基づく中間指令として経済安定九原則がGHQに送付され、十八日、マッカーサーから吉田に伝えられた。[37]

九原則は、早期の単一為替レート設定を目標に、次の九項目のインフレ安定策を強く要請していた。①総合予算の均衡、②徴税の強化促進、③融資の抑制、④賃金の安定、⑤物価統制の強化、⑥貿易為替統制の改善強化、⑦物資割当配給制度の改善、⑧生産の増大、⑨食料供出の効率化。このうち、④〜⑨の六項目で統制経済の強化方針が謳われていたため、社会党および民主党は次のような声明を発表している。「マ元帥指示のもとに片山、芦田両内閣によってとられてきた方針が、ワシントンで確認されたとも考えられる（…）自由放任経済に切替えんとする吉田民自党内閣に対するワシントンの重大なる審判が下されたとも見られよう」[38]。

だが九原則では、①〜③の財政金融政策の三項目、とりわけ①の総合予算の均衡が単一為替レート設定のため最も重要であり、④〜⑨の六項目は暫定的な補助手段として位置づけられていた。これまで見てきたように、ワシントンが打ち出す占領政策は、常にその時々の外交政策を貫徹させるための手段であって、そこにイデオロギー的な志向性は少ない。つまり、財政均衡を主眼に置きインフレの一挙安定を厳格に求めた九原則は、ESSニューディール派のなし崩し的なインフレ安定策にアンチ・テーゼを投げかけたものだったのである。[39]その意味で九原則は、GHQへの不信感の表明であり、占領政策の決定権がワシントンへ移動したことを示すものであった。[40]マッカーサーは強く反発したものの、九原則は対日経済援助と引換えだったため遂にこれに従わざるを得なくなったのである。

しかし、九原則が至上命題の指令としても、日本側において誰がどのように実行するかという課題は未解決であった。つまり、吉田は、九原則を具体的に実行するため、GHQ各部局・中道勢力・労働勢力・民自党・各省に対し強い政治指導力を発揮する必要に迫られていたのである。また、マッカーサーおよびGHQは、九原則を承諾しながらも、その実行権限までワシントンに明け渡すことには依然として抵抗を続けていた。[41]こうした抵抗を排除するため、トルーマン大統領の代表として日本へ派遣されることになったのが、既にドイツでの通貨改革の実績があった、デトロイト銀行頭取のジョセフ・ドッジである。[42]だが、ドッジ来日まではいましばらくの猶予が残されており、その権限と役割は未知数であった。ここから、九原則に対する「受入れ態勢」をどのように構築するかをめぐり、新たな主導権争いが引き起こされていくのである。

3　経済安定九原則の受入れ態勢

経済安定本部は、九原則の以前から、ESSと緊密に連絡しつつインフレ安定計画の企画立案を進めていた。十二月十日には、「綜合施策大綱案」がまとめられ、以後、少しずつ改訂が加えられていった。その内容は、統制経済を強化しつつ生産の増強を図れば、やがてインフレ安定にも単一為替レート設定にもつながるという従来のなし崩し的インフレ安定策の延長線上にあり、後のドッジ・ラインと多くの点で相反するものであった。[43]だが、九原則の中間指令が出されると、ＥＳＳは自らに対する不信任として反発し、従来の基本方針に固執した。[44]

一方、十九日の臨時閣議は、まず経済安定本部に対応策の企画立案を行わせ、その後に閣議で協議することを決定した。このため、兼任となっていた経済安定本部長官を早急に専任にすることが目指され、財界を中心に人選が進められた。[45] 二十三日、経済安定本部は、策定した「綜合施策大綱要旨」などにＥＳＳの了解を得ると、[46] 翌二十四日、閣議にこれら基本対策を提出して了解を得た。そして、ＥＳＳとの折衝と経済閣僚懇談会での検討に並行して、経済安定本部において経済関係各省による総務局長会議を開催して総合的な調整を行うことになった。[47]

しかし、吉田は、この頃の衆議院予算委員会で後任長官につき、「アメリカ側にも、ことにＥＳＳ、何と言いますか、このセクションの方とも十分連絡のとれる人をと考えておる（…）なるべく早く補充したい」と述べながらも、次のような見解を示している。「経済科学局の当局者の考えは、もっと強い統制いわゆるニューディールにのっとっておった（…）かえってそれが統制にならずして、やみ市場に流れるという実情を見て、従来理想的に考えておった統制の原則はとにかくとして、方法をかえなければいけない（…）従ってあのマッカーサー元帥の書簡の中には統制とかいう話がありますが、統制のやり方についてはかえなければならぬ」。また、経済復興五ヵ年計画についても、「再検討いたしたい（…）私としては研究が未完成であります。またそれが二、三日前に出た九原則とどういう関係になりますか、この点私はまだはっきり頭の中に入っておりません」との見解を示した。[48] 吉田は、マッカーサー書簡から垣間見えてくるワシントンの意図を慎重に読み取りつつ、ＥＳＳの統制経済政策を否定し、その重要な連絡機関である経済安定本部の経済復興五ヵ年計画の凍結を示唆したのである。従って、九原則に対応する具体的な企画立案につき、経済安定本部がその主体となるかどうかは微妙な状況となった。

吉田は、二十四日の閣議後の記者会見で、九原則の実行のため、総選挙中といえども「輸出とか為替とかの権威者を集めて急速に委員会をつくりたい」、との意向を示した。これに経済安定本部は、委員会は当然に部内に設置されるとの立場を表明し、早くも牽制した。だが、二十七日の記者会見で吉田は、次のように述べている。「外資を導入するためにはまず受入れ態勢の完備が必要である。安本の五ヵ年計画はこれを国内産業の振興から企画し、マ元帥の書簡は輸出振興に重点をおいた。日本のように国内市場のせまい国ではやはり国外市場の拡張に重点をおいた方が復興への近道であると思う。委員会ではこの両者の調整を行うことはいうまでもない。輸出市場の獲得と国内産業建直しのため、しばしの耐乏生活を国民に求めることは決して不当ではない」[49]。つまり、なし崩し的なインフレ安定による生産増強政策から、国際経済への復帰のための単一為替レートを想定した輸出振興政策へ経済復興の重点を移そうとしたのである[50]。吉田は、既にこの日の朝の外相官邸連絡会議で、財界や学界からの「総理の private のブレーン」を形成すべく人選を行い、委員会を経済安定本部内ではなく首相直属のものとして設置する方針を固めていた[51]。

二十八日、非公式な諮問機関として、単一為替レート設定のための審議会の設置が閣議決定された[52]。だが、これには予想通り、ESSから強い反対意見が出された。二十九日の経済安定本部との定例会談では、マーカットから次のような強い批判が伝えられた。「何故そんなものを設置する必要があるのか」、「経本こそ正に其の目的のために作られたものである。経本の外にそんなものを作って首相直属にして為替レートの設定が外国の援助に依存する所大なるに鑑み、充分成績を上げ得るや疑わしい（…）頭でっかちの機関を作ると経本を弱めることになり、そんなものを作るから首相が経本を信頼しないのだ。ESSは経本に対し必要な情報を与える。経本を通じて仕事をするものである。経本は吾々を通してオールパワフルであるべく所」であり、「他の如何なる機関も之に代らせない」[53]。

結局、ESSの強硬な姿勢を受け、同日に発足した単一為替設定対策審議会は経済安定本部に設置されることとなり、総裁を務める吉田が会長、長官を兼任する周東農相が副会長となった。委員は、政府から、大蔵・商工・労働・運輸などの経済関係閣僚が参加し、民間から、一万田尚登（日銀総裁）・石川一郎（経団連会長）・東畑精一・有沢広巳・永田清・中山伊知郎・堀文平（富士紡社長）・駒村資正（江商社長）・長崎英造（産業復興公団総裁）などが選任され、まずは、

経済安定本部が提出した為替レートに関する資料を基に検討が開始された。(54)

吉田は、経済安定本部に対し、「長官ニ長イ作文ヲ持ツテキテモワカラヌ、ワカリヤスイモノニシロ」と命じるなど、その企画立案のあり方に疑義を呈していた。(55)そのため、単一為替設定対策審議会は形式的には経済安定本部の所管とされたものの、実質的に首相直属の機関として運営された。三十日、政府から佐藤官房長官・郡《こおり》祐一官房次長も参加した第一回の審議会では、冒頭に吉田から、「九原則の指示は本懐とするところである。これが具現化についてはマーカット将軍も張り切っている。私も張り切っている。諸君の意見は其侭採用する方針でいるから其の積りで充分勉強して貰い度い」との示唆的な挨拶があり、以後、翌年二月二十三日まで八回にわたり審議がなされた。(56)

審議会では、インフレの原因は賃金・物価の悪循環にあるとの認識のもと、賃金安定ができなければ為替レート自体が維持できないとの強い意見も出された。そこで、まずは経済安定本部の一ドル＝三〇〇円を想定した案を参照しながら、従来の賃金安定三原則に基づく間接的な賃金統制策より一歩踏み込んだ、認可制による賃金安定策が検討された。また、審議会の後半では、取り敢えず三月に一ドル＝三五〇円の線で為替レートを実施するという大体の結論が得られ、価格差補給金支出の抑制も検討の課題として議論された。(57)

こうした審議会の議論と軌を一にしていたのは、大蔵省である。和田安本の頃に比べれば協調関係ができて来たとはいえ、来年度の予算編成を控え、やはり経済安定本部との間には価格差補給金抑制による財政均衡方針、賃金・物価問題、インフレの一挙安定などをめぐり意見の対立が生じていた。大蔵省は、吉田の強い意向で従来の方針が審議会で転換されていくことを絶好の機会と見た。よって、徹底した財政均衡と賃金安定策によるインフレの一挙安定を主張して、経済安定本部の「綜合施策大綱要旨」を次のように批判した。「九原則の一つ一つについて余り総花的に記しているため、焦点がぼやけている。九原則のどれにどの程度の重点を置くかを決定することが先決問題であり、根本方針としては、昭和二十四年度中に経済安定を齎すよう努力するものとし、安定のために生産が或る程度犠牲になってもやむを得ない腹を決める必要がある」、このため財政均衡の徹底はもちろんのこと、「賃金が高騰しても、企業がこれを払い得るような弾力的な価格を決定し、これを一定期間据置くという考え方は、インフレの継続を前提とした思想であり（…）反対である」[58]。

とはいえ、単一為替設定対策審議会は、単なる諮問機関であって決定機関ではない。そのためこの時点では、九原則への具体的な対応策まで定められなかった。それは、九原則によるインフレの一挙安定に反発し従来の政策に固執するESSが、「具体案は日本側で作成すべきものにて司令部は原則に合致するや否やを確かめる立場にあり」との消極姿勢を示しながら、さりとて一挙安定に代わる整合的な対策を積極的に用意する能力も定見も失っていたからである[59]。マーカットは、経済安定本部との定例会談のたびに審議会の状況報告を受けていたが、苛立ちを隠さず次のように述べている。「審議会は外にすることもあるのに真先に賃金凍結をきめた。財政をやるべき大蔵省が労働問題をやったり、労働問題をやるべき労働省が財政をやったりすることはおかしい。尤も経本は綜合調整する所ではあるが、とにかく早く措置をとるべきでドッジが来たら税についてはこうするのだとすぐ示したい[60]」。

ともかくも、占領政策の転換の表れである九原則を契機に、吉田と大蔵省に好機が訪れ、従来の経済安定本部の役割には転換の兆しが見られた。それまで強い影響力をもって占領政策を内面指導してきたGSも、山崎首班工作の挫折、解散総選挙の決定、そしてケーディス次長の帰国と辞職など、政治的な後退が明らかとなってきた[61]。そのGSと時に対立することが多かったESSにしても、ニューディール派のみならず局全体として存在意義が問われ始め、当事者能力を失って吉田内閣の政策転換を凍結させておくだけで精一杯であった。こうした状況のなか、トルーマン大統領から広汎な権限を与えられたドッジの来日が近づいていた。そして、そこでの最大の焦点は、ドッジが打ち出す九原則の具体化を、誰が主導権をもってどのような形で受入れていくかにあった。

第二節　総選挙の勝利とドッジ・ライン

1　第三次吉田内閣の成立

ＧＨＱの政治的影響力が次第に後退していくなか、吉田にとって当面の目標は、総選挙の勝利によって衆議院で戦後初の絶対多数を獲得することであった。だが、この時点での吉田は、単に衆議院で絶対多数を取ることだけを考えていたのではない。吉田は、一九四九年一月四日の記者会見で、民自党が絶対多数を取った場合も保守提携を考慮する、民主党との提携についてまだ話し合いはないが犬養健総裁は同調してくると確信するとして、保守合同の促進と社会党の育成とを説いた。これが、年来の主張である保革二大政党論に基づく発言であることは間違いないが、吉田は次のようにも述べている。「中道政治というのは私にはわけが判らぬ、政権工作以外の何ものでもない」、保守提携を行ってこそ「政治力が結集され政治が安定してはじめて経済復興が出来る」、そして、九原則を具体化し為替レートを決定することで対日援助・外資導入・通商復活などが解決されていけば、「その総合が講和条約となる」(62)。

吉田にとって、保革二大政党論より重要であったのは次の二つである。一つは、絶対多数の獲得がそのまま民自党の掌握を意味する訳ではなく、場合によっては、山崎首班工作のように党内の党人派が中道勢力と提携する状況が予想されたことである。そのため吉田は、民主党内の連立派との提携を行うことで中道勢力を分断し、これが民自党内の党人派の動きに連動することを牽制していた。吉田の保革二大政党論は、民自党内の反吉田勢力を弱体化させる一方で、吉田派を形成することに主眼があった。大野伴睦ら鳩山系の党人派が最後まで保守二大政党論を展開してこれに抵抗したのは、こうした背景があった。いま一つは、九原則の具体化による経済復興と国際経済への復帰という、対日講和に対する予備的な「事実上の講和」(63)を実現するため、何より強力な安定政権を必要としたことである。つまり、吉田は、保革二大政党の政権交代に基づく議会運営の理念を唱えたというより、自らの主導で保守勢力を結集させて強力な安定政権を確立することを最優先していたのである。[64]

吉田は、総選挙に際して民自党の勝利ムードが高まり、各地で非公認候補が乱立してその数が四五〇を越えるほどとなって共倒れの危険性が予想されると、広川幹事長に次のような厳しい候補者調整を指示し、非公認候補七五名の除名を断行した。「我党絶対多数を得政局安定せされハ我国再建復興の遂け難し。為邦家是非ニ断乎候補者整理を形勢の推移ニ応し断行相成度[65]」。

四六六議席をめぐる一月二十三日の総選挙では、民自党が解散時の一五一から二六四と予想を遥かに超える勝利を収め、戦後初の絶対多数を獲得した。吉田は、さらに池田、佐藤ら官僚出身者の多くを含む一二一名の新人候補を当選させ、吉田派を形成し党内で主導権を発揮する基盤を確立したのである。そして、共産党が四から三五と躍進した一方で、社会党は一一一から四八、民主党は九〇から六八、国協党は二九から一四となり、中道勢力は惨敗した。[66]この結果を見て、それまで厳しい吉田批判を展開していたマッカーサーは、今回の総選挙によって明確かつ決定的な形で保守政治の理念が与えられた、と声明して評価を一変させた。これは、今までのような辞令的な祝辞でない。マッカーサーは、強力な保守党が今後四年のあいだ政治を担当するのは「喜ばしい」と周囲に語っている。[67]九原則の実行とその先にある講和条約を見据えた占領政策の転換にあたり、絶対多数に基づく強力な安定政権の誕生を大いに歓迎していたのである。

しかし、吉田は、絶対多数を獲得してもなお、長期にわたる安定政権を目指すとして、二十六日に犬養民主党総裁と会談し、民自・民主による保守連立の可能性を探った。[68]これに対し、党人派を中心に民自党内から強い反対論が噴出し、調整は難航した。二月一日の党役員会では、幣原・斉藤・星島・植原・大野など党の長老や幹部の大部分が出席し、絶対多数を取った以上は公約に従い、「単独政権でゆくことを総裁に進言する」旨を満場一致で決定した。吉田は、広川幹事長から党内情勢の報告を受けるとこの日の出席を取りやめ、翌二日の外相官邸連絡会議で広川幹事長および林副総理と協議し、まずは情勢を見極めるまで静観することにした[69]。

一方、民主党は、三日の議員総会で、犬養総裁ら連立派に対し野党派が分裂を辞さないとして連立に反対した結果、閣外協力を申し合わせた。これを受け五日には、保守連立の断念と単独内閣による組閣準備が伝えられた。ところが、九日の民主党顧問会で、総務会長に稲垣平太郎、幹事長に保利《ほり》茂など犬養直系が党の要職を占め連立派が勢いを取り戻すと、吉田は、突如として十日に犬養総裁と会談して保守連立を決定し、すかさずマッカーサーへ報告した。情勢を見極めたうえで、マッカーサーの権威を利用して強引に保守連立に踏み切ったのである。十一日、第五特別国会が招集され、首班に指名された吉田は、国会人事・党役員人事は広川幹事長に取り纏めさせることとし、まずは組閣人事を開始した。このため民主党は、十二日の代議士会で連立派と野党派に事実上分裂し、結局、連立派との保守連立に基づき二名の入閣を果たすことになった[70]。

二月十六日、第三次吉田内閣は成立した。閣僚の顔触れは、法務総裁を除き全てが国会議員から選ばれたが、党人派は極力排除され、官僚派が要職に登用された。外相は引き続き吉田が兼任し、官房長官は政策に明るいとして前労相の増田甲子七が就任し、その下で朝海連調長官と郡官房次長が留任した。行政整理と国家行政組織法の施行に基づく各省設置法を控える行政管理庁長官には、本多市郎が就任した。党人派からは、山口喜久一郎が国務大臣に就任したほかは、吉田に近い林副総理兼厚相と益谷建相くらいで、目立った入閣はなかった。経済閣僚では、経済安定本部長官は日本大学教授から党の政調会長となっていた青木孝義が、商相は民主党総務会長である稲垣平太郎が、それぞれ就任した。そして、九原則の実行とその具体化となる次年度予算案を取り仕切る蔵相は、一年生議員ながら池田前大蔵次官が抜擢された。まさしく、『吉田茂』だけが一本強く浮き出ていて他にはピンと響いてくるものが何もない(…)吉田内閣論は結局吉田首相論につきる」組閣となったのである。吉田は、さらなる保守合同と長期安定政権による経済復興を声明し、初閣議で全閣僚に対し、「日本の経済自立を達成する諸政策の手初めとして、九原則実行のために均衡予算の実現をはからねばならぬ。このために政府各省は、徹底的な冗費の節減を励行してもらいたい」と述べ、翌日からほぼ連日予算閣議を開催して検討を開始させた。(71)

最初の焦点となった次年度予算編成では、総選挙での公約に基づき取引高税の撤廃や所得税減税の実行を強く求める党人派の介入が予想された。ESSは、こうした動きを財政均衡方針に悖るとして警告を発していたが、政府側は、「奔馬のような党を抑えることはなかなか容易ではない」として、今後の困難を予想していた。(72)こうした状況も念頭に置いてか、吉田は、さらなる主導権を目指すべく組閣人事に引続き党役員人事・国会人事に取りかかった。十七日、広川幹事長、増田官房長官らは外相官邸で協議を行い、党と諮ったうえで大磯にいた吉田に内定案を報告し、その了承を得た。十九日、広川幹事長は、幹事長の留任、佐藤前官房長官の政調会長への就任、星島総務会長の留任、内閣連絡委員であった植原の国会予算委員長への転出を発表した。(73)

これらを相談なく発表された党人派は、佐藤の政調会長への就任などを問題にして、強く反発した。これを受け二十三日、党役員人事を了承する代わりとして、政府側から増田官房長官、池田蔵相はじめ経済関係閣僚、民自党側から広川幹事長、佐藤政調会長、植原、大野などが出席し、政府・民自党予算編成連絡会が設けられ、政府側から予算大綱などが説明され、民自党側から要望が申し入れられた。だが、こうした民自党側からの要望は、佐藤が会長を務める政調会が方針を取り纏めることになるなど、あくまで吉田の主導の下に受理されていた。同時に、民自党と政府との連絡をなすため党内に新設されていたばかりの内閣連絡委員会は消滅した。(74)吉田は、次年度予算編成を見据え、外相官邸連絡会議を中心に自らの影響力下にある広川幹事長、佐藤政調会長、増田官房長官を通じ、民自党からの介入の阻止を図ったのである。そして、これから間もなく、二月一日に来日して既に日本経済の調査を開始していたドッジにより、ドッジ・ラインが明らかにされたのである。

2 ドッジ・ラインと大蔵省

ESSは、組閣直前の二月十日、経済安定本部との定例会談で、「経本の重要性に鑑み専任の大臣が任命になるようにして頂きたい」として、長官が他大臣の兼任となっていることの是正を求めた。だが、これに対し周東兼任長官が「それは総理の胸にある」と答えたように、吉田はESSの意向とは関係なく人選を進めた。[75] 結局、民自党政調会長の青木孝義が専任の長官に就任したものの、ESSの望む超党派性を持つ実力者の就任は実現しなかった。一方で大蔵省は、九原則の指令後でも物価上昇とともに価格差補給金支出が増大し、財政均衡に障害を抱えたまま予算編成に苦心していた。「GHQの中でも事補給金に関する限りは財政担当のミスター・リードは割合に弱気で、むしろ価格統制課の勢力がずっと強い（…）どうも物価の方が強くなってしまって動きがつかない」と評されたように、公定価格の維持やそのための価格差補給金の支出に関しては、いまだニューディール派が強い影響力を有していた。[76]

それでも大蔵省は、価格差補給金支出をなるべく削減した原案を軸に予算編成作業を続け、河野一之主計局長と経済安定本部へ出向していた森永官房次長との協議により、取り敢えず七〇〇億円に削減されることが決定した。[77] 十六日に第三次吉田内閣が成立すると、池田蔵相の下で、民自党の選挙公約に基づく公共事業費の増額と生産税の新設による取引高税の撤廃や、定員二割の人員整理案などを加味した予算編成の基本方針が策定され、二十日にESSならびに予算閣議に提出された。その後、予算閣議は民自党との調整を経て、二十三日に予算案大綱を決定した。だが同日、大蔵省は、定例会談でこの予算案大綱を提示したものの、ESSは、特別会計の建設勘定を含めて財政均衡すべきで、その決定までは意見を言えないとして明確な意見を開陳しなかった。[78]

ところで、この日のESSとの定例会談にはドッジが同席し、自らの予算編成方針案をリード財政課長の私案として示し、その趣旨説明をなしていた。そこでは、一般会計・特別会計のみならず、政府関係機関および特別の資金を通じた公債発行や信用供与などを許さず財政均衡を行うこと、価格差補給金は従前のように復金赤字融資への肩代わりや輸出補給金を許さず全てを歳出に表すこと、租税軽減の余地はないことなど、後のドッジ・ラインの諸原則が示されていた。[79]だが、占領が開始されて以来、「財政均衡」という標語自体がESSや大蔵省のあいだで長く慣用句となってきたため、この時点でドッジの意図はさほど深刻には受け取られなかった。[80]

ニューディール派は、大蔵省のペースで決められた予算案大綱に対し、再び経済安定本部を通じ巻き返しに出た。二十四日、ESSと経済安定本部との定例会談が行われ、まず、マーカットから青木長官に、「経本が責任当局だから我々と同じ考えを持つよう何かと当方と緊密に御連絡願いたい」との要請があった。続いてファイン、コーエンらニューディール派からは、「予算の中の価格調整費の妥当性について長官はどう考えておられるか（…）経本が責任をもって決定することである」、「もし大蔵大臣が完全なコーディネーションなくしてやったのでは、この予算は何もならない。均衡予算は大切であるけれども、このために九原則の他の数項目をギセイにしたのでは困る」として、価格差補給金の大幅削減に反対の意を示した。[81]このため、同日中に経済安定本部から、このままでは物価安定は不可能として価格差補給金を八四〇億円に増額する主張がなされ、同時に商工省からも、基礎物資の値上がりとなり生産増強政策に支障が生じるとして大幅削減に反対する旨が伝えられた。よって二十五日、価格差補給金につき池田蔵相が、「議論してもしょうがないから一応七百億にきめておいて今後関係方面との折衝過程で調整して行く」との態度を示したため、今後は大蔵省・経済安定本部・商工省の事務当局間で調整することで予算案大綱は閣議決定された。[82]

ところが、三月一日から始まったドッジ・池田会談では、閣議決定された予算案大綱を根本から覆し、ニューディール派や経済安定本部はおろか、大蔵省の予想さえ上回る厳しい予算案が提示された。早期の対日援助打ち切りと単一為替レート設定のため、超均衡財政の編成、価格差補給金のさらなる縮減、復金融資の停止などを行う、いわゆるドッジ・ラインの登場である。[83]ドッジは、「私が考えている案を実行に移すと、SCAPとの間で深刻な内紛を引き起こすかも知れない」ことをトルーマン大統領に了承させ、広汎な権限を得たうえで来日していた。そのため、いかなる対立も辞さない強硬な姿勢を取ったのである。[84]

従って、三日のESSと経済安定本部との定例会談にドッジが同席すると、その場は緊張に包まれた。まず、マーカットが、「大蔵大臣との会談内容についてドッジ氏は吾々にも実は何も云っておられないが、今こゝにおられるから意見を云って頂こう」と切り出すと、改めてドッジ・ラインの一端が披露された。ここでマーカットは、青木長官に対し、「ドッジ氏が腹をきめたら、貴大臣は大蔵大臣と密接に接触し健全財政金融、資本構成について措置をとってもらいたい」と暗に経済安定本部の関与を求めた。これに青木長官は、「経本は日本の経済政策を高所から総合調整する機関であるから、大蔵大臣とドッジ氏との会談内容についても知っておく必要がある」と同調した。だがドッジは、「明瞭な解答はまだ出ていない」として突き放し、大蔵省との協議を優先して予算編成を再検討していく態度を明確にした。[85]

やがて大蔵省は、ドッジ・ラインに込められた次のようなワシントンの意図を強く認識するに至る。「Dogde は対日援助が従来無駄使ひされて居るとの華府の判断に基き full authority を以て派遣されたもので、ESSあたりに若し反対意見あらば、ESSの人事更迭もしてよい諒解がある」、「此の予算案の要旨を実現するには政治的に国内の難関があることはわかるが、若しこれを認めなければ US aid を危険に陥しめるものである（…）対日援助額は目下米議会で審議中である」。これにより大蔵省は、「ドッジの考え方と、今迄のニュー・ディーラー達の行き方とを、少し精を出して分離させてみる（…）少くとも、ニュー・ディーラーの舟に乗るよりは、ドッジの舟の方が乗り易いという程度の共感」を抱くに至ったのである。[86]

その後、ニューディール派を中心に強く反発したESSは、時に険悪な雰囲気のなかでドッジ・グループとの激論を続けた。マッカーサーは、このあいだ超然的な態度を保っていたが、既にドッジ・ラインを承認する見極めをつけていた。ドッジにしても、こうしたマッカーサーからの支持を確信していた。従って、ドッジ・ラインという超均衡予算に対するESSの不満と抵抗は、対日援助中止の威嚇を背景に、「リード財政課長が正面に立って大蔵省がバックし、SCAPの各局が各省を押える」形で収拾された。[87] つまり、九原則の具体化たるドッジ・ラインは、マッカーサーの承認の下、日本側では大蔵省によって受入れられたのである。

ESSとの調整を終えた二十二日、ほぼ当初のドッジ構想に沿った予算案が内示された。内示案は、一般会計・特別会計を含めた総合予算で黒字となる超均衡予算とし、この黒字により復金債や国債の巨額の償還がなされることになった。歳入面では、鉄道運賃六割の値上げ、取引高税の継続、所得税減税の中止が盛り込まれた。歳出面では、復金融資の全額削除、公共事業費の減額がなされ、価格差補給金と輸出入補給金は合わせて二〇〇〇億円になったが、これはそれまでの見えざる補給金を表に出したためのもので、実質上は大幅な減額であった。また、見えざる輸出入補給金の源泉となっていた対日援助物資に基づく貿易資金特別会計は、対日援助見返資金特別会計の新設によりここに移管された。この資金は、GHQの管理の下に、廃止が決まった復興金融金庫による復金融資に代わり、主に債務償還や重要産業への融資に充てられることになった。[88]

当然、公共事業費の増額、所得税減税、取引高税の撤廃などの公約を反故にされた民自党の反発は激しく、一時は池田蔵相の辞任問題に発展した。だが吉田は、ドッジとその背後にあるワシントンの意向を読み取ると、これを背景に民自党を抑え込んだ。[89] 吉田は、三十日の外相官邸連絡会議で、次のように述べている。「Dodge は God send messenger である。行政は内閣の責任でやる、SCAPの名は quote せぬ。quote することは日米両方の益にならぬ。政府も党も止むを得ざるに出たと云う声明は出さぬ」。つまり、吉田は、自らの権力基盤を強めるものとしてドッジ・ラインを積極的に受入れ、今後の主要な連絡ルートをGHQからワシントンへ移行する意向を示したのである。また、民自党内の紛糾に対しては、「大野も international atmosphere を察してくれ。党が収まらぬから声明を出すと云うが収まらないでもない。公約はシャープが来てから着々実施する」と述べている。吉田は、既に予定されていたシャウプ税制改革の後に民自党の要求たる減税を実施することを考慮しつつも、ドッジ・ラインというワシントンの強いメッセージを背景に民自党を強引に抑え込んだのである。(90)

同じく三十日、池田蔵相は、マーカット、ドッジと続けて会談を行い、予算案の受入れを伝えると、今後の議会審議につき支援を要請した。(91)四月四日、予算案が国会に提出されると、衆参両院では公共事業費の増額や各種の減税の修正案が出されたものの、すぐさまドッジやESSから拒否の意向が示され、二十日、超均衡財政を定めた予算案は、異例の早さで政府原案のまま成立した。そして、直後の二十三日、予算案の成立を見定めたかのように一ドル＝三六〇円の単一為替レートが決定した。(92)単一為替レートの設定を見据えインフレの一挙安定を目指した九原則は、ドッジ・ラインを経て遂に実行に移されたのである。

ここで、ニューディール派を後ろ盾に、生産増強政策・労働対策・物価維持政策を通じ統制経済政策を推進してきた経済安定本部は、その影響力の後退が明らかとなった。吉田の意向によって、遂に経済復興五ヵ年計画は日の目を見ることはなく、経済計画という発想そのものまでが否定されるに至った。(93)そして、物資需給計画に基づく「物の予算」を中心に、それまで他省の政策の統合を図ってきた経済安定本部に取って代わったのは、ドッジ・ラインを契機に「金の予算」を「歳出の control の道具」とすることを強く意識し始めた大蔵省であった。(94)物資統制が開始された戦時体制期から存在意義を低下させてきた大蔵省の「金の予算」は、ここに完全に復活したと言える。

ただし、ドッジ・ラインの主要な受入れ機関となったからといって、大蔵省が、他省の政策の統合を果たす存在になった訳ではない。吉田はこの時、ドッジ・ラインを最大限に利用しつつ、GHQとの連絡のため派生し膨張していた行政機構の抜本的な改革を進めていた。そして、その最大のターゲットは、商工省と、第一次内閣の際には自らが大きな期待を寄せた経済安定本部であった。

3　通商産業省の設置

吉田は、第二次吉田内閣が成立するや否や、貿易行政を産業行政から分離独立させていっそうの輸出振興政策を図るため、商工省の外局であった貿易庁を内閣に移管し、その長官を国務大臣として閣議に列席させる構想を示していた。既に一九四八年十二月一日には、総選挙後の抜本的改革を見据え、手始めに白洲次郎を貿易庁長官に就任させている。(95)貿易庁の内閣移管は実現しなかったものの、やがてこの構想は、商工省、貿易庁、かつての外務省の通商行政部門を統合した通商産業省の設置となって結実する。これは吉田が、それまで経済安定本部と協調しつつ統制経済政策を推進してきた商工官僚を一掃し、講和条約が成立するまでのあいだ、まずは新設の通産省に外務官僚を送り込むことで国際経済への復帰に備えた輸出振興政策の推進を意図したものであった。つまり、将来的には外務省が主導権を握り、産業行政を通商行政本位のものへ転換させることを目論んだのである。(96)

同時に商工省も、それまでの統制経済政策を主体にした産業行政を、企業合理化など個別の企業行政を主体にしたものに転換する検討を始めていた。十二月二十三日の「商工省機構改革打合会の帰結的問題点」は、次のように記している。「近い将来に物資統制が全面的に撤廃され商工省の権限がなくなることはまだ考えられないが（…）従来商工省が大部分の精力を集中している割当発券の臨時業務から、固有事務へと商工行政の重点を切替え」、現在は、「安本がポリシーアンドプランニングの機関であり、商工省がその実施機関」であるものの、将来的には、「安本の現在の機構を簡素化し商工省の活動範囲を広める方法を推進する」。そして、商工省は、行政機構改革の実施を見据え、重工業省と産業貿易の色彩を持つ軽工業省への二分案、貿易庁と商工省原局との一体不可分案などを検討し始めた。(97)

既に商工省は、芦田内閣が崩壊する直前の十月初旬、経済安定本部に出向させていた山本高行と徳永久次を本省の総務局に呼び戻していた。徳永は、次のように述べている。「権力の集中体制としての安本というものは戦争中でいえば企画院の様なもので、非常時体制といえるでしょうね。このような体制では安本で働いている人はいい気持ちかもしれないが、安本の配下になる各経済官庁は、何事も安本の顔色を見なければならないわけだから、本当の全力発揮というのはできません。これは余談になりますが、僕が商工省に入って〔通産省の〕設置法を作る時にそういうことも考えて新しい体制にした（…）だから常時に非常時体制というのは短期にはいいけど、長期には具合が悪い」[98]。経済安定本部は、九原則の発出を契機に、大蔵省のみならず最も緊密な協調関係を築いていた商工省からさえも、総合官庁としての位置づけに疑問符を付されるに至ったのである。

そもそも、戦前から大蔵省・商工省ともに、単独で自らの政策を統合することが困難となった時々の状況に合わせ、自らの主導権を想定したうえで内閣に強力な総合官庁を設置することを主張してきた。経済危機緊急対策の際には、インフレ対策のため物価行政と物資行政の調整を目指す大蔵省が、一九四六年秋以降の経済危機の際には、徹底的な配給統制・生産増強政策を中心とした統制経済政策の遂行のため商工省が、それぞれ経済安定本部の設置やその強化拡充を主張していた。だが、いまや経済安定本部は、自律化して独走を始めたばかりか、総合官庁としての有用性も薄れてしまっていた。

とはいえ商工省は、輸出振興政策に基づく通商行政の優先を意図した吉田・白洲長官による通産省設置構想によって、激しく揺さぶられた。この頃には既に、吉田の意向で岡松成太郎の次官更迭が行われ、その後任には、マーカットの反対にもかかわらず吉田悌二郎石炭庁次長の就任が見送られ、その下の年次であった松田太郎総務局長の就任が強行されていた[99]。さらに、年が明けた二月二日には、白洲長官と松田次官に近い本省総務局の物資調整課長であった永山時雄が、貿易庁総務局貿易課長に抜擢された。「外務省の人間に全部貿易の仕事をやらせて勉強させてくれ」という吉田の要請を受けた永山貿易課長は、「商工省を中心にして、国を挙げての貿易重点の経済行政をやっていく。それから外交についても経済外交に移るだけの準備をする」との発想から、全面的な機構改革の原案作成に取りかかった。八日の閣議では、吉田から通産省設置の構想が明らかにされると、以後、この構想は商工省内の山本グループがある程度の関与を持ちながらも、主に吉田、白洲長官、永山貿易課長の主導で進められていった[100]。

第三次吉田内閣が成立した十六日の初閣議では、早くも国家行政組織法に伴う各省設置法の一環として通商産業省の設置要綱が提出され、了解された。その後、設置要綱は、行政管理庁や吉田などとの調整を経て四月十六日の閣議で決定され、二十二日に国家行政組織法に基づく通産省設置法案として国会に提出された。そして、若干の修正を経て二十四日に国会で成立すると、五月二十五日、大臣官房、八局、資源庁などからなる通産省が設置された。次官を山本高行、官房長に永山時雄を擁した通産省の新しい機構は、次の通りである。物資別原局に対応してこれを調整してきた総務局は廃止され、代わりに大臣官房と企業の合理化にあたる通商企業局とにこの役割が期待され、また、貿易問題を総合的に扱う通商局と輸出の振興を図るための通商振興局が設置された。他には、次官の下で通商行政に関する補佐を行う通商監が設置され、通商局長とともに外務省出身者で占められた。国内の生産行政を扱う他の五局は、従来からの物資別原局制を引き継いだ繊維局・雑貨局・機械局・化学局・鉄鋼局に、それぞれ「通商」の文字を冠して輸出関係の事務も担当することになった。従来の商工省で中心をなしてきた石炭行政や電力行政などの天然資源関係の行政は、一括して外局の資源庁にまとめられた。資源庁は、長官官房・石炭管理局・石炭生産局・鉱山局・鉱山保安局・電力局から構成された[101]。

通産省の新機構は、一見して吉田が意図した通商行政本位の構成を実現したように見えるが、その運営面から見れば必ずしもそうではない。産業行政の重要性が依然として高かったことから、山本グループなど商工省との妥協が必要だったからである。貿易庁の長官官房庶務課長であった大堀弘は、次のように述べている。「次官を誰にするかということを、おそらく白洲先生あたりは考えていた（…）山本さんがなるについて、永山を官房長にしろ、と。そうすると吉田側近との連絡がスムーズにいくというような感じで、山本さんもそれをのまれた[102]」。一方、官房長となった永山は、次のように述べている。「新通産省は、商工省を土台として、そこへ多数の外務官僚を包容し、両者抱き合いの上に構成された（…）外務省側の最初の主将が通産省初代〔通商監〕の小滝彬氏であり、商工省側の大将が初代の通産次官山本高行氏であった。両氏とも、極めて円満な常識と、柔軟な頭脳の持ち主であったので、両派の融合は案じていた以上に円満に行われ、新設通産省の運営はまずもって順調な滑り出しをし、その運営にもおおむね所期の成果を得た[103]」。

永山の言うように両者の融合が円満に行われたかどうかはともかく、確かに通産省は、山本グループが吉田・外務省との妥協を果たしたことで、従来の産業行政本位の性格から脱却した。だが、その新しい性格は、吉田の意図したような通商行政本位のものではない。通産省は、経済安定本部の有していた産業行政に関する権限のみならず、輸出振興政策の大部分を扱う通商行政の権限を吸収することになり、戦後において大蔵省と並ぶ有力経済官庁になった。つまり、結果的に通産省の設置は、「通商行政はむしろ産業政策に対する一定の方向付けとして機能し、輸出振興政策を産業政策に定着」させることになったのである[104]。

さらに通産省は、外務省とともに新しい性格づけがなされていたことに留意すべきである。吉田は、総理庁外局でGHQとの連絡事務を行っていた連調〔連絡調整事務局〕を機構縮小させたうえで、新しい設置法で内局の連絡局として再び外務省に移管することを決定した。この連絡局を、「外務省に置いて政府の正式窓口」とする一方、「今後ます比重を増してくる経済関係の渉外事務は通商産業省で行う」ことを試みていた[105]。吉田は、新しい外務省の役割につき、次のように国会で答弁している。「現に外交も再開されておらないのであるから、外交再開の準備を主として考えている。そうしてさしあたりの通商問題については、通商産業省にゆだねる（…）講和条約でもできて、そうして通商関係が一層外交的色彩を帯びた場合には、〔外務省内に〕通商局も置きたい。そのときに通商局の再開ということを考えておりますが、それまでは準備時代として、通商産業省に通商に関する留学生を出す意味でなるべく送ってみたい[106]」。そして、六月一日に施行の外務省設置法では、予定通り連絡局が内局として移管された。

つまり、吉田による通産省と外務省の位置づけは、中道連立の頃から強固となっていたGHQ各部局と各省のクロス・ナショナルな連合を、一気に分断することを企図するものであった。吉田は、GSとの政治的な連絡事務を総理庁外局から外務省に戻して主に講和条約に備えさせ、ESSとの経済的な連絡事務を経済安定本部から新しい通産省に移し、主に九原則に基づく輸出振興政策にあたらせることを試みた。そして、もはやドッジ・ラインで不動のものとなった占領政策の転換を受け、大蔵省と同様、外務省・通産省いずれとも、その連絡相手としてはGHQではなくワシントンを想定していたことであった。

こうして、ライン官庁（通常の実施官庁）である大蔵省・通産省・外務省が主要官庁と位置づけられる一方、内閣のスタッフ官庁（ライン官庁を統制する補助官庁）として各省の政策を統合しESSとの主要な連絡を担ってきた経済安定本部の存在意義は急速に失われた。このなかで、経済安定本部を最終的にどのように終焉させるかが、行政機構改革の大きな眼目であった。だが、吉田が首相として強い政治指導力を発揮するためには、これら官庁の位置づけは必要条件であって十分条件ではない。第一次吉田内閣の時に自らが大きな期待を寄せた経済安定本部を終焉させる以上、これに代わる何らかの仕組みにおいて自らの官邸主導を実現させる必要が生じるからである。

第三節　外相官邸連絡会議

1　クロス・ナショナルな連合の分断

行政機構改革と行政整理は、前章第三節で見たように、中道連立内閣から先送りされてきた大きな政治課題であった。吉田は、国家行政組織法に基づく各省設置法の施行をこれ以上は遅らせられなかったうえ、経済安定九原則による徹底した財政均衡のため、行政機構の徹底的簡素化とこれに伴う大幅な人員整理を早急に行わなければならなかった。総選挙中の一九四九年一月四日には、首相を会長とし、田中二郎（東大教授）・桜田武（日清紡社長）・野村秀雄（朝日新聞）・桂皋《かつらたかし》（中労委委員）・庄野理一（弁護士）・秋山孝之輔（日糖興業社長）・岩淵辰雄（評論家）の七人の民間委員と関係国務大臣から構成される行政機構刷新審議会を非公式に内閣に設置することが閣議決定された。審議会は、九原則の実施に即応する行政機構の刷新と統合整理の具体案を作成し首相に答申することとして、議論を開始した[107]。

十四日の第一回会合では、まず政府側が行政整理の事情を説明すると、民間委員から活発に質疑が出され、フリー・トーキングに近い形で議論が進行した。ここで政府側から重要なこととして確認されていたのは、次のようなことである。「日本政府と司令部の連絡関係が八岐大蛇に千手観音と言はれるけれども日本政府は一本で当る（…）司令部の窓口を一つにせよと言はれることは尤もだが、日本側の運動が行はれないように総理に頼むことにする[108]」。審議会では、まずはクロス・ナショナルな連合の分断が不可欠と認識されていたのである。

続く十八日の第二回会合では、吉田が初めて出席し、「各省の仕事の取扱を九原則という現在の必要に応じて考え直すことが大事で、従来の役人に委せれば仕事を増すばかしだ。特に商工省を輸出中心に切換る」と述べ、通産省の設置を中心とした行政整理の必要性を強調した。次いで、各省の具体的な議論に入り、経済安定本部の処遇に話が及んだ。まず、野村・桂両委員から、「各省に現場事務を返すこと」として企画事務に専念すべきとの議論が進むと、吉田から次のような認識が述べられた。「安本は受入体制のいみであったので他に同様の機関は必要ないと思っていたが、お抱えの役所が沢山出来てしまった。今度はバランスト・バジェットの原則を貫くのだから役所を廃止する話も通ると思う。況んや貿易中心となれば商工行政の重点は当然に変えなければならぬと思う。白地に画をかいてもらいたい[109]」。かつて経済安定本部に、対日援助物資を「受入れ」る連絡機関として期待を寄せていた吉田は、政治的に著しく自律化し本部機構のみならず傘下の各種公団などが膨張化してしまった現状に対し、九原則の求める財政均衡に基づき場合によってはその廃止まで視野に入れていた。今や、輸出振興政策を遂行する新しい通産省の設置に、その関心をシフトしていたのである。

二十二日の第四回会合では、廃止とまでいかずとも、かつて芦田内閣で検討された抜本的な経済安定本部の縮小改組案が再び俎上に乗せられた。まず野村委員から、「安本の性格も企画上の協議会にできはしないか」、「本部でもよいから局としての存在でなく、安本の名の下に質のよい人を置いて一種の委員会とすべし」との意見が出された。幣原内閣の時に検討された、会議体構想の復活である。これに対し政府側からは、殖田《うえだ》俊吉法務総裁が、「安本はナチである、内閣の外に安本があるのはおかしい」として、ESSの傀儡となっている現状を批判した。一方で、内閣官房の立場から郡官房次長が、「何等か綜合計画局のようなものを、安本、物価庁、行政管理庁、審議室で作ることも一案である」として、経済安定本部を縮小したうえで他の部局と統合させ、企画に限定した機関を内閣官房に設置する意見が示された。[110] 続けて、総選挙後初の二十六日の第五回会合では、そもそも統制経済をどの程度存続させるかを確定すべきとして議論が尽くされた。そのうえで、経済安定本部は実施面を外し他の企画部局と統合して縮小簡素化された純然たる企画官庁として内閣に設置する、同時に大蔵省主計局も内閣に移管するという田中委員の改革案を軸に、今後の議論と答申案の作成が進められることになった。つまり、内閣に「予算」まで包摂する「企画」機関が何らかの形で必要であるという意見が、再び強く出たのである。[111]

ところが、二月七日の第八回会合では、田中委員が執筆した三つの答申案のなかから、主計局の内閣移管案が何気なく消されていることが判明した。これに野村・桂両委員が、「どういう訳か。片山内閣が倒れた時も、大蔵省に主計局があると内閣の喉首を圧へられる一例だった」、「閣僚が弱く、主計局が独立したら第二の安本となる」と疑義を呈したものの、結局そのままとなった。[112] 九原則指令の発出で財政均衡が最重要課題となるなか、ESS保守派と大蔵省の意向が反映されたのである。

こうした議論を経て、十日、審議会の答申がなされた。答申では、まず行政整理に関し、「各省庁を通じてその規模を三割程度縮減し、人員もこれに応じて三割以上の整理をすることが適当である」とされた。また、企画官庁に関しては、「内閣総理大臣に直結する簡素強力な総合的企画機関を設けると共に、実施部面は挙げてこれを各省庁の権限に属せしめ、二重行政の弊を排除すること。即ち経済安定本部、その他現存の企画的な機関はこの見地に即して根本的な改組を断行すること」とされた。この答申を受け、十六日に成立した第三次吉田内閣は、二十五日に「行政機構刷新及び人員整理に関する件」を閣議決定した。その骨子は、各省設置法と定員法を制定して、各省の三割程度を縮減し、非現業で三割、現業で二割の人員整理を行うというものであった。次いで三月四日には、閣議決定により、行政整理事務の総合調整とその処理を図るため、本部長を本多市郎行政管理庁長官、副部長を郡祐一官房次長と行政管理庁次長、関係各省の局長級を部員とする行政整理本部が設置された(113)。

ところで、予算による「定員管理」という発想の下に大蔵省主計局と行政管理庁が主導権を握ることとなった行政整理本部では、その主たる任務は三割・二割の人員整理率の除外例の決定にあった。そして、この問題は、行政機構改革の問題と切離す形で会議が進められた。それは、両者の分離によって、自らの指示に基づき設置させた機関の行政機構改革に重大な関心を示すGHQ各部局と、直接の影響を及ぼす行政整理に強い警戒心を示す各省が、連携して抵抗することを分断させる狙いを潜ませてのものであった。つまり、大蔵省主計局は行政管理庁とともに、各省に対し人員整理率の除外例をちらつかせることを想定しつつ、行政機構刷新審議会で当初から不可欠としていたクロス・ナショナルな連合の分断を試みていたのである(114)。

一方、行政機構改革に関しては、本多長官が八日から十日にかけ、行政機構刷新審議会における参考案をさらに具体化した案を提示し、各省次官との折衝を行った。だが、これに対する反応は、ほぼ全てが担当のGHQ各部局の意向を持ち出しての、サボタージュの側面の強いものであった。その多くは、行政機構改革案から分離したはずの行政整理案の困難性を訴える回答案であり、また、電気機械局・調査統計局の復活を述べた商工次官のように、機構の増設を要請するところまで現れていた[115]。

三月十日、本多長官と増田官房長官は、これら各省次官の回答案と行政整理本部による人員整理案を携え、大磯の吉田を訪問した。報告を受けた吉田は、各省次官の抵抗に激怒し、さらに、非現業三割・現業二割の人員整理案そのものが不徹底であり、初めから各省の復活要求を受けるべきではないという強硬な意見を表明した。よって増田官房長官は、翌日の閣議で吉田の意向を「伝達」し、その具体策を再検討した[116]。この十日における吉田の「伝達」は、次のようなものであった。「balanced budget、行政整理に熱意を持て。省庁を整理せよ（…）各省の資産、切離しうる特権を出させろ。書き出さした上、調査委員を出し、徹底的にやっつける（絶対多数党でこそ出来る）（…）sectionalismの甚しきもの、次官の整理。通商産業省は全く新省をこしらえるつもりでやれ。商工省は膳立をしていようが、人的に据膳を食うな。新しい構想」、「Whitneyに本多大臣が会いに行ったが、指示を受けに行くことは止めよ。GHQがいつでもbalanced budgetから云っても出来ないからと云って断れ（…）断行してGHQに持って行け、出来たものからやって行くと云う考えはやめさせよ、必ずやれと云えば書簡を出せと云え[117]」。吉田は、ワシントンからの指令であるドッジ・ラインに基づく財政均衡方針を最大の名分に掲げ、これを背景に徹底的な行政整理を断行する構えを見せた。そのため、総選挙で得た絶対多数を背景に各省の抵抗の抑え込みを図った。そして、各省の背後に控えるGHQ各部局に対し、ワシントンの威光をかざしてクロス・ナショナルな連合の分断を試みたのである。

四月五日、吉田の意を受けた本多長官は、行政機構改革・行政整理の担当部局であるGSのホイットニー局長と会談した。本多は、前日に閣議決定した行政機構改革案を提示し、まず、「内容については司令部の各セクションと連絡なしに作らせたものであるが、しかし或程度その意向が斟酌されて作られている。行政機構を大体三割縮減することを目的とするものである」と述べた。そのうえで、「機構改革案に基き各省の設置法がつくられるわけであるが、国会の会期も残り少ないので早く国会に提出したい。ついては法案に対する司令部のOKを急速に戴けるよう御願いしたい。又各セクションで異論があった場合には貴局長において調整の労を取られるよう御願いしたい」と要請した。これに対しホイットニーは、「司令部の関する限り自分の所でテイクケヤしよう」として、これを是認した。[118] つまり、行政機構改革案および各省設置法は、GHQ各部局に対し基本的に事後報告の形で進められ、GSもこれを追認せざるを得ない状況となっていたのである。

GSのこうした受身の態度の背景には、本章第一節で述べたように、NSC一三／二が、経済安定九原則で具体化された「経済復興と経済安定」以外に、対日講和を具体化するため占領軍機能の縮小、日本政府への権限移管などを指令していたことがあった。これに基づき七日、GSは、GHQ／SCAPの全セクション宛てに、行政機構改革・行政整理案は九原則の基本要素であり特定の占領目的が阻害されない限り政策に介入するものではないことを通知し、同時に、異論がある場合には参謀長宛てに申し出る旨を通知した。これに対し、十局から六局への削減など経済安定本部の縮小改組案を示されたESS、とりわけニューディール派は強く反発した。ニューディール派は、案の内容もさることながら、唐突な通知への不満を次のように漏らしている。「GSから改革案を受け取ってESSの意向を回示してやらねばならぬが、チャート丈けしかなく改革の意味が分からない。何故機構改革が必要なのか、改革後の定員数は如何になるのか」、「解消してしまう部局の事務が何処に行くのかが重大問題である」。だが、局内での検討を経てESSは、十六日に各省設置法の詳細な計画案の提出やGSの独断的な同意の是正を具申したものの、二十八日に参謀長から却下する旨の返信を受け取った。[119] 遂に、クロス・ナショナルな連合は分断されたのである。

四月三十日、「行政整理による整理人員数に関する件」が閣議決定された。これに基づき五月十一日、「行政機関職員定員法案」が国会に提出され、中道勢力・共産党の抵抗を押し切り、三十日に可決・成立した。これにより、当初の非現業三割・現業二割には達しないものの、実際の退職者の見込み数は、各省で約六万人、国鉄で約一〇万人、各種公団で約二万人など、政府関係職員合計で一八万人以上、地方公共団体を含めると二五万人以上にのぼった。吉田は、労働勢力に最大限の配慮をなし各省の官僚機構に依存した中道連立内閣が出血の伴わない予算定員での整理を目指したのに対し、実在人員に対する戦後最大規模の整理を行ったのである。(120)

2 経済安定本部と「企画」概念の終焉

行政整理の一方で、行政機構改革の眼目である各省設置法案は、まず四月十五・十六日に「各省庁中央機構改革要綱」が閣議決定された。これに基づき、法案は国会へ提出され次々と成立した。五月二十五日、先行して通産省が設置されたのに続き、六月一日、その他の各省も新しい設置法に法的根拠を与えられた。最大の焦点であった経済安定本部は、大蔵省・外務省がほぼ現状通りの機構改革に終わったのと対照的に、存続期間を一年とし、機構と権限の大幅な縮小がなされた。機構については、首相を総裁、国務大臣を総務長官とすることに変わりはないが、労働局・物価局など四局が廃止・統合されて、一気に生産局・動力局・建設交通局・貿易局・財政金融局・生活物資局の六局となった。総裁官房では、中核的な機能を担っていた企画部・情報部が廃止となった。また、建前上は総理庁の外局であった物価庁と経済調査庁は、縮小されて経済安定本部の外局となった。権限については、①経済安定の基本的施策の企画立案、②関係各行政機関の事務の総合調整及び推進、③物価の統制、④経済統制の確保、⑤外国人の投資及び事業活動の調整の五つを一体的に遂行する責任を負うとされた。そのため、関係各行政機関の長に対し必要な事項を命令することができるとされたものの、極めて抽象的な権限が記載されていたに過ぎないものであった。(121)

こうした経済安定本部の機構と権限の縮小は、九原則およびドッジ・ラインに基づく統制経済政策の整理・縮小方針と軌を一にしたものであった。そこでは、物価統制の縮小による価格差補給金の大幅な削減、物資需給計画の縮小や各種公団の廃止による物資配給統制の漸次撤廃などが、次々と打ち出されていた。(122)とりわけ、財政均衡方針のなかで大蔵省主計局の「金の予算」の比重が大幅に高まったのに対し、生産の上昇が本格的な軌道に乗り始め物資不足の解消が進むなかで、「物の予算」たる物資需給計画が将来的に廃止の方向が打ち出されたことは、経済安定本部の権限の低下を決定的にした。この時、かろうじて継続された物資需給計画に取って代わったのは、国際経済への復帰を見据え輸出振興と国際収支のバランスのため通産省の通産局物資調整課に設けられた、外貨割当計画であった。戦時の企画院から戦後の経済安定本部につらなるまで物動計画の策定にあたっていた人的系譜は、この通産局物資調整課に受け継がれた。そして、周知の通り「外貨予算」たる外貨割当計画は、その後に通産省が他省に対し大きな影響力を誇る武器となったのである。[123]

しかし、機構や権限の大幅な縮小以上に重要だったのは、その性格の変質である。新しい経済安定本部は、行政機構刷新審議会が答申したはずの、総理府（旧総理庁）官房審議室などと合同しての「内閣総理大臣に直結する簡素強力な総合的企画機関」とはならず、内閣のスタッフ官庁から、府省と同列の独立したライン官庁に「昇格」していた。[124]独立したライン官庁になったということは、首相からの後ろ盾と内閣における統合性を実質的に失ったことを意味する。つまり、吉田は、内閣における総合官庁としての経済安定本部を葬り去ったのである。

こうした性格の変質は、実は、芦田内閣における法制局・行政調査部の国家行政組織法案の検討作業のなかに伏線がある。そこでは、「最高行政官庁」は府および省に限定し、総理庁から改組予定の総理府の外局の位置づけに関しては、重要度に応じて「院」および「庁」に簡素化される方針が打ち出されていた。これに従い、経済安定本部も「本部」の名称を外し、「経済安定院」に統一するとされていた。だが閣議では、「総理府の外局として経済安定院となることになり、いまゝでの総合企画官庁としての立場が格下げになるという印象から」、経済安定本部から反対の声が挙がり、恐らくはESSニューディール派の意向も強く影響したのであろう、特別措置として経済安定本部の名称の継続が決定していた。[125]

ところが、この国家行政組織法における経済安定本部の位置づけに対しては、内閣補助部局の位置づけとも関連し奇妙な解釈が取られていた。国会審議では、経済安定本部を総理府外局の院とせず、これより格上げするため府省と同様に取扱う、との見解が船田行政調査部総裁から示されていた[126]。これに対し、佐藤達夫法務庁法制長官は、国会で次のように法制的な解釈を示している。「例えば安定本部も一つの総理庁の外局であります。物価庁もそうであります。或いは最近できました賠償庁といったようなものもそうなっております。或いは終戦連絡事務局、連絡調整局となっておりますが、さようなものも最近は内閣即ち〔新設予定の〕総理府の方へくっ附けてあるのであります。大体この内閣の即ち総理府の外局になっておりますものは、何といいますか、根本的の、各省の仕事に亘っての根本的の調整或いは連絡というようなことを主眼としての、何と申しますか統一、統轄といいますか、そういう機能を主として期待しておるような役所を総理府の方に附けておるように考えております[127]」。

これらの解釈をまとめれば、そもそも各省の統轄・調整・連絡の機能を担うはずの院や庁などの総理府外局は、「最高行政官庁」たる各省より格下に位置づけられていたことになる。この時点では法務庁の一部局になっていたとはいえ、もともとは「総理庁外局」ではなく、「合議制の大統領」としての「内閣」に設置されていた法制局ならではの発想である。従って、経済安定本部を「院」より格上げするためには、総理府外局から各省と同列のライン官庁にすることが必要であるとのロジックが生み出される。だが、それは同時に、内閣から各省の分立性を統合する総合官庁としての法的根拠を失うことになる。すなわち、経済安定本部は、法制局の巧みな立法技術に基づく国家行政組織法によって、既に換骨奪胎されつつあった。ただし、この芦田内閣の時点において、内閣のスタッフ官庁であろうが各省と同列のライン官庁であろうが、経済安定本部とESSニューディール派とのクロス・ナショナルな連合が形成されている間は、こうした法制的な解釈はいかようにでも変更が可能であった。

しかし、吉田が復権するとともに占領政策の転換が訪れ、代わって吉田とワシントンのクロス・ナショナルな連合が形成された。吉田は、経済安定本部に代わりワシントンの政策を受入れる機関として、財政均衡と輸出振興が優先される経済政策においては大蔵省・通産省を、将来の講和条約の締結を見据えた外交政策においては外務省を想定した。吉田から、第一次内閣の際には食糧援助物資の獲得と統制経済政策の遂行のための受入れ機関として期待されていた経済安定本部は、今や、ドッジ・ラインの受入れ機関として利用価値が見出せない存在であるばかりか、片山内閣での和田安本のようにいたずらに膨張化・自律化する恐れがあった(128)。

そもそも、当初の経済安定本部の設置や強化拡充は、インフレ対策のための物価統制や生産増強政策のための物資統制を内閣で統合する目的をもって、大蔵省や商工省が大きな推進力となって実現したものであった。それが、傾斜生産方式によって石炭生産が上昇し需給ギャップの解消がある程度達成され、統制経済政策とこれに伴う「物の予算」の整理・縮小の方針が打ち出され、九原則とドッジ・ラインによりインフレの一挙安定が図られるに至れば、大蔵省や新設の通産省にとって経済安定本部の存在意義は必然的に低下する。また、社会党・労働勢力・学者グループなど各政治勢力との提携を果たすための有効な政治的ツールとしての役割も、既に失われていた。生産の上昇と労働政策の転換により労働勢力の協力の必要性は薄れ、衆議院での絶対多数の掌握により社会党との連立の必要性自体が薄れていたからである。こうして経済安定本部は、内閣の総合官庁としての終焉を迎えた。

それは同時に、一九三〇年代の戦時体制化・統制経済化・行政国家化のなかで生み出され、戦後の占領体制化と統制経済化・行政国家化の継続のなかで模索されてきた、「企画」概念の制度化が終焉したことを意味している。経済安定本部のみならず、「内閣総理大臣に直結する簡素強力な総合的企画機関」そのものが、吉田によって封印されたからである。各省の事務を「総合調整」するために僅かに残された部局は、経済安定本部が設置されてから機構・権限の不十分さがそのまま継続されている、総理府の官房審議室くらいである。

振り返ってみれば、戦前からの構想も含め、戦後に継続された各省の分立性を統合する内閣部局の構想は、「予算」・「法制」・「人事」・「企画」・「行管」の五つの概念・機能の制度化が焦点となってきた（本書三六頁図2参照）。だが、ここに来て、内閣の「人事」概念は、一九四八年十二月三日に内閣から独立して人事院が設置されたものの、結局は各省の人事権を保証したことで消滅したといって良い。大蔵省主計局の移管構想による内閣の「予算」概念は、現れてはことごとく消えていった。「法制」概念は、法制局の解体により内閣レベルから府省レベルの法務府（旧法務庁）の一部局へ吸収された。その後、占領終結後の一九五二年に法制局は内閣直属機関として復活したものの、それはもはや内閣の「統合力の強化」ではなく、「憲法解釈」に基づく「政権党の強化」の機能が期待されたものであった。戦後に「法制」概念から分離独立した「行管」概念は、主計局の内閣移管を抱き合せにした「行政経営部局」の構想が潰えた後に行政管理庁の所管となると、行政機構改革・行政整理のうねりのなかで次第に大蔵省主計局のコントロールに服していった。大蔵省主計局は、本来は「行管」の大元であった法制局が内閣から外れている間に、予算による「定員管理」という発想の下、行政管理庁とともに政府職員全体の査定権限を確立させた。すなわち、内閣における「企画」概念の制度化が終焉した後においては、各省の分立性を統合するために唯一残されたのは、ライン官庁である大蔵省主計局の「予算」概念のみとなったのである。[129]

ただし、占領体制化は国際経済への復帰とこれに基づく近い将来の講和独立化へと変質し、統制経済化はほぼ撤廃の流れとなり、行政国家化は機構改革と人員整理で一定の歯止めがかけられたとしても、「企画」概念そのものの必要性が終焉した訳ではない。各省の分立性を統合し官邸主導を実現するためには、必ずしも「企画」概念が「制度化」される必要はないからである。

3　吉田茂の官邸主導

吉田は、占領政策の転換の波に乗り、大蔵省・通産省・外務省をワシントンの意向を受入れる連絡機関とし、経済安定本部の総合官庁としての役割は終焉させた。同時に、衆議院での絶対多数の獲得と民主党連立派の取り込みによって民自党内での権力基盤を固め、さらには行政機構改革・行政整理によってクロス・ナショナルな連合を分断させ各省への睨みを利かせることにも成功した。だが、これらのことが吉田の官邸主導を確立させるための必要条件であったとしても、十分条件となる訳ではない。吉田は、第一次内閣での自らの挫折を振り返り、あるいは中道連立内閣での政治的混乱を垣間見るにつけ、新憲法下における官邸主導を発揮するため、閣議・次官会議・政党をどのような仕組みでコントロールしていくかについて何らかの教訓を得ていたに相違ない。そして、この仕組みを確立するため最も重要な焦点として残されていたのが、次官会議の存在であった。

第四章第三節で見たように、終戦後から顕著となった閣議と次官会議の緊張関係は、芦田内閣に至り、池田・佐藤ら吉田系の次官が一斉に辞任したことで一定の安定を得ていた。ただし、この安定とは、閣議が次官会議に対し主導権を握ったことによるものではなかった。むしろ、政権担当能力に欠け「官僚への依存とその活用」が優先した中道連立内閣において、次官会議が閣議に対し主導権を握ったが故の安定であった。

一九四八年八月九日、次官会議は、従来は朧気な形で行われていた閣議附議事項の範囲について検討を開始し、十六日には、「大小なく次官会議に出し、整理の上、閣議に附する」ことを確認した。これを受け十九日、総理庁官房総務課の策定による「次官会議の運営について」が決定された。そこでは、次のように定められている。「一、各省庁より閣議に提案する案件については、原則として次官会議に附するものとすること。二、閣議に附すべき案件の中、各省庁に関係しその他重要な事項については詳細な資料を配付することとし、然らざるものについては、簡潔な要領又は理由を書類にして配布すること。三、議事整理の必要上、次官会議の議題は、原則として遅くとも、前日正午迄に(月曜日の会議にあっては、土曜日正午迄に)総理庁官房総務課迄申出る[130]」。つまり、各省が個別に企画立案した案件は次官会議で整理したうえで附議するという閣議の「事前審査」を、いっそう明確化しようとしたのである。

同時に次官会議は、各省の総務局の廃止を前提にした運営を検討している。その理由として、既に法制局から、次のように総務局の抱える問題点が列挙されていた。「(一) 戦時中の官庁の階層組織の名残であること。その結果各員の無責任を来し、又、事務処理の速度を低下し能率渋滞を来すこと。(二) 一人の総務局長の出現により、次官は浮き上り、局長は小型化すること。(三) 外局とのつながりは次官にあるから、次官を名実ともに活躍させ、そのスタッフとして大臣官房を強化すること。(四) 各原局長の地位が相対的に向上するから、幾分でも観念行政の弊を去って、実情に即する行政が行われるようになること。(五) 行政事務を各省各庁に縦割りにし、共管事項乃至協議事項を整理廃止すること[131]」。

戦時に陸海軍軍務局・企画院との密接な連絡機関として設置された各省の総務局は、戦後には各省の連絡部局とともに、GHQ各部局・経済安定本部との密接な連絡機関として継続されていた。その拠点となっていたのは、物資需給計画を所管する経済安定本部を中心に定期的に開催されてきた総務局長会報であった。各省で次官の「浮き上り」を生じさせている総務局長にしても、経済安定本部とともに自律化した動きを見せている総務局長会報にしても、次官会議との間に微妙な緊張感を与える存在であった。そのため実際に、後の各省設置法制定の際には、各省の総務局は廃止され、次官の「スタッフ」である大臣官房へと切り替わったのである。

こうした背景から、八月十九日の次官会議は、さらに「総務局長会議について」を決定している。従来通り毎週土曜の定例開催を確認したものの、戦時からの「総務局長会報」から敢えて「総務局長会議」へと改称し、そこに附議すべき議題について次のように定めている。「(イ) 各省庁より重要事項の報告。(ロ) 法律案、政令案並びに閣議又は次官会議に附議される事項で、各省庁全般に関係あるもの (例、行政整理、官庁建物建築協議会、科学技術行政協議会準備打合)。(ハ) その他、官庁事務遂行上各省庁全体で協議するを可とする事項 (例、執務時間、時差出勤、与論調査、福利施設等の問題)」。また、従来は各省の総務局長や大臣官房長、これらに相当する部局長がその出席者とされていたのに対し、出席する省庁の範囲を拡張することを検討し、さらに、会議を取り纏める立場について変更の書き換えがされていた。それは、内閣官房長官、二名の官房次長、総理庁官房総務課長と並び取り纏め役であった経済安定本部長官について、その「長官」の文字が消され「官房長」と書き換えられていたことだった。経済安定本部の影響力の排除である。[132] つまり、拡張された新しい総務局長会議は、閣議の「事前審査」を行う次官会議の負担を減らすための下請け機関として位置づけられ、内閣官房がその運営の主導権を経済安定本部から奪ったのである。

こうして、「事前審査」によって閣議を形骸化させ、さらに総務局長会議と経済安定本部の持つ統合性を換骨奪胎すれば、各省の「縦割り」の分立化状況はそのままとなる。だとすれば、大蔵省の予算コントロールはともかく内閣にある機関としては、あくまで各省による緩やかな申し合わせ機関に過ぎない次官会議が、横の連絡調整をする程度の存在として残される。すなわち、こうした次官会議の主導権の確立は、各省の「縦割り」の分担管理原則を実質的に担保することになったのである。

第一次内閣で苦汁を舐めた吉田にとって、中道連立内閣でさらなる政治化を遂げていた次官会議を抑制することは、喫緊の課題であった。吉田は、第二次内閣が成立した際、すかさず中道連立内閣で常態化していた閣議への官僚の出入り禁止を厳命していた。[133] 各省による閣議への政治的な介入を防ぎ、その混乱を避けるためである。とはいえ、吉田が閣議を最高意思決定機関として重視した訳ではない。むしろ、今まで以上に閣議には出席しないことが多くなった。[134] その目的は、第一次内閣で石橋グループら自由党の党人派に閣議での主導権を奪われた苦い経験に鑑み、今次は民自党の党人派を排除すべく閣議の形骸化を図ることであった。従って、閣議に対する次官会議の「事前審査」も従来通りに行わせていた。問題は、この次官会議の主導権を吉田が握るか否かにある。

吉田は、総選挙の大勝で政権運営に自信を深めると、一気に次官会議への介入を試みた。まず、二月八日には各省次官など重要人事の任命発令に際しては、「予め閣議の了解を得た後之を行う」ことを閣議決定させた。[135] 次いで、第一次内閣末期に試みたごとく一斉とはいかずとも、重要な各省次官の更迭を試みた。第三次内閣の成立から国家行政組織法の改正までの時期に、例えば大蔵省（二月十八日）・商工省（五月二十四日）・文部省（三月十日）の各次官、経済安定本部副長官・物価庁次長（三月十七日）などが交代している[136]。もちろん、その全てが吉田による更迭であった訳ではない。だが、第一次内閣で次官会議が政治化した苦い経験に加え、本節の第一項で見たように、抜本的な行政機構改革・行政整理を前にして各省の激しい抵抗を抑えるため、次官人事に介入する必要があったであろうことは想像に難くない。

さらに、吉田は三月四日、増田官房長官を通じ「次官会議の構成員について」を閣議に「伝達」し、次のことを決定させている。「一、次官会議の構成員は、今後、内閣官房長官、内閣官房次長（内閣法改正により内閣官房副長官に改称）、各省次官（外務・大蔵・文部・厚生・農林・商工・運輸・逓信・労働・建設）、法務総裁官房長、経済安定本部副長官及び連絡調整中央事務局長官とすること。二、従来次官会議に出席した右以外の者は、特に、会議の審議を要し又は報告すべき案件のある場合に限り、その都度出席し得るものとすること」。これにより、物価庁次長・特別調達庁総裁・賠償庁次長・連絡調整事務局次長・人事院事務総長・国家地方警察本部長官・行政管理庁次長・中小企業庁長官・中央経済調査庁次長・海上保安庁長官の一〇人が構成員から外され、従来は二十五人であった次官会議は一挙に十五人に縮小された。すなわち、吉田は、経済安定本部に近い立場のものを中心に、GHQの意向によって占領期に新設された官庁の殆んどを次官会議から排除したのである[137]。

こうして吉田は、次官会議の出席要件を厳格にすることで、次官会議がGHQ各部局と連動しながら政治化し自律化していくことを防いだ。だが一方で、前述のように次官会議による閣議の「事前審査」は継続させていた。次官会議の非政治化を図りつつも、各省の分担管理原則を担保し閣議を形骸化させる機能は存続させたのである。言うなれば、両者は決定機関ではなく、各省から上がってきた附議事項を承認し、同時に吉田の意向を追認する事務機関と化したということになる。各省からあがってきた案件は、まず、さらに下請けの事務機関化されている総務局長会議（各

図7　外相官邸連絡会議

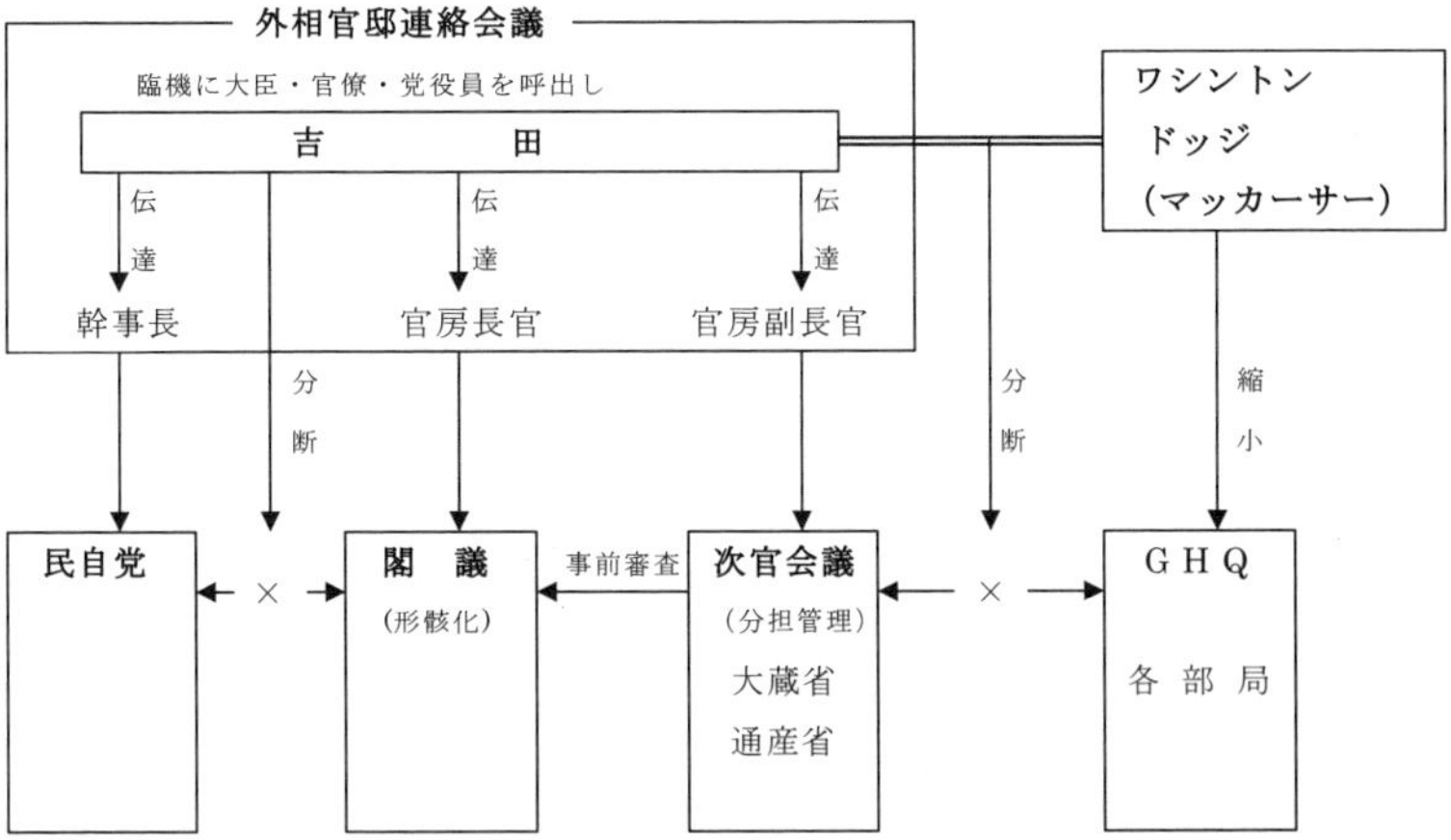

省設置法での総務局の廃止により官房長会議に改称）でふるいにかけられ、次いで次官会議（国家行政組織法改正により事務次官会議に改称）で「事前審査」され、閣議へ附議される。その全ての過程においては、増田が長官を務める内閣官房と池田が大臣を務める大蔵省以外に、突出した総合官庁も省庁もない。ここに、吉田による官僚機構の掌握は遂に完成を見るのである(138)。

だとすれば、吉田の政治的意図は、どのように閣議や次官会議に入り込み、官邸主導が確立されるのであろうか。あるいは、どのように内閣の最重要の政策は「企画」されて「統合」が果たされるのであろうか。その拠点となる場は、閣議や次官会議が開催される首相官邸ではなく、外相官邸であった。吉田は、既に政権復帰した直後から、外相官邸連絡会議と称する朝食会をほぼ全ての平日に開催していた。ここでは、吉田のほか、増田官房長官、郡官房次長（国家行政組織法改正により官房副長官に改称）、広川民自党幹事長が常任メンバーであり、状況に応じて大臣、官僚、党役員などが呼び出された。常任メンバー以外では、池田蔵相、殖田俊吉法務総裁、佐藤政務調査会長が比較的に多く呼び出され、また、外相官邸には、側近と言われる白洲次郎がともに居住し麻生和子が朝食会の準備をしに通ってきていた。この朝食会たる外相官邸連絡会議が、第一次内閣に存在していた昼食会と異なるのは、アド・ホックに開催されフリー・トーキングに終わるものではなく、内閣の最重要の政策がここを拠点に決定され閣議・次官会議・民自党に「伝達」されていったことである[139]。この外相官邸連絡会議をイメージしたのが、図である。

朝食会として開催される外相官邸連絡会議では、まず、ワシントンないしGHQからもたらされた連絡情報に基づき、吉田が基本的な方向を示す。最重要の政策の「企画」と「統合」は、実質上ここでなされる。その直後、午前に開催される閣議では、増田官房長官が吉田の意を「伝達」する。こうした形で、閣議は吉田から「事前審査」され、いっそうの形骸化が進む。同様に、やはり午前に開催される次官会議には、増田官房長官ないし郡官房次長（官房副長官）が吉田の意を「伝達」する。さらに、民自党との連絡については、親吉田の新しい党人派である広川幹事長に窓口を一本化させることで、鳩山系の旧党人派の介入を排除した。同様に、民自党には広川幹事長ないし佐藤政調会長が吉田の意を「伝達」する。

すなわち、吉田は、この非制度的な外相官邸連絡会議を拠点に、いわゆる「ワンマン体制」を確立する仕組みを編み出し、一九三〇年代から模索が繰り返されてきた官邸主導を実現したのである。その大きな鍵となっていたのは、戦時体制化のなかで生み出され占領体制化のなかで復活し肥大化した総合官庁ではなく、各省による分担管理原則を担保する次官会議であった。総合官庁のように、各省の政策を統合する機関を制度化すれば、それが政治化・自律化してそのコントロールが困難となる。だとすれば、自らが頂点として様々な政治勢力に対し主導権を確保したまま、非制度的な統合を行えば良い。実質上、全ての官僚機構は横並びで頂点の吉田につながることになる。ここに、吉田の「官僚派の形成」、「官僚政治」が完成する。そして、この拠点が「外相官邸」であったところに、占領期特有の、あるいは吉田特有のものとしての性格が現れていた[140]。その意味で、非制度的な吉田の官邸主導は、新憲法下の戦後政治体制に対し大きな遺産を残すことになったと同時に、いまだ完成された形態ではなかったのである。

注

（1）吉田茂『回想十年』一巻、新潮社、一九五七年、一五三―一五四頁。
（2）衆議院本会議「国務大臣の演説に対する質疑（一九四七年七月三日）」『国会会議録』。
（3）大山岩雄「偏向せる党政策」民主自由党中央機関誌再建編集局『再建』二巻三号、一九四八年、五―六頁。
（4）三谷太一郎「戦後日本における野党イデオロギーとしての自由主義」『戦後デモクラシーの成立』犬童一男ほか編、岩波書店、一九八八年、一二〇―一二一頁。
（5）進藤栄一編『芦田均日記』二巻、岩波書店、一九八六年、一九四八年二月二十五日。
（6）「日本再建の途（一九四八年二月初旬）」進藤栄一編『芦田均日記』七巻、岩波書店、一九八六年、三二六―三三五頁。
（7）前掲『芦田均日記』二巻、一九四八年五月十四日。『通商産業政策史』二巻、三〇八―三一〇、三七九―三八一頁。『昭和財政史（続）』三巻、三九一頁。
（8）張英莉「傾斜生産方式とドッジ・ライン」『年報日本現代史』四号、現代史料出版、一九九八年、二二三―二三二、二三六―二三七頁。
（9）吉田茂「芦田内閣と外資導入」民主自由党中央機関誌再建編集局『再建』二巻五号、一九四八年、二―三頁。
（10）前掲「戦後日本における野党イデオロギーとしての自由主義」一三五―一三七頁。
（11）以下については、福永文夫『占領下中道政権の形成と崩壊』岩波書店、一九九七年、二六九―二七四頁。
（12）前掲「戦後日本における野党イデオロギーとしての自由主義」一三六―一三八頁。
（13）リチャード・B・フィン『マッカーサーと吉田茂』下巻、同文書院、一九九三年、三五―三八頁。ただしマッカーサーは、吉田との会談直後に国協党党首の三木武夫と会談してその首班を打診し、固辞されている。この時点では、吉田首班に積極的な賛成もしていなかったのである。
（14）『朝日新聞』一九四八年十月十一日。
（15）以下の組閣の経緯については、『朝日新聞』一九四八年十月十三―二十日。猪木正道『評伝吉田茂』四巻、読売新聞社、一九八一年、二一二―二一五頁。
（16）『朝日新聞』一九四八年十月十七日。

(17) こうした視点は、小宮京「吉田茂の政治指導と党組織」『日本政治研究』二巻一号、木鐸社、二〇〇五年。
(18) 『第二次吉田内閣次官会議書類綴』一九四八年十月十八、二十一日。
(19) 『朝日新聞』一九四八年十月二十日。『第二次吉田内閣閣議書類綴(その一)』一九四八年十月二十一―二十三日。
(20) 『朝日新聞』一九四八年十月二十二日。
(21) 第一次吉田内閣期に麻布市兵衛町にあった外相官邸は、一九四七年三月頃、目黒の旧朝香宮邸(現東京都庭園美術館)に移されていた。猪瀬直樹『ミカドの肖像』小学館、一九八六年、五九―六二頁。麻生和子『父吉田茂』光文社、一九九三年、一六―一九、二四―二五頁。
(22) 『朝日新聞』一九四八年十月二十八、二十九日。朝日新聞政党記者団『政党年鑑 昭和二十四年』現代史料出版、一九九八年、一四四頁。
(23) 大蔵省財政史室編『渡辺武日記』東洋経済新報社、一九八三年、一九四八年十月十九日。
(24) 前掲『マッカーサーと吉田茂』下巻、三八頁。
(25) 『通商産業政策史』二巻、三七一―三七二頁。浅井良夫『戦後改革と民主主義』吉川弘文館、二〇〇一年、一七一―一七二頁。
(26) 前掲『渡辺武日記』一九四八年十月三十日。
(27) 『昭和財政史(続)』十巻、四五三―四五八頁。
(28) 『朝日新聞』一九四八年十一月十日。
(29) 前掲『芦田均日記』二巻、一九四八年十月十九日。
(30) 前掲『渡辺武日記』一九四八年十一月六日。
(31) 「泉山大蔵大臣兼経本長官とマーカット将軍との会談要録(一九四八年十一月十七日)」『戦後経済政策資料』一巻、六九三―六九五頁。「取引高税の廃止に関しマーカット局長会見記録(一九四八年十一月二十四日)」『昭和財政史(続)』十七巻、一一三二―一一三三頁。
(32) 前掲『占領下中道政権の形成と崩壊』岩波書店、二七四―二七五頁。
(33) 前掲『評伝吉田茂』四巻、二一六―二二〇頁。『朝日新聞』一九四八年十一月二十六日。
(34) 『昭和財政史(続)』五巻、三五五―三五七頁。前掲『評伝吉田茂』四巻、二二二―二二三頁。

(35)『朝日新聞』一九四八年十二月七、二十四日。
(36)「アメリカの対日政策に関する国家安全保障会議の勧告NSC一三／二（一九四八年十月七日）」『昭和財政史（続）』十七巻、七九―八一頁。
(37) 五十嵐武士『対日講和と冷戦』東京大学出版会、一九八六年、一三三―一三九頁。
(38)『朝日新聞』一九四八年十二月十九日。
(39) 前掲『戦後改革と民主主義』一七四―一七五頁。
(40) セオドア・コーエン『日本占領革命』下巻、TBSブリタニカ、一九八三年、三〇八―三一一頁。
(41)『昭和財政史（続）』三巻、四〇五―四〇九頁。
(42) 前掲『対日講和と冷戦』一三八―一三九頁。
(43)『昭和財政史（続）』十二巻、三一四―三二三頁。
(44)『昭和財政史（続）』三巻、四一四―四一六頁。
(45)『朝日新聞』一九四八年十二月二十、二十一日。
(46)「経本司令部定例会談要録（一九四八年十二月二十三日）」『戦後経済政策資料』一巻、七九四―七九九頁。
(47)『朝日新聞』一九四八年十二月二十五日。
(48) 衆議院予算委員会「昭和二十三年度一般会計予算補正、特別会計予算補正（一九四八年十二月二十一日）」『国会会議録』。なお、経済復興五ヵ年計画は、和田安本末期から検討が始まり、一九四八年三月二十九日に部内に設置された経済復興計画委員会で企画立案が進められていた。原朗「解題」中村隆英・原朗編『経済復興計画』東京大学出版会、一九九〇年、四―八頁。
(49)『朝日新聞』一九四八年十二月二十五、二十八日。
(50) 河野康子「吉田外交と国内政治」日本政治学会編『日本政治学会年報』岩波書店、一九九一年、三一―三五頁。
(51) 郡祐一「外相官邸ニ於ケル連絡会記録」『郡祐一関係文書』Ⅲ―〈一〉、東京大学法学部近代日本法制史料センター原資料部所蔵、一九四八年十二月二十七日。
(52)『朝日新聞』一九四八年十二月二十九日。

(53)「経本司令部定例会談要録（一九四八年十二月二十九日）」『戦後経済政策資料』一巻、八〇〇―八〇二頁。
(54)『朝日新聞』一九四八年十二月三十日。
(55)前掲「外相官邸ニ於ケル連絡会記録」一九四八年十二月二十九日。
(56)「単一為替設定対策審議会会議要録・第一―八回（一九四八年十二月三十日―一九四九年二月二十三日）」『昭和財政史（続）』十八巻、二六八―二八七頁。なお、総選挙出馬のため橋本龍伍が官房次長を十二月二十四日に辞任したため、後任に内務省出身で全国選挙管理委員会事務局長であった郡祐一が就任していた。『朝日新聞』一九四八年十二月二十五日。
(57)『昭和財政史（続）』十五巻、三九二―三九四頁。
(58)大蔵省「綜合施策大綱要旨に対する意見（一九四九年一月十日）」『戦後経済政策資料』一巻、八一六―八二〇頁。
(59)前掲『渡辺武日記』一九四九年一月六日。『昭和財政史（続）』十巻、四九八―五〇一頁。
(60)「経本司令部定例会談要録（一九四九年一月二十日）」『戦後経済政策資料』一巻、八三五―八四〇頁。
(61)『昭和財政史（続）』三巻、三七五―三八一頁。
(62)『朝日新聞』一九四九年一月五日。
(63)渡邉昭夫「吉田茂」同編『戦後日本の宰相たち』中央公論社、一九九五年、五三―五四頁。
(64)これに加え、民自党が参議院で二五〇議席のうち四八議席だったことも、四四議席の民主党との連立を必要とする理由であった。宮崎隆次「第三次吉田内閣期の政治過程」『法学論集』三巻一号、千葉大学法経学部、一九八八年、三七―三九頁。
(65)「広川弘禅宛書簡」吉田茂記念事業財団編『吉田茂書簡』中央公論社、一九九四年、一九四九年一月六日。『朝日新聞』一九四九年一月八日。
(66)前掲『評伝吉田茂』四巻、二二三―二二五頁。『朝日新聞』一九四九年一月二十五日。
(67)前掲『マッカーサーと吉田茂』下巻、四四―四七頁。
(68)『朝日新聞』一九四九年一月二十七日。
(69)『朝日新聞』一九四九年二月二、三日。
(70)『朝日新聞』一九四九年二月四―十四、十六日。
(71)『朝日新聞』一九四九年二月十七日。『第三次吉田内閣閣議書類綴（其の一）』一九四九年二月十六―二十五日。

(72)「経本司令部定例会談要録（一九四九年二月三日）」『戦後経済政策資料』一巻、八八八―八九一頁。
(73)『朝日新聞』一九四九年二月十八、二十日。
(74)『朝日新聞』一九四九年二月二十四、二十五日。
(75)「経本司令部定例会談要録（一九四九年二月三、十日）」『戦後経済政策資料』一巻、八八二―八八三、九一一―九一二頁。
(76)渡辺喜久蔵「終戦後の物価政策」『戦後財政史口述資料』八巻、七―八頁。
(77)河野一之「昭和二十四年度と二十五年度の予算編成」『戦後財政史口述資料』二巻、一六―一七頁。
(78)『昭和財政史（続）』五巻、三八四―三九三頁。『朝日新聞』一九四九年二月二十四日。
(79)『昭和財政史（続）』五巻、三九三―三九六頁。
(80)『昭和財政史（続）』三巻、四一六―四一七頁。
(81)「経本司令部定例会談要録（一九四九年二月二十四日）」『戦後経済政策資料』二巻、五―一三頁。
(82)『朝日新聞』一九四九年二月二十五、二十六日。
(83)前掲『渡辺武日記』一九四九年三月一日。七日にはドッジが記者会見を開き、その全貌が世に明らかにされた。『朝日新聞』一九四九年三月八日。
(84)『昭和財政史（続）』三巻、四一一―四一三、四一七―四一八頁。
(85)「経本司令部定例会談要録（一九四九年三月三日）」『戦後経済政策資料』二巻、二六―三三頁。
(86)前掲『渡辺武日記』一九四九年三月十八、二十日。宮澤喜一『東京―ワシントンの密談』中央公論社、一九九九年、十八―十九頁。
(87)『昭和財政史（続）』三巻、四二〇頁。
(88)『通商産業政策史』二巻、四〇五―四一七頁。『昭和財政史（続）』五巻、三九九―四〇六頁。
(89)『昭和財政史（続）』五巻、四〇六―四〇七頁。前掲『東京―ワシントンの密談』三〇頁。
(90)前掲「外相官邸ニ於ケル連絡会記録」一九四九年三月三十日。
(91)前掲『渡辺武日記』一九四九年三月三十日。
(92)『昭和財政史（続）』五巻、四〇七―四〇九頁。『朝日新聞』一九四九年四月二十四日。

(93) 稲葉秀三『激動三〇年の日本経済』実業之日本社、一九六五年、二三六―二三九頁。
(94) 前掲『渡辺武日記』一九四九年三月十九日。
(95) 『通商産業政策史』四巻、四一六―四一七頁。
(96) 前掲「吉田外交と国内政治」三六―三九頁。
(97) 『通商産業政策史』四巻、四一七―四一八頁。
(98) 「徳永久次氏に聞く」『ESP』一九七六年三月号、経済企画協会、七三頁。
(99) 吉田悌二郎『私の回想録』通商産業調査会、一九九〇年、六五―六六頁。十一月八日に行われたこの人事をもって、吉田悌二郎は退官した。
(100) 「新井茂氏（第三回）」『産業政策史回想録』十五分冊、五七―六一頁。「永山時雄氏」『産業政策史回想録』二十四分冊、一五〇―一五二頁。『朝日新聞』一九四九年二月九日。
(101) 『通商産業政策史』四巻、四二三―四二八頁。
(102) 「大堀弘氏」『産業政策史回想録』二十九分冊、二一―二三頁。
(103) 『通商産業政策史』四巻、四二八頁。永山時雄「通商産業省時代」『小滝彬伝』小滝彬伝記刊行会、一九六〇年、一四七―一五一頁から再引用。
(104) 前掲「吉田外交と国内政治」三九―四五頁。
(105) 『朝日新聞』一九四九年三月十六日。
(106) 衆議院内閣・外務委員会連合審「外務省設置法案（一九四九年四月二十八日）」『国会会議録』。
(107) 行政管理庁行政管理二十五年史編集委員会編『行政管理庁二十五年史』第一法規出版、一九七三年、六六七頁。『朝日新聞』一九四九年一月十一日。
(108) 「行政機構刷新審議会議事中間報告（其一）」『佐藤達夫文書』国立国会図書館憲政資料室所蔵、一七四〇―一。
(109) 「報告其二　第二回会合」前掲『佐藤達夫文書』一七四〇―一。
(110) 「報告其四　第四回会合」前掲『佐藤達夫文書』一七四〇―一。
(111) 「報告其五　第五回会合」「報告其七　第七回会合」前掲『佐藤達夫文書』一七四〇―一、一七四一―二。
(112) 「報告其八　第八回議事録」前掲『佐藤達夫文書』一七四一―二。

(113) 前掲『行政管理庁二十五年史』六六四―六六九頁。
(114) 岡田彰『現代日本官僚制の成立』法政大学出版局、一九九四年、三〇一―三〇三頁。
(115) 「本多大臣各省次官との会談要領」『占領体制研究会資料』東京大学法学部図書館所蔵、和二一九八。
(116) 『朝日新聞』一九四九年三月十一日。
(117) 前掲「外相官邸ニ於ケル連絡会記録」一九四九年三月十日。
(118) 行政管理庁「本多国務大臣『ホイットニー』局長と会議の件(一九四九年四月五日)」前掲『占領体制研究会資料』和二一九八。
(119) 前掲『現代日本官僚制の成立』三一九―三二二頁。行政管理庁「行政機構簡素化問題に関しESS『ローズ』氏・『グッドマン』氏と会談の件(一九四九年四月十一日)」、石黒連調第二部長「出先機関及び退職手当等に関する本多大臣ファイン会談要旨(同十二日)」前掲『占領体制研究会資料』和二一九八。
(120) 岡田彰は、「九原則にしたがって、行政整理も必要であった」との通説と異なり、経済安定九原則は、行政整理・行政機構改革という吉田の政治的意図を貫徹するために活用されたものであり、これを「吉田のささやかな勝利」としている。前掲『現代日本官僚制の成立』三〇三―三一四、三二二―三二五頁。
(121) 前掲『行政管理庁二十五年史』七八―八一頁。経済企画庁戦後経済史編纂室編『戦後経済史』七巻、東洋書林、一九九三年、三七五―三七七頁。前掲『戦後経済政策資料』一巻、六五―六九頁。
(122) 『通商産業政策史』二巻、四三〇―四三九頁。
(123) 「占領期の商工行政　臨時物資需給調整法」『産業政策史回想録』三九分冊、一〇八―一一〇頁。「占領期の商工行政物資調整課業務について」同、一二七―一二九頁。縮小されながらも存続した経済安定本部、大蔵省、新設の外国為替管理委員会、および戦時以来の総合官庁における「物の予算」の機能的・人的系譜を受け継いだ通産省の「外貨予算」の関係性については、日本の経済自立というワシントンの外交政策の「受入れ」という観点から、今後の研究課題としたい。
(124) 前掲『行政管理庁二十五年史』六七〇―六七二頁。
(125) 『朝日新聞』一九四八年四月十七日。
(126) 参議院決算委員会「国家行政組織法案(一九四八年五月十九日)」『国家会議録』。
(127) 参議院決算・商業・鉱工業委員会「中小企業庁設置法案(一九四八年五月二十日)」『国会会議録』。

(128) 伊藤正次は、占領期における行政委員会制度の形成を検討するにあたって、行政の複雑化・専門化のなかで議会・政党が官僚制を監視することが困難であるというエージェンシー・コストと、逆に、過度な制度的仕組みを整えておくと政権交代が生じた際に対抗政治勢力に行政統制と政策転換の機会を与えてしまうコミットメント・コストの存在を指摘している。行政委員会を「省庁外局」ではなく「総理府外局」に設置した場合、各省大臣を介在させないだけエージェンシー・コストは低くなる一方、コミットメント・コストは高くなる。本書における経済安定本部の位置づけも、同様の観点から捉えることが可能であろう。伊藤正次『日本型行政委員会制度の形成』東京大学出版会、二〇〇三年、一四—二〇、三〇—三三頁。

(129) 前掲『現代日本官僚制の成立』一〇—一一、三〇三頁。赤木須留喜・稲川昇次『政策決定機構と内閣補助部局』行政管理研究センター、一九八三年、一三〇、一六五—一六六頁。

(130) 『芦田内閣次官会議書類（其四）』一九四八年八月九、十六、十九日。経済安定本部副長官であった堀越禎三は、苫米地義三官房長官の依頼で、閣議の混乱を収拾するため次官会議が附議事項を整理することにしたとの経緯を述べている。「堀越禎三氏に聞く」前掲『ESP』一九七六年六月号、六六頁。

(131) 渡辺佳英「行政機構改革私見（一九四八年一月十二日）」前掲『佐藤達夫文書』一七一七。

(132) 『芦田内閣次官会議書類（其四）』一九四八年八月十九日。

(133) 平田敬一郎ほか編『昭和税制の回顧と展望』上巻、大蔵財務協会、一九七九年、三五六—三五七頁。前掲「堀越禎三氏に聞く」六六頁。

(134) 国立公文書館所蔵の『第二次吉田内閣閣議書類綴』『第三次吉田内閣閣議書類綴』でのメモを見る限りでは、吉田はかなりの閣議での欠席が記されている。ただし、当時の新聞などと照らし合わせてみると、欠席しているはずの時に欠席と記されていない時もある。

(135) 閣議決定「各省次官等重要人事の任命発令に際し閣議了解を求めるの件（一九四九年二月八日）」経済安定本部総裁官房庶務課『庶務に関する原議綴』国立公文書館つくば分館所蔵、〇六—〇一八—平一二経企一四。

(136) 秦郁彦編『世界諸国の制度・組織・人事』東京大学出版会、一九八八年。例えば、大蔵次官の交代の経緯については、野田卯一「傾斜生産方式の経済復興」『回顧録・戦後大蔵政策史』政策時報社、一九七六年、二七—二九頁。商工次官の交代の経緯については、本章第二節第三項を参照のこと。

(137)『第三次吉田内閣閣議書類綴(其の二)』一九四九年三月四日。『第三次吉田内閣次官会議書類綴(其の二)』一九四九年三月七日。

(138) もちろん、この時点での事務次官会議が、そのままその後に継続されていった訳ではないであろう。また、政務と事務が明確に区別され、後者の内閣官房副長官が事務次官会議の司会役を務めるという形態も、いまだ明瞭には現れていない。事務次官会議と内閣官房副長官のその後の変遷については今後の研究課題としたいが、一九五五年体制下の変遷については、御厨貴「平成の首相官邸」『首相官邸の決断――内閣官房副長官石原信雄の二六〇〇日』中央公論社、一九九七年。

(139) 外相官邸連絡会議については、前掲「外相官邸ニ於ケル連絡会記録」。増田甲子七『増田甲子七回想録』毎日新聞社、一九八四年、一四四―一四五頁。木村公平「あの頃の広川の勢力」『追想の広川弘禅』追想の広川弘禅刊行委員会編、一九六八年、八三―八四頁。前掲『父吉田茂』一三六―一三九頁。

(140) 吉田は、平日は主に目黒の外相官邸を拠点とする一方、週末から週明けにかけては大磯の私邸を拠点とした。いずれにしても、明治国家の元老のごとく敢えて空間的な距離を周囲から保ち続けたことは、吉田が明治憲法と新憲法の狭間に存在する政治家であったことを示すものである。

終章　吉田茂と戦後政治体制

1　戦時・占領の時代

一九三七年から本格化した戦時体制化・統制経済化・行政国家化という時代の要請は、戦後に至り、統制経済化・行政国家化が継続され戦時体制化が占領体制化へと代わった。やがて一九四九年、統制経済化は消滅し始め、行政国家化・占領体制化はその後も継続されたものの、それぞれの区切りを迎えた。ここから現れたのは、講和独立の動きであり、占領終結後を見据えた議会・政党の本格的な台頭であった。このなかで、戦時（一九三七―四五年）・占領（前半期：一九四五―四九年）の時代は、政治統合主体の不在、国家総動員思想、日米開戦、戦局の悪化と物資不足、明治国家の終焉、占領統治の開始、新憲法の制定と民主化改革、食糧危機とインフレ、労働運動の激化、冷戦による占領政策の転換とドッジ・ラインなど、激しい変遷を辿ることとなった。この間に、日本の主要な政治アクターは、戦前では元老・政党から挙国一致内閣を経て陸軍革新派・東條となり、天皇の聖断を経て戦後では、マッカーサー・GHQという絶対的な存在から次第に衆議院の絶対多数党を握った吉田へと移った。そして、この激しい変遷を辿った戦時・占領の時代は、日本の戦後政治体制に大きな影響を与えた。

経済史研究の立場から原朗は、日本経済における戦時統制経済・戦後経済改革・高度経済成長・経済大国化それぞれの時代における変遷を分析して、鋭い歴史認識を示している。原は、戦後の著しい経済発展を強調し、一時的に流行した一九四〇年体制論や戦時経済源流論などやや単純な議論から導き出される戦後への連続説を排し、明確に断絶説を主張している。ただし、この断絶の起点となっているのは一九四五年八月十五日ではなく、戦時・占領の時代と重なる統制経済化の時代であった。決して戦時統制経済と戦後経済改革の一方のみが強調される訳ではなく、両時代が一体のものとして大きな断絶を与えたとするのである[1]。

本書に照らし合わせてみれば、この戦前と戦後の日本経済に大きな断絶を与えた統制経済化の時代で見られたものは、繰り返される経済危機のなかでの計画的・強制的な「金の予算」・「物の予算」の重点主義＝選択と集中であった。これら「金の予算」・「物の予算」の著しい逼迫は、不可避的に首相の強い政治指導力を必要とし、同時に国策の「統合」を図るための「企画」概念を出現させた。そして、陸海軍にしろGHQにしろ、内閣制度の外部から介入して国策の「統合」を図らせるため、内閣レベルでの強力なスタッフ官庁＝総合官庁による「企画」機能を必要とした。その結果、明確な政治統合主体が不在のなかで、首相・内閣の権限強化や総合官庁の設置などの制度化の試みがなされ、行政機構に様々な機能変容をもたらした。つまり、統制経済化の時代は、戦時体制化・行政国家化・占領体制化と重層的に絡み合いながら、常に首相の強い政治指導力を求め続け、一体のものとして戦前の明治国家と戦後国家との間に断絶を与えたのである。

ただし原は、統制経済化の時代の与えた断絶が、そのまま戦後に継続されたとしている訳ではないことに留意すべきである。高度経済成長・経済大国化の時代にも、それぞれ大きな変遷があり断絶を生み出しているとしている。つまり、単純な連続説も断絶説も排除して、時代は常に変遷していることを強調しているのである[2]。

このことを踏まえてみれば、「戦争の体制変革作用」に着目した三谷太一郎が示す歴史認識もまた、極めて示唆的である。三谷は、この「戦争の体制変革作用」が戦前体制と戦後体制とを切断する役割を果たし、多くの面では戦時体制の構築を通じ戦前体制とは異なる新しい戦後体制が準備されることを指摘している(3)。

ただし三谷は、この「戦争の体制変革作用」によって媒介される戦時体制と戦後体制との関係を、太平洋戦争という特定の戦争に限定している訳ではない。それは、日清戦争・日露戦争・第一次大戦・日中戦争および太平洋戦争、ひいては冷戦にまで視野を拡げ、その普遍性が見出されるものである。そして、戦後体制を戦時体制の単なる連続線上で見るのではなく、ある戦時体制では異端・傍流とされたそれ以前の戦前体制・戦時体制が、「戦争の体制変革作用」によって選択・再生されるという視点を内包している。例えば、一九二〇年代のいわゆる「大正デモクラシー」は、日露戦争および第一次世界大戦における、いわば二重の意味での戦後デモクラシーであった。そして、この「大正デモクラシー」の一部は、太平洋戦争の戦時体制のなかで異端・傍流とされながらも、やがてその戦後体制のなかで選択・再生されている。つまり、戦後体制とは、戦争の持つ変革作用によって新しく生み出されるのみならず、過去の様々な戦前体制・戦時体制の構想までもが選択・再生されて一挙に噴出し、これらが対立と競合を繰り返すなかで構築されていくものである(4)。

ここで再び本書に照らし合わせてみれば、太平洋戦争終結後という意味での戦後政治体制とは、戦時・占領の時代からの特有な変革作用を受けつつ、同時に様々な戦前・戦時の政治体制の構想が選択・再生されて一挙に噴出し、これらが対立と競合を繰り返すなかで占領前半期にその基盤を確立したものであった。

石橋グループや自由党（民自党）の党人派らは、戦前の「大正デモクラシー」期における政党政治をモデルとして、反官僚的な議会主義に基づく政治体制構想をもって行動し続けた。社会党左派・商工省総務局系統・学者グループ・和田・都留らは、各々が思惑の相違を抱えつつも、革新勢力の系譜を受け継ぎ戦時体制をモデルとした政治体制構想をもって、強力な総合官庁とこれと組み合わせた最高経済会議に大きな期待を寄せた。同様に、ＥＳＳ（経済科学局）やＧＳ（民政局）のニューディール派も、アメリカの大統領府をモデルとした直接民主主義的な政治体制構想をもって、強力な総合官庁を通じた内閣への政治介入を試みた。強化拡充された経済安定本部は、戦時体制モデルと大統領府モデルの合作とも言うべき政治体制構想であった。西尾・芦田ら中道勢力は、官僚機構のコントロールという課題には無頓着であったものの、吉田および社会党左派を排除して議会の多数派を形成するという、保革二大政党論とは異なる革新的中央政党の政治体制構想を目論んだ。

吉田もまた、何らかの戦前・戦時の政治体制の選択・再生を試みたアクターであった。「強力な安定政権」を実現するため自らの官邸主導を目指した吉田にとって、他のどの政治体制構想も受け入れ難いものであった。石橋グループや自由党（民自党）の党人派による戦前の政党政治モデルの政治体制構想は、ＧＨＱとの協調体制を阻害し、党内や官僚機構における吉田の権力基盤を溶解せしめる危険性があった。また、和田安本グループ・ニューディーラーによる戦時体制・大統領府の合作モデルの政治体制構想は、戦時の企画院がそうであったように、経済安定本部をして吉田の意図を大きく越えて自律化・肥大化せしめ、さらにＧＨＱや社会党など外部からの政治介入を呼び起こした。西尾・芦田ら中道勢力の革新的中央政党の政治体制構想は、山崎首班工作に見られるように、自由党（民自党）の党人派と反吉田連合を形成する危険を生じさせるものであった。吉田は、これらの政治体制構想との対立と競合を繰り返すなかで、自らの官邸主導を実現する政治体制を確立しなければならなかった。吉田の政治的軌跡は、こうした戦時・占領の時代の文脈のなかで捉えられなければならない。

2　吉田茂と二つの憲法イメージ

しかし、吉田自身が確固たる政治体制構想を有していたのかは、にわかには判別しがたい。それは、多くの先行研究が時に機会主義とも指摘する吉田の現実主義が、常に行動原理として表れるからである。この吉田の現実主義は、対米従属・なし崩し再軍備・主体性の喪失などの無定見さを示すものとして、早くから批判されてきた[5]。

これに対し高坂正堯は、吉田の現実主義を曖昧な倫理・哲学に依拠せず経済優先主義を貫いた「商人的国際政治観」に基づくものとして高く評価し、積極的な側面を見出している[6]。こうした高坂の評価を受容し発展させたその後の研究は概ね吉田の現実主義につき、占領期におけるワシントン・GHQの規定性は絶対的なものであり、こうした日本の置かれた国際環境では現実的に他に選択肢がなかった、としている。すなわち、吉田批判に見られるような現実主義の無定見さは、国内政治より国際環境を優先させた結果であり、「外交優位の現実主義」と位置づけられる。国際協調などの外交優位によって国内政治に果実がもたらされるのであり、その経済優先主義にしても同様の観点からなされたものとされる。吉田は、消極的であったとされる民主化改革を「講和への予備交渉」と呼び、経済安定九原則とドッジ・ラインを「事実上の講和」と位置づけたように、それぞれ外交問題として積極的に受入れた。吉田の現実主義は、「外交感覚」の鋭さを表すものであった[7]。

従って吉田は、本書でも見てきたように、占領期における華々しい政策・イデオロギーの対立とは裏腹に、極めて選択肢の少ないなかで現実主義的に状況に対応していった。ここに吉田は、「状況思考の達人」と積極的に評価されるに至るのである[8]。

とはいえ、こうした評価は、逆に従来の吉田の無定見さを強調してしまう結果となる。現実的に他に選択肢がなかったことを前提にすればするほど、結局はワシントン・GHQに対し主体性なく従属しただけではないかということを再想起させるからである。だが、ここで留意すべきは、吉田の「外交優位の現実主義」はそのまま国内政治への無関心につながる訳ではないということである。それは、民主化改革やドッジ・ラインを実行するためにも、その延長線上にある講和独立を実現するためにも、常に「強力な安定政権」が不可欠とされ、また、間接占領統治の下では、これをどのような手段と政治体制でもって実現するのかは日本側に一定の裁量権が残されていたからである。吉田は、少なくとも占領前半期に関して言えば、将来の「外交優位の現実主義」を貫くためにも、むしろ国内政治を優先させて行動し続けた。(9)

多くの先行研究が比較的にこの点への関心が希薄であったのは、一九四九年以降に顕著となった軽武装・経済優先主義のいわゆる「吉田路線」・「吉田ドクトリン」に関心が集中してきたからである。同時に、ここから投影・遡及されたイメージと、ワンマン、自由主義イデオロギー、官僚派の形成、側近政治などの一般イメージとが合わさって、評価する立場、批判する立場の双方において、増幅された「吉田神話」ができあがってしまったからである。だが、本書が占領前半期を検証していくなかで見えてきたものは、試行錯誤と挫折を繰り返す、実に泥臭い等身大の吉田の姿であった。(10)

従って吉田が、一九四九年に至るまで大きな関心を持って主体的に取り組んだのは、「強力な安定政権」を実現するための政治体制の確立であった。占領政策やアメリカの外交政策に対し「受入れ態勢」を構築することは、決して容易なことではない。GHQは、厳密な民主化政策を要求しながらこれと矛盾する経済政策をたびたび要求し、各部局は統一性なく公式・非公式の指示を乱発した。占領政策はことあるごとに転換され、これらが結果的に実行に移されなければ、手のひら返しでそれまでの信任は失われる。とりわけ、ワシントンの「納税者の論理」に基づく対日援助の条件は極めて厳しかった。吉田を最大限に評価すべきところは、親米路線の採用そのものではなく、それを「受入れ」るだけの政治体制を実現したことにある。

第一次内閣の当初、官僚機構すら掌握していなかった吉田は、経済安定本部後が様々な機能を果たすことに大きな期待を寄せていた。各省の政策を統合し、石橋グループや自由党の党人派に対抗するため社会党との連立の手段として利用しようとし、さらには、占領政策を積極的に受入れるGHQとの連絡機関として位置づけようとした。ある意味で経済安定本部は、統制経済化・行政国家化が継続し戦時体制化が占領体制化に読み替えられるなかで、明治憲法と新憲法を架橋するために不可欠の存在であった。だが結局は、戦時の企画院と同じく、やがて官邸サイドと対立して包囲網に晒された挙句、最後は吉田によって政治的に封印された。それは、大幅に強化拡充されたことで中道連立内閣期に政治化・自律化して撹乱要因となり、遂には占領政策が転換された頃には吉田がかつて期待した様々な機能を失っていたからであった。

一方で、経済安定本部と並行して政治化・自律化したのが、各省の分担管理原則を実質的に担保する次官会議であった。終戦後、それまでの足枷であった陸海軍が消滅すると、政治統合主体の不在のなかでその存在は次第に重みを増した。特に顕著となったのは、総合官庁も繰り返し試みていた閣議の「事前審査」であり、やがて中道連立内閣ではこれが常態化した。第一次吉田内閣も中道連立内閣も、この次官会議に対するコントロールに失敗した。だが、既に第一次内閣末期に次官会議とその人事に介入していた吉田は、中道連立内閣での政治的混乱を教訓に、復権後、GHQ各部局とのクロス・ナショナルな連合から各省を分断したうえでこの次官会議を掌握することに成功した。ここで吉田はようやく、官僚機構を掌握したのである。同時に吉田は、石橋グループに苦汁を舐めた経験に鑑み、自らが掌握した次官会議の「事前審査」によって、民自党の党人派の橋頭堡となる恐れのある閣議を形骸化させた。これにより、閣議は次官会議とともに吉田の追認機関と化し、その結果、いわゆる「官僚内閣制」の原型はここに誕生した。

これらのことを実現させた拠点は、吉田を頂点とする朝食会としての外相官邸連絡会議であった。吉田は、この外相官邸連絡会議で、最重要の政策の「企画」を集積し、国策を「統合」してその決定をなした。この決定を、出席している官房長官・官房副長官・民自党幹事長・政調会長らによってそれぞれ閣議・次官会議・民自党に「伝達」させ、自らの意図を徹底させた。また、閣議や次官会議と同様、その出席者の範囲は吉田が決定し、必要があれば、それに応じ臨機応変に呼び出して出席させた。つまり、吉田は、第一次内閣での昼食会や石炭小委員会と同様、制度化の呪縛から逃れた非制度的な会議体を採用したのである。そのことは、経済安定本部の設置にあたっての当初の吉田構想が、強力な総合官庁ではなく緩やかな会議体であったことからも窺える。

こうした吉田の現実主義的な動きのなかには、やはり、予め打ち立てられた明確な政治体制「構想」はなかったと言って良い。あるとすれば、吉田が明治憲法と新憲法を架橋する必要に迫られるなかでの、政治体制「イメージ」の選択と再生であった。ただし、それは、戦前の政党政治の復活でも戦時体制の継続でもなく、あるいは単純な明治国家への回帰と言い得るものでもなかった。そもそも明治憲法体制には、その解釈や運用によって様々な政治体制が存在していたうえ、既に一九三〇年代からは著しい機能変容を遂げている。

吉田は、政治と行政との関係につき次のように回想している。「政策を決定するに当り、政党側が所管官僚の意見を尊重せざるが如きはよろしからざるはもちろん、官僚側もその職務によって得た知識、経験を以て、所信を素直に述べ、政党の政策決定に資することを躊躇するが如きにおいては、民主政治における官僚ではない（…）要するに官僚組織と議会政治とは相表裏すべきもので、それによって政治の運用も全きを期し得るのである。英仏など歴史の古い国の議会政治と官僚組織の関係は、多年の曲折を経て成長発達したものであるから、直ちにわが国の現状に当ては め難いかも知れぬが、議会政治の運用を全からしめるために、わが官僚組織の発達完成を期待して已まぬものである」。この回想から垣間見える運用ルールは、法制局官僚が打ち出した三権分立イメージと同様の、明治憲法における権力分立制・政治的多元主義イメージの新憲法への選択と再生である(11)。

吉田は、決して突出した制度的機関を作らせなかった。近衛新体制期の大政翼賛会や企画院による最高経済団体構想が制度的な「幕府的存在」と批判されて骨抜きにされたごとく、吉田は、経済安定本部を突出した制度的機関とさせなかった。閣議や次官会議が政治化・自律化し、あるいは制度化していくのを封印したのも、やはり同様の観点からである。この時、常に重視されていたのは、非制度的な会議体を拠点に自らを頂点とした人的ネットワークを配置することである。吉田の人事への徹底的な拘りは、このことが背景にある。そして、この突出した制度的機関に対する忌避と人的ネットワークによる結合という手法は、元老・宮中勢力における明治憲法イメージの新憲法イメージへの選択・再生に他ならない[12]。こうして吉田は、自らを頂点とする外相官邸連絡会議という非制度的な仕組みによって自らの官邸主導を確立し、人的ネットワークを駆使して閣議・次官会議・民自党に対し強い政治指導力を発揮していったのである。

とはいえ、吉田の周辺には、明治国家の元老集団のようなインナー・サークルは存在しなかった。終戦後に自らの支持母体であった宮中勢力は非政治化されてしまったばかりか、官僚機構にも初めから権力基盤を持っていなかった。吉田は、手探りの状態のなかで「ワンマン」体制を築かざるを得なかった。また、明治憲法イメージをそのまま全て新憲法に再生できた訳でもない。前述のように、一九三〇年代以来の行政機構の様々な機能変容を踏まえなくてはならなかったうえ、新憲法が想定する議院内閣制に対峙しなければならなかったからである。新憲法では、衆議院で絶対多数党を獲得することこそ、首相が議会・政党および官僚機構に対し絶対的に優位に立ち、その権限を格段に強化させる要件であるということこそが、「統治の妙」であった[13]。

吉田は、第一次内閣では、社会党との挙国連立内閣に活路を見出そうとしたものの、中道連立内閣の紛糾とワシントンによる占領政策の転換を見て、衆議院で絶対多数党になることこそが重要な要件になることを鋭敏に察知した。それ故、政権に復帰して以降の吉田は、民自党の党人派が民主党や社会党などの中道勢力と提携し、吉田を排除した形での挙国連立内閣を形成するのを常に警戒した。そして、保革二大政党論を唱えつつ自らの主導での保守勢力の結集を推進し、絶対多数党の形成に執念を燃やした。吉田は、第三次内閣において絶対多数を確保したからこそ官邸主導の体制を実現し得たのである。

しかし、吉田のこうした新憲法イメージも、純粋な議院内閣制の運用ルールと言えるものではない。前述したように、明治憲法イメージが少なからず選択・再生されているからである。すなわち、行政から分離された衆議院は、絶対多数党さえ獲得すれば、そのまま封印されて形骸化されるということである。後藤基夫は、次のように示唆に富んだ見方をしている。「吉田の考え方というのはわりあい単純なる楽観主義だったと思いますね。すべてが数なんだよ。議会は数、経済は金持、寄らば大樹の陰（…）寄らば大樹の陰というのはアメリカの傘、数というのは保守合同、そして経済の復興と成長。そして日本の新しいエスタブリッシュメントをつくるというのが彼の最大の目標で、それが天皇制を護るという旧宮廷の思いにつながる、その信念は固かったんじゃないかと思う。そういう彼の考えは、だんだんあとからはっきりと出てきましたね。そこに官僚との癒着の問題も出てくるのです[14]」。

吉田は、経済復興とその延長線上にある講和独立を強く意識して、次のように述べていた。「イツマデモ多数ヲモツ必要ハナイ。絶対多数ヲツカヒキッテモヨイ。ソレデ日本ノ再建ヲシタイ[15]」。やはり吉田は、新憲法における衆議院ですら突出した制度的機関とさせず、単なる数の論理として読み込んでいた。こうして吉田は、二つの憲法イメージを架橋して、古くて新しい「エスタブリッシュメント」とその産物たる「官僚内閣制」の原型を誕生させ、自らの官邸主導を実現する政治体制を確立した。ある意味で吉田は、明治国家の元老集団のごとく、規定のない事実上の「幕府的存在」を新憲法のなかにつくり出そうとしたのかもしれない。戦時・占領の時代から課された連立方程式に対する、吉田なりの解答であった。

3　戦後政治体制の形成

こうして、吉田の官邸主導が実現し戦時・占領の時代が終わりを告げると、統制経済化の象徴であった「物の予算」は消滅し、同時に「企画」概念がその終焉を迎えた。これと同時に終焉を迎えたのが、「統合」の概念であった。一九三〇年代から繰り返し唱えられてきたのは、政治統合主体の不在を補い、首相の強い政治指導力を発揮するための制度的な国策の「統合」であった。そこには、行政機構内部における各省の分立性のみならず、統治機構全体から政治的に国策を「統合」するという、より包括的・垂直的な意味合いが込められていた。戦後新憲法では可能なはずの「大統領的首相」や「大統領府」的な内閣統合部局の構想も、こうした制度的な「統合」の試みの延長線上にあった。だが結局、こうした制度的な「統合」の試みは、法制局の巧みな立法技術や大蔵省の執拗な抵抗、最後は吉田の政治的な封印によって挫折した。

「統合」の概念に代わり定着したのは、法制局や行政調査部（行政管理庁）が早くから検討していたような、行政機構内部において「滲み出し」程度の「総合調整」を行うという、より部分的・水平的な意味合いの込められた概念であった。実際にこれ以降、「統合」という用語は消滅し始め、各省間の調整を行う程度の「総合調整」という法令用語が定着するに至った。そして、新憲法の下で「企画」機能を担う主体のはずの政党の政務調査会は未熟なままであり、「合議制の大統領」と位置づけられたはずの閣議も形骸化された。その閣議を「事前審査」する次官会議にしても、戦前からの申し合わせ機関としての側面が強いままであった。結局、各省間の「滲み出し」程度の「総合調整」を行う制度的な存在にしても、総合官庁の系譜のごく一部を受け継いだ総理府の官房審議室、経済企画庁、通産省に僅かに残されたのみであった。[16]

この結果、各省に対し実質上の影響力を誇ったのは、本来はライン官庁に過ぎないはずの立場から「予算」コントロールを開始した大蔵省であった。大蔵省は、総理府外局である経済企画庁や行政管理庁を「強力な総合官庁、調整官庁、企画官庁」とはさせない一方で、これらを内閣の仕事として「全体として整合的にしていく」存在として常に必要とし、その主導権を握ることに腐心した。戦時・占領の時代から繰り返し試みられてきた発想である。[17]この内閣の立場から「全体として整合的にしていく」存在として大蔵省が早くから着目していたのは、「統合」性は換骨奪胎させる一方、正確な資料を提供することを主たる狙いとする「調査」概念であった。[18]こうして内閣における制度的な

「企画」概念の可能性は失われ、各省による過度の分担管理原則が担保された「官僚内閣制」の原型が誕生すると、これを非制度的に「統合」するのは吉田ただ一人になった。

とはいえ、ワシントンやマッカーサーの政治力を最大限に利用して民自党の要求を抑えるという吉田のスタイルは、やはり新憲法の運用ルールとしては未完のものであった。一九四九年一月の総選挙で絶対多数党を獲得しドッジ・ラインを受入れた頃に「いちばん絶頂」を迎えた吉田は、そこから次第に下り坂に入った。吉田の思い通りの「ワンマン」を本当に貫き得たのは、この頃だけであった。[19] 一九五一年四月、朝鮮戦争問題をめぐりマッカーサーがトルーマン大統領から解任され、次いで一九五二年七月、吉田の悲願であった講和独立が実現して占領が終結すると、鳩山ら公職追放組の復帰が本格化し政界再編の波が押し寄せた。十月、吉田は抜き打ち解散に打って出たものの、結局は絶対多数どころか過半数を失う結果となった。

より深刻であったのは、この頃から、吉田の拠点であった外相官邸連絡会議が空中分解し始めたことである。[20] まず、第四次内閣で、公職追放から復帰するや否や吉田から有力な後継者候補として官房長官、後には副総理に抜擢された緒方竹虎は、毎朝の外相官邸連絡会議には殆ど出席しなかった。吉田が不在の首相官邸で執務を始め、次第に閣議を取り仕切るようになっていった。後継者であるはずの緒方は、吉田から自律化した動きを見せたのである。[21] 次いで、緒方の抜擢に不満を募らせ反吉田勢力から甘言を受けていた広川弘禅も、この頃から外相官邸に出入りしなくなった。[22] こうして吉田派内部が動揺し始めると、外相官邸連絡会議は次第に機能不全に陥って吉田の官邸主導の動揺は加速し、さらに反吉田勢力につけ入る余地を与えた。ここでワシントンは、「吉田政権が弱体化しすぎて、確固とした政策に基づいた強力な施策を実行することができなかった」との報告に接し、次なる「強力な安定政権」を模索し始めた。[23] 一九五四年十二月、遂に吉田内閣は総辞職となり、鳩山民主党に政権を譲ることになった。

もともと外相官邸連絡会議は、吉田あっての非制度的な存在であった。こうした空間を共有する明治国家の元老集団のようなインナー・サークルは、吉田にはない。後継者のはずであった緒方は、結局は吉田に見切りをつけた。誰も、外相官邸連絡会議を受け継ぐ者はいなかったのである。

それでも、占領前半期に吉田がもたらした「官僚内閣制」は、形を変えつつその後に大きな影響を与えた。吉田は鳩山ら党人派に政権を譲ったものの、池田・佐藤ら吉田派＝官僚派の系譜は、一九五五年の保守合同による自民党政権のなかで復権していく。その際に池田・佐藤らは、官僚機構と党内の官僚派を掌握して人的ネットワークを駆使していく一方で、相変わらず内閣に突出した総合官庁を作らせなかったことで、鳩山・河野・大野ら党人派による官僚機構への介入を困難なものにした。従って、各省の分担管理原則を担保し閣議を「事前審査」していく次官会議も、変らず強固なままであった。一九五三年の改進党による内閣機関強化構想、一九五〇年代後半に河野一郎らによって繰り返し試みられた大蔵省主計局の内閣移管と行政管理庁の強化構想、経済安定本部の後継機関たる経済企画庁の強化拡充による総合官庁の復活構想など、これら反吉田派ないし党人派による制度的な官僚機構への浸透の試みは、このような文脈のなかで捉えられる。

結局、大蔵省主計局を牽制すべく実質的な予算閣議を狙った重要閣僚会議が鳩山内閣で設置され、第一次臨調では大蔵省主計局の内閣移管や内閣補佐官などの構想が華々しく打ち上げられるなどしたものの、これら制度的な試みの全ては、池田・佐藤ら吉田派の系譜の強い抵抗に遭ったうえ、次第に鳩山・河野・大野ら党人派が衰退していくことになり挫折した。やはり後藤基夫は、次のように指摘している。「アメリカの政策に乗るだけでは、何もならない。そういうこと言えば芦田だって誰だって乗ったかもしれない。要は、乗ったとしてもそのとき何をしたかということ。吉田は経済自立を目指して、国内体制の整備を官僚、財界人を動員してやった（…）それは、鳩山さんが再軍備と自主憲法を掲げて占領政策を批判したが、吉田式の国内体制の整備には手が出せなかったのと違うところです[24]」。

しかし、自民党政権が長期化していくにつれ、次第に従来の党人派とは異なった官僚機構への浸透が試みられるようになった。総合官庁の復活や官邸・閣議・次官会議など内閣の上位レベルが吉田によって固く封印されていたことから、自民党は、GHQ各部局がそうしたように各省の原局・原課という下位レベルに浸透していった。長期政権化に伴う政調会各部会の発達や、一九六二年二月に開始された閣議決定・法案の国会提出に対する総務会の与党事前審査制は、まさしくそうした浸透を示すものであった。そして、この非制度的な浸透は、自民党の派閥政治が定着したことも相まって、官僚主導を意味する「官僚内閣制」と政党主導を意味する「与党＝自民党」による二元体制を生み出すこととなり、官邸主導の不在をもたらした。

戦時・占領の時代における激しい変動の結果、「吉田茂の官邸主導」によってもたらされた「官僚内閣制」は、逆説的に官邸主導の不在をもたらし、その後の戦後政治体制の起源となった。それは、各省と密接に結びついた自民党の政調会各部会や総務会の台頭によって様々な変貌を遂げつつ、過度の分担管理原則や次官会議の閣議の「事前審査」に裏打ちされて継続した。だが、こうした吉田を起源とする戦後政治体制の呪縛は、一九九〇年代の激しい変動に晒された。そして、予算の著しい逼迫がしばらくぶりに訪れた二〇〇〇年代、小泉純一郎の官邸主導が出現するとともに急速に溶解し始めていった。[25] 戦後政治体制は既に終焉し、現在の日本は、冷戦終結後という意味での次なる戦後政治体制の模索過程にあるのかもしれない。

注

（1） 原朗「戦後五〇年と日本経済」粟屋憲太郎ほか編『年報日本現代史』創刊号、東出版、一九九五年。
（2） 前掲「戦後五〇年と日本経済」。
（3） 三谷太一郎「戦時体制と戦後体制――日清戦争から冷戦まで」同『近代日本の戦争と政治』岩波書店、一九九七年。
（4） 前掲「戦時体制と戦後体制――日清戦争から冷戦まで」。および、太平洋戦争に特化した戦時動員体制論などと同一視されがちな同論文を三谷の一連の研究史のなかに位置づけ直し、その意図と意義とを正確に読み取っているものとして、宮村治雄「作用概念としての〈戦後〉――三谷太一郎『近代日本の戦争と政治』を読む」『思想』九〇三号、岩波書店、一九九九年。
(5) こうした吉田批判を受け継ぎ、その戦前以来の帝国主義意識や伝統的ナショナリズムの側面を批判的に論じているものとして、ジョン・ダワー『吉田茂とその時代』上・下巻、TBSブリタニカ、一九八一年。大嶽秀夫「保守外交の再評価――高坂正堯」同『高度成長期の政治学』東京大学出版会、一九九九年。
(6) 従来の吉田評価に大きな衝撃を与えた「宰相吉田茂論」は、『中央公論』一九六四年二月号で発表された。ただし、同論文の後に発表された「吉田茂以後」では、「吉田茂の負債」など否定的な側面もバランス良く論じていることに留意すべきである。高坂正堯著作集刊行会編『高坂正堯著作集』四巻、都市出版、二〇〇〇年。
(7) 猪木正道『評伝吉田茂』四巻、読売新聞社、一九八一年。三谷太一郎「二つの吉田茂像」同『二つの戦後』筑摩書房、一九八八年。渡邉昭夫「吉田茂」同編『戦後日本の宰相たち』中央公論社、一九九五年。北岡伸一「吉田茂における戦前と戦後」『年報近代日本研究』一六、山川出版社、一九九四年。
(8) 前掲「吉田茂」。
(9) 吉田が決して国内政治に無関心な訳ではなく、むしろ一貫して政党組織への介入を積極的に行ったことや、吉田派の盛衰などについては、小宮京「吉田茂の政治指導と党組織」『日本政治研究』二巻一号、木鐸社、二〇〇五年、および同氏のコメントから様々な示唆を得た。
(10) もちろん、本書で描く「等身大」の吉田の姿は、その殆どが占領前半期における検証によるものである。戦前から占領終結後、ひいては退陣後の時代の検証を経たうえでの吉田の全体像は今後の研究課題としたい。
(11) 吉田茂『回想十年』四巻、新潮社、一九五八年、五七―六一頁。
(12) 吉田は、一九五四年十二月の総辞職直後、大磯私邸で数名の新聞記者と非公式会見を行った。それによれば吉田は、鳩山ら旧政友会の系譜ではなく、伊藤博文・西園寺公望・牧野伸顕らの宮中リベラリズムを継承する自分こそが戦後の「保守本流」である、と語ったとされる。こうした認識は、吉田の全体像のみならず戦後政治を掴むうえで重要な鍵であろう。天野歓三「大磯に招かれる」政治記者OB会編『政治記者の目と耳』二集、一九九一年、三七一―三七四頁。
(13) こうして明治憲法から新憲法にかけ様々な統治(政治体制)イメージが交錯したことを鋭く示唆したものとして、御厨貴「『帝国』日本の解体と『民主』日本の形成」中村政則ほか編『戦後日本　占領と戦後改革』二巻、岩波書店、一九九五年。

(14) 後藤基夫ほか『戦後保守政治の軌跡』岩波書店、一九八二年、二三頁。
(15) 大蔵省財政史室編『渡辺武日記』東洋経済新報社、一九八三年、一九五一年五月十日。
(16) 総理府の官房審議室の役割については、赤木須留喜・稲川昇次『政策決定機構と内閣補助部局』行政管理問題研究会、一九八三年、九一—九三、一〇七—一一一頁。なお、戦後に「総合調整」という法令用語が最も使われていたのは経済企画庁であり、次いで通産省であった。岩田一彦「法令用語としての『総合調整』」『季刊行政管理研究』四五号、行政管理研究センター、一九八九年、三八頁。
(17) 「谷村裕氏インタビュー」経済企画庁編『戦後経済復興と経済安定本部』大蔵省印刷局、一九八八年、一七二—一七四頁。
(18) その意味で牧原出が、占領終結後の一九五〇年代を検証するにあたり、戦時期の総合官庁についての「統合」性や「総合」性などの議論から一歩離れ、大蔵省の「官房型官僚」を中心に各省から発信される「調査の政治」に焦点をあてたのは、正鵠を射たものである。牧原出『内閣政治と「大蔵省支配」』中央公論新社、二〇〇三年、第一章、および注七。
(19) 前掲『戦後保守政治の軌跡』四〇—四四頁。
(20) 第三次内閣の末期には、吉田が閣議に出席することはいよいよ少なくなり、保利茂官房長官が進行役、池田蔵相が首相役として定着し、外相官邸連絡会議からの「伝達」役を果していたようである。内政史研究会『剱木亨弘氏談話速記』五回、一九七五年、二一六—二一七頁。
(21) 高宮太平『人間緒方竹虎』原書房、二九七—二九八頁。
(22) 麻生和子『父吉田茂』光文社、一九九三年、一九一頁。
(23) アメリカ大使館国務省宛電報「吉田首相に対するアメリカの対応策提言（一九五四年六月七日）」加瀬みき『大統領宛日本国首相の極秘ファイル』毎日新聞社、一九九九年、四四—四九頁。ワシントンは、次なる「強力な安定政権」と新たなる政治介入の手法を模索することになった。それは同時に、日本側において新たなる「受け入れ態勢」の模索が始まったことを意味したのである。
(24) 前掲『戦後保守政治の軌跡』四九頁。
(25) 日本政治が一九九〇年代から混乱と漂流のなかにあるに際し、改めて終戦後の時期を解明することで、一九五五年体制はどのように日本社会を作り変えたのか、また、戦後とは何だったのかを問うことの意義を指摘しているものとして、河野康子『戦後と高度成長の終焉』講談社、二〇〇二年、三二四—三二九頁。官僚制に焦点をあてた一九五五年体制論とも言うべき「戦後政治体制」論を考察していくにあたっては、同書および同氏のコメントから様々な示唆を得た。

あとがき

本格的に日本政治研究を志すことを決意してから、十三年余りが過ぎた。その時代の日本は、折しも冷戦体制の崩壊、バブル経済の崩壊、官僚機構の制度疲労、一九五五年体制の崩壊、そして、自然災害・テロによる安全神話の崩壊に見舞われていた。この頃、クラブ活動に熱中し過ぎて大学六年生となっていた筆者は、終戦後の荒廃から経済大国にまで上り詰めた日本という国に、のほほんと信頼感や安心感を抱いてきたように思う。従って、筆者の余りにも無邪気な呑気さは、一瞬にして崩れ去った。

いったい何故、戦後日本は奇跡の復興と成長から一九九〇年代を迎えるに至ったのか。その疑問が頭から離れなくなった。かといって、特定の人物や組織を批判したかった訳ではない。ただ、理解したかった。尊敬する升味準之輔先生のお言葉をお借りすれば、理解とは、同意ではない。まして審判でもない。筆者に最も説得的かつ魅力的に映った理解の方法は、歴史的文脈を丹念に辿ることでその政治構造を解き明かしていく、日本政治史という研究アプローチであった。本書は、ささやかながらそうした試みのごく一部である。

しかし、政治学の基礎知識さえ無く飛び込んだ研究の世界は、悪戦苦闘の連続だった。それでも何とか本書の刊行まで漕ぎ着けたのは、厳しい世情のなか快く出版をお許し下さった藤原書店の藤原良雄社長、筆者の多くの我侭を受け止めて下さった編集担当の刈屋琢氏はじめ、実に多くの方々から受けた恩恵によるものである。ここで全てのお名前を挙げることはできないが、次の方々に謝辞を述べさせていただきたい。

まず、東京都立大学の大学院入学から博士論文提出まで一貫してご指導いただいた、御厨貴先生である。ひどい遅筆のくせに頑なな拘りを持ち続けるこの弟子に、先生はほとほと手を焼かれたことと思う。しかし筆者は、研究の真剣勝負の場で示された先生の日本政治に対する鋭敏な嗅覚と大胆な発想を吸収しようと、常に必死だった。本書は、これまでの先生のご恩情と真剣勝負に対する、拙いながらも筆者なりの回答である。

野上和裕先生は、専門違いの筆者を引き継がれ博士論文の主査まで務めていただいた。実は初めの頃、先生とは良く衝突した。しかし何時頃からか、常に熱心に指導して下さる先生との議論が楽しみになっていた。今は無い南大沢のシナボンでの議論の多くが本書に活かされていることを、この場を借りて報告申し上げたい。

山崎志郎先生は、学部も異なるのに何度も突然押しかけてくる筆者に対し、経済史の醍醐味を惜しげもなく披露して下さった。いっけんシニカルに見える物腰のなかから滲み出る先生の様々なお気遣いに、何度感謝し何度救われたか分からない。今後とも、先生の下に押しかけていく無礼をお許し願いたい。

五百旗頭薫先生と相原耕作氏は、学問の本筋を容易に呑み込めない筆者に、辛抱強く多くのことをご教示下さった。お二方の研究者としての実力は、周知の通りである。しかし、大学での仕事を通じお二方の研究者としての矜持にも接することができたのは、得難い機会であった。筆者が、心密かに尊敬し感謝申し上げるところである。

筆者は大学院生時代、かの東京都立大学大学院の政治学総合演習で徹底的に鍛えられた。総合演習とその後に続く懇親会の席では、水谷三公、宮村治雄、金井利之、内山融、石田淳、川出良枝、大杉覚、森山茂徳、伊藤正次、前田幸男の各先生から、厳しくも温かいご指摘とご助言をいただいた。兵藤守男、小林淑憲、木村俊道、大久保健晴の専門を越えた各先輩からは、幅広い議論のなかで多くの啓蒙を与えていただいた。こうした筆者が享受した総合演習の素晴らしい伝統が、多くの後輩に受け継がれていくことを願ってやまない。また、筆者は、東京都立大学から首都大学東京へと改称されてから、三年にわたり政治学助教を務めさせていただいた。この間、余りにも恵まれた研究環境を与えて下さった法学系教員の先生方に、厚く御礼を申し上げたい。

何より、坂本一登、河野康子、佐道明広、中静未知、浅沼かおり、黒澤良、武田知己、村上浩昭の御厨門下の各先輩・同輩の方々からは、日本政治史の難しさと苦しさ、しかしそこから紡ぎ出していく喜びを教えていただいた。加えて、何かと波乱のあった筆者の研究生活を温かく叱咤激励していただいた。一人では何もできない筆者が何とか半人前程度になれたのは、これら同門の方々の優しい眼差しの賜物である。

升味準之輔先生は、博士論文の提出後、データ実証や理論志向が年々強くなる政治学のなかで日本政治史のあり方に悩んでいた筆者に、国立駅南口の白十字で、達観した歴史の理解を示しつつ次のような励ましを下さった。「要は、方法ではなく相手を説得させられるか否かですかな……第一、政治理論が好きな政治史家など、どこにおりますかあ」。些末な悩みがその場で吹っ飛ばされたのは、言うまでもない。

他大学では、『佐藤栄作日記』を通読した御厨塾研究会を通じ、苅部直、今津敏晃、柏谷泰隆、小宮京、千葉功、土田宏成、松本洋幸の各先生・各氏から多くのご教示をいただいた。振り返ってみれば、無我夢中でついていった研究会での様々な議論は、本書において吉田や石橋、戦後政治そのものを捉えていくにあたっての重要な基盤であった。御厨塾頭はじめ、各構成員に改めて感謝申し上げたい。

筆者がしばらく勤務させていただいた政策研究大学院大学では、伊藤隆先生のご厚意によって、有益なプロジェクトや研究会に参加させていただいた。先生からは、歴史史料に対するあくなき執念と情熱、そして研究者の凄みというものを学ばせていただいた。筆者をさりげなく幾度も助けて下さったのも、先生であった。また、ここで知遇を得た矢野信幸氏は、本書の内容に多くの重要な示唆を与えて下さったばかりでなく、筆者の公私にわたる相談に繰り返し励ましを与えて下さった。その他、高橋初恵、小宮一夫、奥健太郎、岡崎加奈子、佐藤純子の各氏からも、研究の場で飲み会の場で、沢山の発見と新鮮な刺激をいただいた。

最後に私事で恐縮だが、研究の世界以外でお世話になった方々への謝辞を述べさせていただきたい。これらの方々が、常に覚束ない筆者の心の支えになってきたからである。

まず、喜びも悔しさも共にした神戸大学レイバンズの仲間たち、学生生活の一コマを共に過ごした法学部・六浪ズの友人たち、そして、悲しみの中から共に希望を見出そうとした灘区徳井会館避難所のみんなに、ありがとうと伝えたい。人は前を向いて進まなければいけないけれども、時には後ろを振り返ることができるからそれでも前を向いていける。神戸という街とそこで出会った全ての人々は、筆者にとってそのような存在である。

次いで、分野は違えど研究の先輩として人生の先輩として多くを教え示してくれた父・俊治、常に健康を気遣ってくれた母・妙子、何かある度に力強く励ましてくれた兄・健児、理解を示し続けてくれた義父母に感謝したい。みな、未だにハラハラしながら心配していることと思う。本書がささやかな安心剤となることを願いたい。

これら多くの恩恵にもかかわらず、本書はやはり妻・瑞穂に捧げられるべきであろう。筆者が勝手気ままで不安定な研究生活を送ったことで、妻には多くの苦労と負担を強いてしまった。それでも、妻は常に明るく筆者を見守り支え続けてくれた。そして、本書を校了するまさにこの時、長女・樹里をこの世に送り出してくれた。家族への心からの感謝を記しつつ、ここで筆を擱くことにしたい。

二〇〇八年七月二十九日

村井　哲也

や 行

ら 行

わ 行

な　行

は　行

ま　行

さ 行

た 行

人名索引

注を除く本文から拾い，姓→名の五〇音順で配列した。
現代の研究者は拾っていない。

著者紹介

村井 哲也（むらい・てつや）
1969 年　東京都生まれ
1995 年　神戸大学法学部卒業
2004 年　東京都立大学大学院社会科学研究科（政治学専攻）
　　　　博士課程単位取得退学
2005 年　同　博士号取得（政治学）
　　　　同　政治学助教を経て，
　　　　現在，明治大学法学部ほか兼任講師
著作　　「東條英機」御厨貴編『歴代首相物語』新書館，2003
　　　　年など

戦後政治体制の起源《せんごせいじたいせいのきげん》 ——**吉田茂**《よしだしげる》**の「官邸主導」**《かんていしゅどう》

2008 年 8 月 30 日　初版第 1 刷発行 ©

著　者　村　井　哲　也
発行者　藤　原　良　雄
発行所　藤　原　書　店

〒 162–0041　東京都新宿区早稲田鶴巻町 523
電　話　03（5272）0301
F A X　03（5272）0450
振　替　00160 - 4 - 17013
info@fujiwara-shoten.co.jp

印刷・製本　中央精版印刷

落丁本・乱丁本はお取替えいたします　Printed in Japan
定価はカバーに表示してあります　ISBN978–4–89434–646–8

「満洲」をトータルに捉える、初の試み

新装版

満洲とは何だったのか

藤原書店編集部編

三輪公忠／中見立夫／山本有造／和田春樹／安冨歩／別役実ほか

「満洲国」前史、二十世紀初頭の国際情勢、周辺国の利害、近代の夢想、「満洲」に渡った人々……。東アジアの国際関係の底に現在も横たわる「満洲」の歴史的意味を初めて真っ向から問うた決定版！

四六上製　五二〇頁　三六〇〇円

（二〇〇四年七月刊／二〇〇六年一一月刊）

◇978-4-89434-547-8

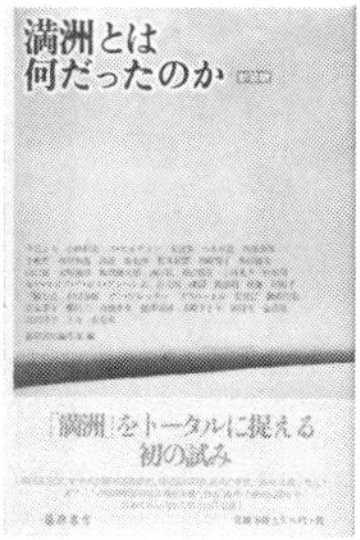

その全活動と歴史的意味

満鉄調査部の軌跡

〔1907-1945〕

小林英夫

日本の満洲経営を「知」で支え、戦後「日本株式会社」の官僚支配システムをも準備した伝説の組織、満鉄調査部。後藤新平による創設以降、ロシア革命、満洲事変、日中全面戦争へと展開する東アジア史のなかで数奇な光芒を放ったその活動の全歴史を辿りなおす。

満鉄創立百年記念出版

A５上製　三六〇頁　四六〇〇円

（二〇〇六年一一月刊）

◇978-4-89434-544-7

〝満洲〟をめぐる歴史と記憶

満洲——交錯する歴史

玉野井麻利子編　山本武利監訳

日本人、漢人、朝鮮人、ユダヤ人、ポーランド人、ロシア人、日系米国人など、様々な民族と国籍の人びとによって経験された〝満洲〟とは何だったのか。近代国家への希求と帝国主義の欲望が混沌のなかで激突する、多言語的、前=国家的、そして超=国家的空間としての〝満洲〟に迫る！

四六上製　三五二頁　三三〇〇円

（二〇〇八年二月刊）

◇978-4-89434-612-3

CROSSED HISTORIES

Mariko ASANO TAMANOI

満洲ハルビンでの楽しい日々

ハルビンの詩がきこえる

加藤淑子

加藤登紀子編

一九三五年、結婚を機に満洲・ハルビンに渡った、歌手加藤登紀子の母・淑子。ロシア正教の大聖堂サボール、太陽島のダーチャ（別荘）、大河スンガリー——十一年間のハルビンでの美しき日々を、つぶさに語りつくす。

〔推薦・なかにし礼〕

A５変上製　二六四頁　口絵八頁　二四〇〇円

（二〇〇六年八月刊）

◇978-4-89434-530-0